The Great Disruptor

Lars Koch · Tobias Nanz · Christina Rogers
(Hrsg.)

The Great Disruptor

Über Trump, die Medien und die Politik der Herabsetzung

2., aktualisierte und erweiterte Auflage

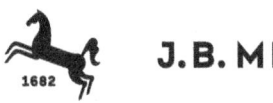
J.B. METZLER

Hrsg.
Lars Koch
Technische Universität Dresden
Dresden, Deutschland

Tobias Nanz
Europa-Universität Flensburg
Flensburg, Deutschland

Christina Rogers
Freie Universität Berlin
Berlin, Deutschland

ISBN 978-3-662-66307-3   ISBN 978-3-662-66308-0   (eBook)
https://doi.org/10.1007/978-3-662-66308-0

Die Deutsche Nationalbibliothek verzeichnet diese Publikation in der Deutschen Nationalbibliografie;
detaillierte bibliografische Daten sind im Internet über http://dnb.d-nb.de abrufbar.

Einbandgestaltung: Finken & Bumiller, Stuttgart (Foto: NeONBRAND/Unsplash)

Planung/Lektorat: Franziska Remeika
J.B. Metzler ist ein Imprint der eingetragenen Gesellschaft Springer-Verlag GmbH, DE und ist ein Teil
von Springer Nature.
Die Anschrift der Gesellschaft ist: Heidelberger Platz 3, 14197 Berlin, Germany

Inhaltsverzeichnis

Herausgeber*innen- und Autor*innenver-
zeichnis

Über die Herausgeber*innen

Lars Koch ist Professor für Medienwissenschaft und Neuere deutsche Literaturwissenschaft an der Technischen Universität Dresden und dort Co-Sprecher der
Exzellenz-Maßnahme „Disruption and Societal Change" (TUDiSC). 2020 war er
Fellow am KWI Essen. Aktuelle Arbeitsschwerpunkte: Disruption, Invektivität,
kulturelle Codierungen von Angst und Hass. Zu seinen aktuellen Publikationen
zählen: *Verletzen und Beleidigen. Versuche einer theatralen Kritik der Herabsetzung* (zs. mit Anna Häusler, Elisabeth Heyne und Tanja Prokic, 2020), *Zwischen
Feindsetzung und Selbstviktimisierung. Gefühlspolitik und Ästhetik populistischer
Kommunikation* (hg. zs. mit Torsten König, 2020) und *Zeitschrift für Literaturwissenschaft und Linguistik: Kontaktszenen. Narrative gestörter Wissenskommunikation*
(hg. zs. mit Solvejg Nitzke, 2022).

Tobias Nanz ist Associate Professor am Institut für Kulturwissenschaften der
Syddansk Universitet Odense (SDU) sowie wissenschaftlicher Mitarbeiter an der
Professur für Europäische Medienwissenschaft der Europa-Universität Flensburg.
Aktuell forscht er am Center for War Studies der SDU zu „Crisis Communication
and Deterrence: The Interaction of Facts and Fictions" (CODE) im Rahmen eines
Marie Skłodowska-Curie Individual Fellowships. Zuletzt erschienen: *Disruptions
in the Arts. Textual, Visual, and Performative Strategies for Analyzing Societal Self-
Descriptions* (hg. mit Lars Koch und Johannes Pause, 2018).

Christina Rogers is Kulturwissenschaftlerin und leitet des Programm Academics
in Solidarity an der Freien Universität Berlin. Zuvor war sie an der Technischen
Universität als wissenschaftliche Mitarbeiterin tätig. Dort promoviert sie zum
Thema digitale Grenzen und hochtechnicher Überwachung im europäischen Grenz-
regime. Ihre Forschungsschwerpunkte sind die kritische Migrations- und Grenz-
regimeforschung und *Science & Technology Studies*. Sie ist darüber hinaus als
Dozentin der politischen Bildung und Lektorin tätig. Zuletzt erschienen ist: „Die
Technisierung des Grenzregimes: Informationssysteme, Frontex und die digitale
Entrechtung der Migration", in: *Von Moria bis Hanau–Brutalisierung und Wider-
stand. Grenzregime IV* (hg. von Valeria Hänsel, Karl Heyer, Matthias Schmidt-
Sembdner und Nina Schwarz, 2022).

Autor*innenverzeichnis

Gabriele Dietze ist *independent scholar* und lehrt und forscht in Amerikanistik, Gender- und Kulturwissenschaft zur Zeit am Dartmouth College, USA. Ihre Schwerpunkte sind Mediendiskurse, Intersektionalität und Rassismus. Sie arbeitet zusammen mit Julia Roth (Universität Bielefeld) an einem Forschungsprojekt „Right-Wing Populism and Gender" (Auftaktband 2019); im Herbst 2019 erschien ihr Essay *Sexueller Exzeptionalismus. Überlegenheitsnarrative in Migrations-abwehr und Rechtspopulismus.*

Reinhold Görling war von 2003 bis 2018 Professor für Medienwissenschaft an der Heinrich-Heine-Universität Düsseldorf. Gastprofessuren in Irvine, Innsbruck und Wien. Zur Zeit Lehraufträge an der International Psychoanalytic University Berlin und der Hochschule Düsseldorf. Die Schwerpunkte seiner Forschung liegen im Schnittfeld von Kulturtheorie, Psychoanalyse, Ästhetik und Film. Zu seinen Veröffentlichungen zählen: *Heterotopia. Lektüren einer interkulturellen Literatur-wissenschaft* (1997), *Szenen der Gewalt. Folter und Film von Rossellini bis Bigelow* (2014), sowie als Herausgeber *Geste* (2009), *Denkweisen des Spiels* (2017), *Aesthetics of Standstill* (2019). Letzte Aufsätze: „Todd Phillips' 'Joker' und der mentale Raum des Films" (zus. m. Silvia Bahl, in: *Psyche*, 6/2021), „Gewalt und Zukunft" (in: *Parallaxen moderner Zeitlichkeit*, 2021), „Bergson und der Rhyth-mus" (in: *Denkfigur Rhythmus* 2020).

Elisabeth Schäfer-Wünsche lehrte bis 2021 als Mitarbeiterin und Lehrbeauf-tragte am North American Studies Program der Universität Bonn. Weitere Stationen waren die Heinrich-Heine-Universität Düsseldorf sowie die Universitäten Pader-born, Nijmegen und Mannheim. Sie war Sprecherin eines DFG-Netzwerks und *Research Fellow* an der University of California, Santa Barbara. Zu ihren Schwer-punkten gehören eine transdisziplinäre Afroamerikanistik, Autobiografieforschung einschließlich digitaler Formen des *self-writing, celebrity politics* und *celebrity activism*. Die Publikation ihrer Monografie *Echoes of the Extreme: North American Autobiography and Globalized Self-Narration* ist für den Herbst 2023 geplant.

Simon Schleusener ist Postdoktorand an der Friedrich Schlegel Graduiertenschule der Freien Universität Berlin und Mitarbeiter im Drittmittelprojekt „Das Philo-logische Laboratorium". Zuvor war er als wissenschaftlicher Mitarbeiter in der Ab-teilung Kultur des John-F.-Kennedy-Instituts für Nordamerikastudien (FU Berlin) und am Lehrstuhl für Amerikanistik der Universität Würzburg tätig. Er ist Autor des Buches *Kulturelle Komplexität: Gilles Deleuze und die Kulturtheorie der American Studies* (transcript 2015) und Mitglied im DFG-Netzwerk „Model Aesthetics: Between Literary and Economic Knowledge". Zu seinen Forschungsschwerpunkten gehören das Verhältnis von Kultur und Ökonomie, Affekt- und Medientheorie sowie die amerikanische Literaturgeschichte. Zuletzt gab er das Sonderheft *Deleuze and the Material Turn* (Deleuze and Guattari Studies 15.4, 2021) und den Sammelband *Poetic Critique: Encounters with Art and Literature* (De Gruyter 2021; mit M. Chaouli, J. Lietz und J. Müller-Tamm) heraus.

Simon Strick ist Amerikanist, Autor und Theatermacher. Er promovierte zum Konnex von Schmerz, ‚Race' und Gender mit seiner Monografie *American Dolorologies* (2016). Er arbeitete als Postdoc in verschiedenen Kontexten u. a. an der University of Virginia, Universität Paderborn, Humboldt Universität und ZfL Berlin. Sein derzeitiges Forschungsprojekt, gefördert von der Volkswagenstiftung und angesiedelt am JFK-Institut für Nordamerikastudien (Berlin), untersucht die affektiven Botschaften und Mechanismen in den Onlinepräsenzen identitärer rechter Bewegungen in USA und Europa. Demnächst erscheint seine Herausgabe der *Amerikastudien* -Sondernummer zu „American Eugenics"; ein weiteres Buch zur Repräsentation geistiger Behinderung im US-Kino bis 1960 ist in Arbeit. Mit Susann Neuenfeldt und Werner Türk leitet er das Berliner Performancekollektiv PKRK. 2021 ist seine Monografie *Rechte Gefühle. Affekte und Strategien des digitalen Faschismus* erschienen.

Gyburg Uhlmann ist Professorin für Klassische Philologie mit dem Schwerpunkt Gräzistik an der Freien Universität Berlin. Sie ist Direktorin des Aristotelismus-Zentrums Berlin und Sprecherin des wissensgeschichtlichen SFB 980 „Episteme in Bewegung", in dem sie mit einem Teilprojekt zum antiken Aristotelismus und einem Digital Humanities-Projekt beteiligt ist. Im Jahr 2006 erhielt sie als bislang jüngste Wissenschaftlerin den Gottfried Wilhelm Leibniz-Preis der DFG. Weitere Forschungsschwerpunkte neben den Werken des Aristoteles, ihren institutionellen Kontexten im 4. Jahrhundert v. Chr. und der antiken Kommentarliteratur zum Corpus Aristotelicum sind die Bildungsgeschichte und ihre Institutionen in der Antike, die Geschichte und Theorie der Rhetorik in der Antike und ihre Bedeutung für gegenwärtige Fragen der Bildungsgeschichte, politischen Bildung und Analyse von Kommunikationsformen, Platon und der antike Platonismus sowie die Analyse unterschiedlicher Konzepte von Literatur in der griechischen Literaturgeschichte von Homer bis in die Spätantike. Aktuelle Veröffentlichungen: *Rhetorik und Wahrheit. Ein prekäres Verhältnis von Sokrates bis Trump* (2019), „Wie wird Wissen beschleunigt?", in: *Logbuch Wissensgeschichte* des SFB „Episteme in Bewegung", Freie Universität Berlin, 04.04.2022.

Johannes Voelz ist Heisenberg-Professor für Amerikanistik mit Schwerpunkt „Demokratie und Ästhetik" an der Goethe-Universität Frankfurt. Zuletzt erschien von ihm die Monografie *The Poetics of Insecurity: American Fiction and the Uses of Threat* (2018). Er leitet ein DFG-gefördertes Forschungsprojekt zum Wandel der Privatheit in der amerikanischen Literatur. Außerdem erarbeitet er derzeit eine Ästhetik des Populismus und verfasst eine Studie zu den gehässigen Affekten der Demokratie in der amerikanischen Literatur des 19. Jahrhunderts.

Niels Werber ist Professor für Neuere deutsche Literaturwissenschaft an der Universität Siegen und Sprecher des SFB 1472 „Transformationen des Populären"; Er war von 2016 bis 2021 Dekan der Philosophischen Fakultät und Prodekan für Forschung, Fellow des HKFZ der Uni Trier und des Exzellenzclusters „Kulturelle Grundlagen der Integration" der Universität Konstanz. Aktuelle Arbeitsschwerpunkte: Das Populäre der Gesellschaft, Geopolitik der Literatur, Soziale Insekten, Selbstbeschreibung der Gesellschaft. Zu seinen Publikationen zählen: *Ameisengesellschaften. Eine Faszinationsgeschichte* (2013), *Geopolitik* (2014), *Handbuch Erster Weltkrieg* (mit Stefan Kaufmann und Lars Koch, 2014). Er ist Herausgeber der *Zeitschrift für Literaturwissenschaft und Linguistik.*

The Great Disruptor. Eine Annäherung

Lars Koch, Tobias Nanz und Christina Rogers

Seit Donald Trump im Juni 2015 ankündigte, bei den US-Präsidentschafts-
wahlen 2016 kandidieren zu wollen, befand sich die nationale und internationale
Medienberichterstattung in einem Modus der Dauererregung. In einer Mischung
aus Faszination, Ekel und Ungläubigkeit verfolgten die Nachrichtenmedien seit-
her jede Äußerung Trumps mit großer Skandalisierungsbereitschaft. Dies ist
nicht weiter überraschend, schließlich gab sich Trump bei seinen Wahlkampfauftritten, seinen Pressekonferenzen und seinen hundertfachen *Tweets* alle Mühe,
den Grad der Empörung hoch zu halten. Die Liste der Skandale und verbalen
Fehltritte ist dementsprechend lang. Erst bekamen die Mitkonkurrent*innen der
Republikanischen Partei Trumps Rüpelhaftigkeit zu spüren, dann überzog er
seine Kontrahentin Hillary Clinton mit einer breit angelegten Schmutzkampagne
von Unterstellungen, Beleidigungen und Anfeindungen. Eine zweite Kampf-
zone kam spätestens mit Trumps Amtseinführung im Januar 2017 hinzu: Seitdem griff der US-amerikanische Präsident immer wieder Vertreter*innen von
Nachrichtensendern und Zeitungen an und unterstellte ihnen eine ungerechte,
lügnerische und politisch einseitige Berichterstattung. Neben emblematischen
Formeln invektiver Adressierung politischer Gegner*innen – etwa der Titulierung
als „crooked Hillary", „crazy Bernie" oder „sleepy Joe" sowie der Benennung

L. Koch (✉)
Technische Universität Dresden, Dresden, Deutschland
E-Mail: lars.koch@tu-dresden.de

T. Nanz
Europa-Universität Flensburg, Flensburg, Deutschland
E-Mail: tobias.nanz@uni-flensburg.de

C. Rogers
Freie Universität Berlin, Berlin, Deutschland
E-Mail: christina.rogers@fu-berlin.de

© Der/die Autor(en), exklusiv lizenziert an Springer-Verlag GmbH, DE, ein Teil von
Springer Nature 2023
L. Koch et al. (Hrsg.), *The Great Disruptor,*
https://doi.org/10.1007/978-3-662-66308-0_1

1

des Nordkoreanischen Machthabers Kim Jong-un als „little rocket man" –
bildet die Klage über *Fake News* und *Fake Media* ein konstantes Element von
Trumps populistischer Feindschaftsrhetorik, die sich angesichts der Misserfolge
seiner Coronapolitik und des aufziehenden Wahlkampfs 2020 immer weiter
radikalisierte. Je deutlicher wurde, dass ein Wahlsieg von Joe Biden im Bereich
des Möglichen lag, umso aggressiver wurden seine Anwürfe gegen Berichterstattung, staatliche Institutionen und die Demokratische Partei. Der Angriff
auf das Kapitol vom 6. Januar 2021 war insofern nur eine direkte Konsequenz
einer wochenlang über *Twitter* und Wahlkampfveranstaltungen geführten Dis-
kreditierungskampagne. Letztendlich exekutierten die zehntausenden Trump-
Anhänger*innen, die dem Aufruf des noch amtierenden Präsidenten zu einem
Save America March nach Washington gefolgt waren nur, was dieser durch seine
Kaskaden von Verschwörungs-, Reinigungs- und Gewaltphantasien über Monate
und Jahre kommunikativ vorbereitet hatte: Als Ergebnis seiner Politik einer
antagonistischen Ausschließung wurde ein Exzess affektiver Dynamisierung in
Gang gesetzt, der in der Erstürmung des Kapitols mündete – jenem Ort, der in
der politischen Topografie der USA wie kaum ein anderer den Glauben an eine
deliberative Debattenkultur und die Legitimation von Entscheidungen durch Verfahren und Rechtsstaatlichkeit symbolisiert.

Blickt man aus der zeitlichen Distanz heraus auf die Anfänge von Trumps
politischer Karriere, so wird deutlich, dass zentrale Aspekte des Aufmerksamkeits-
und Zustimmungsmanagements, das seine Präsidentschaft prägen sollte, schon
von vorneherein präsent waren. Allen voran sein Versuch, die Öffentlichkeit in
ein invektives Schlachtfeld zu verwandeln, auf dem sich die politischen Gegner,
den Möglichkeiten zu Dialog und Kompromiss beraubt, als unversöhnliche
Feinde gegenüberstehen. Trump verfolgte von Anfang an eine Strategie der
Konfrontation, die auf die Schaffung eines affektiven, auf exklusiver Solidarität aufbauenden gemeinschaftlichen Größen-Selbst aus war und dazu eine Politik
der Feindsetzung in Szene setzte. Genau dafür stand von Beginn an Trumps
in die Luft gestreckte Faust, die bei den Auftritten vor Fans und potenziellen
Wähler*innen als „notorische[s] Grußsymbol" (Leggewie 2021) zum Einsatz kam.

Die großen, eher linksliberalen, Nachrichtensender reagierten auf Trumps
Affronts kalkulierter Regelbrüche und seine andauernden Provokationsver-
suche mit anwachsender Empörungslust, bemerkten dabei aber nicht, wie
sehr sie aufgrund ihrer zunächst herablassend-belustigten, dann wütenden und
später zunehmend verzweifelten Berichterstattung selbst dazu beitrugen, die
Faszinationskraft Trumps in den Augen seiner Wählerschaft weiter zu steigern.
Zugleich immunisierte dieser Prozess Trump gegen Kritik an seinem politischen
Stil, an seinen Russlandverstrickungen und seiner Migrationspolitik sowie an
seinem Missmanagement der Corona-Krise. Übersehen wurde, dass die intime
Beziehung, die Trump mit seinen Wähler*innen einging, in einem Register des
Affekts grundiert war, dem mit Sachargumenten, Faktenchecks und normativen
Standards nicht beizukommen war. Im Gegenteil: Die vielstimmige Kritik an
Trumps Stil – seinem Umgang mit der Wahrheit, seiner Negierung externer
Expertise, seinem zynischen Autoritarismus sowie seiner Unterstützung von

Rassismus und Sexismus – wurde von Trump-Anhänger*innen als Angriff einer heuchlerischen „deliberative[n] Diskursethik" (Mühlhoff 2018: 91) decodiert, die man im Washingtoner Establishment verortet sah. „Der destruktive Stil von Trump als Troll wirkt[e] für Menschen mit einer destruktiv-zynischen Sensitivität desto attraktiver, je mehr seiner Äußerungen im Establishment als deliberative Sachbeiträge missinterpretiert und alarmistisch besprochen [wurden]" (ebd.: 92). Nicht nur ging die kritische Berichterstattung über Trump lange Zeit über den wichtigen Faktor dieser spezifischen affektiven Ansprechbarkeit seiner Wähler*innen- und Unterstützer*innenschaft hinweg, sie übersah auch noch, dass sie selbst Trumps parasitäre Strategie, durch die Abwertung anderer die eigene Bewegung zu erhöhen, stetig befeuerte.

Von diesen ersten Beobachtungen ausgehend, möchte der vorliegende Band eine funktionale Perspektive auf Trumps Politik der Herabsetzung und seine damit zusammenhängende Mediennutzung vorschlagen. Die hier versammelten Beiträge fragen danach, wie Trumps Kommunikationspraxis genauer zu beschreiben ist und wie es ihm gelang, Affekte zu mobilisieren, Gefühle der Zugehörigkeit zu produzieren und entsprechende Formen der Vergemeinschaftung zu initiieren. Damit richtet sich der Blick auf die populistische Politik der Gefühle, wie sie sich unter den spezifischen medialen Bedingungen des 21. Jahrhunderts herausgebildet hat und in unterschiedlichen personalen Besetzungen zunehmend die politische Kultur der westlichen Demokratien bestimmt.

Vor dem Hintergrund von Trumps offensichtlichem Narzissmus mag es verführerisch sein, den Präsidenten der USA unter Rückgriff auf Gustave Le Bon zu beschreiben, der in seinem Text zur *Psychologie der Massen* (1982) davon ausging, dass der demagogische Führer „unter den Nervösen, Reizbaren, Halbverrückten" zu suchen sei, „die sich an der Grenze zum Irrsinn befinden" (Le Bon 1982: 83). Dennoch scheint es ratsam, zu einer psychologischen Ausdeutung von Trumps „autoritärer Persönlichkeit" (Kellner 2016: 19–28) auf Abstand zu gehen: Trumps Politik der Herabsetzung war nicht – zumindest nicht alleine – der unreflektierte Effekt einer biografischen Konstellation, sondern folgte einem klaren kommunikativen Kalkül, das darauf abzielte, ein schon vorhandenes kollektives Ressentiment weiter zu stimulieren und in seinem Sinne zu bewirtschaften. Trump provozierte, um ablehnende Reaktionen seiner politischen Gegner*innen zu erzeugen, die er anschließend selbst wiederum als herabsetzende Gesten des *Establishments* ausdeuten und politisch nutzen konnte. Trump war ein Meister der diskursstrategischen Oszillation zwischen Selbstüberhöhung und Selbstviktimisierung. Er inszenierte Kommunikationskaskaden der öffentlichen Auf- und Abwertung, die von ihm als Beschämung gedeutet und im Dienste seiner antipolitischen Agenda kapitalisiert werden konnten (vgl. Diehl 2011). Gerade dadurch, dass sich Trump nicht um die Regeln der öffentlichen Repräsentation scherte, positionierte er sich als moralische Alternative zum herkömmlichen Politikbetrieb. Seine Politik der Herabsetzung hatte dabei vor allem zwei Adressen im Blick: Einerseits bediente er in Drastik und Deutlichkeit die offen rassistischen und sexistischen Vorstellungen eines rechtsreaktionären Milieus, wie es sich in der toxischen Medienökologie der *Alt Right* herausgebildet hatte.

Andererseits arbeitete er immer wieder auch mit ambivalenteren Signalen, die ihn auch für einen gemäßigteren Teil der konservativen Wähler*innenschaft attraktiv machte. Hier gewann er an Popularität (vgl. Peters/Protevi 2017), indem er die Behauptung einer Herabsetzung der ‚einfachen Leute' durch das *Establishment* zum Leitmotiv seiner Kommunikation machte. Dabei artikulierte er seine Botschaft „Make America Great Again" in einem im höchsten Maße herabsetzenden, oftmals direkt beleidigenden Tonfall, der an Stimmungslagen im rechten Lager anschlussfähig war und ein Ensemble populistischer Basis-Tropen (vgl. Robin 2018) dafür nutzte, real existierende – oder zumindest so empfundene – Herabsetzungserfahrungen in ein Notwehr-Narrativ gegen die Eliten zu übersetzen. Der Gebrauch von Invektivität diente ihm dabei als eine Ressource, die es möglich machte, kommunikativ das Register agonistischer Gegner*innenschaft zu verlassen und in dasjenige der antagonistischen Feindschaft zu wechseln (vgl. Mouffe 2007). Der Terminus ‚Invektivität', wie er hier eingeführt wird, verweist auf ein Arsenal von beleidigenden und herabsetzenden Adressierungsstrategien, die darauf abzielen, Personen oder Gruppen zu marginalisieren, indem sie symbolisch aus der Zone legitimer Aussagepositionen herausgedrängt werden (vgl. Konzeptgruppe „Invektivität" 2017).

Wie die nachfolgenden Beiträge in differenzierter Weise zeigen, war Trumps invektives Spiel mit medialen und politischen Erwartungserwartungen von einigen Kontextfaktoren abhängig, die hier in der Einleitung nur angedeutet werden sollen. So resultierte eine der wesentlichen Möglichkeitsbedingungen des ‚Phänomens Trump' aus der sukzessiven Herausbildung der *Alt-Right* als politische Kraft, die seit der Jahrtausendwende jenseits der parlamentarischen Repräsentation immer stärkeren Einfluss auf die politische Kultur der USA gewonnen hat. Im Widerspruch zur gängigen medialen Stilisierung ist Trump gerade nicht als das ganz Andere des politischen Diskurses aus dem Nichts erschienen. Er ist vielmehr Produkt, Symptom und Antreiber einer politischen Radikalisierung der US-amerikanischen Rechten, die sich spätestens seit der Gründung der *Tea-Party*-Bewegung 2009 immer weiter vom traditionellen Konservatismus der Republikanischen Partei entfremdet und durch den Erfolg Trumps weiteren Zulauf erfahren hat (vgl. Neiwert 2017; Lütjen 2020).

Des Weiteren kann die Bedeutung der Medien für Trumps Einzug ins Weiße Haus nicht überschätzt werden. Am Phänomenkomplex ‚Trump', die wäre eine der fundierenden Thesen dieses Bandes, lässt sich die gegenwartskulturelle Medienrealität des Politischen hinsichtlich ihrer diskurs- und demokratiegefährdenden Eskalationseffekte detailliert beobachten. Dies gilt – wie in diesem Band unter unterschiedlichen Gesichtspunkten weiter thematisiert – einerseits für Trumps Gebrauch der sozialen Medien als zentralem Instrument seiner auf die Suggestion von Unmittelbarkeit abzielenden Kommunikation und Selbstdarstellung. Dies gilt aber andererseits auch für die traditionellen Nachrichtenmedien im Print- und TV-Bereich, die mit ihrer Berichterstattung im Wahlkampf 2015/2016 wesentlich zum Anstieg von Trumps Popularitätskurve beigetragen haben und einen *Twitter* ergänzenden, zweiten Resonanzraum der Affekt-Politik Trumps darstellten. So wird auch in Rekurs auf Trumps Verbindungen zum Fernsehen oder den digitalen Medien, die er bespielte, die „wirklichkeitskonstruierende Dynamik des Affektiven" (Maeder et al. 2020: 18) beobachtbar, d. h. der Modus, in dem zuvorderst über Gefühle und Stile mithilfe von Medien Wirklichkeit generiert wird und darin den „mediale[n] Unterbau des Politischen" in den Fokus rückt (ebd. 12). Trump passte perfekt zu der von finanziellem Kalkül getriebenen Spektakellogik eines „hybriden Mediensystems" (Chadwick 2013), das mit der nicht aufhörenden Empörung Verkaufszahlen und Einschaltquoten generierte. Trumps mediale Dauerpräsenz, die durch die Taktung immer neuer skandalöser Auftritte rhythmisiert wurde, monopolisierte über die Jahre seiner Präsidentschaft hinweg bis hin zu den denkwürdigen Pressekonferenzen der Corona-Zeit die öffentlichen Aufmerksamkeitsressourcen und produzierte so einen Statements, Tweets, Berichterstattung, kritische Zurückweisungen und zustimmende Anschlusskommunikationen amalgamierenden Flow von Trump-Bildern, die ihn in im medialen Erscheinungsraum über geraume Zeit hinweg mit der US-amerikanischen Politik insgesamt nahezu identisch werden ließ. Seinerseits nutzte Trump die negative Resonanz der liberalen Massenmedien, um – unterstützt von *Fox News*, der Online-Plattform *Breitbart* und den anderen Agenturen des „conservative entertainment complex" (Frum 2015) – seine *Tweets* mit der Bedeutung und Aufmerksamkeit aufzuladen, die die sozialen Medien zur zweiten kommunikativen Bühne seines öffentlichen Handelns werden ließen (Boczkowski/ Papacharissi 2017; vgl. auch Grusin 2020) – zumindest bis zur Schließung seines *Twitter*-Kanals kurz vor dem Ende seiner Amtszeit.

Vor diesem Hintergrund interessiert sich eine Reihe von Autor*innen dieses Bandes für die Diskussion der Frage, wie Trumps öffentliches Agieren angesichts einer sich zunehmend hybridisierenden Medienkultur im Spannungsfeld einer sich immer stärker polarisierenden US-amerikanischen Öffentlichkeit funktionierte, welcher kommunikativen Muster er sich bediente und auf welche Effekte er abzielte. Dabei wird sich zeigen, dass Trump eine Politik der Herabsetzung realisierte, die in enger Interferenz mit der Netzkultur der *Alt-Right* einen Emotionsraum wechselseitiger Relationalität errichtet hatte, in dem er negative Emotionen – allen voran Angst, Wut und Hass – akkumulieren und für eine politische Vergemeinschaftung „negativer Solidarität" (Mishra 2017: 24 f.) nutzen konnte. Kennzeichnend für Trumps Adressierungsstrategie ist eine Technik „affektiver Polarisierung" (vgl. Iyengar et al. 2019), die darauf aufbaute, die spätestens seit der Amtszeit von Barack Obama zu beobachtenden gesellschaftlichen Spaltungstendenzen – zunächst vor allem durch verbale Provokationen, später dann auch durch seine praktische Politik – weiter zu forcieren. Er war dabei wie kein anderer Politiker der Medienlandschaft nach der Jahrtausendwende der Akteur und das Produkt eines „strukturellen Populismus", verstanden als kommunikatives Korrelat jener „medialen Voraussetzungen sozialer und politischer Mobilisierung", wie sie in den USA im „Zusammenwirken von Netzwerken, sozialen Medien, Blogs, Medienunternehmen, Rundfunk- und TV-Stationen" (Vogl 2021: 174) gegeben sind.

Trumps Resonanzraum: die Netzkultur der *Alt-Right* und der Kampf um Privilegien

Trumps kommunikative Strategie im Wahlkampf 2016 und in den ersten Jahren seiner Amtszeit stand in enger Verbindung mit der Netzkultur der *Alt-Right* (vgl. Merrin 2019; Massanari 2020). Auf Imageboards wie *Reddit, 4chan* und *8chan* und auf Nachrichten-Plattformen wie *Breitbart* und *Infowars* hat sich in den letzten rund fünfzehn Jahren eine rassistische Kultur der Beleidigung, des sadistischen Zynismus und der lustvollen Tabuverletzung herausgebildet, die Trump – vor allem in der Phase seiner Kandidatur – mit Narrativen, aufsehen-erregenden Memes und Zuspruch versorgte. Insbesondere *4chan* proliferierte sehr erfolgreich rassistische und sexistische Vorstellungskomplexe in den gesellschaftlichen Debattenraum (vgl. Phillips 2015) und fungierte über einige Jahre hinweg als Schauplatz eines Online-Kulturkampfes gegen eine zur vermeint-lichen Meinungsdiktatur überzeichnete liberale Identitätspolitik, wie sie sich auf der Plattform *Tumblr,* dem Nachrichtendienst *Twitter* und an den Universitäten der Ost- und Westküste unter Stichworten wie ‚gender-mainstreaming', ‚micro-aggression' und ‚cultural appropriation' artikulierte (vgl. Nagle 2017; zur Kritik an Nagles Distanzlosigkeit gegenüber den Selbstbeschreibungsformeln der *Alt-Right* s. Strick 2018: 123). Die digitale Diskursguerilla der *Alt-Right* inszenierte sich demgegenüber als drastische Gegenposition. Ihre Sprachspiele behaupteten radikale Unangepasstheit und perpetuierten die Attitüde souveräner Transgression. Die große Mehrzahl von Memes, Forenbeiträgen und *Tweets* verdichtete sich zu einer fanatischen Feier weißer Männlichkeit. Der Hass auf alle Formen von Feminismus diente als verbindendes Element. Die Stimmungsmacher*innen und Trolle, die sich hier am digitalen Dauerfeuer beteiligten, begriffen ihr invektives Tun als einen notwendigen Kreuzzug gegen vermeintliche ‚Gesinnungskorridore' einer politisch korrekten Sagbarkeitsordnung, die fortwährend und unter massiver affektiver Beteiligung als Meinungszensur durch die liberalen Eliten denunziert wurde (Gibson 2016). Im Namen von *free speech* sehnte die rechte Netzkultur die Rückkehr des aggressiven, unangepassten ‚Alpha-Mannes' herbei oder gestaltete eine *male nerd culture* junger „Betamännchen", die weniger die Ehrenrettung der ‚Alphamänner' zum Ziel hatte als vielmehr eine misogyne und rassistische Rebellion gegen die „feministisch-liberale Gedankenpolizei" (Dietze/Strick 2017). Paradigmatisch für die aggressive politische Männlichkeit der *Alt-Right*-Netz-kultur steht Tyler Durden (Brad Pitt) aus David Finchers Blockbuster *Fight Club* (1999), der als *Alter Ego* des angepassten Protagonisten aus den postheroischen Reglementierungen der kapitalistischen Welt auszubrechen versucht, indem er sich einem terroristischen Kult der Gewalt hingibt (vgl. Koch 2016; vgl. zum Komplex autoritärer Maskulinitätsphantasien auch Kaiser 2020). In seinem 2012 erschienenen Bestseller *The Way of Men,* der die Stimmungslage der *Alt-Right* zu einer misogynen Zeitdiagnose verdichtet, entwirft Jack Donovan dement-sprechend das tribalistische Bild eines neuen weißen Cis-Mannes, der die Erosion der Dominanz der heteronormativen Geschlechtermatrix für eine katastrophale

Entwicklung hält und demgegenüber ein Männlichkeitsbild predigt, das von dem Wunsch zu erobern, zu zerstören und zu unterwerfen geprägt ist:

> „Being good at being a man isn't a quest for moral perfection, it's about fighting to survive. Good men admire or respect bad men when they demonstrate strength, courage, mastery or a commitment to the men of their own renegade tribes. A concern with being good at being a man is what good guys and bad guys have in common" (Donovan 2012: 71).

Trumps Politik ist eng verwoben mit diesem Denkstil der *Alt-Right*. Auch er diagnostizierte einen gesellschaftlichen Verfall, den er den liberalen Eliten und ihren ‚schwachen' Männern anlastete. Trump teilte mit der rechten Netzkultur die Attitüde des Aufbegehrens gegen ein liberales Über-Ich, das in ihren Augen die Verantwortung für eine dramatische Abwärtsspirale trägt. In seinen Auftritten, gerade in der Anfangszeit seiner politische Karriere, ging es – nicht nur, aber immer auch – darum, eine bewusste Transgression der in den Augen seiner Anhänger*innenschaft dominierenden liberalen Sagbarkeitsordnung zu inszenieren und sich dann gemeinsam mit seinem Publikum an dieser Überschreitung und den Reaktionen, die sie hervorrief, zu berauschen. Einer der Gründe für die frenetische Unterstützung, die Trump von Teilen der US-amerikanischen Wähler*innen zuteilwurde, liegt genau darin: dass er allen, die sich mit ihm identifizierten, erlaubte, die Übertretung antirassistischer oder antisexistischer Konventionen als Festhalten an den normativen Standards der guten alten Zeit zu genießen. Trumps prägnanter Wahlkampf-Slogan – „Make America Great Again" – versprach ganz in diesem Sinne eine Rückkehr zu einem Gefühl der selbstverständlichen Dominanz, welches – zumindest in der nostalgisierenden Rückschau – für die weiße Mittelschicht nach dem Zweiten Weltkrieg und bis in die 1960er Jahre hinein selbstverständlich gewesen sein sollte. Mit MAGA verband sich ein affektiver Komplex, der sich vor allem aus vier zusammenhängenden Konstellationen speiste: Erstens, das Versprechen des Anknüpfens an eine Phase der industriellen Prosperität, in der US-amerikanischer Stahl noch benötigt wurde und zwar unter anderem für die enormen Rüstungsanstrengungen des Kalten Krieges. Zweitens, der Rückbezug auf ein bipolares Ordnungssystem klarer politischer Freund-/Feindunterscheidungen, das Handlungsorientierung und Deutungssicherheit bereitstellte (Reichherzer/Droit/Hansen 2018). Der Konflikt zwischen den USA und der UdSSR erscheint aus einer verklärenden Perspektive vor dem Hintergrund des multipolaren Kriegs gegen den Terror und mit Blick auf all die anderen Verwerfungen der globalisierten Welt geradezu als übersichtlich und wohlgeordnet. Drittens, die Suggestion der Möglichkeit einer Rückkehr zur alten Geschlechterhierarchie, in der der weiße Cis-Mann als Oberhaupt der Familie die politischen, moralisch-religiösen und sexuellen Spielregeln vorgeben und durchsetzen sollte. Gleichzeitig – das macht seine Ambivalenz deutlich – steht Trump als Entrepreneur der Sexindustrie nicht einseitig für ein Entsexualisierungs- oder Retraditionalisierungsprogramm, das Frauen wieder an Heim und Herd bindet, sondern vielmehr für eine Relegitimierung des männlichen Verfügbarkeitsanspruchs über den weiblichen Körper (vgl. Dietze in diesem

Band; zur Verschränkung von Rechtspopulismus und Geschlechterverhältnisse, vgl. auch Dietze/Roth 2020). Viertens schließlich, die selbstbewusste Artikulation einer zustimmenden Aufwertung und Renormalisierung rassistischer Denkmuster durch eine nostalgische Erinnerung an Zeiten bis Mitte des 20. Jahrhunderts – bevor das Civil Rights Movement die zutiefst rassistische Selbstgefälligkeit der weißen Dominanzkultur zu einem zentralen gesellschaftlichen Konfliktfeld machte und der Vietnamkrieg die Fiktion moralischer und demokratischer Überlegenheit der USA erodieren ließ. Trump adressierte und befeuerte lautstark den in rechten Gruppen zirkulierenden Unmut gegenüber der identitätspolitischen Forderung nach Anerkennung und Gleichberechtigung marginalisierter Gruppen und suggerierte, das Land in einen früheren Zustand natürlicher, weißer Vorherrschaft zurückversetzen zu können: „[…] Trump's campaign slogan ‚Make America Great Again', quickly dubbed ‚Make America White Again' […]" (Isom/Boehme/Cann/ Wilson 2021: 6; zur entsprechenden Rhetorik in Netzkulturen, Barnett 2019). *MAWA* äußerte sich durch eine schamlos affirmative Rückschau auf die frühe US-amerikanische Geschichte der rassistischen Gewalt und der Zurschaustellung selbstverständlich erachteter, weißer Privilegien. Diese, wie Christopher Lebron schreibt, keinesfalls neuen oder originellen Positionen förderten eine spezifischen Erinnerungskultur weißer Suprematiebehauptung: „nothing has stopped Trump from reminding America, time and again, that the American way is both the racist and violent way." (Lebron 2017: 2).

Trumps autoritärer Populismus präsentierte sich somit als Antwort auf ein rechts-nationalistisches Verfallsnarrativ, wie es der Philosoph Jason Stanley beschreibt: „In the rhetoric of extreme nationalists, […] a glorious past has been lost by the humiliation brought on by globalism, liberal cosmopolitanism, and respect for ‚universal values' such as equality" (Stanley 2018: 4). Im Kern ist diese Verfallsdiagnose nicht ökonomisch, sondern vor allem moralisch und bio-politisch verankert. Wie so oft im Denkgebäude der radikalen Rechten dreht sich die gesamte Erregungsspirale mitunter um das Faszinosum des Körpers – des begehrten weiblichen weißen Körpers ebenso wie des männlichen Schwarzen Körpers, dessen behauptete gefährliche sexuelle Potenz im politischen Imaginären des weißen Rassismus eine zentrale Stelle einnimmt (u. a. Davis 1983/Hall 1997). In der ostentativen Feier weißer Virilität, wie sie allen voran von Jason Donovan inszeniert wird, findet dabei ein impliziter Kurzschluss von Gesellschaftskörper und weiblichem Körper statt: Der im rechten Diskurs alarmistisch diagnostizierte Niedergang der Gesellschaft erscheint als grundiert von der Angst eines Teils zunehmend verunsicherter weißen Cis-Männer davor, in der sexuellen Konkurrenz ins Hintertreffen zu geraten. Trump steht in der Perspektive der *Alt-Right* für ein Ende der vermeintlichen Krise der Männlichkeit und der Erneuerung einer stabilen Hierarchie weißer männlicher Dominanz. Trumps ostentative Provokationen verfolgen das Ziel, ihn als ebenso notwendigen wie legitimen Widerspruch zu einer Kultur des Antisexismus und der identitätspolitischen Sensibilisierung für latente oder manifeste Formen von Marginalisierung erscheinen zu lassen, die jenen, vor allem männlichen Teilen der US-amerikanischen Gesellschaft durchaus als eine

Bedrohung ihrer nach wie vor vorhandenen, nunmehr aber immer stärker unter Druck stehenden Privilegien erscheinen konnte.

Teil dieser Relegitimierung weißer männlicher Vorherrschaft ist der Versuch, rassifizierte Männlichkeit bzw. Gruppen – Afroamerikaner und Mexikaner vor allem – durch die alarmistische Stigmatisierung zu Mördern und Vergewaltigern in ihren identitätspolitischen Anerkennungsansprüchen zurück zu weisen (und die Positionen von Frauen of Color aus diesen Diskursen gänzlich zu verdrängen). Der vermeintlich durch den liberalen Kosmopolitismus eingeleiteten Beschämung des ‚weißen Mannes' begegnen Trump und seine Anhängerschaft mit einer ressentimentgeladenen Diskursmechanik, die einerseits weiße Privilegien als selbstverständlich und legitim verteidigt und andererseits mögliche Veränderungen der weißen Hegemonie als einen dramatischen gesellschaftlichen ‚Verfall' beklagt, für den die Verantwortlichen zur Rechenschaft zu ziehen seien (vgl. Berbrier 2000; Isom/Boehme/Cann/Wilson 2021, zur längeren Diskursgeschichte vgl. Anderson 2016).

·Ganz in diesem Sinne zielte Trump, der von Beginn an als „Law-and-Order"-Präsident angetreten war (McManus et. al. 2019), darauf ab, das Aufkommen der Black Lives Matter-Proteste für die Mobilisierung seiner Anhänger*innenschaft zu funktionalisieren. So versuchte er den Konflikt weiter zu forcieren, indem er auf entsprechende Straßenproteste mit massiver Polizeipräsenz und großer Härte reagierte, einkalkulierend, dass es zu Eskalationsspiralen der Gewalt kommen würde, vor deren Hintergrund er sich – gerade im Vergleich zu den eher moderaten Gouverneuren demokratisch regierter Bundesstaaten – als kompromissloser Ordnungshüter würde darstellen können. Diese Strategie der Härte musste in den Augen der BLM-Aktivist*innen umso mehr als Provokation erscheinen, als BLM als Antwort auf eine Serie von polizeilichen Gewalttaten und Justizskandalen begann, zu denen unter anderem der Freispruch von George Zimmermann für die Ermordung von Trayvon Martin im Jahr 2013 und die Erschießung von Michael Brown in Ferguson im Jahr 2014 gehörten.

Interessant im Zusammenhang der Frage nach Trumps Politik der Herabsetzung ist, wie er auch im Kontext von BLM eine Form der Täter-Opfer-Umkehr durchzusetzen versuchte. Die Bewegung BLM, die zunächst in Form eines Hashtags der drei Aktivist*innen of Color Alicia Garza, Patrisse Cullors und Opal Tometi als netzbasierte Kritik an rassistischer Polizeigewalt initiiert wurde und in Folge der Tötungen von George Floyd und Breonna Taylor durch die Polizei im Jahr 2020 (Garza 2020; Banks 2018) erheblichen Zuspruch und internationale Verbreitung erhielt, thematisiert neben konkreten Missständen bei Polizei und Justiz auch strukturelle Ungleichheiten in den USA und akzentuierte in diesem Zuge die besondere Vulnerabilität Schwarzer Leben: Vor dem Hintergrund der Enttäuschung über Barack Obamas Vernachlässigung der Schwarzen Bevölkerung (Taylor 2016) fragte BLM danach, welche Formen der Entmenschlichung oder Entrechtung bestehen, welche Demütigung und Beschämung sie erfahren, welche historische Wurzeln und Kontinuitäten wirken, wie wenig schützenswert und entbehrlich Schwarze Leben sind. Im Vergleich zur Bürgerrechtsbewegung der 1960er Jahre ist BLM ein dezentraler und transnationaler Zusammenschluss, in denen Frauen of Color und LGBTIQN-Personen eine prominentere Stellung einnehmen (Clayton 2018); ein Umstand, der unter anderem auch auf die Missachtung von Frauen und queeren Aktivist*innen innerhalb der Schwarzen Befreiungsbewegung verweist (Banks 2018: 710). BLM wurde damit sukzessive zu einem zentralen Ort des zivilgesellschaftlichen Widerstands gegen die von Trump und seinen Anhänger*innen amplifizierten Zentralisierung der Politik auf weiße, heterosexuelle Cis-Männer. Auf den Umstand, dass die moralische Legitimität und auch das diskursiv-politische Eskalationsmoment damit zunächst auf der Seite von BLM zu liegen schien, reagierte Trump nicht nur mit ostentativer Indifferenz, insofern er die politischen Anerkennungsforderungen der Protestierenden einfach ignorierte. Damit verbunden war zugleich eine an seine Anhänger*innenschaft adressierte Binnenbotschaft, die – oftmals mit rassistisch gefärbten Abwertungsrethoriken operierend – die Legitimität der politischen Forderungen von BLM in aggressiver Weise zurückwies und darüber hinaus den von BLM angestoßenen Diskurs über Vulnerabilität, Status, Scham und Schande zum Zwecke der Unterfütterung der eigenen Agenda aneignete: Statt die gelebten Erfahrungen marginalisierter Gruppen in der notwendigen Dringlichkeit anzuerkennen, verschoben Trumps Wortmeldungen den Fokus auf die vermeintliche Prekarität der weißen Mehrheitsgesellschaft und die gefühlte Beschämung der weißen Identität, die es im Sinne von MAGA/MAWA zu ‚schützen' gälte. Zumindest ein Teil von Trumps Popularität speist sich – so Lauren Berlant – ganz in diesem Sinne und bis heute aus dem Umstand, dass er seinen Unterstützer*innen das Gefühl vermitteln kann, ein ‚natürliches' Anrecht auf Privilegien zu haben:

> „The Trump Emotion Machine is delivering feeling ok, acting free. […] They're saying, I want to matter. They're saying I want my friends, my group, to matter. Who matters? Why should group X matter more, or first, or get more attention? It's hard for the formerly optimistic and unmarked whites to feel right about other people mattering before they do, because they didn't know that their freedom was bought on the backs of other people's exploitation and exile from protection by the law" (Berlant 2016).

Trumps wiederkehrende antifeministische Äußerungen und allen voran seine Aussage von 2005 – „You can grab them by the pussy. You can do anything" –, die im Wahlkampf 2016 in den Massenmedien die Runde machte, wirken vor diesem Hintergrund keinesfalls als ein diskreditierender Malus. Im Gegenteil: Trumps Invektiven und noch mehr die Reaktionen, die sie bei feministischen Aktivist*innen und in den Medien hervorriefen, bestärkten im Verbund mit den permanenten rassistischen Rahmungen den anvisierten Wähler*innenkreis darin, dass mit Trumps Wahl zum Präsidenten eine Rückkehr möglich würde: eine Rückkehr zur ‚guten alten Zeit' vor den *culture wars* der 1990er Jahre, in der das weiße, männliche Überlegenheitsgefühl noch nicht durch Anerkennungs- und Emanzipationsansprüchen der sozialen, kulturellen und sexuellen Minderheiten irritiert wurde (vgl. Hunter 1991; Isom/Mikell/Boehme 2021). Dass diese Hoffnungen mit dem Ende von Trumps Präsidentschaft enttäuscht zu werden drohten, ist eine der kollektiven psychodynamischen Triebfedern für den Sturm auf das Kapitol im Januar 2021. Wie Gabriele Dietze gezeigt hat, reagierte Trumps *base* mit dem Angriff auf jene Parlamentssitzung, die Bidens Wahlsieg amtlich machen sollte. Der Sturm war nicht zuletzt ein Zeichen der hysterische Angst, mit der Abwahl der Verkörperung weißer Suprematiesehnsüchte eine Demütigung der eigenen Souveränitätsvorstellungen erleiden zu müssen (vgl. Dietze 2021). Dieser Aufstand, der gegen die Legitimität des Wahlverfahrens einen kollektiv geteilten Akt der Wirklichkeitsverleugnung setzte, markiert damit den Höhepunkt einer affektiven Vergemeinschaftung, die auf dem Wege gewaltsamer Externalisierung die Akzeptanz von Komplexität und Heterogenität verweigert.

Trumps Affekte: Wut, Hass, Gemeinschaft

Die kursorischen Hinweise zur digitalen rechten Netzkultur deuten an, welche Emotionsordnung Trumps politischen Erfolg bei der Wahl 2016 zugrunde lag. Sein Angebot bestand nie in der Formulierung diffiziler Lösungsstrategien für die komplexen Problemlagen der globalisierten Welt. Im Gegenteil: Seine Antwort hieß radikale Komplexitätsreduktion, verbunden mit einer Gefühlspolitik, die als Kompensation für die potenziellen Verunsicherungen und Demütigungen der politischen, ökonomischen und kulturellen Globalisierung (vgl. Mishra 2017: 20 f.) eine affektive Wiedergutmachung versprach. Trump reagierte auf die Sehnsucht nach Geborgenheit, indem er die affektiv-gesättigte Phantasie der Rückkehr in bessere Zeiten in körperliche Zustände geteilter Selbstberauschung übersetzt (Anderson 2016). Komplementär zu dieser Adressierung „retrotopischer" Stimmungslagen (vgl. Bauman 2017), machte er Wut und Hass zu Leitaffekten seines öffentlichen Erscheinungsraumes (vgl. Wahl-Jorgensen 2018). Trump transformierte eine Mischung aus Angst und Empörung in Hass auf Migrant*innen, Afroamerikaner*innen und Eliten und installierte so ein politisches Modell, das ganz auf die Schaffung exklusiver Solidarität abgestellt war (vgl. Koch 2020). Der Bau der Mauer, der Muslim-Ban, die Schaffung von Deportationscamps – nie ging es darum, eine mittelfristig wirksame Migrationspolitik zu entwerfen. Das einzige Ziel war es, xenophobe und rassistische Stimmungslagen zu bedienen. Wie Steve Bannon, Trumps zeitweiliger strategischer Ratgeber, selbst freimütig zugab, war das vorrangige kommunikative Ziel die Transformation der konservativ-republikanischen Wähler*innenschaft in eine ressentimentgeladene Erregungsgemeinschaft: „We got elected on Drain the Swamp, Lock her up, Build a Wall […]. This was pure anger. Anger and fear is what gets people to the polls" (zit. n. Lewis 2018). Diesen Mechanismus, der wesentlich zum Wahlsieg 2016 beigetragen hatte, bediente Trump auch während seiner Präsidentschaft weiter. Eine seiner Grundbotschaften, die er immer wieder aussendete, lautete, dass Rassismus kein Problem, sondern eine legitime, von ihm unterstützte Überzeugung sei. Verweisen kann man hier auf das Jahr 2017, in dem er die rechtsextremen Vandalierer von Charlottesville als „very good people" bezeichnete, oder auf eine Rede von 2018, in der er mit Blick auf die Proteste

Schwarzer NHL-Spieler gegen Polizeigewalt forderte: „get that son of a bitch off the field right now!"

Insbesondere Trumps Wahlkampfveranstaltungen erzeugten einen temporären „safe space for hate" (Milligan 2017), der von einer viszeralen Atmosphäre der Gemeinschaft, der kollektiven Macht und der ungehemmten Souveränität geprägt war. Die hier zwischen Körpern und sozialem Raum zirkulierenden Affekte verbanden Individuen zu Gruppen (Ahmed 2004), die – durch Bedrohungsnarrative nationaler Verletzlichkeit organisiert – auf der Achse von Freund- und Feindschaft positioniert werden konnten. Auf dem Grund dieser Form protofaschistischer interpersonaler Affektion (Salmela/von Scheve 2017: 573), die schon Herrmann Broch in seiner *Massenwahntheorie* (Broch 1995) herausgearbeitet hatte, liegt eine soziale und kulturelle Abstiegsangst, die in ihrem Beschämungspotenzial unterdrückt werden muss und erst in der Transformation in Rachsucht gegenüber den vermeintlich verantwortlichen Eliten und im Hass auf Minderheiten artikuliert werden kann. In seinen Wahlkämpfen nutzte Trump dementsprechend die „liquid fear" (Bauman 2006) der weißen Unter- und Mittelschicht als eine affektive Mobilisierungsressource (vgl. Barbalet/Demertzis 2013), um sich selbst in einem – wie es Hannah Arendt einmal formulierte – paradoxen Bündnis „zwischen Mob und Elite" (Arendt 1952) als ‚Retter von nebenan' zu feiern. Materielles Symbol dieser Emotionspolitik, die letztlich auf der populistischen Behauptung einer Identität von Führer und Volk aufbaute (Müller 2016), war die Baseball-Mütze, die bis zum Ende seiner Amtszeit bei keinem Auftritt Trumps fehlen durfte.[1]

Trump bediente sich darüber hinaus im Wahlkampf 2016 und am Anfang seiner Präsidentschaft des melodramatischen Narrativs von gesellschaftlichem Verfall und Errettung, wie es aus dem Hollywood-Kino auf die politische Ebene proliferiert ist. Als dann mit der Corona-Pandemie in der Tat eine reale Notstandssituation eintrat, wich diese Pathosbewirtschaftung, sieht man einmal von der triumphal inszenierten Rückkehr ins Weiße Haus nach seiner überstandenen Infektion ab, anderen rhetorischen Figuren: Komplementär zur Feier des eigenen Krisenmanagements (vgl. Trinkaus 2020) und der gleichzeitigen Abwertung der demokratischen Gouverneure in den besonders betroffenen Bundesstaaten wurde Trump nunmehr nicht müde, in unzähligen Invektiv-Tiraden China für das Virus verantwortlich zu machen und über die Begriffe „Chinese-Virus" oder „China-Virus" ein Labeling zu implementieren, das eigenes Unvermögen über die Benennung einer externen Verantwortlichkeit, auf die sich alle negative Affekte projizieren lassen, zu invisibilisieren versucht (zu Trumps Rhetorik und dem Anstieg von Diskriminierung und Gewalt gegenüber asiatisch rassifizierten Personen vgl. Gover/Harper/Langton 2020). Diese Praxis der Schuldzuweisung – „it's China's fault!" – führt exemplarisch vor Augen, wie die soziale Grammatik von Trumps Redeordnung funktioniert: Schon im Wahlkampf 2016 und verstärkt seit der Übernahme des Präsidentenamtes operierte Trump mit einer

---

[1] Zur Kleiderordnung des Populismus vgl. Diehl 2017a.

Adressierungspraxis ad personam. Er re-inszenierte alle politischen Konflikte und Konkurrenzen in einer antagonistischen Medienlogik des *Gamedocs,* mit der seine Anhänger*innenschaft seit seiner Zeit als „Supercelebrity" (Kellner 2016: 5) in der *Reality TV*-Serie *The Apprentice* (NBC, 2004–2017) vertraut war.[2] Bei dieser Show, in der Trump als vulgär-brutaler Gastgeber zweier konkurrierender Teams nach Manager*innen für sein Unternehmen sucht, dreht sich alles um das „Überleben im mörderischen ‚Dschungel' des Spätkapitalismus" (Klein 2017: 70). Wer verliert, wird gedemütigt und symbolisch eliminiert. Die emblematischen Formeln der Erniedrigung „You are a loser" und „You are fired" bilden die semantische und ideologische Quintessenz der Serie (vgl. Showalter 2017), deren Basis-Narrativ nach der Amtsübernahme dann auch für Trumps Personalpolitik im Weißen Haus und den ihm unterstellten Behörden ordnungsstiftend wurde. Trumps Weigerung, die Corona-Pandemie angemessen, d. h. jenseits von naiver Verleugnungen und xenophober Schuldzuweisung zu adressieren, führte dann auch die tödlichen Auswirkungen vor Augen, die seine Haltung zum ‚Überleben im Kapitalismus' für ökonomisch, sozial oder physisch vulnerable Gruppen hatte. Der enge Zusammenhang zwischen Armut und Infektionsraten in den USA und anderswo zeigte, dass Personen in prekären Beschäftigungsverhältnissen sich verstärkt bei der (‚systemrelevanten') Arbeit ansteckten. Die Verbindung zwischen instabilen Arbeitsmärkten und staatlicher Wohnungspolitik, die eine große Verdichtung von Personen auf engstem Raum zur Konsequenz hatte, machte wie im Brennglas deutlich, dass – nicht exklusiv unter Trump, aber in seiner Amtszeit noch einmal weiter forciert – die Möglichkeit zur sozialen Distanzierung ein privilegiertes Gut darstellte. Die Demographie der Ansteckungs- und Sterberaten zeigte überdeutlich, dass Trumps Handlungen von einer impliziten biopolitischen Logik angeleitet wurden, in der außer Diskussion stand, *welches* Leben für ihn, seine Administration und seine Unterstützer*innen als schützenswert gilt und welches betrauert werden kann (zum Konzept der „Grievability" vgl. Butler 2004; Butler 2009). Mit der Beobachtung, dass insbesondere die Schwarze Bevölkerung der USA von der Pandemie betroffen war und ist, stellt Marc Lamont Hill dementsprechend die rassistischen Implikationen von Trumps „Corona capitalism" heraus:

> „Corona capitalism exposes the danger of living within a White supremacist capitalist empire. In the United States, being poor and Black makes you more likely to get sick. Being poor, Black, and sick makes you more likely to die. Your proximity to death makes you disposable. Your disposability makes you more exploitable." (Hill 2020: 23 f.)

---

[2] Katja Kanzler und Marina Scharlaj beschreiben diese Erweiterung des Repertoires symbolischer Formen wie folgt: „Whereas exchanges between pop and politics used to be organized around the symbolic form of narrative and, more specifically, the genre of melodrama, Trump's campaign orients itself toward what has been called the ‚gamedoc' – a genre of reality tv in which the competitive game dominates as symbolic form" (Kanzler/Scharlaj 2017: 319).

In Trumps *Worldmaking* stellt sich Politik mit Bezug auf *The Apprentice* als eine Aneinanderreihung von Konkurrenzszenarien dar, die genau jene Form von Komplexitätsreduktion leisten, von der zuvor schon die Rede war: Bei Trump Handlungen ging es nie um kompromissorientierte, konsensfähige Lösungen, die in einem langwierigen politischen Prozess zu erarbeiten gewesen wären. Im Gegenteil: Konsensfindung ist genau die Strategie des *Establishments*, gegen die er körperlich und rhetorisch antrat. Trump verfolgte demgegenüber einen Neodarwinismus, der jeden Problemlösungsprozess in eine antagonistische Situation übersetzte. In seiner Welt, in der das Recht der Stärkeren gilt, gibt es nur Gewinnen oder Verlieren. Wer verliert, erleidet die ultimative Beschämung und fällt aus der symbolischen Ordnung heraus; mehr noch werden durch die Corona-Pandemie und die Praxen der Polizeigewalt gegenüber People of Color die Leben der vulnerabelsten Gruppen als entbehrlich markiert.[3] Wer ‚gewinnt' hingegen, genießt die Entgrenzung seiner souveränen Macht. Trumps Weigerung, den Ausgang der Wahl 2020 anzuerkennen, hat in dieser Logik des *Reality-TVs* ihren Grund: Der Status des Supercelebritys, mit dem eine souveräne Entscheidungskompetenz verbunden ist, garantiert, dass sein Wort Realität wird. Diese Gewissheit, die Trump und seine Anhänger*innenschaft umso enger verband, je stärker die Widerstände der Wirklichkeit wurden, führte letztlich bis zur „Dolchstoßlegende einer gestohlenen Wahl" (Dietze 2021) und der anschließenden Eskalation der Kapitol-Stürmung. Die Trump-kritische Berichterstattung der liberal-demokratischen Medien, das Virus, die zu wenigen Stimmen bei der Wahl 2020 – immer sah sich das Trump-Lager mit illegitimen Angriffen konfrontiert, auf die es, beseelt von einem unbedingten Glauben an die eigene Stärke und Durchsetzungsfähigkeit, mit allen Mitteln zu reagieren galt.

Trumps Adressierungsstrategie: Feindschaft und Identität

Trumps Auftreten war auf die permanente Produktion von Kontroversen ausgelegt. Der 45. US-amerikanische Präsident wollte provozieren, um die Aufmerksamkeit der Medien und der potenziellen Wähler*innenschaft zu okkupieren. Er brauchte die Entrüstung seiner Gegner*innen, um die eigene Affektpolitik mit Energie zu versorgen. Einerseits bedienten seine Regelverletzungen die aufmerksamkeitsökonomische Logik des Medienspektakels,[4] wie es für die Massenmedien

---

[3] Keeanga Yamata Taylor fasst treffend die Diskurse zur Pandemie und Black Lives Matter zusammen: „As thousands of Black people were dying because racism rendered their lives expendable, the violence of the police showed again that their lives were also disposable." (Taylor in: Hill 2020: 7).

[4] „By ‚media spectacle' I am referring to media constructs that present events which disrupt ordinary and habitual flows of information, and which become popular stories which capture the attention of the media and the public and circulate through broadcasting networks, the internet, social networking, smart phones, and other new media and communication technologies" (Kellner 2016: 3).

charakteristisch ist: Trumps invektive Sprache verfolgte ein spezifisches Resonanzkalkül, das sich direkt an die narrativen Logiken der Berichterstattung angepasst hatte. Trumps Rede war – darauf hat Paula Diehl hingewiesen – geprägt durch Personalisierung, Komplexitätsreduktion, Außergewöhnlichkeit, Drama und Konflikt (Diehl 2017b).

Andererseits verstand es Trump wie kein anderer Politiker, die antagonistischen Potenziale der sozialen Netzwerke für seine fortgesetzte Produktion von Feindschaft zu nutzen. Insbesondere *Twitter* bietet aufgrund seiner spezifischen Affordanz und der damit verbundenen Tendenz zur algorithmischen Stimulation von Ressentiments (vgl. Vogl 2021, 6. Kap.) ein ideales Kommunikationsmittel für Trumps Programm der permanenten Zuspitzung: Es suggeriert eine Form direkter Ansprache, umgeht die Gatekeeper-Funktion der Nachrichtenmedien, privilegiert einen kurzen und unkomplizierten Diskurs und es honoriert aufgrund der Valorisierung durch *Likes* und *Retweets* aggressive, invektive Adressierungsweisen (vgl. Kreis 2017; Seeßlen 2017: 73 f.; Ott/Dickinson 2019 sowie Werber, Uhlmann und Nanz in diesem Band). Trumps vormaliger und vermeintlich privater Account-Name, „@realDonaldTrump", war selbst die symbolische Verdichtung einer populistischen Politik, die radikal auf Personalisierung und ostentative Distanz zum regulären Betrieb des Weißen Hauses setzte (vgl. Lockhart 2018). Gleichzeitig – dies ist aus einer weniger medienpessimistischen Perspektive (vgl. auch Phillips/Milner 2017) unbedingt zu ergänzen – zeigen die sich in Reaktion auf Trump sukzessive herausbildenden Gegenkulturen, dass soziale Netzwerke wie *Twitter* ausschlaggebend für die Mobilisierung öffentlicher Proteste, die resonanzstarke Zirkulation kritischer politische Inhalte und die Herausbildung transnationaler Zusammenschlüsse seien können. So war *Twitter* ein zentrales Vehikel für den Women's March 2017, für die im selben Jahr beginnende MeToo-Bewegung sowie die 2013 nunmehr zu einem transnationalen Netzwerk angewachsene Black Lives Matter-Bewegung (Carney 2016). Die in der Forschung wiederholt formulierte Generalthese, wonach die sozialen Medien notwendigerweise eine zentrale Rolle bei der Polarisierung und Fragmentierung von Öffentlichkeiten spielen, erweist sich aus der Distanz betrachtet möglicherweise als eine Nebenfolge der Angstlust, mit der auch die wissenschaftliche Betrachtung Trumps imprägniert war. Entgegen einseitiger Beobachtungen von Donald Trumps *Twitter*-Nutzung, die dem Medium eine zwangsläufige Tendenz zur invektiven Frontenbildung, zur Verbreitung von Hass und Verschwörungsdenken unterstellen (u. a. Ott 2017; Ebner, 2019; Jaster/Lanius 2019), bleibt zu konstatieren, dass sich soziale Medien – und eben auch *Twitter* – ebenso für einen detaillierten Austausch über politische Zusammenhänge, als Mittel der Solidarität und Fürsorge oder als Plattform für die Organisation zivilgesellschaftlichen Engagements und aktivistischer Gegenrede aneignen lassen (zu *Twitter* im Kontext anderer Proteste, vgl. Tufekci 2017).

Die diskriminierenden Botschaften und Liebesbekundungen, die Trump wiederum über *Twitter* versendete, behaupteten in ihrem reduzierten Wortschatz, der schon auf der Ebene der Lexik die Komplexität der Welt nicht anerkannte, in authentischer Weise Klartext zu sprechen. Der Account „@realDonaldTrump" war damit Teil der Gesamtinszenierung einer „plebiszitäre[n] Autoritätsfigur[]" (Vogl 2021: 181), die es zu ihrer Strategie gemacht hatte, ostentativ die Redeordnung des *Establishments* zu ignorieren. Trumps gesamtes Auftreten – im Wahlkampf, bei seiner *Inaugural Address,* bei den Pressekonferenzen des *White House* bis hin zu seiner „Save-America"-Rede am 6. Januar 2021 – zielte darauf ab, den Eindruck eines Bruchs mit den konventionalisierten Sprachspielen des Politik-Betriebs zu erzeugen. Im Versuch, den Normbereich politischer Kommunikation zu verlassen, war Trumps Stil sowohl lobpreisend als auch durch und durch invektiv imprägniert. Sachhaltigkeit und Problemorientierung waren zweitrangig. Trumps kommunikatives Anliegen war die Aufteilung der Welt in Freund- und Feindschaftsbeziehungen, womit das Angebot der Bereitstellung von Deutungs-sicherheit und gemeinsam erlebter Anerkennung verbunden war. Neben Selbst-überhöhung und der beleidigenden Herabsetzung Anderer gehörten auch der Rückgriff auf ‚alternative Fakten' sowie der Gebrauch von Halbwahrheiten zu seinem rhetorischen Repertoire (vgl. Gess 2021; Olschanski 2017). Trump operierte von Beginn seiner Selbsterfindung als Politiker an mit dem Vorstellungs-komplex einer umfassenden Verschwörung der Eliten. Zunächst seine Lügen zu Obamas vermeintlicher Geburt in Kenia, dann die Unterstellung, Hillary Clinton sei in einen Kinderporno-Ring verwickelt, schlussendlich seine ostentative Nähe zur Weiterentwicklung von „Pizzagate" zur QAnon-Verschwörung – Trump wurde nicht müde, die Autorität der demokratischen Institutionen und ihrer Amts-träger zu diskreditieren, indem er sie an eine paranoide politische Imagination der extremen Rechten anschloss, in der Deutungsgewissheit und Unterscheidungs-unsicherheit eine toxische Mischung eingingen. Er führte damit eine Krise politischer Wahrheitsannahmen herbei, die ihn selbst zu einem Objekt größter hermeneutischer Aufmerksamkeit werden ließ und ihn zugleich mit dem Verweis auf das Wirken klandestiner Netzwerke in den Augen seiner Anhänger*innen-schaft gegen Kritik immunisierte (Butter 2019). Die Bindung an seine Fans – in seiner Zeit als Fernsehstar wie auch später als Präsident – beruhte nie auf komplexen politischen Reformprojekten oder in sich kohärenten Programmen, sondern einzig auf Affekten der ausschließenden Selbstaffirmation, die es in auf Dauer gestellten Feedbackschleifen gemeinsam zu intensivieren und zu genießen galt. Trumps Blick auf die Wirklichkeit – die notorische Rede von *Fake News* und *Alternative Facts* führt dies exemplarisch vor – war immer schon ein autoritärer, der nur das anerkannte, was sich seinem Deutungsanspruch unterwarf. Trumps höchst disponiblen Wahrheitsverständnis entsprach die medial unterstützte und nicht zuletzt algorithmisch forcierte Bereitschaft seiner Unterstützer*innen, sich als willige Interpretationsgemeinschaft auf seine souveränen Setzung von Tat-sachen und deren Auslegung einzulassen.[5] So brauchte Trump sich trotz der Russ-land-Ermittlungen und des ersten Impeachment-Verfahrens solange nicht um die

---

[5]Vgl. zur Problematik einer Monologisierung medialer Echokammern und der damit ver-bundenen Tendenz zur Ausbildung analoger und digitaler „Neogemeinschaften" Reckwitz 2017: 261 ff.; Lütjen 2020, 52 ff.

sachliche Korrektheit seiner Behauptungen und Ablenkungsmanöver zu scheren, wie sie unter dem Framing einer „witch hunt" bei seinen Unterstützer*innen auf Resonanz und Zustimmung stießen. Seine Kommunikation nutzte den in Kreisen der *Alt-Right* beheimateten Glauben an einen umfassenden Verschwörungszusammenhang des *Deep State,* in dem die sog. ‚Normies' und ‚Snowflakes' gefangen seien. Nichts ist, wie es scheint, das ist eine der Grundüberzeugungen der *Alt-Right,* die sich auf *8chan* oder der Website *Infowars* in der ubiquitären Rede von der ‚red pill' dokumentiert und vor dem Hintergrund der Corona-Pandemie in Form der immer populärer werdenden QAnon-Fantasie in den USA und darüber hinaus immer mehr Menschen in den Bann zieht.

Eine mit dem Verschwörungsdenken korrespondierende Kontinuität in der Agitation Trumps, die die Behauptung einer Elitenmanipulation von der Ebene der Epistemologie auf die der Sprache transponiert, stellt zudem der Angriff auf eine vermeintliche *Political Correctness* dar, deren Geltung Trump vor allem während seiner Wahlkampfveranstaltungen für seine erste Kandidatur immer wieder für den Niedergang der Nation verantwortlich machte. So erklärte er etwa im Februar 2016 bei einer Rally in Oklahoma angesichts eines kritischen Zwischenrufers: „In the good old days, they'd rip him out of that seat so fast. But today, everyone is so politically correct. Our country is going to hell because we're being politically correct" (zit. n. Parker 2016). In der Konfrontation mit politischen Kontrahent*innen zielte Trump darauf, durch polemische Respektlosigkeit die Unterscheidung von politischer Rolle und Person aufzulösen. Gerade bei Wahlkampfauftritten, die von einer spezifischen Theatralität geprägt sind, realisierte seine Rede eine „cacophony of hate" (Kellner 2016: 10), die darauf ausgelegt war, projektive Abscheu gegenüber Andersdenkenden und Minderheiten zu nutzen, um affektive Vergemeinschaftung herzustellen. Nach dem Vorbild eines *Wrestling*-Kampfes imaginierte Trump Konstellationen, in denen die Guten gegen die Bösen antreten und in denen er selbst als Inbegriff von Stärke, Cleverness und Virilität schlussendlich triumphierte (vgl. Stick in diesem Band). Wie beim *Wrestling* wies Trump seinen politischen Kontrahent*innen durch sarkastische Spitznamen markierte Charaktere zu. Er verfolgte eine Dramaturgie der Verächtlichmachung, die professionelle Distanzen außer Kraft setzte und auf die Erzeugung emotionaler Ausnahmezustände zielte. Bei den Trump-Rallies, die nach dem Prinzip einer „expressive[n] Territorialisierung" (Trinkaus 2020: 214) gestaltet waren, ging es mit ihren symbolischen Ein- und Ausschlüssen nicht zuletzt um die Herstellung „einer affektiven Dynamik, aus der das Innen eines Größenwirs hervorgeht" (ebd.: 213), dem sich alle Unterstützer*innen anschließen konnten. Als kulturelle Folie diente Trumps eigener *Wrestling*-Auftritt im Jahr 2007, wo er beim „Battle of the Billionaires" den Vorsitzenden von *World Wrestling Entertainment,* Vincent McMahon, außerhalb des Rings angegriffen, besiegt und ihm dann anschließend in einer paradigmatischen Szene der Demütigung die Haare abrasiert hatte (vgl. Diehl 2018; Frevert 2017).

Invektivität hatte für Trump die Funktion der Akkumulation und Zentrierung von Aufmerksamkeit. Sprechchöre wie „America first!", „Lock her up!" oder später dann „Keep America Great!" sollten auf der Basis rhythmischer Affizierung intensive Gefühle kollektiver Identität und Handlungsfähigkeit stiften. In variierenden „scene[s] of emotional contestation" (Berlant 2017: 47), in denen sich Ausdrucksexzesse wechselseitig bestätigten und überboten, fokussierten sich die gemeinsam zelebrierte Aggressionen gegenüber denjenigen Personen oder Gruppen, die auf der anderen Seite der Unterscheidung von Freund und Feind platziert worden waren. Die fortwährende Beleidigung politisch Andersdenkender funktionierte hier als ein Theater der Selbstermächtigung, das gerade bei denjenigen Adressat*innenkreisen auf Anklang stieß, die sich ökonomisch bedroht, kulturell abgehängt und von der Politik zu wenig beachtet fühlten. Eine typische Trump-*Rally* – und dies ist ein rhetorisches Muster, das sich bis zu den Tiraden über die gestohlene Wahl 2020 fortsetzte – stand unter dem Motto: „souverän ist, wer beleidigt". Unter der Dramaturgie seines Straf- und Rache-Diskurses verwandelte er der Wahlkampfsaal in ein Tribunal, in eine Arena der Anklage und der postwendenden symbolischen Schuldigsprechung. Als expressiver Zeremonienmeister extremer Gefühlslagen erzeugte Trump eine Atmosphäre relationaler Intensität, die sich sowohl aus der Suggestion katastrophaler Dringlichkeit speiste, als sie auch Momente der herabsetzenden Spaßes und des gemeinsamen Genießens einer aggressiven Selbstaufwertung bereithielt. Immer wieder triggerte er im Wissen um die „affektive[n] Sensitivität" (Mühlhoff 2018: 78) seiner Zuhörer*innenschaft das kollektive Phantasma einer Überlegenheit der „weißen Rasse", die sich gegenwärtig nicht entfalten könne, wohl aber unter seiner Präsidentschaft zur neuen Blüte kommen werde. Weiß-sein wurde und wird dabei sowohl als gesellschaftlich bedrohte und diskriminierte Subjektposition heraufbeschworen als auch identitätspolitisch in Stellung gebracht.[6] Zugleich steigerte Trump die affektive Aufladung des Publikums bis an die Grenze zur Eruption von Gewalt. Die Psychodynamik aus Wut, Hass und Gemeinschaftsgefühl war insbesondere für die heiße Phase des Wahlkampfs 2015/2016 charakteristisch. Um eine kollektive Stimmung der Selbsterhöhung zu erreichen, scheute Trump vor keiner Geschmacklosigkeit zurück. Trumps Kommunikation war geprägt von einer latenten Gewaltsamkeit, die er als diskursive und affektive Ressource im Überblendungsbereich von Hass, Angst und Begehren zu nutzen wusste. Gerade seine Live-Performances vor Publikum waren von einer Lust an der Herabsetzung von Gegner*innen und Kritiker*innen geprägt, die alle Standards des respektvollen Umgangs negierten. Ihr korrespondierte die Bereitschaft seiner Zuhörer*innenschaft, durch entsprechende Körpertechniken des gemeinsamen Skandierens von invektiven Sprechakten (Gehring 2019), einen Feedback-Loop wechselseitiger Berauschung zu installieren.

---

[6] Innerhalb der Diskursmanipulationen der *Alt-Right* umgeht das Sprechen als weiße Person Simon Strick zufolge auch den Vorwurf des Rassismus, da es in dieser Rahmung „weniger um ‚Rassenbewusstsein' als um ‚Klassengefühle' geht" (Strick 2018: 122). Weiß-sein wird somit zur Basis der affektiven Identifizierung der neurechten Gemeinschaft, deren Mitglieder ein „identifikationsstiftendes Gefühl der Unterdrückung" (ebd.) aneinanderbindet.

Bei Trumps Auftritten, die nicht von ungefähr an *Stand-up-Comedy* erinnern, kam es wiederholt zu Szenen komischer Grausamkeit (Levina/Silva 2018), in denen er und sein Publikum im gemeinsamen Verlachen anderer zusammenfanden. Paradigmatisch für diese Form der entmenschlichenden Verspottung, die an die Obszönität der rechten Netzkultur anschließt, ist die Art und Weise, wie Trump im November 2015 auf eine Auseinandersetzung mit dem *New York Times*-Journalisten Serge Kovaleski reagierte. Trump hatte zuvor behauptet, tausende Muslime in den USA hätten die Anschläge vom September 2001 bejubelt und als Quelle einen Artikel Kovaleskis genannt. Da dieser aber nie einen solchen Artikel geschrieben hatte, widersprach er der Darstellung des Präsidentschaftskandidaten entschieden. Trump kam bei seinem Wahlkampfauftritt in South Carolina auf den Dissens mit dem Journalisten zu sprechen, beklagte dessen unlautere Vergesslichkeit und imitierte mit Körper- und Gesichtszuckungen die Behinderung Kovaleskis, der an einer angeborenen Gelenkversteifung leidet. Anhand dieser Szene lässt sich ein weiteres Mal beobachten, wie Trumps Politik der Herabsetzung funktioniert: Die Performanz seiner Kommunikation ist plakativ und gestenreich, sie zielt darauf ab, einprägsame (Körper-)Bilder zu kreieren, die als Teil einer politischen Ikonografie Eingang in das mediale Polarisierungsspektakel finden sollen: „Through the use of gestural methods, Trump metonymically reduces others to laughable portrayals while elevating himself" (Hall/Goldstein/ Ingrim 2016: 73). Kritik, das ist Trumps Grundgesetz, ist in der Sache immer unberechtigt und entspringt damit in jedem Fall niederen Motiven der politischen Gegner*innen. Dies zeigt sich auch bei gewaltverherrlichenden Tweets gegenüber friedlich protestierenden BLM-Anhänger*innen – wie etwa: „When the looting starts, the shooting starts" –, mit dem er mittels eines Zitats des Miami Polizeichefs Walter Headly aus dem Jahr 1967 ein hartes Vorgehen insbesondere gegenüber Schwarze Protestierende androhte (Rosenwald 2020). Gegenüber Kritik an solchen wie auch anderen Aussagen immunisiert er sich unter der Berufung auf Missverständnissen, da seine Gegner*innen angeblich generell daran interessiert seien, ihn chronisch falsch zu verstehen. Immer, so die Inszenierung, sind es die Kontrahent*innen, die eine vorausliegende Feindschaftserklärung ausgesprochen haben und Trump zwingen, mit allen Mitteln zurückzuschlagen. Damit operierte Trump trotz der invektiven Aufladung seiner Anschlusskommunikation von der moralisch attraktiven Position der Selbstverteidigung aus.

Über den jeweiligen situativen Anlass hinaus hatten seine Invektiven zudem noch eine weitere Aussageebene: Sie fungierten in den Augen seiner Unterstützer*innen – in Entsprechung zu Trumps *Republican National Convention Speech* vom Juli 2016, in der er erklärte „I am your voice" (zit. n. Cannon/ Goodin 2016) – immer auch als stellvertretende Antwort auf eine fundamentale Herabsetzungserfahrung der unteren (weißen) Mittelschicht, die in den letzten Jahrzehnten – so das implizite Fundierungsnarrativ – einen Geltungs- und Gesichtsverlust erlitten haben soll. Für sie tritt er als „Disruptor-in-Chief" (Wade 2018; Nixon 2020) auf, der die bestehenden Verhältnisse zu ihrem Gunsten aufmischt. Trumps Verspottung Kovaleskis, die dessen körperliche Verfassung thematisierte, um dessen diskursive Autorität zu verletzten, nahm ganz bewusst eine aggressive, zugleich aber auch unterprivilegierte Sprechposition ein. Trump handelte hier exakt nach der Logik von Michelle Obamas „When they go low, we go high", verkehrte allerdings das behauptete Kausalverhältnis in sein Gegenteil. Trumps anti-intellektualistische Invektiven wollen verstanden werden als Reaktion auf eine politische und kulturelle Elite, deren Sag- und Sichtbarkeitsordnung er bei allen sich bietenden Gelegenheiten – man denke an seine Einlassungen im Kontext der Debatte um die Denkmäler der Bürgerkriegsgeneräle – als Bevormundung und hegemoniales Druckmittel diskreditierte. Der Humor, den Trump hier in Anschlag bringt, ist ganz bewusst vulgär. Er realisiert in seiner oftmals ungeskripteten Spontanität ein Gegenprogramm zu jener feinen Ironie des Washingtoner *Establishments,* wie er sie in der Latenzphase seiner Präsidentschaftskandidatur, als noch niemand einen Erfolg für möglich hielt, mehrfach selbst hatte aushalten müssen. Trump agierte damit in manchen Momenten als Clown – allerdings als ein souveräner Clown, dessen politische Popularität sich nicht zuletzt aus seiner programmatischen Antipolitik ableitete (vgl. Kohns 2012).

Zu den Beiträgen

Angesichts der oben vorgestellten Dynamiken innerhalb der US-amerikanischen Politik und Gesellschaft widmen sich die folgenden Beiträge unterschiedlichen Perspektivierungen der Präsidentschaft Trumps sowie den jüngsten diskursiven und medialen Verschiebungen des politischen und sozialen Feldes innerhalb der USA. Die hier versammelten Texte interessieren sich zudem unter funktionalen Gesichtspunkten für Trumps emotionales Regime, für die Mobilisierungsstrategien, mit denen er seiner Anhänger*innenschaft adressiert und für die Resonanzen, die er erzeugt. Vor diesem Hintergrund vereint der Band unterschiedliche Themenfelder – von einer Sozialpsychologie und Ästhetik des Populismus über die Kommunikationsordnungen des Nachrichtendienstes *Twitter* und der Netzkultur der *Alt-Right* bis hin zu den Diskursverschiebungen rund um *Sexual Harassment* und *BLM* –, die ihren gemeinsamen Bezugspunkt in der Beantwortung der Frage haben, wie die Charakteristika der Präsidentschaft Trumps genauer zu fassen sind. Für die zweite Auflage dieses Bandes haben einige der versammelten Texte eine Aktualisierung erfahren (Schleusener; Koch/Rogers; Werber; Nanz; Uhlmann), die die zweite Hälfte von Trumps Amtszeit und auch deren Ende in ihren Reflexionshorizont miteinbeziehen. Andere finden sich in der Fassung der ersten Auflage wieder (Strick; Dietze; Voelz). Ihre Einsichten sind nach wie vor gültig und/oder markieren in ihrer Historizität quasi eine Momentaufnahme der zeitnahen medienkulturwissenschaftlichen Auseinandersetzung mit dem Phänomen „Trump". Hinzugekommen ist zudem ein weiterer Beitrag von Elisabeth Schäfer-Wünsche zur kulturell und politisch wirkmächtigen Bewegung Black Lives Matter, die sich unter anderem in direkter Weise mit Trumps Politik der Herabsetzung auseinandersetzt.

Simon Sticks Aufsatz widmet sich mit dieser Zielstellung verschiedenen Facetten der Performance von Trump, um sowohl die zugrunde liegenden

Mechaniken seiner Präsidentschaft als auch die jeweiligen Effekte auf die politische und kulturelle Landschaft der USA nachzuvollziehen. Strick entwickelt dabei eine Serie analytischer Perspektiven auf die diskurs- und affektpolitischen Dimensionen der Präsidentschaft, die von Überlegungen zur vulgärpsychologischen Ausdeutung Trumps in den Massenmedien über die Geschlechtertheorie des Faschismus bis hin zu Konstellationen der Beleidigung und Analysen der Hermeneutik des Verdachts reichen. Im Zentrum von Stricks Überlegungen steht die Frage, welches theoretische Instrumentarium angesichts heutiger politischer Dynamiken wirkmächtig sein könnte. Der Beitrag „Ermüdung der Theorie" stellt damit schlussendlich nicht die Person Trump, sondern die auf ihn bezogene Wissensproduktion und Kritik ins Zentrum seiner Analyse.

Simon Schleuseners Aufsatz „Trump als Symptom" zielt in eine ähnliche Richtung. Ausgangspunkt ist hier die These, dass der Aufstieg des US-amerikanischen Präsidenten kein zufälliges und unerwartetes Ereignis markiert, sondern Ergebnis eines längerfristigen Prozesses ist, der durch das Erstarken rechtspopulistischer Politik und die Krise der westlichen Demokratien ermöglicht worden ist. Dass Trump verhältnismäßig viele Wähler*innen aus der Arbeiter*innenschicht und unteren Einkommensgruppen gewinnen konnte, erklärt Schleusener als Effekt einer Anziehungskraft, die aus Trumps fortgesetzten Überschreitungen der Regeln politischer Korrektheit, seiner Kritik an Eliten sowie der Krise des Neoliberalismus resultiert. Demnach reüssiert Trump als Präsident von rechts, der dem um sich greifenden Gefühl der Verunsicherung mit nationalistischen und protektionistischen Konzepten begegnet. Gerade der Tabubruch, der Trump so reden lässt, wie seine Anhänger*innen wohl gerne reden würden, verdeckt dabei, dass der Präsident selbst ein Mitglied jener kapitalistischen Oberschicht ist, die im hohen Maße vom Neoliberalismus profitiert. Trump arbeitet – scheinbar erfolgreich – an dem Eindruck, eine echte Alternative zum ebenso kleinteiligen wie langwierigen Prozess der Washingtoner Politik zu sein. Während sich Demokraten und Republikaner mit gegenseitigen Vorwürfen lähmen, scheinen die Anhänger*innen Trumps – insbesondere während der Trump-*Rallies* in einem intensiven Gefühl der Gemeinschaft verbunden – von einer kathartischen Hoffnung auf eine bessere Zukunft beseelt, deren Evokation die andere Seite einer Politik der Angst – vor dem Niedergang, vor dem Sittenverfall, vor den Anderen – darstellt.

Der Beitrag von Lars Koch und Christina Rogers greift solche Affektdynamiken auf und eröffnet einen analytischen Blick auf die Sicht- und Sagbarkeitsregeln der zeitgenössischen US-amerikanischen Politik sowie auf einige Aspekte der Medienkultur in Zeiten Trumps. In ihrem Aufsatz „Orange is the new *Black Box*" fragen die Autor*innen nach den veränderten Performanzen innerhalb des Feldes der Politik und nehmen insbesondere die Normalisierung invektiver Rhetoriken im Kontext der Präsidentschaft Trumps in den Blick. Ausgehend von den Comedy-Einlagen der *Correspondents' Dinners,* die im Text als Mikrodramen intermedial gerahmter Diskursphänomene fungieren, werden Diskursverschiebungen und Machtmechanismen innerhalb des öffentlichen, medialen und politischen Feldes nachvollzogen. Den Fluchtpunkt der Untersuchung bildet eine Epistemologie der *Black Box,* die Aufschluss darüber gibt, wie die derzeitigen politischen Konstellationen sowie deren Aufmerksamkeitsökonomien und Wahrheitsspiele neu gedacht werden können.

Wie Gabriele Dietzes Beitrag „Der Pussy-Präsident" hervorhebt, kann eine Untersuchung der politischen Konstellationen um Trump nicht ohne Einbezug der feministischen Kämpfe und der gegenwärtigen politisch-diskursiven Entwicklungen um das Thema Sexismus und sexuelle Belästigung erörtert werden. Dietze analysiert, wie die durch Trump befeuerte sexuelle Konterrevolution in den USA den Anspruch auf die Verfügbarkeit über den weiblichen Körper mit neuer Legitimität anreichert und damit zugleich die alte, heteronormative Geschlechterordnung mit ihren Asymmetrien und männlichen ‚Privilegien' wiederherstellt sowie konsolidiert. Dietze rekonstruiert – die Berufung Brett Kavanaughs an den Obersten Gerichtshof der Vereinigten Staaten sowie weitere Beispiele der Diskursivierung von Vergewaltigungsfällen an Colleges und Universitäten im Blick – den öffentlichen Umgang mit sexuellen Übergriffen auf Frauen und setzt diesen zu sexistischen Handlungen und Äußerungen Trumps in Beziehung. Dabei zeigt sich, so Dietze, ein inzwischen öffentlich manifester Sexismus in der Politik der USA, der einer verqueren Logik folgend sowohl juristisch als auch diskursiv Effekte der Täter-Entlastung produziert. Diese Normalisierung und Banalisierung von *Sexual Harassment,* die vom Antifeminismus der Trump-*Base* massive Unterstützung erfährt, führt einerseits zu einer gestiegenen kulturellen Akzeptanz der nunmehr offen ausgelebten männlichen Ermächtigung über ge- und missbrauchte Frauenkörper. Demgegenüber ist andererseits ein Erstarken feministischer Kämpfe zu konstatieren, worunter die unter dem Label *Women's March* seit 2017 stattfindenden Proteste ebenso zu fassen sind wie der populäre Feminismus der *#MeToo*-Bewegung oder die in manchen Bundesstaaten gestiegene Bereitschaft, rechtliche Schritte gegen sexuelle Belästiger einzuleiten.

Im Vordergrund des Beitrags von Elisabeth Schäfer-Wünsche stehen die Antagonismen zwischen der Politik Trumps und *Black Activism*, die sie über eine historisch kontextualisierende Untersuchung der Black Lives Matter Bewegung (BLM) und Donald Trumps Aufführung von Weißsein thematisiert. Den Zugang zu Donald Trumps disruptiven Politikstil findet Schäfer-Wünsche über eine Analyse von *Celebrity Politics*: In Trumps rassifizierten Visionen ist eine performative Ästhetik erkennbar, bei der er vor allem auf der Basis seines Stils und der Bedienung spezifischer Genres und Rhetoriken seine Fanbase aufrecht erhält. *Style* begreift Schäfer-Wünsche als einen Generator von politischen Affekten. Anhand der BLM-Bewegung zeichnet sie nach, wie dieses *Celebrity Leadership* – auch im Vergleich zum früheren afroamerikanischen Widerstand gegen systemischen Rassismus – unterwandert wird, bzw. wie bei #Black Lives Matter und anderen *Racial Justice*-Bewegungen *Group-centered Leadership* und *Grass-roots Activism* im Vordergrund stehen, in denen der Schwerpunkt auf die Wertschätzung von Schwarzem Leben gelegt wird. „Love", „Joy", „Healing" sind hierin zentrale Begriffe des Zelebrierens Schwarzer Leben inmitten von Auseinandersetzungen um und Kämpfen gegen rassistische Machtverhältnisse. In Trumps auf *Whiteness* stilisierter Politik, in der der eigenen Logik nach auch nur er als prominenter Anführer Amerika verkörpern kann und die Schwarze Bevölkerung mit-repräsentiert, gilt eine netzwerkbasierte und medial prominente politische Bewegung wie BLM entsprechend als Provokation: „Keine Disruption außer der eigenen" ist Schäfer-Wünsches Charakterisierung des trumpschen Projekts.

Der Beitrag von Niels Werber über „Donald Trumps Medien" leitet eine Reihe von Untersuchungen der Kommunikationskanäle Trumpscher Politik ein. Sein Text unternimmt eine medienwissenschaftliche Untersuchung des Populismus und stellt heraus, dass die *Twitter*-Nutzung des Präsidenten zu einer allein an Popularität orientierten Medienpraxis gehört. Der Beitrag untersucht eine Reihe von *Tweets,* die Trumps Popularität behaupten, belegen oder weiter popularisieren und in erster Linie von Trump und seinen *Followern* über Ranglisten konzeptualisiert werden. Werber arbeitet davon ausgehend die spezifischen Mechanismen der Beachtungserzeugung über *Twitter* heraus und rückt eine Analyse der digitalen Popularisierungsbedingungen des Populismus ins Zentrum seiner Untersuchung. Erst die Beobachtung der Medienpraxis, so Werbers These, erlaubt eine umfassende Profilierung jener digitalen Resonanzstrategien, die Trumps Erfolg mitbegründet haben.

Der Ausgangspunkt des Beitrags von Tobias Nanz ist die Fragestellung, ob sich Trump in seiner Außenpolitik als „*Madman* im Digitalen" inszeniert. Dafür zeichnet Nanz die Genese des *Madman* in der Spieltheorie und in der Politik des Kalten Krieges nach, indem er die zugrunde liegende Konzeption der rationalen Irrationalität unter anderem anhand der Arbeiten des Ökonomen und Abschreckungstheoretikers Thomas Schelling skizziert. Weiter beleuchtet Nanz den Transfer dieser Figur in die US-amerikanische Politik und diskutiert den Versuch Richard Nixons, den *Madman* in der politischen Praxis zur Beendigung des Vietnamkriegs einzusetzen. Davon ausgehend stellt Nanz die Frage, inwiefern der *Madman* des Kalten Krieges unter den politischen und medientechnischen Bedingungen des 21. Jahrhunderts von Trump reinszeniert werden kann und welche Rolle neue Medien wie *Twitter* dabei spielen, die im Kalten Krieg noch nicht verfügbar waren.

Der Aufsatz von Gyburg Uhlmann geht den konkreten „rhetorischen Strategien von @realDonaldTrump nach und untersucht seine Kommunikation über den Kurznachrichtendienst *Twitter.* Ihr Beitrag zeigt auf, wie die politische Agenda Trumps mit den Techniken der Kommunikation interagiert. Anhand einzelner Merkmalsbeschreibungen arbeitet Uhlmann heraus, wie Trump *Twitter* strategisch nutzt, um sachlichen Diskussionen und an Rationalität orientierten Argumentationen rhetorisch auszuweichen. So setzt der Präsident etwa Strategien der Dekontextualisierung und der Emotionalisierung ein, was den vermehrten Gebrauch von Beleidigungen forciert. In Rekurs auf die antike Rhetoriktheorie skizziert Uhlmann, wie *Twitter* von Trump manipulativ genutzt wird, um die Spielregeln politischer Kommunikation dahin gehend zu verändern, dass differenzierte Begründungsnotwendigkeiten und Sachorientierung zugunsten leicht zu rezipierender, sprachlicher und piktoraler Metaphern zunehmend in den Hintergrund treten.

Ebenfalls für die affektive Dimension von Trumps Politik interessiert sich der Beitrag „Sprache, Subjektivität und das Problem der Mentalisierung" von Reinhold Görling, der einen psychoanalytisch sowie sprachwissenschaftlich informierten Blick auf die für Trump und die Neue Rechte typische Praxis permanenter Normübertretungen wirft. Ausgehend von der Beobachtung, dass auf Wahlkampfveranstaltungen Trumps sowie am Rande rechter Demonstrationen sexuell und/oder juristisch konnotierte Grenzüberschreitungen inszeniert oder offen thematisiert werden, entfaltet Görling die Dynamik zwischen dem – von Trump oft beschworenen – Verfall von Gesellschaft und Welt auf der einen Seite und dem Genießen von Willkür und schrankenloser Souveränität auf der anderen. Dieses Faszinosum einer radikalen Regellosigkeit, von dem weite Teile der Trump-Anhänger*innenschaft betroffen zu sein scheinen, findet seinen Niederschlag in einer – insbesondere bei Trump-*Rallies* zu beobachtenden – Sexualisierung des öffentlichen Raumes. Das Souveränitätsphantasma, so arbeitet Görling heraus, benötigt die Vorstellung der Grenzüberschreitung, von Trump etwa beflügelt, indem er seine Tochter Ivanka öffentlich zum eigenen Sexualobjekt stilisiert oder auch dadurch, dass er während seiner Auftritte seine Zuhörer*innenschaft offen zu Gewalt und Rechtsbruch ermuntert. Trumps Reden und deren möbiusbandartige Struktur benebeln seine Anhänger*innenschaft und unterlaufen, so Görling, deren epistemisches Vertrauen in die Welt. Dieser Verlust wird als Konsequenz durch eine persönliche Abhängigkeit ersetzt, die Ähnlichkeit mit einer *double-bind* Kommunikation aufweist.

Den Abschluss der hier unternommenen Studien zu *Trump, den Medien und der Politik der Herabsetzung* markiert der Beitrag „Zu einer Ästhetik des Populismus" von Johannes Voelz, der danach fragt, wie die für Trumps Politik konstitutive Dimension des Ästhetischen genauer zu konzeptualisieren und zu analysieren ist. Trumps Auftritte, so Voelz, schaffen einen politischen Erscheinungsraum rechtspopulistischer Massenmobilisierung, der von Fernsehkameras und anderen Medienarrangements abgebildet und in den Diskursraum eingespeist werden soll. Voelz verdeutlicht, dass der rechtsgerichtete US-amerikanische Populismus insbesondere auf dem *Rally*-Format beruht, das den Unterschied zwischen den Repräsentierten und dem Repräsentierenden zu eliminieren und den Eindruck einer Unmittelbarkeit zwischen beiden Seiten, mithin zwischen Redner und Publikum, herzustellen sucht. Die aufwendig inszenierten *Rallies* zielen demnach darauf ab, eine Gemeinschaft abbildbar zu machen, die die Anhänger*innen und den Redner Trump umfasst und aus einer fein abgestimmten Choreografie von medientechnischen Manövern (Kameraeinstellung, usw.) und populistischer Rede hervorgeht.

Mit diesem Beitrag zur spezifischen Ästhetisierung der Politik unter der Regie Trumps schließt sich der Bogen der hier zusammengestellten Überlegungen, die das Medienhandeln des *Great Disruptor* hinsichtlich seiner Voraussetzungen, Mittel und Effekte diskutieren. Zugleich kommt mit der zweiten Auflage von „The Great Disruptor" aber auch die rund sechsjährige Arbeit der ERC-Forschungsgruppe *The Principle of Disruption* zu einem vorläufigen

Abschluss.[7] Dieses Projekt fragte in einer umfassenden medienkulturwissenschaftlichen Perspektive danach, welche Funktionen ‚Störung' in modernen Gesellschaften erfüllt. Nicht zuletzt ging es dabei auch um die potenziell subversiven und kritischen Effekte, die der ‚Störung' im Bereich von Kunst und Aktivismus zugetraut wurden. Diese Möglichkeit scheint im Zeitalter des *Great Disruptor,* der Störung, Transgression und Tabubruch auf Dauer stellt, verloren gegangen zu sein. Welche Instrumente der Kritik angesichts des *New Normal* adäquat sind, ist noch nicht ausgemacht.

Literatur

Ahmed, Sara: Affective economies. In: *Social Text* 22/2 (2004): 117–139.
Anderson, Ben: ‚We will win again. We will win a lot.': The affective style of Donald Trump (23.11.2016), https://www.academia.edu/30049967/The_affective_styles_of_Donald_Trump.pdf (24.04.2019).
Arendt, Hannah: Das zeitweilige Bündnis zwischen Mob und Elite. In: *Hochland* 44 (1952): 511–524.
Anderson, Carol: *White Rage. The Unspoken Truth of Our Racial Divide.* New York [u. a.] 2016.
Banks, Chloe. Disciplining Black activism: post-racial rhetoric, public memory and decorum in news media framing of the Black Lives Matter movement. In: *Continuum* 32/6 (2018): 709–720.
Barbalet, Jack/Demertzis, Nicolas: Collective fear and societal change. In: Nicolas Demertzis (Hg.): *Emotions in Politics.* Basingstoke 2013: 166–185.
Barnett, Brett: The Trump Effect: The 2016 Presidential Campaign and the Racist Right's Internet Rhetoric. In: *Journal of Hate Studies* (2019) 15/1: 77–96.
Bauman, Zygmunt: *Liquid Fear.* London 2006.
Bauman, Zygmunt: *Retrotopia.* Berlin 2017.
Berbrier, Mitch: The Victim Ideology of White Supremacists and White Spearatists in the United States. In: *Sociological Focus* 33/2 (2000): 175–191.
Berlant, Laurent: Trump, or political emotions. In: *The New Inquiry* (05.08.2016), https://thenewinquiry.com/trump-or-political-emotions/ (24.04.2019).
Berlant, Laurent: The Epistemology of state emotion. In: Austin Sarat (Hg.): *Dissent in Dangerous Times.* Ann Arbor 2017: 46–78.
Boczkowski Pablo J./Papacharissi, Zizi (Hg.): *Trump and the Media. The Election of Donald Trump and the Great Disruption in the News and Social Media.* Cambridge, Mass. 2017.
Broch, Herrmann: *Massenwahntheorie.* Frankfurt a. M. 1995.
Butler, Judith: *Precarious Life. The Politics of Mourning and Violence.* London/New York 2004.
Butler, Judith: *Frames of War. When is Life Grievable?* London/New York 2009.
Butter, Michael: Trump geht viel strategischer vor, als seine Gegner glauben (28.02.2019). In: *WirtschaftsWoche,* https://www.wiwo.de/politik/ausland/verschwoerungstheorien-trump-geht-viel-strategischer-vor-als-seine-gegner-glauben/24039508.html (24.04.2019).

---

[7] Dieser Band ging in seiner ursprünglichen Form aus einer Tagung hervor, die sich im Dezember 2017 an der TU Dresden mit den neuen Ordnungen des Politischen befasste und die Frage stellte, ob Störungen noch ein Mittel zur Unterbrechung und Reflexion gesellschaftlicher Prozesse sei. Die Veranstaltung war gleichzeitig Abschluss der ERC-Forschungsgruppe *The Principle of Disruption* (vgl. Projekt-Website www.principleofdisruption.eu).

Cannon, Carl M./Goodin, Emily: Trump to disaffected americans: „I am your voice". In: *Real Clear Politics* (22.07.2016), https://www.realclearpolitics.com/articles/2016/07/22/trump_to_disaffected_americans_i_am_your_voice_131285.html (24.04.2019).

Carney, Nikita (2016): All lives matter, but so does race: Black Lives Matter and the evolving role of social media. In: *Humanity and Society* 40/2 (2016): 180–199.

Chadwick, Bruce: *The Hybrid Media System. Politics and Power.* Oxford 2013.

Clayton Dewey: Black Lives Matter and the Civil Rights movement: a comparative analysis of two social movements in the United States. In: *Journal of Black Studies* 49/5 (2018): 448–480.

Davis, Angela: Rape, Racism and the Myth of the Black Rapist. In: Dies.: *Women, Race & Class.* New York 1983.

Diehl, Paula: Populismus, Antipolitik, Politainment. Eine Auseinandersetzung mit neuen Tendenzen der politischen Kommunikation. In: *Berliner Debatte Initial* 22 (2011): 27–39.

Diehl, Paula: The body in populism. In: Reinhard C. Heinisch/Christina Holtz-Bacha/Oscar Mazzoleni (Hg.): *Political Populism: A Handbook,* Baden-Baden 2017a: 361–372.

Diehl, Paula: Why do right-wing populists find so much appeal in mass media. In: *Dahrendorf Forum* (20.10.2017b), https://www.dahrendorf-forum.eu/why-do-right-wing-populists-find-so-much-appeal-in-mass-media/ (24.04.2019).

Diehl, Paula: Rechtspopulismus und Massenmedien. Eine explosive Mischung. In: Jennifer Schellhöh/Jo Reichertz/Volker M. Heins/Achim Flender (Hg.): *Großerzählungen des Extremen. Neue Rechte, Populismus, Islamismus, War on Terror.* Bielefeld 2018: 87–96.

Dietze, Gabriele/Strick, Simon: Der Aufstand der Betamännchen. In: *Gender-Blog der Zeitschrift für Medienwissenschaft* (18.12.2017), https://www.zfmedienwissenschaft.de/online/blog/der-aufstand-der-betam%C3%A4nnchen (29.04.2019).

Dietze, Gabriele: Trumps letzte Tage. Der bittersüße Zauber der Verleugnung. In: *Gender-Blog der Zeitschrift für Medienwissenschaft,* (08.01.2021), https://zfmedienwissenschaft.de/node/1628 (15.02.2022).

Dietze, Gabriele/Roth, Julia (eds.): *Right-Wing Populism and Gender. European Perspectives and Beyond,* Bielefeld 2020.

Donovan, Jack: *The Way of Men.* London 2012.

Ebner, Julia: *Radikalisierungsmaschinen. Wie Extremisten die neuen Technologien nutzen und uns manipulieren.* Berlin 2019.

Frevert, Ute: *Die Politik der Demütigung. Schauplätze von Macht und Ohnmacht.* Frankfurt a. M. 2017.

Frum, David: The republican revolt. In: *The Atlantic* (09.09.2015), https://www.theatlantic.com/politics/archive/2015/09/the-republican-revolt/404365/ (24.04.2019).

Garza, Alicia: *Die Kraft des Handelns. Wie wir Bewegungen für das21. Jahrhundert bilden.* Stuttgart 2020.

Gehring, Petra: Gesang, Gebrüll, Sprechakt? Über Skandieren, in: Dies: Über die Körperkraft von Sprache. Frankfurt a. M. 2019: 15–32.

Gess, Nicola: *Halbwahrheiten. Zur Manipulation von Wirklichkeit.* Berlin 2021.

Gibson, Caitlin: How ‚politically correct' went from compliment to insult. In: *The Washington Post* (13.01.2016), https://www.washingtonpost.com/lifestyle/style/how-politically-correct-went-from-compliment-to-insult/2016/01/13/b1cf5918-b61a-11e5-a76a-0b5145e8679a_story.html?utm_term=.8650bc1acab2 (24.04.2019).

Gover, Angela, Harper, Shannon, Langton, Lynn: Anti-Asian Hate Crime During the COVID-19 Pandemic: Exploring the Reproduction of Inequality. In: *American Journal of Criminal Justice* 45 (2020): 647–667.

Grusin, Richard: Donald Trumps 'evil mediation'. In: Dominik Maeder/Herbert Schwaab/Stephan Trinkaus/Anne Ulrich/Tanja Weber (Hg.): *Trump und das Fernsehen Medien, Realität, Affekt, Politik.* Köln 2020: 30–59.

Hall, Stuart: The spectacle of the 'other'. In: Ders. (Hg.): *Representation: Cultural representations and signifying practices.* London 1997: 223–290.

Hall, Kira/Goldstein, Donna M./Ingram, Matthew Bruce: The hands of Donald Trump. Entertainment, gesture, spectacle. In: *HAU: Journal of Ethnographic Theory* 6/2 (2016): 71–100.

Hill, Marc Lamont: *We Still Here. Pandemic, Policing, Protest & Possibility.* Chicago 2020.

Hunter, James Davison: *Culture Wars: The Struggle to Define America.* New York 1991.

Isom, Deena/Mikell, Toniqua/Boehme, Hunter: White America, threat to the status quo, and affiliation with the alt-right: a qualitative approach. In: *Sociological Spectrum* 41/3 (2021): 213–228. https://doi.org/10.1080/02732173.2021.1885531

Isom, Deena/Boehme, Hunter/Cann, Deanna/Wilson, Amber: The white right: A gendered look at the links between "victim" ideology and anti-Black Lives Matter sentiments in the era of Trump. In: *Critical Sociology* (2021): 1–26. https://doi.org/10.1177%2F08969205211020396

Iyengar, Shanto/Lelkes, Yphtach/Levendusky, Matthew/Malhorta, Neil/Westwood, Sean J.: The origins and consequences of affective polarization in the United States. In: *Annual. Review of Political Science* 22 (2019): 129–146.

Jaster, Ronny/Lanius, David: *Die Wahrheit schafft sich ab: Wie Fake News Politik machen.* Stuttgart 2019.

Kaiser, Susanne: *Politische Männlichkeit. Wie Incels, Fundamentalisten und Autoritäre für das Patriarchat mobilmachen.* Berlin 2020.

Kanzler, Katja/Scharlaj, Marina: Between Glamorous Patriotism and Reality-TV Aesthetics: Political Communication, Popular Culture, and the Invective Turn in Trump's United States and Putin's Russia. In: *Zeitschrift für Slawistik* 62/2 (2017): 316–338.

Kellner, Douglas: *The American Nightmare. Donald Trump, Media Spectacle, and Authoritarian Populism.* Rotterdam 2016.

Klein, Naomi: *Gegen Trump. Der Aufstieg der neuen Schock-Politik und was wir jetzt tun können.* Frankfurt a. M. 2017.

Koch, Lars: Die rechtspopulistische Politik der Gefühle. Angst, Hass, Feindsetzung, in: Lars Koch/Torsten König (Hg.): *Zwischen Feindsetzung und Selbstviktimisierung. Ästhetik und Gefühlspolitik populistischer Kommunikation.* Frankfurt a. M./New York 2020: 87–119.

Koch, Lars: Kybernetik, Paranoia und Gewalt – Der Öko-Terrorist Ted Kaczynski. In: Ders./Timm Ebner/Elena Meilicke/Rupert Gaderer (Hg.): *Paranoia. Lektüren und Ausschreitungen des Verdachts.* Wien 2016: 281–302.

Kohns, Oliver: Der Souverän als Clown: Von Büchner bis Berlusconi. In: Ders./Susanne Kaul (Hg.): *Politik und Ethik der Komik.* München 2012: 69–80.

Konzeptgruppe „Invektivität": Invektivität – Grundzüge eines neuen sozial- und kulturwissenschaftlichen Forschungsparadigmas. In: Kulturwissenschaftliche Zeitschrift 1 (2017): 2–24. https://doi.org/10.2478/kwg-2017-0001

Kreis, Ramona: The ‚tweet politics' of President Trump. In: *Journal of Language and Politics* 16/4 (2017): 607–618.

Le Bon, Gustave: *Psychologie der Massen.* Stuttgart 1982.

Lebron, Christopher: *Black Lives Matter. A Brief History of an Idea.* New York 2017.

Leggewie, Claus: Frei fliegende Fäuste. Donald Trumps Adaption einer politischen Geste, in: *Geschichte der Gegenwart* (21.01.2021), https://geschichtedergegenwart.ch/frei-fliegende-faeuste-donald-trumps-adaption-einer-politischen-geste/ (20.02.2022).

Levina, Marina/Silva, Kumarini: Cruel intentions: affect theory in the age of Trump. In: *Communication and Critical/Cultural Studies* 15/1 (2018): 70–72.

Lewis, Michael: Has Anyone Seen the President? In: *Bloomberg Opinion* (09.02.2018), https://www.bloomberg.com/opinion/articles/2018-02-09/has-anyone-seen-the-president (24.04.2019).

Lockhart, Michele: *President Donald Trump and his Political Discourse: Ramifications of Rhetoric via Twitter.* London/New York 2018.

Lütjen, Torben: *Amerika im Bürgerkrieg. Wie ein Land seine Mitte verliert,* Darmstadt 2020.

Massanari, Adrienne: Reddit's alt right: Toxic masculinity, free speech, and/r/The_Donald. In: Melissa Zimdars/Kembrew McLeod (eds.): *Fake News. Understanding Media and Misinformation in the Digital Age.* Cambridge/London 2020: 179–190.

Merrin, William: President Troll. Trump, 4chan and Memetic Warfare, in: Cathrine Happer/ Andrew Hoskins/William Merrin (eds.): *Trump's Media War*. Cham 2019: 201–226.

McManus, Hannah/Cullen, Francis/Jonson, Ceryl/Burton, Alexander/Burton Jr, Velmer: Will black lives matter to the police? African Americans' concerns about Trump's presidency. In: *Victims & Offenders* 14/8 (2019): 1040–1062.

Milligan, Susan: ‚A safe space for hate'. In: *U.S. News* (24.03.2017), https://www.usnews.com/ news/the-report/articles/2017-03-24/donald-trump-and-the-politics-of-hate (24.04.2019).

Mishra, Pankaj: *Das Zeitalter des Zorns. Eine Geschichte der Gegenwart*. Frankfurt a. M. 2017.

Mouffe, Chantal: *Über das Politische. Wider die kosmopolitische Illusion*. Frankfurt a. M. 2007.

Mühlhoff, Rainer: Affekte der Wahrheit. Über autoritäre Sensitivitäten von der Aufklärung bis zu 4Chan, Trump und der Alt-Right. In: Behemoth. A Journal on Civilisation 11/2 (2018): 74–95. https://doi.org/10.6094/behemoth.2018.11.2.989

Müller, Jan-Werner: Was ist Populismus? Ein Essay. Berlin 2016.

Nagle, Angela: *Kill All Normies: Online Culture Wars from 4chan and Tumblr to Trump and the Alt-Right*. London 2017.

Neiwert, David: *Alt-America: The Rise of the Radical Right in the Age of Trump*. New York 2017.

Nixon, Dorollo: *Disruptor-in-Chief. Why Donald Trump Won And Why He Will Win Again: A Black Republican Polemic*. La Vernge 2020.

Olschanski, Reinhard: *Der Wille zum Feind. Über populistische Rhetorik*. München 2017.

Ott, Brian: The age of Twitter: Donald J. Trump and the politics of debasement. In: *Critical Studies in Media Communication* 34/1 (2017): 59–68.

Ott, Brian L./Dickinson, Greg: *The Twitter Presidency. Donald J. Trump and the Politics of White Rage*. New York/London 2019.

Parker, Ashley: In ‚good old days', Donald Trump says, campaign protestors got more than just an escort out. In: *First Draft* (27.02.2016), https://www.nytimes.com/politics/first-draft/2016/02/27/in-good-old-days-donald-trump-says-campaign-protesters-got-more-than-just-an-escort-out/ (24.04.2019).

Peters, Christian Helge/Protevi, John: Affective ideology and Trump's popularity (Draft Paper, 28.09.2017), http://www.protevi.com/john/research.html (24.04.2019).

Phillips, Whitney: *This is Why We Can't Have Nice Things. Mapping the Relationship between Online Trolling and Mainstream Culture*. Cambridge/London 2015.

Phillips, Whitney/Milner, Ryan M.: *The Ambivalent Internet. Mischief, Oddity, and Antagonism Online*. Malden, MA 2017.

Reckwitz, Andreas: *Die Gesellschaft der Singularitäten. Zum Strukturwandel der Moderne*. Berlin 2017.

Reichherzer, Frank/Droit, Emmanuel/Hansen, Jan (Hg.): *Den Kalten Krieg vermessen. Über Reichweite und alternativen einer binären Ordnungsvorstellung*. Berlin/Boston 2018.

Robin, Corey: *Der reaktionäre Geist. Von den Anfängen bis Donald Trump*. Düsseldorf 2018.

Rosenwald, Michael: 'When the lootings strats, the shooting starts': Trump quotes Miami police chief's notorious 1967 warning. In: *The Washington Post* (29 Mai 2020), https://www. washingtonpost.com/history/2020/05/29/when-the-looting-starts-the-shooting-starts-trump-walter-headley/ (02.03.2022).

Salmela, Mikko/von Scheve, Christian: Emotional roots of right-wing-political populism. In: *Social Science Information* 56/4 (2017): 567–595.

Seeßlen, Georg: *Trump! POPulismus als Politik*. Berlin 2017.

Showalter, David: Donald Trump and the political aesthetics of reality television. In: *Berkeley Journal of Sociology* (10.06.2017), http://berkeleyjournal.org/2017/06/donald-trump-and-the-political-aesthetics-of-reality-television/ (24.04.2019).

Stanley, Jason: *How Facism Works. The Politics of Us and Them*. New York 2018.

Strick, Simon: Alt-Right-Affekte. Provokationen und Online-Taktiken. In: *Zeitschrift für Medienwisssenschaft* 19/2 (2018): 113–125.

Taylor, Keeanga-Yamahtta: *From #BlackLives Matter to Black Liberation*. Chicago 2016.

Trinkaus, Stephan: 'The Green Sticky Spawn of the Stars.' Trump, Affekt, Fernsehen im Chthulucene, in: Ders./Dominik Maeder/Herbert Schwaab/Anne Ulrich/Tanja Weber (eds.): *Trump und das Fernsehen. Medien Realität, Affekt, Politik.* Köln 2020, 211–234.

Tufekci, Zeynep: *Twitter and Tear Gas. The Power and Fragility of Networked Protest.* New Haven 2017.

Vogl, Joseph: *Kapital und Ressentiment. Eine kurze Theorie der Gegenwart.* München 2021.

Wade, Zach: Disruptor in chief: How Trump is changing world order (17.11.2018), https://edition.cnn.com/2018/09/16/world/world-order-under-president-trump/index.html (02.03.2022).

Wahl-Jorgensen, Karin: Media coverage of shifting emotional regimes: Donald Trump's angry populism. In: *Media, Culture & Society* 40/5 (2018): 766–778.

TIRED TRUMP oder: Die Ermüdung der Theorie

Simon Strick

Andy walking, Andy tired, Andy take a little snooze.
David Bowie, „Andy Warhol", *Hunky Dory* (1971)

Als sein Vater zum Schock der Weltöffentlichkeit zum Präsidenten der Vereinigten Staaten von Amerika gewählt wurde, überkam Barron Trump eine schwere Müdigkeit. Auf dem Podium, linkerhand des gestikulierenden Ungetüms, hielt der zehn Jahre alte Junge mit Mühe die Augen offen. Das Getriebe der demokratischen Ordnung knirschte, und Barron unterdrückte weltweit sichtbar ein Gähnen (Abb. 1).

Wie Heiner Müller, der einmal auf die Frage, wie er die historische Rolle eines bestimmten Politikers einschätze, lapidar sagte: „Der ist nur der Kuckuck auf der Kuckucksuhr",[1] schien Barron vom Sieg seines Vaters gelangweilt. Was wusste Barron Trump, dass er fast einschlief, während die Welt den Zusammenbruch der amerikanischen Demokratie atemlos verfolgte? Was ist die Kuckucksuhr, deren Türchen regelmäßig die Schreie des Donald J. Trump in die Welt entlässt?

---

[1] Trump stellt ein Verwirrungsmoment dar, das uns eint. Die Verwirrung führt dazu, dass sich viele Auslassungen zum Thema in Gesprächen, Vorträgen und Bemerkungen mitteilen. Der wissenschaftliche Aufsatz bietet nicht immer Platz und Form für dieses ungeordnete Denken, das aber wichtig zur Annäherung an den Topos ist. Aus diesem Grund zitiere ich hier u. a. Gehörtes und Erinnertes. Zur Kenntlichmachung gebe ich bei diesen Zitaten Vor- und Zunamen der Urheber*innen an. Aussagen des Wortgewitters Trump werden nicht nachgewiesen.

S. Strick (✉)
Brandenburgisches Zentrum für Medienwissenschaft, Potsdam, Deutschland
E-Mail: s.strick@zem-brandenburg.de

© Der/die Autor(en), exklusiv lizenziert an Springer-Verlag GmbH, DE, ein Teil von Springer Nature 2023
L. Koch et al. (Hrsg.), *The Great Disruptor,*
https://doi.org/10.1007/978-3-662-66308-0_2

Abb. 1 Tired Barron

Folgen wir Avital Ronells *Stupidity* (2002) und mit ihr Marx, gibt die Laut-stärke den Hinweis auf den Apparat: Trump ist derzeit sichtbarster Grüßaugust und Kühlerfigur der „Geschichtsmacht Dummheit" (323). Ronells Monografie – ihre Einleitung liest sich wie eine akkurate Beschreibung der letzten zwei Jahre – begreift das Objekt als *Soundwall,* die alle Störgeräusche im eigenen Lärm ertränkt: „[…] stupidity, purveyor of self-assured assertiveness, mutes just about everything that would seek to disturb its impervious hierarchies" (ebd.: 3). Eine Kritik der Dummheit könnte stören, säuft aber im Lärm ab. Der Präsident zwitschert bzw. twittert in diesem Sinn nicht; Trump is *all-noise,* oder „sound and fury and garble", wie Lauren Berlant (2016) schreibt. Mit Shakespeare und *Social Media* ließe sich sagen: „Trump's is an idiot's tale, Twitter amplified, spell-check disabled."

The Idiot President

Amerikanische Öffentlichkeiten haben sich intensiv mit der sprachlichen Müll-produktion des Donalds beschäftigt, ohne zu ermüden. Anhand des ‚Garble' sei der ‚Idiot' zu entlarven. Seit den republikanischen Vorwahlen analysierten Journalist*innen und Wissenschaftler*innen den Irrwitz Trumpschen Satz-baus, seinen semantischen Dilettantismus. Man stellte das Sprachniveau der politischen Botschaft fest und diagnostizierte Kulturverfall: „For grammar, we see that the level for Donald Trump is significantly lower, at grade 5" (Schumacher/ Eskenazi 2016). Eine andere Form der Regression in Angriff nehmend, fanden sich 27 Psycholog*innen zu der Ferndiagnose zusammen, dass Trump laut DSM an „malignant narcissism", „clinical sociopathy" und „antisocial personality disorder" leide (vgl. Lee 2017: 51 f.). Trumps Unfähigkeit, das Wort ‚anonymous' fehlerfrei auszusprechen, am 07.09.2018 in Montana dokumentiert, war das jüngste Indiz zur Überführung des intellektuell eingeschränkten und/oder geistig verwirrten Präsidenten. Wiederholt wird das Notskalpell des *25th Amendment* diskutiert, um die Impotenz politischer Geistesmacht rechtskonform zu beseitigen: „Whenever the President […] is unable to *discharge* the powers and duties of his office", heißt es dort schmucklos phallozentrisch. Kommentare überbieten sich mit abwertenden Einschätzungen der präsidialen Gehirnleistung. Kondensat ist jene Enthüllung, die Bob Woodward dem ehemaligen ‚White House Chief of Staff' John Kelly nachsagt: „He's an idiot. It's pointless to try to convince him of anything. He's gone off the rails" (zit. n. Paschal 2018). Was enthüllt die Hermeneutik des *he said, she said?*

Nichts. Bereits in Wordsworths Langgedicht *The Idiot Boy* (1799) spielt der Idiot ohne Kostüm und auf kalt ausgeleuchteter Bühne: „And the sun did shine so cold!" Seine Weltverzerrung muss bzw. kann nicht interpretativ entschlüsselt werden. Am „Burrr Burrr" von Wordsworths Idioten beißt sich die Literaturwissenschaft denselben Zahn aus, den der politische Kommentar bei Trumps „covfefe" verliert. Ähnliche Bissschwäche erfuhr feministische und antirassistische Kritik, als sie Trumps „grab'em by the pussy" oder „very bad hombres" aufnahm. Was analysieren? *Stupidity* gewinnt nicht durch Verstellung oder Maskenspiel, sondern durch schiere Präsenz. *Stupidity* ist „what is there", so Ronell, auch wenn „[…] it cannot be simply located or evenly scored" (2002: 3). Es erschien Erfolg versprechend, den Präsidenten als Rassisten, Sexisten oder HONK (Hauptschüler ohne nennenswerte Kenntnisse) zu demaskieren; *alas,* eine Maske gab es nicht. So wundert es auch nicht, dass eine tief gehende populärkulturelle Aufschlüsselung Trumpscher Performance – Georg Seeßlens Büchlein *Trump! POPulismus als Politik* – zur Amtsvereidigung im Januar 2017 schon vorlag. Alles war und ist offensichtlich. Erstes Ermüden.

Bleiben wir aber noch bei *stupidity*. Der Begriff schwankt zwischen Abwertung und medizinischem Befund, Beleidigung und Pathologie. In ihm zeigt sich die Unentschlossenheit, wie dem politischen Gegner entgegenzutreten ist. Ist er lächerlich, oder ist er krank?[2] Sind wir Ärzt*innen oder haben wir den *mental* bzw. *moral high ground?* ‚Stupid Trump' – die invektive Diagnose scheitert auch, weil sie politisch keine Lösungen zeigt. Seit Januar 2017 ist deutlich, dass Blödheit für nichts disqualifiziert, und dass ‚nicht-dumm' (nicht-sexistisch, nicht-rassistisch, usw.) zu sein weder ein politisches Programm noch

---

[2] Eine ähnliche Problemlage untersuchen Sander Gilman und James Thomas in ihrem Buch *Are Racists Crazy?* (2016).

Wähler*innengunst impliziert. ‚Trumpian stupidity' beschreibt eher Marke als
Makel, und scheitert, als Argument vorgebracht, an der eigenen problematischen
Genealogie:

> „When did ‚stupid' become a denunciation? Why did we begin to figure the other as
> stupid? [...] One would have to review the consistent naming of the slave as the non-
> human, the ineducable, in terms of phantasms of calculable intelligence. What has
> morphed into seemingly less lacerating assertions of stupidity (‚shallow,' ‚airhead,'
> ‚bimbo,' ‚brain-dead') belongs to a sinister history, which in part it repeats, of destroying
> an alterity" (Ronell 2002: 39 f.).

Abseits simpler Ausgrenzung ist das *politische* Argument gegen einen Präsidenten
mit niedrigem IQ, Demenz, klinischer Depression oder Narzissmus schlicht
nicht bestimmbar. Die kritischen *Disability Studies* haben einiges zu sagen zur
Abwertung von Menschen durch fiktive Hierarchien der Intelligenz, Normen
‚geistiger Gesundheit', und der mörderischen Geschichte dieser Deklassierungs-
mechanismen (Rapley 2004). Fliehen wir vor der Dummheit des US-Präsidenten,
finden wir uns beim eigenen *ableism* wieder. Essentialisieren wir Trump auf
diese Weise als ‚Idiot', bleibt zudem die tiefe Genealogie präsidialer Dämlichkeit
unreflektiert, die Jude Davies (2007) bereits zu Zeiten des jüngeren George Bush
skizziert hat.

Wir sind also vor eine ähnliche Aufgabe der Begriffsneufindung gestellt wie
sie uns von den gegenwärtigen Vertreter*innen der neuen Rechten auferlegt
wird: denunzierende Kritiken wie ‚Nazi', ‚Rassist', ‚rassistischer Idiot' oder der
US-amerikanische Sonderfall ‚bigot' lösen seitens der *Alt-Right* (Hawley 2017)
keine diskursiven Rückzüge wegen Verwundung mehr aus. *Nothing hurts.* Im
ersten Schritt müssten wir zumindest unsere Invektiven aufbohren, sie besser und
nuancierter gestalten. Gute Beleidigungen ‚treffen': sie zerren einen lieber ver-
steckten Wesenszug hervor, und sprechen eine Anerkennung *(recognition)* wider
Willen aus. Die gute Beleidigung ist Geschenk und geteilte Erkenntnis, nicht halb-
medizinischer Befund des Offenbaren. Das Online-Portal Jezebel.com hat Trump
zum 70. Geburtstag einen Katalog von 70 richtungsweisenden Beleidigungen
überreicht (Rothkopf 2016), aus denen ich – Heuristik der Invektive – Nicht-
Intuitives ableiten möchte. Die Titel sind zu lesen nach dem Prinzip: Donald
Trump is…

Your Shitty Racist Uncle

Viele Befunde sprechen derzeit von einer ‚Rückkehr des starken Mannes' (Georg
Seeßlen), versinnbildlicht durch Trumps ‚dezisionistische Männlichkeit' (Paula
Villa) und seine ‚Hypermaskulinität' (Sieglinde Lemke). Die unverstellte Idiotie
Trumps deutet dagegen dessen *irgendwie* nicht-hegemoniale Männlichkeit an
(Connell 2005); seine Biografie – als reich geborener und ewig unvollendeter
Sohn des Self-Made-Patriarchen Fred – tut ihr Übriges. Überaus sichtbar ist seine

unklassische Männlichkeit im ‚Gesetz des Vaters', wie es von *The Don* rituell desavouiert wird: Trumps vermeintliche Autorität beschwört sich stets als Eigensabotage, nicht durch patriarchale Absolutheit. Performative Widersprüche legt er selbst im ‚selbstdurchstreichenden' Eigenlob vor – „I have the best brain", „I'm a very stable genius", usw. – oder andere üben sich im dekonstruktiven Politik-Dada. Hier ein Auszug aus Sarah Palins denkwürdigem Manifest für eine *poésie concrète,* ihrem *endorsement* für Trump während der *primaries:*

> „Yeah, our leader is a little bit different. He's a multi-billionaire. Not that there's anything wrong with that. But, it's amazing, he is not elitist at all. Oh, I just hope you all get to know him more and more as a person, and a family man. What he's been able to accomplish, with his um, it's kind of this quiet generosity. Yeah, maybe his largess kind of, I don't know, some would say gets in the way of that quiet generosity, and, uh, his compassion, but if you know him as a person and you'll get to know him more and more, you'll have even more respect. […] And yes, as a multi-billionaire, we still root him on, because he roots us on" (CBSN 2016).

Palins sehenswert surreale Wahlempfehlung (vgl. Schilling 2016) umarmt den Kandidaten mit der Grillzange. Sie beschwört Trump™ nicht als den natürlichen *Nom-du-Père* (Lacan); sein Name verkörpert keine politische Filiation und kein patriarchales Totem. Führer Trump ist „a little bit different": Familienmensch, aber nicht Stammhalter; Cheerleader *(root on),* nicht Stammeswurzel *(rooted in);* still und großzügig, aber von Großmannssucht *(largess);* Billionär und nicht elitär. „It's, um, amazing."

Wie ist die Doppelgestalt auszudeuten, Trumps ferne Nähe, die von der Wähler*innenschaft hingenommen wurde? Zunächst eine These zum patriarchalen Muster: Trump vs. Clinton war kein ödipales Drama, in dem eine infantilisierte Bevölkerung dem *Non-Du-Père* folgen und die Mutter zurückweisen musste, um an der phallischen Macht des Vaters irgendwann zu partizipieren. In dieser billigen Psychoanalyse des Nationalen wäre die mimetische Rivalität zwischen Vater und Sohn wunsch- und wahlleitend: Der Wunsch, zu sein *wie* Mann/Vater Trump, erfüllt sich nur unter Akzeptanz des paternalen Verbots der Machtgleichheit. Die ödipale Sicht verankert die politische Beziehung von Wählerschaft und Souverän in der idealisierenden Neurose, dem *double bind* von Imitationsverbot und -gebot, und dem resultierenden Aufschub des Vater- bzw. Königsmords.

Die Ernennung Trumps setzt nicht das ein, was Lacan die ‚Vaterfunktion' nennt. Es ist eher die Einführung Amerikas in eine symbolische Unordnung, der Einsturz eines Zeichensystems. Die Umwertung aller *American values* rührt an allem: politischer Distinktion, Gewaltenteilung, Pressefreiheit, bis hin zur Unschuldsvermutung gegen Kinder, die 2018 an der mexikanischen Grenze in Käfige gesperrt wurden. Früh fiel das Inzesttabu: „If Ivanka weren't my daughter, I'd be dating her", sagte Trump bereits vor den Wahlen. Für die puritanische USA ist es bemerkenswert, dass dieser Tabubruch (wenn schon nicht alle anderen) hingenommen wurde. Nach kurzer Verwunderung über die moralische Konturlosigkeit Trumpscher Männlichkeit finden wir bei Claude Lévi-Strauss Aufschluss über die Tragweite der Transgression: „Der Inzest ist eher *sozial absurd als moralisch verurteilenswert.* Das Inzestverbot ist weniger eine Regel, die es untersagt, die Mutter, Schwester oder Tochter zu heiraten, als vielmehr eine Regel, die dazu zwingt, die Mutter, Schwester oder Tochter anderen zu geben" (zit. n. Girard 1999: 346, meine Hervorhebung).

„Sozial absurd" ist das bessere Stichwort für diese Präsidentschaft, die ihr Basislager jenseits moralischer Urteile aufgeschlagen hat. Das Exogamiegebot ist bekannterweise nicht nur gemeinschafts- und kulturstiftend, sondern konstitutiv für die politische Funktion des Geschlechterunterschieds im patriarchalen Kapitalismus, wie von Gayle Rubin zu lernen ist. Die Frau wird zur Ware, durch deren Zirkulation Gesellschaft in Form von Tauschbeziehungen unter Männern organisiert wird. Männlichkeit entsteht dadurch, dass sie andere Körper, durch Objektivierung als weiblich signifiziert, tauscht. Trump behält demnach kultur-vernichtend die Tochter für sich, und kann mit dem gesellschaftsbildenden *Traffic-In-Women* (Rubin 2011) so wenig anfangen, dass er auf Kosten eigener Mannhaftigkeit Ivanka zu seiner Beraterin und *intima* macht. Während er ein bei-spielloses *trafficking* von migrantischen Körpern initiiert, schließt Trump sein migrantisches *trophy wife* Melania im Schrank weg. Dieses Clan-Denken, das sexuelle und politische Beziehungen in der eigenen Familie knüpfen und behalten mag, ist konkret anti-sozial und anti-gesellschaftlich, denn es verweigert den konstitutiven Frauentausch. Mag er also *ein* Vater sein, so kann er niemals *der Vater* – Ursprung der symbolischen Ordnung – sein.

Welche Figur innerhalb der amerikanischen Familie bzw. der clan-zentrierten Plutokratie der USA zeigt Trump an? In René Girards (1999) Lektüre von Bronislaw Malinowski (1962), der passenderweise nach der Gültigkeit des Ödipus-Komplexes in primitiven Gesellschaften fragt, findet sich ein Hin-weis: Wie Girard schreibt, erfüllt bei den Melanesiern der Bruder der Mutter die symbolischen Funktionen des Vaters. Letzterer prägt zwar das direkte Lebens-umfeld des Kindes, verkörpert aber nicht das „[...] Ideal im Freudschen Sinne des *Ichideals* oder des *Über-Ich*" (Girard 1999: 273). Die Auslagerung der Idealisierung auf den Onkel gibt der Konfliktbeziehung zur Autoritätsfigur freieren Raum, und „[...] die Spannungen zwischen Onkel und Neffe treten gerade des-halb so klar zutage, weil sie das Kind nicht in Widersprüche einschließen. [...] die Mimetik ist so kanalisiert, daß der Wunsch nicht sein eigenes Hindernis zum Objekt nehmen wird" (ebd.: 273). Dies hat zwei Folgen: Zum einen hat der *shitty racist uncle* größeren Spielraum im Bereich der Despotie, der Tabuverletzung und der Aufstellung paradoxaler oder folgenloser Forderungen (‚Build the Wall', ‚Lock her up'), denn Onkel und Neffe/Nichte müssen nicht zusammen leben: „[...] die beiden Bereiche berühren sich nur an genau festgelegten Punkten, um zum gegebenen Zeitpunkt die *Initiation* des Nachahmers innerhalb der Kultur sicherzustellen" (ebd.: 274, Hervorhebung im Original). Hier lässt sich die Politik-ferne durchschnittlicher Trump-Wähler*innen aus dem *flyover country* erahnen, für die Gesellschaft im übernächsten Dorf stattfindet. Der zweite Punkt ergibt sich aus der punktuellen Nähe: Die übergriffige Macht des Onkels lässt sich freizügiger genießen, denn die eigene Mischung aus Konkurrenz und Admiration, Imitation und Gegnerschaft, hält sicheren Abstand und muss sich nur sporadisch abgleichen. *Distanzierte Idealisierung* ist das Verhältnis zur ausgelagerten und damit entschärften Vaterfigur ‚Onkel Trump'.

Ein direktes Ergebnis dieser *Onkelfunktion* ist in der *Unite the Right*-Rally in Charlottesville 2017 ausgedrückt: Seit Trump kann die neue Rechte – von Roy Moore bis zur neofaschistischen *Alt-Right* – ihr Projekt weißer Dominanz ungehemmt und neurosenfrei in die amerikanische Geschichte und Gegenwart einschreiben. Der ödipale Aufschub revisionistischen und rassistischen Wollens ist nicht mehr nötig. Kein Vater muss gemordet werden, der die Regeln des Anstandes (den *moderate republican racism*) organisiert. Die Berührungspunkte der *Alt-Right* mit Trump sind bisher eben dies, punktuell, aber sie geben den rechten Protagonisten Gewissheit, auf dem Weg der Initiation richtig und geschützt zu sein: Der Präsident ist bester Kumpel und ferner Vater in einem. Die Anzeichen der Wahlverwandtschaft zwischen *White Nationalists* und Trump mehren sich mit jedem Tag.

Auch dem Rest der Regierten bietet Onkel Donald Gelegenheit zur distanzierten Nähe. Man erträgt den Präsidenten wie den *shitty racist uncle* auf der Familienfeier. Seine Transgressionen lösen zugleich Scham und Schaulust, Kopfschütteln wie Kopfschmerzen aus: Trump, das abjekte Ideal.[3] Erste Effekte des Systems Trump: Die neue Rechte dreht unneurotisch frei und erhält Spektakelcharakter; die politischen Gegner dagegen sind mit ihren Hemmungen alleingelassen – Nicht-Vater Trump vertritt nicht ansatzweise eine normative Ordnung, an der sich Opposition ödipal abarbeiten könnte.

Von den klassischen Beispielen Claudius *(Hamlet)* und Kreon *(Antigone)* abgeleitet, hat das popkulturelle Archiv der USA viele solcher Nicht-Vaterfiguren gespeichert: Der Präsident ist ein Amalgam des hochemotionalen *Redneck*-Tölpels Donald McDuck, seines raffgierigen Onkels Scrooge, sowie des ‚bösen Onkels' Charlie in Hitchcocks *Shadow of a Doubt* (1943), des skrupellosen Jason in Faulkners *The Sound and the Fury* (1929) oder Scar aus Disneys *The Lion King* (1994). In diesen Texten deutet sich eine zweite, unterschwellige Funktion des Onkels an – der Normenerhalt *ex negativo:* Onkel Donald lässt eine Reihe toxischer Männlichkeiten als völlig normal und moderat erscheinen. Sie erscheinen notwendig, denn sie stützen das freie Radikal Trump ab und scheinen somit einen Rest symbolischer Ordnung aufrecht zu halten. Wir erinnern, wer gemeint ist: Vizepräsident und professioneller Homophobiker Mike Pence, Ted ‚The World is on Fire' Cruz, oder General James Mattis, verantwortlich für das sog. ‚Mukaradeeb Massacre'. Jede/r ultrakonservative *Nutjob,* und schließlich wir selbst, präsentiert sich als einer jener „adults in the room", die das namenlose

---

[3] Mithin ein Grund für die derzeitige Schwierigkeit der Amerikaner*innen, passende Comedy zu machen: laut John Limon basiert amerikanische Stand-up-Comedy auf dem „standing up of abjection" (Limon 2000: 4 f.). Dies ist erschwert zu leisten, wenn das Abjekte auf zwei Beinen im Weißen Haus herumstolziert.

Schreiben „I am part of the resistance in the White House" an die *New York Times* herbeizitierte (Anonym 2018). Mithin ist jede*r erwachsener als Donald J. Trump oder…

An Evil Toddler and Besuited Chucky Doll

Der Rückgriff auf die klassische Kulturanthropologie war etwas anstrengend, und mit einem zweiten Müdigkeitsanfall stellt sich die Frage, ob eine ‚postbürgerliche Nation' (Heiner Müller) wie die USA sich für diese abgeschmackte Version bürgerlicher Tiefenpsychologie eignet, die nun unvermittelt von dem Barbar Trump derangiert worden wäre. Die Angriffe der *Establishment*-Demokraten lesen sich jedenfalls wie Zeitreisen in die bürgerliche ‚Nationalfantasie' der 1970er und 1980er Jahre, deren brüchigen Gefühlskonsens Lauren Berlant (1997) beschrieben hat. Nicht zufällig bedient die Strategie der Demokraten um das ‚russian meddling' eine sentimentale Blockmoral des Kalten Krieges, in der Donald Trumps Beziehungen mit Russland als ‚un-American activities' aufgerufen werden. Ein verdrehter McCarthyismus, der eine eher vergilbte Reinlichkeitssehnsucht der Supermacht USA beschwört. Im Vergleich ist die *Alt-Right* gegenwärtiger, wenn sie ‚Trump+Putin' als postmodern-autokratische Männerromanze zugleich veralbert und wertschätzt.

Ist Trump ein *temporal lapse,* ein Zeitenbruch in eine andere Epoche, wäre diese anders zu bestimmen. Begegnungen mit dem Idioten stellen immer Zeitreisen – ‚Make America Great *Again*' – oder Zusammenbrüche progressiver Zeitlichkeit dar. Die filmische Dystopie *Idiocracy* (2006) beleuchtete bereits vor Donny jenes Drehen an der nationalen Uhr, das eine Regentschaft der Dummheit bewirkt. Der Idiot öffnet das Fenster in eine ‚einfachere' Vergangenheit, wo Selbstjustiz noch hilft (z. B. *Slingblade,* 1997),[4] oder in die technokratisch-entmenschte Zukunft (*Charlie,* 1978). Tatsächlich lädt Trump zum temporalen Kurzschluss ein: Ich selbst habe ihn voreilig als „walking talking 1930 s America" (Strick 2016: 113) eingeordnet. Viele Kommentare teilen die Perspektivierung nach rückwärts und erfühlen die Trump-Epoche warnend als *American Weimar* (Liam Kennedy). Die Hoffnung ist, einer rituellen Wiederkehr demokratischer bzw. präfaschistischer Krisenmomente frühzeitig auf die Spur zu kommen. Die harte Rechte hat bereits länger ähnliche Reflexe und denunziert den vermeintlichen ‚liberalen Konsens' als Wiederkehr eines radikalen *cultural marxism* der 1920er Jahre (vgl. Kimball 2007) und kopiert dabei selbst die antikommunistische Rhetorik der Nationalsozialisten.

---

[4] In *Slingblade* (1997, Regie: Billy Bob Thornton) löst der geistig zurückgebliebene Protagonist ein soziales Problem neoliberaler Gegenwart, indem er das archaische Modell der Selbstjustiz für einen Moment wieder gangbar macht. Danach geht er, der am wenigsten Verstand, Status und Sozialität zu verlieren hat, zurück in den Zeitstillstand der Irrenanstalt. Diese Option haben wir nicht; Trump-Wähler*innen denken, sie hätten sie, wie wir später sehen werden.

Solche Rückschauen in Adoleszenzphasen kapitalistisch organisierter Demokratien, in Deutschland und anderswo, müssen Trump aber nicht als Durchgang verstehen, als eben rituelles Auftauchen einer hoffentlich kathartischen Krise der Demokratie. Vielleicht ist Trump eher das potenziell endlose Fegefeuer der Jugend; immerhin gibt es kein Indiz, dass nach Trumps populistischem Exzess etwas anderes folgt (sei es der ‚reale' Faschismus oder die Rückkehr zum demokratischen ‚Normalzustand'). Unter Bezug auf den Psychoanalytiker Mario Erdheim hat die Kulturwissenschaftlerin Gabriele Dietze angemerkt, dass in säkular-komplexen Gesellschaften wie den USA jene Initiationsrituale auf dem Rückzug sind, die als Schwellenerlebnisse das Erwachsen-Werden organisieren. Es droht Adoleszenz als endloser Schrecken: „Die Katastrophe der Pubertät findet keine geordnete Form mehr, die mit der Anerkennung eines Erwachsenenstatus abgeschlossen wird" (Dietze 2006: 42). Die Populärkultur, so Dietze, ersetze nun glücklicherweise jene religiösen Übergangsriten, in denen Angstlust und der Ekel am eigenen und fremden Körper eingezäunt und kulturalisierend überwunden werden. Anhand von Horror-Filmen wie *Texas Chainsaw Massacre* (1974) oder *Child's Play* (1988) argumentiert Dietze, dass das Genre des Splatterfilms dazu Szenen präödipaler Prägung aufführt. Damit ermöglichen sie ein Durcharbeiten frühkindlicher Trennungsängste, die Konfrontation mit präödipalen Körper- und Egotraumata, an deren Ende die Festigung der Egoformation steht. Die Parallele sei hier weniger, dass wir gebannt einen ‚Demokratie-Splatter' verfolgen, in dem Donald Trump als ‚Leatherface' oder ‚Chucky die Mörderpuppe' auftaucht. Eine müßige Frage würde entstehen: Was arbeiten der Neoliberalismus, die USA oder wir selbst mit dieser Gruselshow durch? ‚Bitte nicht den Horror-Clown', flehte die *Hamburger Morgenpost* zum Wahltag 2016.

Ohne Dietzes luzider Argumentation gerecht zu werden, bietet sich ein interessanterer Schluss an: Trumps infantiler Zugriff auf die Demokratie gleicht einem Durcharbeiten präödipaler Angstwelten. In Ermangelung von Vaterfunktionen und neurotischer Struktur tritt die frühkindliche Organisation der Donaldschen Psyche hervor. Anti-Ödipus Trump folgt genau dem Textbuch Melanie Kleins: Mutter als Lust- („Grab'em") und Hassobjekt („Lock her up"), Penetrationsangst („Build the Wall") und Penetrationslust („these big beautiful hands"). Unerschöpflicher Körperhorror des Bakteriophobikers Trump, der sich 2016 nach seinem Interview mit *FoxNews*-Reporterin Megyn Kelly artikulierte: „You could see there was blood coming out of her eyes, blood coming out of her wherever." *The Horror, the horror.*

So kommt das präödipale Kleinkind, der *evil toddler,* ins Weiße Haus. Georg Seeßlen hat bereits eine ähnlich infantilisierende Lesart angeboten, wenn er *Mr Smith goes to Washington* (1939) mit dem Einstieg Trumps verschaltet (Seeßlen 2017: 34 f.). Frank Capras Klassiker des demokratischen Populismus zeigt den Weg des amerikanischen Kindmannes ins Herz der Politik, gefasst als juvenile Reise an die eigenen Körpergrenzen. James Stewarts *Mr Smith* ist ein politisch naiver *Bachelor* und *Boyscout;* er agitiert mit Pfadfindertaktiken und Kinderarmeen gegen einen verkrusteten Machtapparat und die eigene Ohnmacht. Smiths

Zeichen ist der stoische Arbeitseifer des Kindes: nach seinem sog. *Filibuster* – im Kongress liest Smith die gesamte *Constitution* vor, um ein wichtiges Votum aufzuschieben – bricht er erschöpft zusammen. Capras *democratic drama* ist wie der Horrorfilm ein *Body Genre* (Williams 1991), das viszeral durchlitten werden will: Erst mit dem Entgleiten der Körperkontrolle wird der *American spirit* geheilt. Smith entsteht wieder als populärer Volksheld und mannhafter Nationalkörper, dessen Opferbereitschaft im Kampf gegen das ‚Monster Korruption' den Systemglauben erneuert und zuletzt die Frau an seine Seite steuert. Über *boyishness* und Außenseitertum hinaus ergeben sich vielfache Parallelen: *End the Graft* (Capra) entspricht *Drain the Swamp* (Trump); wird Smiths naives Sprechen als *boyscoutbabble* gezeigt, degradiert Trumps Diskurs sich selbst zum juvenilen „locker-room talk".

Weitere Parallelen zwischen Trumps und Capras Populismus liegen nahe, kaschieren aber nicht die entscheidende Differenz: So sehr wir es ersehnen, Donny Boy ermüdet nicht, kein klimaktischer Kollaps leitet zur Reifung und damit Systemstabilisierung über. Da sich kein Schwellenerlebnis und *relief* einstellt, dauert die „Katastrophe der Jugend" (Dietze 2006: 43) ewig. Das präsidiale Tun erschöpft sich u. a. deshalb nicht, weil es früh in ein paranoides *double bind* eigener Machart eingespannt wurde: Regent Trump beschwört bereits vor Amtseinführung die Gleichzeitigkeit von Gehindert-Werden (durch Opposition, Medien, Obama, den ‚Deep State', die ‚Rigged Election') und Schon-Alles-Erreicht-Haben: „Donald Trump is already helping the working class", sagt sein *Tweet* vom 30. November 2016. Eine unmögliche Politik folgt, die nichts tun kann und alles erledigt hat. In dieser Kopräsenz von Sabotage und Sieg, die später noch wichtig werden wird, bleibt nur ein Weg: jener der Arbeit.

Seeßlen und Metz haben in ihrer rezenten Textsammlung zum Rechtspopulismus dessen Arbeitsethos herausgearbeitet. Der Rechtspopulist ‚an sich' pflege, so die Autoren, einen gedämpften Männlichkeitskult, denn er „verkörpert nichts als Arbeit […]. Er verspricht Arbeit durch seinen Körper und Hass auf alle Nicht-Arbeit. Er sexualisiert diese Arbeit, lange bevor er das in seine Rhetorik einbaut, und sexualisiert noch mehr den Hass auf Nicht-Arbeit" (Seeßlen/Metz 2018: 75). Trumps ‚Regierungsarbeit' ist eingefasst in eine dauernde Ökonomie der größten Effizienz und Minimierung des Kraftverlustes; von der etwaigen Sexualisierung werde ich später sprechen. Erinnert sei daran, wie er im Golfmobil in Taormina (Sizilien) Energie einsparte, und die anderen sechs Staatsoberhäupter der G7 zu Fuß vom Photoshoot zum Konferenzort wandern ließ (Manchester 2017). Es gibt keine Spaziergänge in Trumps soziophober Werktätigkeit, keine *Downtime,* damit ein ewiger Handlungsimperativ aufrechterhalten wird und das *Selfmade-Ego* fortbesteht. Lügen ist ebenso Arbeit wie der Kampf gegen die Lügen; pausenloses Senden auf *Twitter* zu jeder Tages- und Nachtzeit; permanenter Wahlkampfmodus auf den so wichtigen *Rallies;* der Arbeitscharakter des Unterschreibens auf *executive orders* inszeniert in ständiger Wiederholung. Selbst der Dauerkonsum von *FoxNews* erscheint im präsidialen Tagesplaner als *executive time,* und Golf spielen in Mar-a-Lago ist noch Arbeit am ignoranten Selbst: „I'm working on my handicap."

Wie in der oft gehörten Charakterisierung ist Trumps Arbeit also durchaus dem *deal-making* verwandt, denn dieses ist a priori unabschließbar. Es gibt immer den nächsten Deal und gemäß ihrer infiniten Struktur ist diese Arbeit zur Kunst erhoben: „Making money is art & working is art & good business is the best art Andy Warhol", so twittert ‚45' am 09.03.2015 unter Berufung auf den PopArt-Künstler. Einziger Gegner dieser immerwährend unabgeschlossenen Arbeit ist der beständig drohende Zerfall, das Abschlaffen und Nachlassen der Anspannung: ‚low energy' wie The Don einst dem Vorwahlgegner Jeb Bush attestierte. In der endlosen Abwehrarbeit zeigt sich der strukturelle Proto-Status des *Dealmakers:* nie völlig ausgeprägt, nie in der Welt angekommen, immer im Vorstadium der Egoabsicherung ackernd. Bei Klaus Theweleit, der eine wichtige Quelle für die ‚Arbeits'-Hypothese von Seeßlen und Metz darstellt, findet sich die Bedeutungs-matrix der permanenten Tätigkeit jener, die abseits ödipaler Formeln des Erwachsenwerdens ihr Werk tun: Trump exemplifiziert einen jener „[...] nicht-zu-Ende-Geborenen, die ihr Ich/Wir in ständiger Arbeit (Unterwerfungsarbeit) gegen den drohenden Zerfall erzeugen müssen" (Theweleit 1978: 283). Die kanonischen Alltagsattribute der *Persona* Trump – immer gleiche Anzüge, Gesten und Slogans, *Diet-Coke, Twitter*-Kaskaden, *Rallies,* Unterschriften, *FoxNews,* überlanges Händeschütteln – werden auf dieser Folie als Erhaltungsmaßnahmen dessen les-bar, was Theweleit als ‚Phantasma des Körperpanzers' der faschistischen Männ-lichkeit zuordnet:

> „Sich selbst Kommandos geben, sich Zusammenreißen, die ständige Beobachtung/das Körpertraining, [...] ‚Männliche' Haltung, aufrechtes Wesen als Demonstration [...] und viele weitere ähnlich strukturierte Tätigkeiten können, soweit sie überwiegend der Erhaltung der Ich-Stabilität dienen, als die alltäglichen, die ‚zivilen' Formen des weißen Terrors verstanden werden" (ebd.: 286 f.).

Verkürzt gesagt ist der Theweleitsche Faschist – wie der *shitty racist uncle* – damit von den hemmenden Dynamiken bürgerlicher Sexualpsychologie befreit: Seine Männlichkeit richtet sich gegen die gefährlichen Vermischungen heterosexuellen Begehrens, hebelt den Vater zugunsten der Waffenbrüder aus, die libidinöse Energie fließt ungebremst in die gewaltsamen Grenzziehungsarbeiten am ein-heitlichen, unverbrüchlichen und überzeitlichen Volkskörper, oder eben Trump-Tower.[5] Aus der Abwesenheit ödipaler Verbindlichkeiten „[...] resultiert das für den Faschismus typische Verhältnis des Wunsches zur Politik: sie wird direkt besetzt, ohne Umwege, ohne Mama/Papa-Stempelungen, ohne Codierungen durch Konventionen, Institutionen oder historische Bedingungen" (ebd.: 280 f.). Das ist treffend formuliert: Kein Ideal und kein Erschöpfungshorizont regeln den Über-

---

[5] „Noch immer schaffen die Menschen an einem Turmbau von unermeßlicher Höhe, zu dem sie ein Geschlecht, einen Zustand ihres Seins mit Blut, Qual und Sehnsucht auf der anderen schichten. Langsam, unendlich langsam wachsen seine Quadern der Gottheit entgegen" (aus Ernst Jüngers *Kampf als Inneres Erlebnis,* zit. n. Theweleit 1978: 68). Kürzer fasst sich abermals Sarah Palin: „He builds things that touch the sky" (CBSN 2016).

griff des nicht-zu-Ende-Geborenen auf die demokratische Ordnung. Nicht Genealogie, noch Takt, Zeitgefühl, Neurose (Aufschub), Reflexion oder Schlaf bremsen
Handlungszwang und egomane Arbeitswut des Donald Trump, oder…

A Badly Drawn Fascist

Erliegen wir nicht der vereinfachenden Facette dieses *temporal lapse:* Die
Invektive und Analyse erringt nicht allein die Erkenntnis, dass Theweleits
faschistisches Körper- und Selbstzüchtungsprogramm nun in der Gestalt eines
neoliberal-selbstorganisierten Tycoons mit Zersetzungspanik und tyrannischen
Tendenzen wiederkehrt (McNeill 2016); Kulturkritiker Henry Giroux hat dafür
übrigens den Begriff der „neoliberal fascist politics" (Giroux 2018) in den Ring
geworfen. Immerhin aber ist ein Faschist deshalb bedrohlich, weil er die paranoide Ich-Stabilisierung zum rassistischen Gesellschaftssystem und totaler
Mobilisierung ausbaut, um mit extremer Effizienz eine global-denkende Nekro-
politik zur Todesproduktion für alles ‚Andere' voranzutreiben. Es sei an die bislang *relative* Ineffizienz Donaldscher Regentschaft erinnert, die zwar gerne damit
kokettiert, potenziell an einige Hebel des Totalitarismus heranzukommen („I have
the absolute right to PARDON myself", oder der seit Dezember 2018 angedrohte
Ausnahmezustand zur Finanzierung der Mauer). Auf der anderen Seite regiert The
Don durch Vernachlässigung des Politischen selbst. Avital Ronell erwähnt diesen
Punkt in ihrer begriffsgeschichtlichen Bemerkung zum ἰδιώτης (griechisch: ‚die
private Person'): „[…] the Greek approximation or anticipation of stupidity would
have to be located in the prepolitical, in the *forgetting of politics*" (Ronell 2002:
41, meine Hervorhebung).

Der griechische ‚idiotès' ist dadurch privat und eben Idiot, dass er vergisst,
hinaus zur Agora zu gehen und am Meinungsbildungsprozess teilzunehmen.
Das oben zitierte anonyme Schreiben an die *NYT* liefert dazu die Anekdote,
dass Trumps Entscheidungspolitik beeinflusst werden kann, indem man Papiere
vom präsidialen Schreibtisch entfernt. Trump regiert und irritiert nicht durch/
als Geschichtsrevisionismus oder *Backlash,* sondern als Vergessenheit: was die
Agenda ist, was er letzte Woche gesagt hat, wer seine Getreuen sind, was er mit
Hillary vorhatte, was NATO ist, was Demokratie, was Totalitarismus. Wichtig
ist ihm Politik nur an der Grenze von Ego und Öffentlichkeit: Es zählt das *daily
drama* des *Tweets,* der Moment der Gegnerbeleidigung, die instantane Bildlichkeit des Unterschrieben-Habens, die Impromptu-Emotion der Rally, die rituelle
Beschwörung der Mauer, der Sabotage, des *witch hunt.* Die Restitution des
‚weißen Terrors' (Theweleit) nimmt die Form eines egomanen Maelstroms des
Vergessens oder – anders gefasst – eines totalen *presentism* an.

Das bedeutet, dass Trump keine ‚Retraditionalisierung' vorlegt, die dem
transnationalen Rechtsruck gerne zugeschrieben wird, als sei er Umkehr und
Rückkehr des Überkommenen bzw. Verdrängten. In der Echtzeit-Ästhetik
Trumpscher Regierung interessiert Tradition – z. B. *republicanism* – nur als

direkter Gebrauchswert und pragmatischer Diskursbeschleuniger. Tradition ist nur Genre-Zeichen und momentane Besetzung einer Form. Nicht umsonst ist die kürzeste Jeremiade aller Zeiten – MAGA – völlig inhaltsleer, sowohl ‚again' als auch ‚great' spezifizieren nichts. Betreibt Trump die „Ästhetisierung des Politischen" (Walter Benjamin), die den Faschismus kennzeichnet, so bedient sich diese weniger bei der tief reichenden Geschichte und Stilistik weißer Rassennobilität, als vielmehr bei den präsentischen Käfigformeln, ad-hoc-Dramen und Mikrofaschismen des *Reality TV*. Misha Kavka hat unlängst diese Linie herausgehoben und das Realitätsfernsehen als Hauptlogik Trumpscher Performance bestimmt: „Im Zentrum dieser Formel […] sitzt Trump als Manifestation eines irrationalen, vom Affekt getragenen Gesetzes, das ihn als […] ‚obszöne Figur des Vergnügens' markiert […], einem wissenden Vergnügen an Pathos, Zurschaustellung und übertriebener Performance" (Kavka 2018: 159), so beschreibt er konzise die voyeuristische Spektakel- und Fremdschäm-Logik des Genres.

Über Kavkas wichtigen Befund hinaus lohnt sich die Historisierung dieser *Reality*-Formel. Der Journalist Kurt Andersen hat zuerst auf den ästhetisch-performativen Kanon des *Wrestling* verwiesen, der vor dem Realitätsfernsehen die Phänomenologie von Spiel und Ernst, Stillosigkeit und Spektakel, geskriptetem Drama und authentischer Dämlichkeit auszumessen begann. Das *Wrestling* biete die Explikationsfolie für Trumpsche Überzeugungskraft bei gleichzeitigem schlechtem Stil:

> „Wrestling, WWE, is, if not *the* key, a large key, to the Donald Trump phenomenon as we're experiencing it today. What they started doing in the '80s more than they've ever done before when he got involved in world wrestling, is this blurring of the lines between the characters they're playing and ‚I'm pretending to be angry at you, Hulk Hogan,' and bringing that outside the ring and making it kind of real and blurring for everybody what was real and what isn't" (Johnson 2016).

Andersen rekurriert hier auf die spezifische Vermischung von Show und Wirklichkeit, die im *Wrestling*-Jargon mit dem Begriff ‚kayfabe' ausgedrückt wird. Der Begriff bezeichnet jene Illusion des ‚echten' Dramas und Sports, die das durchgeskriptete und formelhafte Format des *Wrestling* unter allen Umständen aufrecht erhält. Mit Trump ist ‚kayfabe' vom Männercatchen via *The Apprentice* in die Globalpolitik eingewandert, und wird von vielen verkürzend als ‚postfaktische Ära' interpretiert. Diese Migration von Genreregeln ist äußerst folgenreich, wie die Theaterwissenschaftlerin Sharon Mazer in ihrem wichtigen Artikel „Donald Trump Shoots the Match" (2018) herausarbeitet, und bringt einen weiteren Punkt für die Erörterung Trumpscher Männlichkeit ein: Das *Wrestling* liebt besonders den Gilb und Schmalz der partizipierenden Männlichkeiten – ihre relative Überkommenheit ist entscheidender Teil des Sehvergnügens. *Machoman Randy Savage, The Undertaker, The Bush Wackers, Hulk Hogan, Rick Flair* heißen die Helden des Genres, dem Trump bereits seit den 1980er Jahren nahesteht. Solcherlei Schablonenfiguren karikieren diverseste Männlichkeiten, stilisieren deren Exzentrik, *Americanness,* regionale oder ethnische Identität ins Dämlich-Anrührige.

Im „Battle of the Billionaires" (WrestleMania 23, 2007), schickte Trump den afroamerikanischen Wrestler ‚Bobby Lashley' (eine Art Booker T. Washington-Figur) gegen Sportimpresario Vince MacMahon und seinen samoanischen Kämpfer ‚Umaga' (die wilde Bestie) in die Arena. In solchen Szenarien agiert das *Wrestling* soziale Konflikte aus, und macht die alten *Race*- und *Class-Relations* der USA auf volkstümlich-ironische Art erfahrbar: weiße Mogule schicken ethnisch-markierte Fantasiekörper in den Kampf um *Supremacy,* und scheuen sich nicht, im opportunen Moment dem Gegner einen Klappstuhl über den Kopf zu ziehen. Die *Showmanship* des *Wrestling* war ein natürliches Areal für die *walking brand* Trump, der zwischen theatralisch brüllenden Kontrahenten mit stereotyper NY-Coolness und kontrollierter Stimme agierte. Sein Gladiator gewann übrigens das Match, und MacMahon wurden im als ‚Hair vs. Hair'-gebrandeten Event die Haupthaare abrasiert.

Trump und seine *Persona* surfen bewusst auf diesem ebenso selbstironischen wie *corny* Genre, das dem von Richard Dyer beschriebenen ‚Peplum' nahesteht (1997) und den Handlungsmöglichkeiten, die es bereit stellt: Große Melodramen und Showdowns, Erniedrigung des Gegners, schmutzige Tricks, Lügen, *Bluster* und *Boasting,* durchexerziert von stillos zurechtgesägten Muskel- und Manager-Männlichkeiten. Der faschistische Körperpanzer begegnet uns im *Wrestling* als öliges Clown-Monster und schlecht schablonierte Parade der Übermenschen-Diversität. Die Beleidigungsformel *badly drawn fascist* trifft dort, wo sie die ‚schlampige Modalität' von Trumps faschistoider Männlichkeit beschreibt: dieser Führer ist *tacky,* boden- und geschichtslos, mit links gemalt, lächerlich, eine schmierige Karikatur in einem *wrestling match*. Attribuierungen wie ‚geschmacklos', ‚übergriffig', ‚White Trash', ‚sexistisch', ‚rassistisch', ‚verlogen', ‚zu dumm zum lesen' und ‚quasi totalitär'[6] bezeichnen demnach keine Mängel. Sie sind der Stil des Wrestlers/Politikers, seine Marke, sein Narrativ, das affektive Plus, *the joy of it.* Maßgeblich an Trump ist nicht eine jähe Wiederkunft des Präfaschismus, sondern dessen marktorientierte Vulgarisierung und Verkitschung als Dauerentertainment. Donnyboy sei der Herrenmensch von der leicht konsumierbaren Ungestalt, oder…

The Political Equivalent of One of those Mutant Factory Farm Chickens with Breasts so Big It Can't Walk

Noch erschöpfter sind wir einen Schritt weiter, wenn wir *Trump Fascism* nicht allein als Übergangsphase zu einem systemischen Totalitarismus, sondern als Daseins- und Regierungsform im Dauerpräsentationsmodus à la *Wrestling* verstehen. Dort treiben alle Aktionen ein simples und unabschließbares Narrativ (z. B. *good vs. evil,* MAGA) weiter, übertreiben es, bauen Konfliktpunkte und

---

[6] Henry A. Giroux schlägt den Begriff „civil illiteracy" vor (Giroux 2018), der die letzten beiden Punkte – undemokratisch und leseunfähig – zusammenfasst.

Spannungen auf und ab. Wie im *Dealmaking* (s. o.) wird die Realitäts- und Arbeitsebene der Show – das ‚kayfabe' – niemals verlassen, sondern im Gegenteil deren Geltungsbereich stetig ausgeweitet. Mithin kann das ‚System Trump' so begriffen werden, wie man sich einer Aktion von Christoph Schlingensief nähert – als rücksichtsloser Übergriff einer performativen Binnenlogik auf die übrige Welt, und deren nachfolgende Transformation. Das Leitthema zu Wahlkampf und bisheriger Regentschaft – „admit nothing, deny everything, launch counterattack" – hätte zum verstorbenen Film- und Aktionskünstler gepasst. Es stammt von Trumps Ex-Strategieberater und Informationskrieger Roger Stone (vgl. McKew 2018).

Die Eigenmechanik greift über die *Persona* Trump hinaus, die wir bisher beleuchtet haben. Die Trumpsche Mutation von Demokratie erhält partielle Allgemeingültigkeit, wirkt wirklichkeitskonstituierend und systembildend. Als rezentes Beispiel steht das *Supreme Court Hearing* zur Personalie des Richters Brett Kavanaugh im Oktober 2018 zur Verfügung, dessen Berufung an den obersten Gerichtshof der USA für viele einen Systembruch darstellt. Wie schon im Ernennungsverfahren des konservativen Richters Clarence Thomas im Jahr 1991 (vgl. Dietze 2014: 357 ff.) fokussierte das *Hearing* auf Vorwürfe sexuellen Missbrauchs: Kavanaugh wurde beschuldigt, im Alter von 17 Jahren versuchte Vergewaltigung und sexuelle Nötigung an der damals fünfzehnjährigen Mitstudentin Christine Blaisey Ford begangen zu haben; zwei weitere Frauen brachten ähnliche Vorwürfe vor. Die Psychologieprofessorin Ford sagte aus, während einer Party habe der stark alkoholisierte Kavanaugh sie in einem Zimmer festgehalten und gewaltsam zum Geschlechtsverkehr zu zwingen versucht. Ein *Fraternity*-Kollege habe amüsiert zugeschaut. In einer kurzen FBI-Untersuchung wurden keine ‚Beweise' für den Tatbestand gefunden (bekanntes Problem bei Vergewaltigungen), dafür zahlreiche Hinweise auf die exzessive *frat-boy*-Vergangenheit des Kandidaten. Kavanaugh wurde vom republikanisch dominierten Senat mit 50 zu 48 Stimmen gewählt.

Die dramatische Logik des *Wrestling* griff auf das Verfahren über, als Kavanaugh am 27. September sein Eröffnungsstatement lieferte. Zwei Strategien wären normal und erwartbar gewesen: der Nominierte würde seine Statur als integrer Verteidiger des Rechtsstaats festigen, und/oder die Vorwürfe mit einem süffisanten ‚boys will be boys' bagatellisieren. Entgegen der Konvention gab der Richter eine tränen- und zornreiche Performance verwundeter Alpha-Männlichkeit und beleidigter weißer Privilegierung zum Besten, bis zum Punkt der parteipolitischen Entgleisung: „This hearing is a national disgrace. [...] Since my nomination in July, there has been a frenzy on the left to come up with something, anything to block my confirmation." Eckpunkte der Rede waren: er trinke gerne Bier; er gehöre seit jeher zur rechtmäßigen Elite seiner Universität Yale; jegliche Anschuldigung sei ein dezidiert politischer Angriff der radikalen Linken auf seine Ehre als Mann, Yale-Absolvent und Republikaner, sowie auf den Rechtsstaat *per se.* „Search and destroy", betitelte er die demokratische Strategie. Der republikanische Senator Lindsey Graham sekundierte im übertriebenen Ton einer *Wrestling Feud,* die ein extensives Zitat lohnt:

Graham:	„This is the most unethical sham since I've been in politics and if you [Democrats; S.S.] really wanted to know the truth, you sure as hell wouldn't have done what you've done to this guy. Are you a gang rapist?"
Kavanaugh:	„No."
Graham:	„I cannot imagine what you and your family have gone through. Boy, you [Democrats; S.S.] all want power. God, I hope you never get it. I hope the American people can see through this sham. [...] God, I hate to say it because these [points to Democrats] have been my friends, but let me tell you, when it comes to this, you're looking for a fair process, you came to the wrong town at the wrong time, my friend. Do you consider this a job interview? [...] Would you say you've been through hell?"
Kavanaugh:	„I've been through hell and then some."
Graham:	„This is not a job interview."
Kavanaugh:	„Yeah."
Graham:	„This is hell. This is going to destroy the ability of good people to come forward because of this crap. Your high school yearbook. You have interacted with professional women all your life, not one accusation. You're supposed to be Bill Cosby when you're a junior and senior in high school. And all of a sudden you got over it. It's been my understanding that if you drug women and rape them for two years in high school, you probably don't stop" (zit. n. Roth 2018)

Grahams Dramaturgie folgt hier einem klassischen *Wrestling*-Szenario, in dem ein ‚guter' Kämpfer (im *Wrestling*-Jargon das sog. *Face*) einem anderen beisteht, der durch den *Villain (Heel)* der Show beleidigt, hintergangen und um einen wichtigen Sieg gebracht wurde. Verweise auf die Skrupellosigkeit des Bösewichts und der Druck auf die Tränendrüse des Ehrgemordeten gehören ebenso zur Formel wie Appelle an das nationale Publikum, den Trick *(Sham)* zu durchschauen. In der Regel bereitet ein solcher Dramablock ein sog. *Tag-Team-Match* vor – zwei ehrgleiche Muskelbrüder vereinen sich gegen den *Villain* und seinen Schergen – mit dem Ziel, dass die moralische Welt zeitweise gerade gerückt wird, der Titel dem rechtmäßig ‚Besten' zufällt, und zugleich genug Drama anfällt, um das nächste *WWE*-Event zu motivieren. Ähnliches gilt hier: *obwohl* Kavanaugh – angesichts der derzeitigen Mehrheiten keineswegs überraschend – als Richter bestätigt wurde, firmierte das gesamte Verfahren als Totalangriff auf eine patriotische Männerelite, die durch harte Arbeit und Aufrichtigkeit an ihre Privilegien gekommen sei. *Wrestling-Aficionado* Trump kommentierte das abgeschlossene Verfahren mit warnenden Worten: „It's a very scary time for young men in America when you can be guilty of something you may not be guilty of."

Neben dem offensichtlichen Bruch mit den sakrosankten Prozessnormen einer Richterernennung finden wir hier die Ausweitung des paranoiden Systems von gleichzeitigem Sieg und Sabotage, das oben beschrieben wurde. Die Massierung ungezähmt-emotionaler, gekränkter und ‚unterdrückter' Männlichkeiten – die gleichzeitig gewinnen – ist deutliches Zeichen der kulturellen und politischen Zeitenwende. Der politische Prozess ist in die abgeschmackte Welt des Männer-catchens überführt: Über das einzelne *Match* hinaus dauert das „aggrieved entitlement" (vgl. Kimmel 2017: Kap. 1) dieser Herren an, niemals folgt Entspannung, die ideologischen Gräben werden stetig vertieft, neue Fehden werden vorbereitet. Hier tritt kein Patriarchat auf, das sich kühl gegen z. B. marginalisierte und emotional argumentierende Frauen verteidigt. Der *modus operandi* ist die emotionale Mobilisierung eines sich dauerhaft verletzt-fühlenden Bundes von *frat-boys* und privilegierten Reaktionären an den Schalthebeln der Macht, sowie deren jubelnden Fans.

In einer Welt jenseits des *Wrestling* wären simple Fragen entstanden: Wenn schon nicht Vergewaltigung für das Amt disqualifiziert, dann vielleicht kindische Insistenz auf das eigene *entitlement,* oder Ignoranz für die überparteiliche Aufgabe des Amtes? Nichts verfängt im Skript des Ehrenkampfes: ein offenkundiger politischer Sieg wird als Tiefenbeleidigung und Beweis für die Verkommenheit des Gegners verkauft. Der parteipolitische Fundamentalismus eines obersten Richters wird angesichts der erfolglosen Sabotage zur Selbstverteidigung und persönlichen Qualität. Emotionale Entgleisung ist Ausweis politischer Legitimation. Tatsächlich ist es weiten Teilen der USA derzeit egal, ob irgendjemand die oben genannten Nicht-Qualifikationen erfüllt. Wenn eine Verletzung durch den *ultimate villain* ‚Feminismus, Political Correctness, Linke, Globalists, usw.'[7] schmierenkomödiantisch nachgewiesen werden kann, ist man der richtige Mann für's politische Amt.

Zentrale Strategie aller Arbeit im ‚Prinzip Trump' ist es demnach, das ‚kayfabe' nicht zu unterbrechen. Jeder Kampf und jeder Sieg muss den nächsten *Revenge-Plotpoint* vorbereiten. Wie im *Wrestling* geht es weniger darum, Ereignisse und Realitäten geschickt für die eigene Narration zu instrumentalisieren. Diese republikanische Show *produziert Ereignisse,* und deren Instrumentalisierung geschieht, bevor sie stattfinden.[8] Der Begriff einer ‚Fiktionalisierung des Realen' greift zu kurz um den fundamentalen Austausch politischer Rationalitäten und Realitäten gegen den *partisan surrealism* und die *scripted reality* der Republikanischen Partei zu beschreiben; die aktive Vernichtung konsensfähiger Realität ist Ziel des Systems ‚Donald Trump', or …

A Hairpiece Come to Life

Wenn das Abgeschmackte der weißen USA zum Leben erwacht und auf die restliche Realität übergreift, geht auch ein Grundprinzip differenzsensitiver Kulturwissenschaft verloren: jenes der sog. ‚default position of whiteness', das u. a. die

---

[7] Fiktionale Gruppierungen, daher *in toto* in Anführung.

[8] Die Realitätskonstruktion und Produktion von instrumentalisierbaren Ereignissen ist auch in den Online-Aktionen der *Alt-Right* zu beobachten (vgl. Strick 2018).

Feministin Ruth Frankenberg (1993) beschrieben hat. Aus dem intersektionalen Feminismus heraus entwickelt, beschreibt dieses Theorem, dass innerhalb einer mehrheitsweißen Gesellschaft wie den USA die *racial majority* sich selbst nicht als ethnisch verfasst wahrnimmt. Sie versteht sich als unmarkierte Norm außerhalb von *racial difference,* von deren Unsichtbarkeit alle ethnischen Körper als sichtbar ‚andere' unterschieden sind. Illustrativ für die *default*-Position ist eine unterhaltsame Liste, die die afroamerikanische Nachrichtenplattform theroot.com vor kurzem herausgegeben hat. In seinem Artikel „40 Ways White People say ‚White People' without actually saying ‚White People'" zählt Damon Young (2018) neurotische Verschiebungen auf, mit denen der weiße Mehrheitsdiskurs seine Teilhabe am systemischen Rassismus der USA verklärt und sich zur unmarkierten Norm mystifiziert: „Real Americans. Middle America. Working-class Americans. Patriots. Southerners. Christians. Evangelicals […]" (Young 2018).

In Erinnerung an Brett Kavanaughs Statement lassen sich weitere Einträge ergänzen: „top of my class at Yale; captain of the varsity football team; I like beer" waren sämtlich deutliche Hinweise auf Milieu, Habitus, Distinktion und *racial belonging* des Kandidaten. „It shrieks whiteness", wie Richard Dyer zu Trumps ewig-blondem Haartoupet anmerkt (2018). Lindsey Grahams oben zitierter Verweis auf den afroamerikanischen Fernsehstar Bill Cosby, der kurz vorher wegen zahlloser sexueller Delikte verurteilt worden war, tat ein Übriges, um die Unterscheidung zwischen ‚Yale student having fun' und ‚serial rapist' mit rassistischer Deutlichkeit als *color line* zu bestimmen. Wir haben wiederholt dem Verlust der neurotischen Struktur nachgespürt, und finden ihn hier noch einmal bestätigt: die verwundete weiße Männlichkeit Kavanaughs muss sich im ‚System Trump' nicht hinter Allgemeinplätzen verstecken, sondern kann ihre *whiteness* – als Anständigkeit, Schuldfreiheit und Anspruch auf Macht – in aller Offenheit und gegen ihre Angreifer einklagen. Die explizite Selbstpositionierung weißer Männer als systemisch bedrohte *racial group,* bislang den Vertretern des *white nationalism* vorbehalten, wurde vom Duett Kavanaugh-Graham selbstbewusst und gut sichtbar für die amerikanische Öffentlichkeit diskursiv vorgetanzt.

Lauren Berlant wies letztes Jahr auf den Verlust von *whiteness* als unsichtbarer Positionierung hin, als Identitätskategorie, die nur metonymisch verschoben artikulierbar ist. Seit der Inthronisierung des ‚Big Man' sei die machtvolle Identitätsneurose der weißen Mehrheitsgesellschaft einer Fleischwerdung des Unsichtbaren gewichen:

> „It used to be possible to teach whiteness as ‚unmarked' – but if whiteness ever existed that way outside of the white mirror, it's gone now. This rebooted electorate wants its whiteness enfleshed. Because it does not think of structural inequality as anti-American, it thinks homeopathically that breaking the liberal difference/tolerance machine *will stanch loss,* not engender in its name surprising devastations" (Berlant 2017a, meine Hervorhebung).

Mit *whiteness* als offen diskutierbarer Identitätsmarkierung schließen sich also weite Teile der konservativen Öffentlichkeit an jene ehemals emanzipatorisch gemeinte, ‚linke' Apparatur der *identity politics* an, ohne ihre Fundamentalkritik an dieser aufzugeben. Ein weißer Trump-Wähler im Radiointerview auf NPR macht diesen performativen Widerspruch vor: „The blacks have their schools, so why can't we have ours? It's about time." Sieg und Sabotage kehren hier wieder und legitimieren die weiße Dauerkränkung bei gleichzeitigem Machtzuwachs.

In Verkennung historischer und gegenwärtiger Mehrheits- und Machtverhältnisse werden so *white identity politics* in Anschlag gebracht, die in erster Linie emotional greifen und eine gefühlte Deprivilegierung performativ gangbar machen – nicht nur bei der *white working class,* sondern, wie zu sehen war, bis hinauf zur juristischen Elite. Diese showhafte Identitätspolitik und die handlungsleitende Emotion des „aggrieved entitlement" (Kimmel 2017) sind nicht mit emanzipatorischen Hoffnungen verknüpft. Die *white identity politics* z. B. eines Brett Kavanaugh investieren nicht in Ideale sozialer Gerechtigkeit; sie versprechen den ‚homöopathischen' Aufschub der Erosion weißer Normalität,[9] deren Ästhetik mithin in wenig mehr besteht – Bier, Yale, *varsity football* – als in anachronistischem *white kitsch*.[10] Die zahlreichen Teilhaber*innen am ‚System Trump' hängen einem verblichenen und verlorenen Bild unhinterfragter weißer Privilegierung nach.

Dieses soll allerdings nicht restauriert werden: im Gegensatz zur klassischen Identitätspolitik, die auf Systemwandel, Repräsentationsteilhabe und *empowerment* von Minderheiten abzielt, geht es diesen *white Identity Politics* allein um eine Vermehrung der Stellen, an denen sich Mehrheiten verletzt, marginalisiert und unterdrückt fühlen können. In dieser Richtung ist auch Trumps realpolitisches Wirken zu verstehen: seine Maßnahmen schädigen vor allem das eigene Wahlvolk (z. B. Krankenversicherung, Einschränkung von Wahlberechtigungen) und schlagen aus dieser Prekarisierung populistischen Profit. Der Historiker Timothy Snyder (2018) schlägt für diese Logik den Begriff des *sadopopulism* vor: populistische Regierungen schädigen ihre Wähler*innenschaft gezielt, um diese Verletzungen anzuerkennen und eine kathartische Wende zu versprechen, die in wenig mehr besteht als dass der politische Gegner mehr Schmerzen erleiden werde als man selbst. Die sadopopulistische Wähler*in „can believe that he or she has chosen who administers their pain, and can fantasize that this leader will hurt enemies even more" (zit. n. O'Toole 2018).

---

[9] Wäre die Ermüdung nicht schon so weit fortgeschritten, könnten wir zwei Ausgangspunkten dieser Erosion nachgehen: im Fall von Kavanaugh die tatsächlich gewollte Dekonstruktion weißer Männereliten; im Fall der meisten Trump-Wähler*innen die kulturell, ökonomisch und sozial destruktiven Effekte des Neoliberalismus. Es sind also durchaus verschiedene Bedürfnisse am Werk, was jedoch nicht verhindert, dass weiße Elite und weißes Prekariat *gefühlt* dasselbe meinen: die für mich immer noch seltsam klingende Angriffskombination gegen ‚the Left' und ‚Globalists', gegen ‚Feminists' und ‚Corporate Elites' wird hier erklärlicher. Ebenso erhellt sich der performative Widerspruch, warum gegen vom Kapital organisierten ökonomischen Abstieg breiter Schichten ausgerechnet noch mehr Kapitalismus helfen sollte.

[10] In diesem Licht ist auch Melania Trumps kürzlich präsentierter ‚Kolonialhelm' zu lesen. Vgl. zu *racial kitsch* auch Nyong'o (2002).

Das ‚System Trump' ist in dieser Beschreibung eine gewollte Eskalation, ein Aktionismus gegen gefühlte Verluste, die nicht behoben, sondern *affirmiert, vervielfacht* und *aushaltbar* gemacht werden sollen. Richard Dyer (2018) hat für diese Strategie eine naheliegende Metapher in Donald Trumps Haarpracht gefunden. Ich möchte seine Haaranalyse zu diesem Schluss fortführen: Trump hat dieselbe Funktion für seine Wähler*innenschaft, die das leuchtend-blonde Toupet für ihn selbst hat. Wie alle abgeschmackten Show-Techniken – vgl. *Wrestling* und *racial kitsch* – funktioniert ein Haarersatz nicht wirklich ersetzend: „comb-overs, toupees and implants […] never really work", wie Dyer schreibt (2018). Auch Udo Walz merkt an, dass Versuche, Resthaar zu drapieren oder falsches Blond aufzusetzen, nur das Verlorene betonen: „Je mehr man etwas verstecken möchte, umso mehr macht man darauf aufmerksam" (Walz 2018).

Sie sind aber besser als nichts, und versprechen vage die Illusion einer restituierten Normalität, von der man *weiß,* dass sie immer bereits verloren ist. Erst das Toupet eskaliert die Glatze zum Mangel, und seine Binnenlogik zeitigt zwei Effekte: zum einen ist man permanent mit der eigenen Stilisierung beschäftigt, arbeitet also heldenhaft am demolierten und geschwundenen Selbstbild (vgl. Berlant 2017b). Der Aktionismus des Verbergens macht die Einsicht und Affirmation der eigenen Prekarität, des ökonomischen, politischen oder frisurtechnischen Verlusts, erträglich. Zum anderen befeuert das Toupet den ‚Mut der Verzweiflung' dem Publikum gegenüber: Legitimiert von der eigenen Heldenarbeit am Verlust, können die belustigten und/oder mitleidigen Zuschauer*innen der erfolglosen Haararbeit – *corny, tacky, fake* – als Feinde ausgegrenzt werden. Nach dem Motto: ‚wenn euch das nicht reicht, dann reicht euch nichts.' Aus dieser Aushandlung erhält man als Dividende den Stolz, authentisch *trash, fake* und *white* zu sein. Legitimation genug, die eigene Realitätsarbeit radikal über die der Anderen zu stellen – Trumps gelebter Kitsch schert sich schlichtweg nicht um jene Ideologiekritik, die wir gegen ihn vorbringen.

Toupet Trump ist eine Eskalation der Prekarisierung, die sich wie Schadensbegrenzung anfühlt: Man leistet sich den Horror des Onkels, die Peinlichkeit des Haarteils, die Weinerlichkeit des *white kitsch,* das Zerbrechen demokratischer Prozesse, und hofft, diese würden *irgendwie irgendetwas* Schlimmeres (z. B. ‚feminist totalitarianism', ‚cultural marxism') verhindern. Das ist das *bargaining* der Republikaner und der Trump-Wähler*innen: Getrieben von einer Nostalgie, von der man weiß, dass sie niemals eingelöst wird, hängt man sich im Verlorenen auf und verteidigt den eigenen Schmerz aggressiv. Die Aufkündigung gesellschaftlich teilbarer Gegenwart wird in Kauf genommen. Der Haarausfall avanciert zum Prinzip der Realpolitik; das Toupet herrscht über die bare Glatze, so wie Donald Trump herrscht über…

The Barron Land

„I'm so tired of being cynical." (Nabokov 1970: 111)

Dieser Aufsatz folgte Hinweisen aus der Trumpschen Dauerperformance, um den unterliegenden Mechaniken dieser Präsidentschaft und Auswirkungen auf die politische und kulturelle Landschaft der USA nachzuspüren. Es ist auch ein Versuch, Trump dahin gehend zu theoretisieren, dass er vom überaus lautstarken Symptom (z. B. einer Krise des Demokratischen) zum Ereignis, Akteur oder System transformiert ist. Damit will ich Ansätzen entgegentreten, die Trump als *Aufregungspunkt* nutzen, um mit der erwirtschafteten Empörungsenergie politischen oder erkenntnistheoretischen *Druck auf etwas Anderes* zu erzeugen; z. B. die derzeit wohlfeile Theorie, an der populären Obszönität des Präsidenten (und anderer Rechter) seien die Fehler linksliberaler Anständigkeits- und Gerechtigkeitspolitik abzulesen, zu der nun (z. B. populistische) Alternativen gefunden werden müssten. Solche Perspektiven betreiben unlautere Kraftumwandlung, denn sie organisieren aus der Anstößigkeit eines scheinbaren Symptoms Kritik an der scheinbaren Systemkrankheit. So mutiert die kritische Öffentlichkeit selbst zum Symptom des ‚Systems Trump' und seiner stichwortgebenden Weltverzerrung, ein beunruhigender Prozess, mit dem wir sicher noch einige Zeit zu tun haben werden. Wir sind aber keine Ärzt*innen oder Symptomatolog*innen. Trump sollte nicht als Kuckuck perspektiviert werden, der lediglich anzeigt, wie spät es ist, sondern als sichtbarstes Untier auf einem Uhrwerk, einer arbeitenden Mechanik, die dezidiert eine Zeitenwende betreibt. Was zu tun ist, kommt bei dieser Theoretisierung noch nicht heraus.

Versichern wir uns daher kurz unserer Progression, um eventuell Progressivität zu finden: die invektivengetriebene *Tour-de-force* hat uns von einer Philosophie der Dummheit, zur Kulturanthropologie, Vulgärpsychologie, Geschlechtertheorie des Faschismus, zu den Niederungen des Horrors, Catchens, der Haaranalyse transportiert. Trump ist überall anschließbar; zugleich fällt auf, dass jede Hermeneutik vor allem die strukturelle Offensichtlichkeit und Anti-Komplexität des Objekts erschöpfend verdeutlicht; ‚Interpretation' ist wie befunden Mangelware. Treffen einzelne Beleidigungen und Theoreme, behauptet das Phänomen dennoch mit furios-simpler Resilienz seinen Stammplatz in diesem *wasteland* der Theoretisierbarkeit. Kritik säuft ab und verdorrt, auch weil aus Sicht des ‚Systems Trump' unsere Ansätze in den Worten des Kognitionswissenschaftlers Steven Pinker ja nur „outlandish" sind.[11] *The barron land* ist eine wüste Landschaft, in

---

[11] Zitiert aus einem *Tweet* von Pinker zu der sog. ‚Sokal Squared'-Affäre (vgl. Kafka 2018), die bestimmte Forschungsrichtungen durch gefälschte Forschungsartikel diskreditieren sollte: „Is there any idea *so outlandish* that it won't be published in a Critical/PoMo/Identity/ ‚Theory' journal? Helen Plucrose et al. submitted a dozen hoax papers to find out" (*Tweet* vom 03.10.2018, meine Hervorhebung). Ist die Kulturwissenschaft, der ich mich verbunden fühle, in diesem Sinn als generell ‚outlandish/ausländisch' bestimmt, kann ich das nur als Aufforderung zur Steigerung dieser Eigenschaft verstehen. So fuck it.

der es für *outlander* schwer möglich ist, Sinnstiftendes *hinüber* zu bringen, ohne totaler Erschöpfung anheim zu fallen.[12] Abermals kommt der Befund unüberraschend: „Essentially linked to the inexhaustible, stupidity is also that which fatigues knowledge and wears down history", lesen wir auf der ersten Seite von *Stupidity* (Ronell 2002: 1). Was Ronell 2002 wusste, erklärt Trump 2016 im prophetischen Futur einer kommenden Zeitenwende: „We gonna win so much you may even get tired of winning and you'll say please, please Mr. President, it's too much winning! We can't take it anymore!" Chronik einer angekündigten Überhitzung und Erschöpfung des Erkenntnisgewinnens, *an exhaustion of theory.*

Es gibt keine Person/*Persona* Trump, die mit einer ‚Hermeneutik des Verdachts' (Ricœur) ideologiekritisch aufzuschlüsseln wäre; Ideologiekritik und die Frage nach dem „cui bono" erledigt The Don bereits selbst. „You'd have to show me the scientists [arguing climate change; S.S.] because they have a very big political agenda." Es ist ein diskursiv-symbolischer Klimawandel, der unter dem Stichwort ‚Trump' (oder ‚Rechtsruck', oder ‚Krise der Demokratie') primär zu *erfühlen* ist. Über den notwendigen und bereits erfolgreichen Aktivismus gegen diesen Wandel hinaus sollten wir auch auf dem Papier anders agieren: die Arbeiter*innen der Kulturwissenschaften sind mithin aufgefordert, auch Meteorolog*innen zu werden. Wie bei diesen ändern weder Empörung noch Exegese etwas am Phänomen; die Vorhersage hilft aber dem Publikum, sich witterungsentsprechend anzuziehen, ggf. das Haus zu vernageln oder sich durch Evakuierung aus der Gefahrenzone zu bringen. Wir können also Ratschläge geben, wie man jenes *barren land* bewohnen kann (vgl. Strick 2015), das sich stetig vergrößert und ausweitet.

Als Modellfall sei abschließend Barron William Trump genannt, seit 2006 Einwohner der systemischen und symbolischen Wüstenei. Bei ihm finden wir ein Programm, das bei völliger Erschöpfung, Hilflosigkeit und dem Zwang, bleiben zu müssen, hilft. Die Theaterregisseurin Susann Neuenfeldt hat Barrons Figur zu einem Fixpunkt in ihrer Berliner Inszenierung *[Donald Trump ist] Die Schneekönigin* (2016) gemacht: eine Videoprojektion von Barrons Erschöpfung rahmte die hellsichtige Performance zur politischen Eiszeit auf Basis des Andersen-Märchens, herausgeschnitten aus der Fernsehübertragung von Trumps Wahlsieg am 9. November 2016, im Hilton Hotel von New York City, 22 Uhr Ortszeit. Fühlen wir mit diesem zehn Jahre alten *Tired Trump,* wie man im *barren land* wach(sam) bleibt:

Zu Vaters Siegesrede schwankt Barron hin und her, seine Augen suchen nach Fixpunkten; Scheinwerfer, Kameras, Gesichter, Punkte in der Menge, auf dem Boden. Er braucht Halt. Gegen die Erschöpfung führt Barron Stellvertreter-

---

[12] Immerhin die Populärkultur scheint ihr Vergnügen am Zustand zu behalten: Das *barren land* USA ist primärer Topos in den Erfolgsfilmen *Mad Max: Fury Road* (2016) und *The Bad Batch* (2018). Ich führe sie auch deswegen an, weil beide Filme die Zukunft als dezidiert nicht-diskursiv imaginieren, in beiden wird kaum ein sinnvolles Wort gesprochen. Der wüsten Bildlichkeit entspricht jene ausgedörrte Sprache, die auch uns blüht.

kriege mit seinem Körper, ein Räuspern, Schniefen, er pustet sich die Haare aus dem Gesicht. Er kratzt sich am Ohr. Die Angriffe der Müdigkeit und Erschöpfung sind stärker als der siegreich lärmende Donald neben ihm: Barron hört nicht das „tremendous potential of this country", von dem Vater spricht, denn das Gähnen durchzuckt seinen Körper. Er presst die Augen zu, die Lippen aufeinander und behält seine Not nach Sauerstoff oder den Schrei in der geschlossenen Mundhöhle. Er werde die Infrastruktur dieses Landes wieder aufbauen, verspricht Vater, und Barron fällt beinahe um; nur die im Reflex aufgerissenen Augen holen ihn zurück in diese seltsame Realität. Er steht auf der Bühne, ungleicher Gegenpart zum anderen ‚Vize' Mike Pence (rechterhand). Die Gewerke der Polit-Show sieht er deutlich: Markierungen auf dem Boden, Kabel, Rückseite der Kulisse, Teleprompter – Halterungen für sein schwindendes Bewusstsein. „We will finally take care of our veterans", tönt Vater, und Veteran Barron zeigt offen sein Gähnen. Der sausende Zeigefinger punktiert die Luft; Barron richtet sich kurz auf wie eine Marionette, und fällt zurück in jene „languid posture" (Nabokov 1970: 190) der Kindheit, die Nabokov in *Lolita* beschreibt. Vater reckt zum Abschluss die Faust des Revolutionärs; Barron rollt die Augen, zieht die Nase hoch und wedelt mit den Armen.

„Flailing" (Berlant 2018) ist der englische Begriff für Barrons erkenntnistheoretische Übung der Erschöpfung. Sie instruiert, wie man der rechten Dauerbefeuerung durch Autokraten-Muzak die eigene Aufmerksamkeit entziehen kann. Dieser Aufsatz hat *flailing* in der Theoriebildung versucht, um den Zustand der *exhaustion* performativ zu vollziehen, denn er ist von Vorteil: Sind wir erschöpft, kommen uns die hilflosen Strategien der Verdächtigung, der Empörung, der Richtigstellung, des Gegenbeweises, des zynischen oder sentimentalen rechthaben-Wollens abhanden. Einfache, wenn auch ungelenke Handlungen treten in den Vordergrund, Nebensächliches wird sichtbar und zentral, zahllose Fixpunkte bieten Halt, um aus der rechten Überwältigungslogistik auszusteigen, ohne ihr den Rücken kehren zu müssen: „[…] the affective and political pressure of crisis disrupts both listening and reading: it forces skimming, flailing, jumping to conclusions, and trailing off into ellipsis, along with the collapse of the difference between obsession and distraction" (Berlant 2017a). Ich verstehe das als Gewinn, denn *flailing,* im Umgang mit der Neuen Rechten, behält die Gewerke der populistischen Blendung im Auge, ohne sich an der Bedeutungsebene der Show abarbeiten zu müssen: wir wissen, was Lüge, was Manipulation, was Rassismus, was Metapolitik ist, die Protagonist*innen der rechten Zeitenwende reden in aller Öffentlichkeit von nichts anderem. *Flailing* verhindert, dass diese Unordnungen zum konturierten Polit-Objekt, zur Geschichtsmacht, zur Bedeutung hin verdichtet werden, wo sie in erster Linie *affektiver Lärm* und *white kitsch* sind. *Flailing* bringt jene andere Aufmerksamkeit, die die erschöpfte Leser*in nicht auf dem *epistemological high ground* positioniert, sondern den Schlaf abwehrt und so Kritik durch und als Geste im radikalen Präsens ermöglicht. Wir brauchen eine andere Wissenschaftspraxis, unterhalb der entschleiernden Hermeneutik (die schon immer alles verstanden hat) und kleiner als die ideologiekritische Intervention (die schon immer alles besser weiß). Sich der *Trump Time* nicht auszuliefern, der großen Aufmerksamkeitssteuerung und dem *World Building* des Obszönen zu entgehen, ist beim gegenwärtigen Klima ein wichtiger Schritt. Wie Barron sind die Erschöpften in diesem Sinn vielleicht schon post-Trump.

Abbildungen

Screenshot, Donald Trump victory speech (09.11.2016), https://www.youtube. com/watch?v=Qsvy10D5rtc (24.04.2019).

Literatur

Anonym: I am part of the resistance inside the Trump administration. In: *New York Times* (05.09.2018), https://www.nytimes.com/2018/09/05/opinion/trump-white-house-anonymous-resistance.html (28.11.2018).

Berlant, Lauren: *The queen of America goes to Washington City: Essays on Sex and Citizenship.* Duke 1997.

Berlant, Lauren: Trump, or political emotions. In: *The New Inquiry* 5 (05.08.2016), https://thenewinquiry.com/trump-or-political-emotions/ (09.01.2019).

Berlant, Lauren: Big man. In: *Social Text* 19 (2017a), https://socialtextjournal.org/big-man/ (09.01.2019).

Berlant, Lauren: Humorlessness (Three Monologues and a Hairpiece). In: *Critical Inquiry* 43/2 (2017b): 305–340.

Berlant, Lauren: Genre flailing. In: capaciousjournal.com 1/2 (2018): 156–164.

Connell, Robert W./Messerschmidt, James W.: Hegemonic masculinity: Rethinking the concept. In: *Gender & Society* 19/6 (2005): 829–859.

CBSN: Full video: Sarah Palin endorses Donald Trump. Youtube.com, 19.01.2016. https://www.youtube.com/watch?v=Mvlm3LKSlpU (06.03.2019).

Davies, Jude: Stupid white men: Toward a trans-atlantic politics of stupidity. In: *REAL – Yearbook of Research in English and American Literature* 23 (2007): 189–210.

Dietze, Gabriele: Bluten, Häuten, Fragmentieren. Der Splatterfilm als Schwellenraum am Beispiel von *The Texas Chainsaw Massacre* und *The Texas Chainsaw Massacre 2*. In: Julia Köhne/Ralph Kuschke/Arno Meteling (Hg.): *Splatter Movies. Essays zum modernen Horrorfilm.* Berlin 2006: 89–100.

Dietze, Gabriele: *Weiße Frauen in Bewegung: Genealogien und Konkurrenzen von Race-und Genderpolitiken.* Bielefeld 2014.

Dyer, Richard: *White.* London/New York 1997.

Dyer, Richard: The President's hair (19.03.2018), https://www.the-platform.org.uk/2018/03/19/president-donald-trump-hair/ (28.11.2018).

Frankenberg, Ruth: *The Social Construction of Whiteness: White Women, Race Matters.* Minneapolis 1993.

Gilman, Sander L./Thomas, James M.: *Are Racists Crazy?: How Prejudice, Racism, and Antisemitism Became Markers of Insanity.* New York 2016.

Girard, René: *Das Heilige und die Gewalt.* Frankfurt a. M. 1999.

Giroux, Henry A.: Donald Trump, Brett Kavanaugh and the path to neoliberal fascism (10.10.2018), https://www.salon.com/2018/10/10/donald-trump-brett-kavanaugh-and-the-path-to-neoliberal-fascism/ (28.11.2018).

Hawley, George: *Making Sense of the Alt-right.* New York 2017.

Johnson, Eric: Full transcript: WNYC's Kurt Andersen on Recode Media: The Spy magazine co-founder talks about branding Trump a ‚short-fingered vulgarian' (01.11.2016), https://www.recode.net/2016/11/1/13480986/kurt-andersen-wnyc-spy-donald-trump-recode-media-podcast-transcript (28.11.2018).

Kafka, Alexander: ‚Sokal squared': Is huge publishing hoax ‚hilarious and delightful' or an ugly example of dishonesty and bad faith? In: *The Chronicle of Higher Education* (03.10.2018), https://www.chronicle.com/article/Sokal-Squared-Is-Huge/244714 (28.11.2018).

Kavka, Misha: Trump, Fernsehen und das neue Camp. In: *Zeitschrift für Medienwissenschaft* 18 (2018): 149–168.

Kimball, Linda: Cultural marxism. In: *American Thinker* (15.02.2007), https://www.americanthinker.com/articles/2007/02/cultural_marxism.htm (28.11.2018).

Kimmel, Michael: *Angry White Men: American Masculinity at the End of an Era.* New York 2017.

Lee, Bandy X. u. a.: *The Dangerous Case of Donald Trump: 27 Psychiatrists and Mental Health Experts Assess a President.* New York 2017.

Limon, John: *Stand-Up Comedy in Theory, or, Abjection in America.* Durham 2000.

Manchester, Julia: Trump rode golf cart while G7 leaders walked through Sicily. In: *The Hill* (05.27.2017), http://thehill.com/homenews/administration/335424-trump-rode-golf-cart-while-g7-leaders-walked-through-siciliy (27.11.2018).

Mazer, Sharon: Donald Trump shoots the match. In: *TDR: The Drama Review* 62/2 (2018): 175–200.

McKew, Molly: Brett Kavanaugh and the information terrorists are trying to reshape America. In: wired.com (10.03.2018), https://www.wired.com/story/information-terrorists-trying-to-reshape-america/ (28.11.2018).

McNeill, John: How fascist is Donald Trump? There's actually a formula for that. In: *Washington Post* (21.10.2016), https://www.washingtonpost.com/posteverything/wp/2016/10/21/how-fascist-is-donald-trump-theres-actually-a-formula-for-that/ (28.11.2018).

Malinowski, Bronislaw: *Geschlecht und Verdrängung in primitiven Gesellschaften.* Reinbek bei Hamburg 1962.

Nabokov, Vladimir: *The Annotated Lolita* [1955]. New York 1970.

Nyong'o, Tavia: Racial kitsch and black performance. In: *The Yale Journal of Criticism* 15/2 (2002): 371–391.

O'Toole, Fintan: *Heroic Failure: Brexit and the Politics of Pain.* London 2018.

Paschal, Olivia: Here are the most extraordinary quotes from Bob Woodward's book. In: *The Atlantic* (04.09.2018), https://www.theatlantic.com/politics/archive/2018/09/bob-woodward-book-donald-trump/569293/ (28.11.2018).

Rapley, Mark: *The Social Construction of Intellectual Disability.* Cambridge, Mass. 2004.

Ronell, Avital: *Stupidity.* Urbana-Champaign, Illinois 2002.

Roth, Angelica R.: Sen. Graham defends Kavanaugh: ‚This is the most unethical sham since I've been in politics'. Youtube.com (28.09.2018), https://www.youtube.com/watch?v=8C9i8wd-S-k (06.03.2019).

Rothkopf, Johanna: In honor of Donald Trump's 70th birthday, here are 70 ways jezebel has described Donald Trump. In: Jezebel.com (14.06.2016), https://theslot.jezebel.com/in-honor-of-donald-trumps-70th-birthday-here-are-70-wa-1781899319 (28.11.2018).

Rubin, Gayle S.: The Traffic in Women: Notes on the "Political Economy" of Sex. In: Deviations: A Gayle Rubin Reader, Durham 2011: 33–65.

Schilling, Dave: Apocalypse now: Sarah Palin's bizarre Trump endorsement analyzed. In: *The Guardian* (20.01.2016), https://www.theguardian.com/us-news/2016/jan/20/sarah-palin-donald-trump-endorsement-speech-quotes (28.11.2018).

Schumacher, Elliot/Eskenazi, Maxine: A readability analysis of campaign speeches from the 2016 US presidential campaign. arXiv preprint arXiv (18.03.2016):1603.05739.

Seeßlen, Georg/Metz, Markus: *Der Rechtsruck: Skizzen zu einer Theorie des politischen Kulturwandels.* Berlin 2018.

Seeßlen, Georg: *Trump!: POPulismus als Politik*. Berlin 2017.

Strick, Simon: Alt-Right-Affekte: Provokationen und Online-Taktiken. In: *Zeitschrift für Medienwissenschaften* 10/2 (2018): 113–125.

Strick, Simon: Backlash: Trump oder das Lachen der Angst. In: *Polar: Politik Theorie Alltag* 21 (2016): 111–116.

Strick, Simon: How do you live? From construction to habitation. In: *Critical Habitations* (17.03.2015), https://criticalhabitations.wordpress.com/debate/how-do-you-live-from-construction-to-habitation (28.11.2018).

Theweleit, Klaus: *Männerphantasien*. Bd. 2: *Männerkörper: Zur Psychoanalyse des weißen Terrors*. Frankfurt a. M./Basel 1978.

Walz, Udo: Überkämmen oder Glatze? In: Tag24.de (24.01.2018), https://www.tag24.de/nachrichten/berlin-star-friseur-udo-walz-haarausfall-maenner-ueberkaemmen-oder-glatze-prominente-beispiele-431199 (28.11.2018).

Williams, Linda: Film bodies: Gender, genre, and excess. In: *Film Quarterly* 44/4 (1991): 2–13.

Young, Damon: 40 ways white people say ‚white people‘ without actually saying ‚white people‘. In: TheRoot.com (25.06.2018), https://verysmartbrothas.theroot.com/40-ways-white-people-say-white-people-without-actually-1827101126 (28.11.2018).

Trump als Symptom: Populistische Schockpolitik und die Krise der Demokratie

Simon Schleusener

Nothing's Shocking

Flashback 2016/17: Die Wahl Donald Trumps zum 45. Präsidenten der USA hat weite Teile der politischen Öffentlichkeit in eine Art Schockzustand versetzt. Nicht nur hatte kaum jemand ernsthaft damit gerechnet, dass sich der populistische Immobilienmogul und TV-Entertainer gegen eine versierte Politikerin wie Hillary Clinton (immerhin ehemalige First Lady, Außenministerin und Senatorin für den Bundesstaat New York) durchsetzen würde; auch wurde spätestens nach der Wahl klar, dass Trumps überbordende Wahlkampfrhetorik durchaus ernst zu nehmen war, dass seine Regierung also noch rücksichtsloser mit der politischen Opposition und kritischen Medien, staatlichen Institutionen und der Justiz, internationalen Abkommen und Allianzen sowie den allgemeinen Gepflogenheiten, Normen und Traditionen des politischen Geschäfts verfuhr, als man dies ohnehin befürchtet hatte. Mithilfe von Twitter und anderer sozialer Medien hat Trump einen neuen politischen Stil, wenn nicht gar einen neuen Begriff des Politischen etabliert. Politik im Sinne Trumps wird zur disruptiven Affektpolitik, die sich der kontinuierlichen Mobilisierung der eigenen *base,* aber auch der andauernden Provokation des politischen Gegners verschrieben hat: Attacke und Gegenattacke, Ablenkung und Umleitung, permanente Eskalation. Regiert wird per Twitter-Dekret, auf der Grundlage ‚alternativer Fakten' und retrotopischer Ressentiments.

Doch so sehr die Wahl Trumps die liberale Öffentlichkeit in einen Schockzustand versetzt hat, so sehr ist dieser Schock bereits zu Beginn seiner Amtszeit zum Normalzustand geworden. Selbst der Sturm aufs Kapitol am 6. Januar 2021 – die theatrale Materialisierung einer kalkuliert betriebenen Eskalationspolitik – konnte

S. Schleusener (✉)
Freie Universität Berlin, Berlin, Deutschland
E-Mail: simon.schleusener@fu-berlin.de

© Der/die Autor(en), exklusiv lizenziert an Springer-Verlag GmbH, DE, ein Teil von Springer Nature 2023
L. Koch et al. (Hrsg.), *The Great Disruptor,*
https://doi.org/10.1007/978-3-662-66308-0_3

kaum mehr wirklich schockieren, zu sehr lag das Ereignis innerhalb der Logik von Trumps sich immer weiter zuspitzenden Delegitimierung des demokratischen Prozesses. Dass Trumps Amtszeit in Chaos und Gewalt endete, war insofern keine Überraschung.

Unterdessen ist man besonders in Europa fast allseits darüber erfreut, dass Amerika offenbar wieder zur Vernunft gefunden hat – was die Wahl des altersschwachen Joe Biden bezeugen soll. Doch wenig weist derzeit darauf hin, dass sich 2016 nicht 2024, durch eine erneute Kandidatur Trumps (die dieser mittlerweile angekündigt hat), wiederholen wird. Tatsächlich ist Trumps *base* keinesfalls verschwunden und sein Einfluss innerhalb der amerikanischen Rechten dauert an. Ferner hat die Biden-Regierung – demobilisiert durch die Corona-Pandemie, die Inflation und den politischen Streit in der eigenen Partei – an Zuspruch verloren und bislang nur wenige der angekündigten Vorhaben realisieren können. Vor allem aber hat sich an den Ursachen, die 2016 zu Trumps politischem Aufstieg geführt haben, kaum etwas geändert. Die Chancen einer Rückkehr Trumps ins Präsidentenamt (sofern sich die Republikaner nicht für Ron DeSantis oder einen anderen Kandidaten mit vergleichbar rechtspopulistischem Profil entscheiden sollten) sind somit durchaus gegeben.[1]

Sollte es wirklich dazu kommen, würden sich vermutlich auch die Reaktionen von 2016 wiederholen: Der Schock, der sich zunächst abgenutzt hatte, um dann einem beruhigenden Gefühl wiederhergestellter Normalität zu weichen, könnte sich erneut reaktualisieren – mit dem bekannten Verlauf. Ziel des folgenden Aufsatzes ist es daher, sich noch einmal in den ursprünglichen Schockzustand hineinzubegeben und ihn mit Blick auf seine beiden Seiten zu analysieren: einerseits hinsichtlich der von Trump betriebenen Politik der Störung[2] und des Schocks (vgl. Klein 2017), ihrer Techniken und Taktiken, Voraussetzungen und Verfahrensweisen; andererseits aber auch mit Blick auf die geschockte (liberale) Öffentlichkeit und dasjenige, was sich in loser Anlehnung an Wolfgang Hagen als ihre ‚Gegenwartsvergessenheit' bezeichnen lässt (vgl. Hagen 2003).

Der Aufstieg Trumps von der Marke zum Präsidenten ist freilich nicht voraussetzungslos, sondern hat sich auf vielfältige Weise angekündigt. So hat sich während der Präsidentschaft Obamas – dessen Wahl in Europa als Triumph des ‚guten', weltoffenen, multikulturellen und liberalen Amerikas gedeutet wurde – ein gänzlich anderes Amerika konstituiert, das lange unterhalb der medialen Aufmerksamkeitsschwelle verblieb und auch von den Demoskopen nicht adäquat erfasst wurde. Dieses andere Amerika (‚the deplorable America', um es

---

[1] Bei seiner neuerlichen Kandidatur kann Trump nahtlos an seinen Wahlkampfslogan von 2020 anknüpfen: ‚Make America Great Again *Again'*. Zu den Implikationen dieser paradoxen Wiederholungslogik vgl. Schleusener 2021.

[2] Hier sei darauf hingewiesen, „dass Störungen nicht als autonome Entitäten, sondern immer nur in einer perspektivischen Relation existieren" (Koch/Nanz 2014: 96). Was folglich von der liberalen Kommentatorin als Störung der politischen Anstandsregeln und des demokratischen Prozesses begriffen wird, mag vom Trump-Anhänger vielmehr als Wiederherstellung einer Ordnung verstanden werden, die während der Präsidentschaft Obamas abhandengekommen war.

in Anlehnung an Hillary Clinton zu sagen[3]) lässt sich als Ausdruck eines signifikanten Rechtsrucks verstehen, vor allem aber markiert es eine Krise des klassischen *Establishments*, des westlichen Modells der liberalen Demokratie und ihrer lange als alternativlos geltenden ökonomischen Grundsätze (Neoliberalismus, Freihandel, Globalisierung). Wenn Trump im vorliegenden Text als *Symptom* begriffen werden soll, dann heißt dies in erster Linie, den Ausgang der Wahl 2016 nicht als isoliertes Phänomen zu betrachten, sondern ihn im Kontext dieses ‚populistischen Moments‘ zu verorten, der nach wie vor die politische Ordnung Europas und der USA – und mithin der Welt insgesamt – herausfordert und durcheinanderbringt.[4] Ferner heißt es, anzuerkennen, dass die vielzitierte ‚Krise der Demokratie‘ keinesfalls erst durch die Wahl Trumps, den Brexit und den Aufstieg des Rechtspopulismus ausgelöst wurde, sondern vielmehr als Ursache dieser Entwicklungen zu begreifen ist.[5] „Der Populismus", so Jörke und Selk, „ist eine Reaktion auf die nicht eingehaltenen Versprechen der Demokratie" (Jörke/Selk 2017: 13). Um das Phänomen (oder besser: das Ereignis) Trump zu begreifen – und die Tatsache, dass er noch immer von einem beträchtlichen Prozentsatz der US-amerikanischen Wähler*innen unterstützt wird –, ist es folglich notwendig, über die Person Trump hinauszugehen und die ökonomischen, politischen, kulturellen, medialen und ideologisch-affektiven Bedingungen und Transformationen in den Blick zu nehmen, die seinen Aufstieg überhaupt erst ermöglicht haben.[6]

Wie eingangs beschrieben, ist die Wahl Trumps von der liberalen Öffentlichkeit zunächst als Schock empfunden worden: quasi als ‚Einbruch des Realen‘, wie sich in Anspielung an Trumps zwischenzeitlich stillgelegten *Twitter*-Account (@ realDonaldTrump) formulieren lässt. Besser als an die Psychoanalyse Lacans – der das Reale im Sinne eines unartikulierbaren Alptraums oder Traumas konzipiert – lässt sich in diesem Zusammenhang jedoch an die Filmphilosophie von Gilles Deleuze anknüpfen. Die Analogie zum Kino ist dabei nicht ganz zufällig, denn in der Tat konnte das politische Agieren der Trump-Regierung mitunter wie eine Mischung aus *Reality TV* und kinematografischem Spektakel wirken: als Film, der in Echtzeit abläuft, ohne dass sich dem staunenden Publikum die Möglichkeit

---

[3] Vgl. hierzu Mehta (2016) und Schleusener (2018a: 30 f.).

[4] Vgl. Mouffe (2018: 11): „We can speak of a ‚populist moment‘ when, under the pressure of political or socioeconomic transformations, the dominant hegemony is being destabilized by the multiplication of unsatisfied demands. […] This, I contend, is precisely what characterizes our present conjuncture."

[5] Verwiesen sei hier auf Phänomene, die unter den Stichworten ‚Postpolitik‘, ‚Postdemokratie‘ oder ‚Politik der Alternativlosigkeit‘ untersucht worden sind. Vgl. etwa Mouffe (2005); Crouch (2008); Fisher (2009); Agamben/Badiou/Bensaïd u. a. (2012) sowie Lammert/Vormann (2017).

[6] Trump auf diese Weise ‚symptomatisch‘ zu lesen, hat demnach wenig mit der literaturwissenschaftlichen Diskussion um *symptomatic reading* und *surface reading* zu tun (vgl. Best/Marcus 2009). Denn eher als um das Verhältnis von Oberfläche und Tiefe geht es darum, einen Schritt zurückzugehen, um so die diversen Relationen zu erfassen, in die der Trumpismus eingebunden ist – und die ihn derart wuchern lassen haben.

eines Eingriffs oder einer Intervention zu eröffnen scheint. Auf in mancher Hinsicht vergleichbare Weise hat Deleuze den Übergang des ‚Bewegungs-Bilds' zum ‚Zeit-Bild' beschrieben, nämlich durch das Auftauchen von kinematografischen Figuren, die eher ‚Sehende' als ‚Handelnde' sind, da sie vermehrt in ‚rein optische Situationen' geraten, die jeglicher Handlungsmöglichkeit entzogen scheinen. Im italienischen Neorealismus etwa wird die Filmfigur

> „selbst gewissermaßen zum Zuschauer. Sie bewegt sich vergebens, rennt vergebens und hetzt sich vergebens ab, insofern die Situation, in der sie sich befindet, in jeder Hinsicht ihre motorischen Fähigkeiten übersteigt und sie dasjenige sehen und verstehen läßt, was nicht mehr von einer Antwort oder Handlung abhängt. Kaum zur Reaktion fähig, registriert sie nur noch. Kaum zum Eingriff in eine Handlung fähig, ist sie einer Vision ausgeliefert, wird von ihr verfolgt oder verfolgt sie selbst" (Deleuze 1997a: 13).

Dasjenige, was hier gesehen wird, löst gewissermaßen einen Schock aus und demobilisiert. Laut Deleuze kann dieser Zusammenbruch des „sensomotorischen Schemas" (ebd.: 60) jedoch auch zu neuen Reflexionsweisen und folglich zu einer Änderung des Habitus führen.[7] Vielleicht könnte, im Bewusstsein einer möglichen zweiten Amtszeit Trumps, ein kritisches *reenactment* der Schockpolitik, die ihn 2016 zum Präsidenten machte und vier Jahre lang regieren ließ, etwas Vergleichbares bewirken. Dann würde sich der Schock weder als Dauerzustand manifestieren, noch wäre er einer illusionären – wenngleich tröstlichen – Normalität gewichen. Im Idealfall könnte er stattdessen eine potenziell heilsame Wirkung erzielen, indem er das Denken affiziert und in Bewegung versetzt, sodass sich neue Handlungsoptionen ergeben.

Politik der Akzeleration

Blickt man auf Trumps Amtszeit zurück, so bezieht sich das Gefühl der Ohnmacht und des Schocks nicht allein auf den ‚Inhalt' von Trumps Politik, etwa darauf, wie sein rechtspopulistischer Nativismus den Status quo des transnationalen politisch-ökonomischen Gefüges bedroht. Auch geht es nicht bloß um die allgemeine ‚Form', d. h. die ständige Verletzung der politischen Anstandsregeln oder die Umkehrung des Verhältnisses von Fakt und Fiktion, *truth and fake* (vgl. Schleusener 2018b). Sicherlich spielt all dies eine Rolle. Noch wesentlicher ist allerdings die zeitliche Komponente: der Eindruck also, dass sich die Ereignisse überschlagen, dass man stets überrumpelt wird. Dieses Phänomen lässt sich durchaus im Sinne der ‚dromologischen' Überlegungen Paul Virilios zum Verhältnis von Geschwindigkeit und Politik (Virilio 1980) analysieren. Wie Virilio argumentiert, stellt die Geschwindigkeit nicht nur das bestimmende Element der modernen Gesellschaft dar, sondern erweist sich auch als entscheidender Faktor

---

[7] Vgl. hierzu auch Deleuzes Anmerkungen über die ‚dritte Synthese der Zeit' in *Differenz und Wiederholung* (Deleuze 1997b: 118–130 und Schleusener 2015: 87–96).

für die Durchsetzung militärischer, politischer oder ökonomischer Ziele.[8] Was Virilio diesbezüglich über die Raketentechnologie erläutert – „der Unmittelbarkeit der Aktion über große Distanzen korrespondiert die Niederlage des überraschten Gegners" (ebd.: 177) – lässt sich auf vergleichbare Weise über die „absolute Geschwindigkeit" digitaler Übertragungsmedien sagen (Virilio 1993: 68).

Wesentlich für Trumps Politik der Geschwindigkeit war in dieser Hinsicht das Echtzeitmedium *Twitter,* durch das es ihm gelang, seine zu Höchstzeiten mehr als 88 Mio. *Follower* jederzeit in Sekundenschnelle zu erreichen (vgl. Turner 2018 und Cowls/Schroeder 2018). Während seiner vierjährigen Amtszeit hat Trump über 26.000 *Tweets* abgesetzt, das entspricht einer Rate von ca. 18 *Tweets* pro Tag (vgl. Trump Twitter Archive 2018). Jeder dieser *Tweets* verfügt grundsätzlich über das Potenzial, einen neuen Schauplatz im medialen Diskurs zu eröffnen oder eine Umformung der öffentlichen Aufmerksamkeitsökonomie zu bewirken. Etwa kann ein Beitrag des konservativen Fernsehsenders Fox News unmittelbar zu einem *Tweet* animieren, der unter Umständen eine internationale Krise auslöst, zugleich aber Trumps *base* in Ekstase versetzt. Die ‚Unmittelbarkeit' des Mediums fördert mithin die Vorstellung, es existiere ein direkter Draht zwischen Trump und seinen *Followern.* So diente *Twitter* dem am *Reality TV* geschulten Präsidenten nicht bloß dazu, seine vermeintliche Authentizität, Nahbarkeit und Impulsivität zu unterstreichen (ein wesentlicher Baustein seiner ‚charismatischen' Amtsführung); auch stellte das Medium ein perfektes Instrument zur affektiven Mobilisierung seiner Anhänger*innen dar und diente der Beschäftigung und Ablenkung der kritischen Medien. Die von Fred Turner aufgeworfene Frage – „How a Medium Designed for Democracy Became an Authoritarian's Mouthpiece" (Turner 2018) – ist daher irreführend. Bei *Twitter* handelt es sich um kein ursprünglich demokratisches Medium, das Trump für seine Zwecke umfunktioniert hat. Vielmehr fungiert die auf maximal 280 (vormals 140) Zeichen begrenzte *Twitter*-Mitteilung nach wie vor als ideales Medium für die rechtspopulistische Strategie der Provokation und Zuspitzung: „Sie darf nicht nur, sie muss verkürzen, zuspitzen, personalisieren" (Seeßlen 2017: 73 f.). Bei *Twitter* handelt es sich buchstäblich um ‚Gezwitscher', d. h. um ein post-diskursives Signal-Medium, das sich für die affektive Mobilmachung der eigenen Anhänger*innenschaft ebenso gut eignet wie für die Provokation des politischen Gegners.

Trumps akzelerationistische *Twitter*-Politik förderte somit einerseits das Vergessen und Verblassen: Jeder Skandal wurde stets durch den nächsten abgelöst, auf jeden Schlag folgte ein unmittelbarer Gegenschlag.[9] Was bleibt, ist der Eindruck

---

[8] Vgl. Virilio (1980: 63): „Der abendländische Mensch erschien trotz einer weniger zahlreichen Bevölkerung als überlegen und dominierend, weil er *schneller* war."

[9] Man denke etwa an Trumps Umgang mit der Veröffentlichung des *Access-Hollywood-Tape* im Oktober 2016. Allgemein wurde damit gerechnet, dass die Aufnahme (‚grab them by the pussy' usw.) Trumps Präsidentschaftsambitionen zunichtemachen würde. Trump reagierte jedoch, indem er seine misogynen Äußerungen herunterspielte (‚this was locker room talk') und Hillary Clinton der Komplizenschaft mit den sexuellen Übergriffen ihres Ehemanns bezichtigte. So ließ er auf einer spontan einberufenen Pressekonferenz – direkt vor dem zweiten Rededuell mit seiner Kontrahentin – mehrere vermeintliche Opfer von Ex-Präsident Bill Clinton zu Wort kommen.

einer allgemeinen *Zerstreuung*. Immer scheint die Zeit zu fehlen, sich auf die vielen kleinen Skandale zu konzentrieren, da diese jeweils von der nächsten Eilmeldung, dem nächsten Ablenkungsmanöver oder Gegenschlag, durchgestrichen werden. Vergleichbar mit der Argumentation Virilios korrespondiert mit der Politik der Geschwindigkeit also auch hier eine Logik – und ‚Ästhetik‘ – des Verschwindens (vgl. Virilio 1986).

Andererseits führte Trumps Beschleunigungspolitik auch zum Anwachsen der Kontingenz. Stets war die mediale Aufmerksamkeit auf das Kommende gerichtet, das jedoch umso weniger planbar erschien: „What will Trump say next?"[10] Feuert er seinen *Attorney General?* Kippt er das 14. Amendment? Fördert der Sonderermittler Robert Mueller neue Indizien gegen Trump und seine Alliierten zutage – oder wird Mueller abgesetzt? Kommt es zu einem neuerlichen Amtsenthebungsverfahren?[11] Und was passiert auf internationaler Ebene: Kommt es zum Atomkrieg mit Nordkorea? Was geschieht mit Syrien? Was wird aus der NATO und den internationalen Freihandelsabkommen? Durch Trumps Aufkündigung des Status quo, der die amerikanische Politik in den letzten Jahrzehnten bestimmt hat, hat sich auch jedes Gefühl der Sicherheit und Erwartbarkeit verflüchtigt, das sich während der langen Jahre politischer Alternativlosigkeit noch einstellen konnte. Alles schien auf einmal wieder möglich – auch das Schlimmste. Die potenziellen Konsequenzen dieser Politik, das mögliche aus-dem-Ruder-Laufen oder Abgleiten ins Chaos, hat Trump sich durchaus zunutze gemacht, etwa indem er die internationalen Partner zu Zugeständnissen zwang, um eben jenes Schlimmste zu verhindern (eine Strategie, die nicht selten erfolgreich war, denn wie das globale Bankensystem gelten auch die USA als ‚too big to fail‘). Es ist klar, dass diese Politik der kalkulierten Überrumpelung ganz wesentlich von der Nutzbarmachung der Medien abhängt: von der Schnelligkeit und Unmittelbarkeit der *social media platforms*; der Möglichkeit, gezielt Falschmeldungen und Gerüchte zu streuen (*Twitter, Facebook, Breitbart News*); dem Bedienen der ‚Sensationslust‘ aufseiten der traditionellen Nachrichtenmedien (Presse und Fernsehen).

So ist es nicht weiter verwunderlich, dass das turbulente Ende von Trumps Präsidentschaft mit der Sperrung seines Twitter-Accounts zusammenfiel. Umso paradoxer mutet es gleichwohl an, dass einerseits zwar Trumps gesamte politische Existenz medial bedingt ist, d. h. ohne ausgeprägte Medienaffinität

---

[10]Vgl. Avanessian/Hennig (2018: 171): „Beim aufmerksamen Konsum von Massenmedien fällt auf, dass sie sich immer weniger auf Schon-Geschehenes oder Gerade-Geschehendes, sondern auf eine als Bedrohung geschilderte Zukunft orientieren: Was wird ‚jetzt‘ (also in der die Gegenwart bestimmenden Zukunft) geschehen? *What will Trump say next?* Wann wird sich der nächste Terrorangriff ereignen? Wo wird entschieden werden, was zu tun ist?" Zur Transformation der Zukunft, die heute kaum noch als Möglichkeitsraum, sondern zunehmend als bedrohlich und katastrophisch gedacht wird, vgl. auch Horn (2014) sowie Koch/Nanz/Pause (2016).

[11]Bekanntermaßen war Trump der bislang einzige amerikanische Präsident, gegen den gleich zwei Amtsenthebungsverfahren angestrebt wurden – das erste aufgrund der sog. ‚Ukraine-Affäre‘, das zweite aufgrund seiner Rolle beim Sturm auf das Kapitol. Beide Verfahren scheiterten im amerikanischen Senat an der nötigen Zweidrittelmehrheit.

gar nicht denkbar wäre;[12] dass andererseits aber die Verachtung ‚der Medien‘ (‚the dishonest media‘, ‚enemy of the people‘, ‚fake news‘, ‚the failing New York Times‘ usw.) zum Grundrepertoire seines Populismus gehört.

Race/Class

Im akademischen Diskurs konkurrieren im Wesentlichen zwei unterschiedliche Narrative, die den Ausgang der Präsidentschaftswahl 2016 erklären sollen. Zum einen existiert die Lesart, dass die Wahl Trumps unmittelbar rassistisch (und nicht minder sexistisch[13]) motiviert war. Nach acht Jahren unter einem afro-amerikanischen Präsidenten, so die These, hat sich ein regelrechter *whitelash* ereignet (vgl. Agerholm 2016). Trumps systematische Mobilisierung xenophober, rassistischer, islamfeindlicher und misogyner Affekte wird dementsprechend so gedeutet, dass sie der verbreiteten Sehnsucht nach Wiederherstellung der Ordnung weißer männlicher Vorherrschaft (‚Make America Great Again‘) entgegenkommt – einem Impuls, der sich mit Zygmunt Bauman als ‚retrotopisch‘ bezeichnen lässt (Bauman 2017).[14] Die andere Lesart ist stärker ökonomisch fundiert und verweist darauf, dass durch die zunehmende Fokussierung der Demokraten (und allgemein der amerikanischen ‚Linken‘[15]) auf Themen wie Identität und Geschlecht, Diversität und Diskriminierung die Frage der Klassenzugehörigkeit und der

---

[12] Die mediale Bedingtheit von Trumps Populismus lässt sich freilich nicht nur am Einsatz von *Twitter* und anderer sozialer Medien festmachen. Auch lässt sich argumentieren, dass Trump ohne sein medial produziertes Erfolgsimage und die Popularität, die er als Moderator der *Reality Show The Apprentice* erlangte, niemals hätte Präsident werden können (vgl. Keefe 2019). Denn einerseits profitierte er zum Zeitpunkt seiner Kandidatur von einem Bekanntheitsgrad, der den der meisten seiner republikanischen Konkurrenten deutlich in den Schatten stellte. Andererseits stürzten sich die Medien im Vorwahlkampf begierig auf die ‚TV-Star-Goes-Presidential-Candidate‘-Story, was Trump ein wesentlich höheres Maß an Sendezeit bescherte.

[13] Vgl. etwa Trumps Invektiven gegen Hillary Clinton, die nicht nur als Symbol des liberalen *Establishments*, sondern auch als ‚nasty woman‘ ohne ‚stamina‘ attackiert wurde (Woolf 2016). Allgemein zur Rolle von *gender* im Kontext des Rechtspopulismus vgl. Dietze/Roth 2020.

[14] Als ‚Retrotopien‘ versteht Bauman „Visionen, die sich anders als ihre [utopischen] Vorläufer nicht mehr aus einer noch ausstehenden und deshalb inexistenten Zukunft speisen, sondern aus der verlorenen/geraubten/verwaisten, jedenfalls untoten Vergangenheit" (Bauman 2017: 13). Zu den retrotopischen Implikationen speziell des Trumpismus vgl. Schleusener 2020.

[15] Dass der Begriff der Linken hier in Anführungszeichen steht, soll nicht dessen generelle Brauchbarkeit infrage stellen, sondern darauf hinweisen, dass der Terminus in den USA zuweilen anders verwendet wird. Beispielsweise werden selbst moderate Forderungen nach gewissen sozialen Mindeststandards (allgemeine Krankenversicherung, Lohnfortzahlung im Krankheits-fall, Mutterschutz) von konservativer Seite als ‚left-wing‘ oder ‚socialist‘ etikettiert. Zudem existiert eine grundsätzliche Vermischung mit dem Liberalismus (‚left‘ und ‚liberal‘ werden nicht selten synonym verwendet), sodass liberale Forderungen, die sich etwa gegen Diskriminierung richten, in der Regel auch als ‚leftist‘ gelten. In Abgrenzung zum Mainstream-Liberalismus der Demokratischen Partei bezeichnen sich Demokraten mit dezidiert linker Haltung heute mehrheit-lich als ‚progressives‘.

sozio-ökonomischen Ungleichheit vernachlässigt wurde, was sich Trumps auf die *white working class* zugeschnittener Wahlkampf zunutze machte. Unterstützt wird diese Lesart dadurch, dass sich (mit Ausnahme Floridas) alle derjenigen Bundesstaaten, die 2016 von den Republikanern hinzugewonnen wurden (Iowa, Wisconsin, Michigan, Ohio und Pennsylvania), in der sog. *Rust Belt area* befinden – in einer Gegend also, die dezidiert durch die Industriearbeiterschaft geprägt ist und traditionell eher von den Demokraten dominiert wird.[16]

Die tendenzielle ‚Konkurrenz‘ dieser beiden Interpretationen verweist in erster Linie auf die jüngere Entwicklungsgeschichte der Linken und des kritischen Diskurses, der im Zuge der Postmodernisierung (und ‚Kulturalisierung‘) der Geistes- und Sozialwissenschaften in den 1980er und 1990er Jahren zunehmend vom marxistisch geprägten Theoriehorizont der Vergangenheit abrückte und sich bisweilen mit Ansätzen wie der ‚Politik der Anerkennung‘ verbündete (vgl. Taylor 1992; Fraser/Honneth 2003).[17] Seit der Wirtschafts- und Finanzkrise von 2008 ist jedoch ein gewisses Comeback marxistischer und anderer kapitalismustheoretischer Perspektiven zu beobachten, sodass gerade auch das Phänomen des Populismus heute vermehrt im Kontext des Ökonomischen analysiert wird.[18]

Gewiss lässt sich für das Verständnis der Wahl Trumps zunächst an beide Lesarten anknüpfen. So ist unbestritten, dass Rassismus in den USA – die sich zu wesentlichen Teilen noch immer als räumlich und sozial segregierte Nation manifestieren – längst nicht der Vergangenheit angehört, und dass sich alle mit Obamas Wahl verbundenen liberalen Hoffnungen bezüglich eines ‚Post-racial America‘ (Schorr 2008) heute als naiv darstellen. Trump hat sich die konfliktreichen Rassenbeziehungen, soziale Stereotypen und kulturell codierte Identitätskonstruktionen politisch zunutze gemacht und dabei mehrfach die Grenze überschritten, die traditionell zwischen dem Mainstream-Konservatismus der Republikaner und dem offenen Rassismus der *white supremacists* gezogen wird.[19]

---

[16] Zur Relevanz der Klassenthematik im US-Präsidentschaftswahlkampf 2016 (und allgemein für den Aufstieg des Rechtspopulismus) vgl. Schleusener (2018a).

[17] Autoren wie Walter Benn Michaels haben derlei ‚identitätspolitische‘ Ansätze explizit mit der Logik des Neoliberalismus in Verbindung gebracht und ihnen Klassenblindheit und Ignoranz gegenüber der ökonomischen Dimension von Ungleichheit vorgeworfen (vgl. Michaels 2006). Mittlerweile existieren allerdings eine Reihe von Versuchen der Vermittlung zwischen ‚race‘- und ‚class‘-basierten Konzeptionen, die sich gegen die dominante Spielart der *identity politics* richten (vgl. Haider 2018).

[18] Als Referenz hierfür dient u. a. das Werk Polanyis, der das Aufkommen des Faschismus im Kontext der Krise des Laissez-Faire-Kapitalismus erklärt hatte: „In order to comprehend German fascism, we must revert to Ricardian England" (Polanyi 2001: 32). Vgl. auch – mit Blick auf den heutigen Populismus – Holmes (2018). Zur ökonomischen Dimension des Populismus siehe außerdem Stegemann (2017); Jörke/Selk (2017); Mouffe (2018) und Manow (2018).

[19] Vgl. etwa Trumps schon lange vor seiner Kandidatur geäußerte Behauptung, Obama sei kein amerikanischer Staatsbürger (‚he doesn't have a birth certificate‘) oder seine Aussagen über einen Aufmarsch von *white supremacists* in Charlottesville (‚very fine people, on both sides‘).

Typisch für die Strategie der neuen Rechten ist dabei, dass Trump den Rassismusvorwurf freilich stets von sich weist ('I'm the least racist person you've ever interviewed') und das Überschreiten ‚roter Linien' der politischen Korrektheit mitunter als Spiel begriffen wird, das in erster Linie auf die (Über-)Reaktion der etablierten Medien und der liberalen Öffentlichkeit gemünzt ist (vgl. Strick 2018). Unabhängig von Trumps ‚wirklicher' Haltung gegenüber Rassendiskriminierung und ethnischer Differenz ist jedoch allzu offensichtlich, dass sich Rechtsextreme, weiße Rassisten und die *Alt-Right*-Bewegung seit Trumps Wahl zum Präsidenten im Aufwind fühlen.

Schaut man sich den Ausgang der Wahl von 2016 allerdings genauer an, dann wird deutlich, dass es sich eine vornehmlich den ‚Race'-Aspekt betonende Lesart zu einfach macht. Hier ist zunächst zur Kenntnis zu nehmen, dass die Demokratin Hillary Clinton insgesamt fast drei Millionen Stimmen *mehr* erhielt als Donald Trump. Wenn also von einem ‚massiven Rechtsruck' die Rede ist, dann betrifft dies in erster Linie die Entwicklung innerhalb der Republikanischen Partei, die seit dem Aufkommen der *Tea-Party*-Bewegung kontinuierlich nach rechts gedriftet ist. Dass Trump trotz seines deutlichen Stimmendefizits zum Präsidenten gekürt wurde, verdankt sich indes einer Besonderheit des amerikanischen Wahlsystems: nämlich der Tatsache, dass für die Wahl des Präsidenten nicht die *popular vote* (d. h. die Anzahl der abgegebenen Stimmen), sondern das *electoral college* ausschlaggebend ist, das sich aus den von den Einzelstaaten entsendeten Wahlmännern zusammensetzt. Da die Anzahl der Wahlleute die Einwohnerzahl des jeweiligen Bundesstaats nur bedingt widerspiegelt, sind die bevölkerungsreichen Staaten – unter denen viele zu den Demokraten tendieren (Kalifornien, New York usw.) – einem merklichen Nachteil ausgesetzt. Vor diesem Hintergrund lässt sich erklären, dass die Republikaner seit 1992 zwar nur bei einer Wahl die *popular vote* gewannen (2004 durch George W. Bush), aber drei Mal den Präsidenten stellten (2000, 2004, 2016).[20] In Anlehnung an Trump lässt sich somit behaupten: *The system is indeed rigged (but it is rigged in favor of the GOP…)*.

Betrachtet man außerdem die im Rahmen der *exit polls* ermittelten demografischen Daten (vgl. auch Schleusener 2018a: 24 f.), dann fällt auf, dass weiße Wähler*innen ironischerweise die einzige ethnische Gruppe darstellen, die 2016 zu einem geringeren Prozentsatz die Republikaner gewählt hat als vier Jahre zuvor (58 % gegenüber 59 %). Dagegen konnte Trump (im Vergleich zu Romney 2012) bei Afro-Amerikaner*innen, Asiat*innen sowie Latinos und Latinas leicht zulegen (vgl. Abb. 1 und 2). Am auffälligsten jedoch ist die Wählerwanderung im Bereich der einkommensschwachen Wählergruppen, d. h. bei Personen mit

---

[20] Hinzu kommt, dass jeder Bundesstaat – vollkommen unabhängig von seiner Einwohnerzahl – durch jeweils zwei Senatoren vertreten wird, was die einwohnerstarken Staaten erneut benachteiligt. Für die Demokraten ist es daher grundsätzlich schwierig, die Mehrheit im Senat zu erringen, dessen Zusammensetzung nicht dem Gesamtverhältnis der abgegebenen Stimmen entspricht, sondern auf einer disproportionalen Verteilung zugunsten der gering bevölkerten (und meist ländlich geprägten) Bundesstaaten beruht.

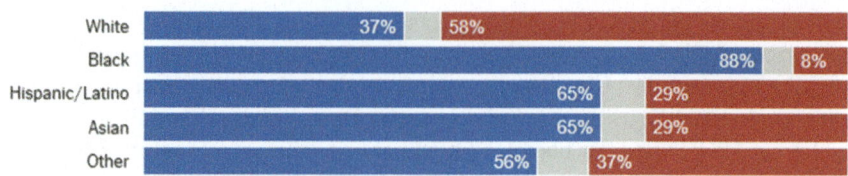

Abb. 1 *Exit polls* der Präsidentschaftswahl 2016 („Race'). Links die Prozentpunkte für die demokratische Kandidatin (Hillary Clinton), rechts für den republikanischen Bewerber (Donald Trump)

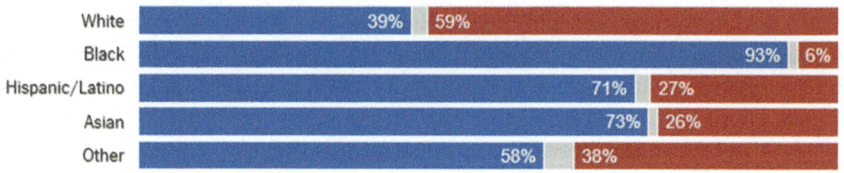

Abb. 2 *Exit polls* der Präsidentschaftswahl 2012 („Race'). Links die Prozentpunkte für den demokratischen Kandidaten (Barack Obama), rechts für den republikanischen Bewerber (Mitt Romney)

einem Jahreseinkommen, das unterhalb von 30.000 bzw. 50.000 US$ liegt. Zwar hat Hillary Clinton hier noch einen recht deutlichen Vorsprung vor Trump – denn traditionell tendieren Wähler*innen aus den unteren Einkommensschichten zu den Demokraten –, doch ist es den Republikanern genau hier am besten gelungen, Stimmen hinzuzugewinnen, während die Demokraten hohe Verluste hinnehmen mussten (vgl. Abb. 3 und 4).Mit Blick auf diesen Trend, der sich trotz der Niederlage Trumps gegen Biden 2020 fortgesetzt hat,[21] lässt sich durchaus argumentieren, dass die ökonomische Dimension für die Wahl Trumps von besonderer Relevanz war.[22]

---

[21] Besonders deutlich ist dies bei Wähler*innen mit einem Jahreseinkommen unter 30.000 US$ zu beobachten: gemäß den *exit polls* der Präsidentschaftswahl von 2020 konnte Trump hier seinen Stimmenanteil von 41 % auf 46 % steigern. Erneut gelang es Trump zudem, mehr Stimmen afro-amerikanischer Wähler*innen auf die Republikaner zu vereinen (12 % gegenüber 8 %). Sein Stimmenanteil unter weißen Wähler*innen blieb mit 58 % gleich (vgl. *The New York Times* 2020).

[22] Zur Unterstützung des Arguments, dass ‚Race' den entscheidenden Faktor für den Ausgang der Wahl von 2016 darstellt, wurde mehrfach hervorgehoben, dass weiße Männer und Frauen fast sämtlicher Bildungsschichten, Alters- und Einkommensgruppen überwiegend Trump gewählt haben, während die Wähler*innen aller anderen ethnischen Gruppen mit deutlicher Mehrheit für Hillary Clinton stimmten (vgl. Henley 2016). Zwar verdeutlicht dies die allgemeine Relevanz ethnischer Differenz für die US-amerikanische Politik, doch ist die Dominanz der Republikaner unter Weißen keine Neuigkeit. Laut den *exit polls* betrifft die wesentlichste Fluktuation, die sich zwischen 2012 und 2016 ereignet hat, vielmehr die Abwanderung vieler Wähler*innen aus den unteren Einkommensschichten von den Demokraten zu den Republikanern – ein Trend, den auch die Präsidentschaftswahl 2020 bestätigt (siehe die vorangehende Fußnote).

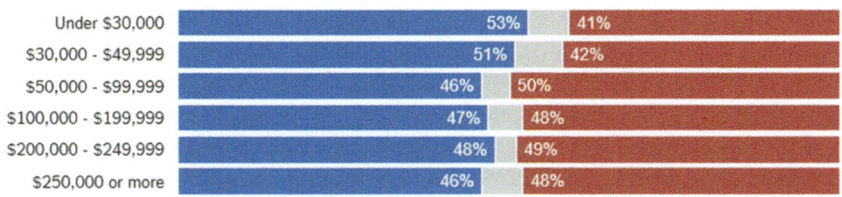

Abb. 3 *Exit polls* der Präsidentschaftswahl 2016 (‚Income'). Links die Prozentpunkte für die demokratische Kandidatin (Hillary Clinton), rechts für den republikanischen Bewerber (Donald Trump)

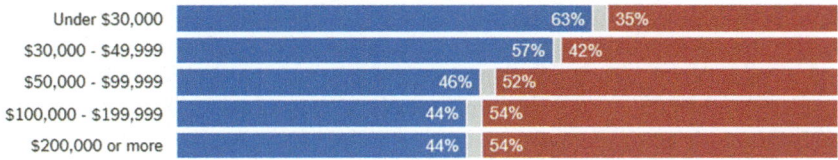

Abb. 4 *Exit polls* der Präsidentschaftswahl 2012 (‚Income'). Links die Prozentpunkte für den demokratischen Kandidaten (Barack Obama), rechts für den republikanischen Bewerber (Mitt Romney)

Die Krise des Neoliberalismus

Wie aber ist es Trump gelungen, derart viele Wähler*innen aus der Arbeiterschicht und den unteren Einkommensgruppen an sich zu binden? Warum sind diese nicht (oder nicht mehr) für ‚linke' Ideen empfänglich und wenden sich von den Demokraten ab? Wieso folgen sie ausgerechnet dem golfspielenden Milliardär und Geschäftsmann aus Queens, der letztlich dasselbe privilegierte Milieu repräsentiert wie die so arg verhasste ‚Elite'? In der Tat ist Trumps Image als ‚Champion of the Working Class' einigermaßen erstaunlich – und dies nicht nur aufgrund seines Auftretens als knallharter *businessman* (in der *Reality Show The Apprentice* ebenso wie im wirklichen Leben), sondern auch im Hinblick auf die Wirtschaftspolitik seiner Administration, die erkennbar die *top one percent* und Besserverdienenden privilegiert hat.[23] Nichtsdestotrotz weist der Trumpismus gewisse Facetten auf, die ihm unter *working class Americans* eine erhebliche Popularität bescherten. Hierzu gehört einerseits Trumps Überschreitung der Grenzen politischer Korrektheit, seine Anti-Eliten- und Anti-Korruptions-Rhetorik

---

[23] Vgl. Klein (2017: 21): „Trump and his cabinet of former executives are remaking government at a startling pace to serve the interests of their own businesses, their former businesses, and their tax bracket as a whole. […] He appointed his son-in-law, Jared Kushner, to head up a ‚swat team' stacked with corporate executives who have been tasked with finding new regulations to eliminate, new programs to privatize, and new ways to make the US government ‚run like a great American company'."

(‚Drain the Swamp!') sowie seine Rolle als politischer Outsider: sein direkter, unverblümter und als authentisch empfundener ‚politischer Stil'. Andererseits ist hervorzuheben, dass Trumps ökonomischer Nationalismus mit den Dogmen der Freihandelsdoktrin bricht, was seine Kandidatur – vergleichbar mit der von Bernie Sanders aufseiten der Demokraten – als Alternative zur neoliberalen Hegemonie erscheinen ließ, die lange als quasi alternativlos galt. So sprach sich Trump für die Einführung von Schutzzöllen aus und versprach, Arbeitsplätze zurück in die USA zu bringen. Zudem kritisierte er Freihandelsabkommen wie NAFTA, die seiner Auffassung nach zu einem massiven Outsourcing amerikanischer Jobs ins Ausland führten. In diesem Zusammenhang wird verständlich, weshalb die gigantische Mauer, die Trump an der Grenze zu Mexiko bauen lassen wollte, für seinen Wahlkampf eine derartige Relevanz hatte – und noch immer als Signatur des Trumpismus fungiert. Denn bei dem Projekt, dessen Realisierbarkeit von Beginn an äußerst fraglich war, ging es nie allein um den möglichen Schutz vor illegaler Einwanderung. Vielmehr fungiert die Mauer – bis heute – als Metapher und Emblem für den Widerstand gegen eine Politik der ‚offenen Grenzen' und des ökonomischen ‚Globalismus'.[24]

Was die Präsidentschaftswahl von 2016 somit auch verdeutlicht hat, ist eine veritable Krise des Neoliberalismus.[25] Obwohl sich die globale Wirtschaft nach der Banken-, Finanz- und Eurokrise wieder einigermaßen erholt hat – weshalb trotz der Folgen der Corona-Pandemie und dem vornehmlich energiebedingten Anstieg der Inflationsrate vom mehrfach vorhergesagten „breakdown of the capitalist system" (Wallerstein/Collins/Mann u. a. 2013: 2) derzeit keine Rede sein kann –, lässt sich durchaus von einer anhaltenden ideologischen Krise der neoliberalen Doktrin sprechen, die heute von links wie von rechts attackiert wird. Dieses ideologische Unbehagen wurde im Wahlkampf nicht nur von Trump artikuliert, sondern mehr noch von Bernie Sanders, der in den Vorwahlen der Demokraten nur äußerst knapp (und unter Mithilfe des Partei-*Establishments*) gegen die deutlich favorisierte Hillary Clinton unterlag.[26] Sowohl Trump als auch Sanders schienen eine Alternative zur neoliberalen Alternativlosigkeit zu verkörpern. Während Sanders jedoch für eine linke Alternative eintrat, die – für die USA erstaunlich – auf der Idee eines ‚demokratischen

---

[24] Zur kulturellen Semantik und Ikonografie der Mauer im Kontext rechtspopulistischer Affektpolitik vgl. Koch (2019).

[25] Zur Krise des Neoliberalismus vgl. Duménil/Lévy (2011); Wallerstein/Collins/Mann u. a. (2013); Mason (2015); Streeck (2016) und Schleusener (2018a). Sowohl aufgrund des Neoprotektionismus der Trump-Regierung als auch hinsichtlich der neokeynesianischen Tendenzen, die Teile der Wirtschaftspolitik Bidens kennzeichnen, stellt sich in der Tat die Frage, ob das aktuell dominante Akkumulationsregime (und sein Regulationsmodus) mit dem Begriff ‚Neoliberalismus' noch adäquat benannt ist. Treffend heißt es bereits 2017 bei William Davies: „The question inevitably arises, is this thing called ‚neoliberalism' now over? And if not, when might it be and how would we know?" (2017: xviii)

[26] Dasselbe Schicksal widerfuhr Sanders im Vorwahlkampf 2020, als er – nicht zuletzt aufgrund des massiven Drucks seitens vieler Großspender der Demokraten – das Nachsehen gegenüber Joe Biden hatte.

Sozialismus' und eines starken Sozialstaats fußte, war Trumps Alternative, basierend auf dem nationalistischen Projekt eines protektionistischen Isolationismus, deutlich rechts konnotiert. Der ebenso simple wie anspielungsreiche Slogan dieses ökonomisch-nationalistischen Paradigmas lautet nach wie vor: ‚America First!‘[27]

Uncool Capitalism

Einer Reihe von Autor*innen zufolge hat sich mit der Herausbildung des postfordistischen Wirtschaftsmodells und dem Aufstieg des Neoliberalismus auch der gesamte kapitalistische ‚Überbau‘ verändert. Laut Boltanski und Chiapello etwa wird der Kapitalismus schon lange nicht mehr im Sinne der protestantischen Arbeitsethik legitimiert, auf die sich noch Max Weber in seinen Arbeiten zum Verhältnis von Kultur und Ökonomie konzentrierte (vgl. Weber 1991). Vielmehr ist seit den 1960er und 1970er Jahren die Entstehung dessen zu beobachten, was Boltanski und Chiapello (im Anschluss an Weber) als ‚neuen Geist des Kapitalismus‘ bezeichnen: eine Ideologie, *„die das Engagement für den Kapitalismus"* vor dem Hintergrund der veränderten Produktionsbedingungen und soziokulturellen Transformationen *„rechtfertigt"* (Boltanski/Chiapello 2006: 43).[28] Zentral an Boltanskis und Chiapellos Ansatz ist die Unterscheidung zwischen zwei unterschiedlichen Formen von Kapitalismuskritik (vgl. ebd.: 79–84), nämlich der ‚Sozialkritik‘ (Kritik an der Ausbeutung von Arbeitskraft und der daraus resultierenden ökonomischen Ungleichheit) und der sog. ‚Künstlerkritik‘ (Kritik an den Entfremdungs- und Entzauberungstendenzen des Kapitalismus, sein Hang zur Bürokratisierung und Rationalisierung im Sinne von Webers ‚stahlhartem Gehäuse‘). Was nun den neuen Geist des Kapitalismus auszeichnet, ist laut Boltanski und Chiapello die Tatsache, dass die historisch auf die Bohème zurückgehende Künstlerkritik zu weiten Teilen neutralisiert und für die Funktionsweise des Kapitalismus nutzbar gemacht worden ist. Diese Entwicklung lässt sich bereits in den 1960er Jahren beobachten, etwa mit Blick auf die Appropriation und

---

[27] Die Parole ‚America First‘ hat im Kontext der US-amerikanischen Politik eine lange Geschichte und wurde vor Trump bereits von Isolationisten wie William Randolph Hearst, Paläokonservativen wie Pat Buchanan, Libertären wie Murray Rothbard oder Neonazis wie David Duke verwendet. Paradox an Trumps Aktualisierung des Slogans ist zweifellos die Tatsache, dass sich dieser nun insbesondere gegen die Liberalisierung des Welthandels richtet, die selbst ganz wesentlich auf Betreiben der USA zustande kam.

[28] In ihrer (hier deutlich verkürzt wiedergegebenen) Schematik gehen Boltanski und Chiapello im Wesentlichen von drei „historischen Etappen des kapitalistischen Geistes" aus (vgl. Boltanski/Chiapello 2006: 54–58). Gemeint ist 1) die auf den Unternehmer und Bourgeois zugeschnittene *heroische* Darstellungsweise, die sich im späten 19. Jahrhundert entwickelte; 2) der zwischen 1930 und 1960 auf das Großunternehmen mit gesellschaftlicher Verantwortung fokussierte und an die Massenproduktion des Konzernkapitalismus gekoppelte Modus; und schließlich 3) der ‚neue Geist des Kapitalismus‘, der sich seit den 1960er Jahren vor dem Hintergrund der Globalisierung und der Entwicklung neuer Technologien herausgebildet hat.

Übernahme von Aspekten der *Counterculture* durch die damalige Konsum- und Businesskultur (vgl. Frank 1998). Mehr noch gilt dies für die Zeit ab etwa 1990, „[when] business became ‚funky‘, having shed its reputation for bureaucratic conformity" (McGuigan 2009: 7). Die affektiv-ideologische Figuration dieser vermeintlich non-konformen, post-heroischen und auf der Grundlage fluider Netzwerke und ‚flacher Hierarchien‘ operierenden Variante des Kapitalismus hat Jim McGuigan als *Cool Capitalism* bezeichnet.[29]

Cool Capitalism, verstanden als neoliberalisierte Spielart des Weberschen Konzepts vom ‚Geist des Kapitalismus‘, bezieht seine kulturelle Kraft daher, dass „the dreariness of business and private property, the dustiness of entrepreneurship" (Jameson 1992: 274) hier mit den Insignien der Gegenkultur und der Bohème versehen werden. Als idealtypische Verkörperung dieser Figuration, die heute eher im kalifornischen Silicon Valley als an der New Yorker Wall Street beheimatet ist, kann die Firma Apple (‚Think Different‘) gelten, deren ehemaliger CEO Steve Jobs die perfekte *Mélange* aus Hippie und Kapitalist, Bohémien und Entrepreneur zur Darstellung brachte – eine kulturelle Performance, die noch heute in zahlreichen Werken der Populärkultur gewürdigt wird.[30] Man ist Kapitalist, und gleichzeitig ist man es nicht; man ist der Chef des wertvollsten Unternehmens der Welt, und trotzdem gehört man niemals zum *Establishment.*

Der Kontrast zwischen dieser neoliberalen ‚Coolness‘, die den neuen Geist des Kapitalismus artikuliert, und der von Trump verkörperten Retro-Ästhetik des *successful businessman* könnte, auf den ersten Blick betrachtet, kaum größer sein. Der *sneakers* tragende cool-kapitalistische Tech-Entrepreneur gibt sich nicht als Millionär, sondern als *nerd* zu erkennen. Trump dagegen protzt mit seinem Besitz und macht sich reicher als er wirklich ist (vgl. Greenberg 2018). In seiner TV-Serie *The Apprentice* wird gar nicht erst versucht, die Hierarchien und Ausschlussmechanismen des kapitalistischen Wettbewerbs zu verschleiern. Im Gegenteil ist die Popularität der Sendung gerade auf die Darstellung klassischer Autorität zurückzuführen (‚You're fired!‘) – verbunden mit der Häme des Publikums für die *losers,* die den Anforderungen der televisualisierten Dog-Eat-Dog-Ökonomie nicht gewachsen sind.[31] Wenn Trump in einem Interview erklärt: „Part of the beauty of me is that I'm very rich" (vgl. King Jr. 2011), dann hyperrealisiert

---

[29] Vgl. McGuigan (2009: 38): „Cool Capitalism is largely defined by the incorporation, and thereby neutralisation, of cultural criticism and anti-capitalism into the theory and practice of capitalism itself."

[30] Siehe exemplarisch die Filmbiografie *Jobs* (2013) mit Ashton Kutcher in der Rolle des gleichnamigen Hippie-Unternehmers (vgl. Schleusener 2014: 320 f.).

[31] Vgl. Davis/Lukomnik/Pitt-Watson (2006: 205): „The show is presumably meant to be a metaphor of the business world: it's a place with many losers and few winners, a place where managers commonly get ahead by using cooperation as a mask for deception, disloyalty, and betrayal. [...] *The Apprentice* soon became a ‚cultural phenomenon‘ among viewers in the key 18–49 age category. ‚You're fired!‘ became such a catch phrase that Trump even tried to trademark it."

er gewissermaßen die alte Karikatur des Zigarre rauchenden Millionärs.[32] Während die Logik des Cool Capitalism mit einem spezifischen *downdressing* korrespondiert, verkörpert Trump, mit Žižek gesprochen, das tautologische Faktum einer „unbeweglichen, obszönen, abstoßenden *Präsenz*" (Žižek 1991: 101).

In anderer Hinsicht lässt sich gleichwohl auch der von Trump verkörperte ‚Uncool Capitalism' mit dem neuen Geist des Kapitalismus in Verbindung bringen. Denn auch Trump geht es um die Positionierung als anti-elitär und *anti-establishment*: als charismatischer Outsider, der *working Americans* gegen Karrieristen, Bürokraten und Globalisten in Schutz nimmt. Wenn auf Trumps *rallies* auf ritualisierte Weise immer wieder der Rolling-Stones-Song „You Can't Always Get What You Want" (1968) gespielt wird, dann kommt es auch hier zu einer gewissen Appropriation der Gegenkultur, d. h. der affektiven Aufladung seiner *base* mit den kulturellen Zeichen der Rebellion und des Protests. Dass ausgerechnet Trump die Empfindsamkeiten der weißen Unterschicht trifft, wenn er *career politicians* und *the Washington establishment* attackiert, lässt ihn gleichsam als bizarre Personifikation des von Hannah Arendt analysierten Bündnisses „zwischen Mob und Elite" (Arendt 1998: 702–725) erscheinen: Trump redet zu sehr so, wie viele seiner unterprivilegierten Anhänger*innen selber gerne reden würden, als dass sie ihn als Repräsentanten der Oberschicht (und ihrer ökonomischen Interessen) erkennen könnten. Dass diese Logik aufgeht, ist zweifellos einem umfassenden Prozess der ‚Kulturalisierung' geschuldet, durch den die Frage der Klassenzugehörigkeit stets kulturell überschrieben wird (vgl. Frank 2005; Michaels 2006).[33] Dies sollte freilich nicht darüber hinwegtäuschen, dass sich Trumps ‚Uncool Capitalism' weiterhin als Kapitalismus manifestiert, und dass sich der Bruch mit einigen Aspekten der neoliberalen Doktrin (Freihandel, Globalisierung) gut mit den Kontinuitäten in anderer Hinsicht (Deregulierung, Steuerpolitik, Plünderung des Sozialstaats) verträgt. Die Kompensation, die Trumps Unterstützer*innen aus der weißen Unterschicht erwarten können, sollte er ein weiteres Mal Präsident werden, ist daher auch nicht materieller, sondern

---

[32] Ansatzweise wird Trumps obszöne Ausstellung seines Reichtums allerdings in seinem (nachweislich nicht von ihm selbst verfassten) Buch *The Art of the Deal* konterkariert. So wird hier bereits im allerersten Absatz der banalen Logik des Tauschwerts eine Ästhetisierung des *dealmaking* (als Lifestyle und Praxis) gegenübergestellt. Vgl. Trump (2016: 1): „I don't do it for the money. I've got enough, much more than I'll ever need. I do it to do it. Deals are my art form. Other people paint beautifully on canvas or write wonderful poetry. I like making deals, preferably big deals. That's how I get my kicks."

[33] Mit Verweis auf Žižek lässt sich in diesem Zusammenhang argumentieren, dass es sich bei den andauernden amerikanischen *culture wars* (vgl. Hunter 1991) letztlich um einen ‚verschobenen Klassenkampf' handelt. Vgl. Žižek (2009: 33): „Although the ‚ruling class' disagrees with the populists' moral agenda, it tolerates the ‚moral war' as a means of keeping the lower classes in check, that is, it enables the latter to articulate their fury without disturbing the economic status quo. What this means is that the *culture war is a class war* in displaced mode – *pace* those who claim we live in a post-class society."

rein affektiv-symbolischer Natur. Auch dies klingt im Soundtrack an, der auf Trumps elektrisierenden *rallies* läuft: „You Can't Always Get What You Want" markiert jene Massenveranstaltungen insofern nicht nur als protestgeladen und gegenkulturell, sondern erinnert deren Teilnehmer*innen zugleich daran, was sie realistischerweise erwarten und erhoffen dürfen – und was eben nicht.

Lechts/Rinks

In einem einflussreichen Buch aus dem Jahr 2009 hat Mark Fisher sein Konzept des ‚kapitalistischen Realismus' formuliert. Was er darunter versteht, ist „das weitverbreitete Gefühl, dass der Kapitalismus nicht nur das einzig gültige politische und ökonomische System darstellt, sondern dass es mittlerweile fast unmöglich geworden ist, sich eine kohärente Alternative dazu überhaupt *vorzustellen*" (Fisher 2013: 8). Anders gesagt: Die vielproklamierte Alternativlosigkeit der neoliberalen Hegemonie bleibt nicht auf die Sphären der Politik und der Ökonomie beschränkt, sondern macht auch vor Kultur, Subjektivität und Vorstellungskraft nicht halt. Als Beleg hierfür bezieht sich Fisher auf Beispiele aus der Populärkultur, so etwa auf das dystopische Genre des spätkapitalistischen Science-Fiction-Films, in dem sich Fredric Jamesons Diktum zu bestätigen scheint, dass es heute einfacher ist, „sich das Ende der Welt vorzustellen als das Ende des Kapitalismus" (ebd.: 8).[34]

Mit dem politischen Aufstieg Trumps ist es zwar weder leichter geworden, das Ende des Kapitalismus zu imaginieren, noch führt sein Bruch mit dem neoliberalen Status quo zu einer wirklichen Reaktivierung utopischer (d. h. nicht lediglich retrotopischer) „Impulse" (Jameson 1988: 284). Dennoch kann es durchaus als blamabel empfunden werden, dass das Motto der linken Globalisierungskritik – ‚Eine andere Welt ist möglich' – heute scheinbar eher von rechts als von links beim Wort genommen wird. Gerade die parlamentarische Sozialdemokratie (Gerhard Schröders ‚Neue Mitte' oder Tony Blairs ‚New Labour') und die Demokraten in den USA (Bill Clinton) hatten sich in den 1990er Jahren mit dem neoliberalen ‚Ende der Geschichte' arrangiert und viele der Deregulierungs-, Privatisierungs- und Prekarisierungsinitiativen sogar eigenständig auf den Weg gebracht. Wenn heute auf beängstigende Weise von rechten Populisten demonstriert wird, dass eine Politik jenseits des post-politischen Konsenses in der Tat denkbar ist, dann sollte die Ursache für diese Entwicklung nicht zuletzt auch im Scheitern linker Alternativen sowie in der allgemeinen Verkopplung von politischem Liberalismus und ökonomischem Neoliberalismus gesucht werden.

---

[34] Vgl. Jameson (1994: xii): „It seems to be easier for us today to imagine the thoroughgoing deterioration of the earth and of nature than the breakdown of late capitalism; perhaps that is due to some weakness in our imaginations." Zur ‚dystopischen Imagination' im Kontext des Neoliberalismus vgl. außerdem Schleusener (2017).

Indes wird deutlich, dass der Trump-Effekt, innerhalb wie außerhalb der USA, zu einer Reihe von ideologischen Verschiebungen und Rollenwechseln geführt hat. Insofern das Geschäft der Systemkritik heute in erster Linie von Rechtspopulisten betrieben wird – eine Entwicklung, die sich auch im Kontext der Corona-Pandemie deutlich abgezeichnet hat –, agiert ein beträchtlicher Teil der politischen Linken eher defensiv oder stellt sich schützend vor die Institutionen und den alten Status quo. Diese Dynamik ist insbesondere in den USA zu beobachten, wo potenziell linke Themen von Trump, dem großen Disruptor, systematisch rechts überschrieben wurden: Kritik am Irakkrieg, an Auslandseinsätzen des Militärs, an den Medien, den Geheimdiensten, am Freihandel, am ‚Globalismus'. Die meisten Demokraten dagegen stellen sich auf die Seite des FBI, verteidigen die NATO, NAFTA und andere Freihandelsabkommen oder bemängeln Trumps ‚unamerikanische Rhetorik' (‚This is not what America stands for!'). Während seiner Präsidentschaft konfrontierten die Mainstream-Demokraten Trump weniger mit ihrer eigenen politischen Programmatik, als dass sie darauf setzten, der Sonderermittler Robert Mueller – ein eingetragener Republikaner und von George W. Bush berufener ehemaliger FBI-Direktor – würde ihm und seinem Wahlkampf-team ‚collusion with Russia' nachweisen.[35] Zwar hat der progressive Flügel der Demokratischen Partei in den letzten Jahren an Einfluss gewonnen, doch gibt (wie nicht zuletzt die Nominierung Bidens verdeutlicht) der moderate Flügel weiterhin den Ton an. Und ob die Demokraten die Wahl 2020 auch dann gewonnen hätten, wenn nicht die Corona-Pandemie Trumps beispiellosen Dilletantismus in Sachen Krisenbewältigung offengelegt hätte, ist keinesfalls ausgemacht.

Was bei aller ideologischen Polarisierung im heutigen Amerika zum Ausdruck kommt, ist weniger die Proliferation neuer politischer Debatten und Diskurse als das Gefühl einer post-politischen Stasis. Dementsprechend verlaufen die Auseinandersetzungen zwischen den beiden Lagern nach einem routinierten Reiz-Reaktions-Schema, dessen *talking points* stets nur innerhalb der eigenen *bubble* Glaubwürdigkeit beanspruchen. Die Taktik, die kaum jemand so gut beherrscht wie Trump, besteht darin, den Gegner zu einer Reaktion zu zwingen, die diesen quasi selbst entlarvt. So provozierte Trump die liberalen Medien bereits im Wahlkampf durch seine permanenten Attacken und Invektiven dazu, den Schleier der Objektivität (‚CNN – The Most Trusted Name in News') abzu-streifen und auf scheinbar einseitige Weise Trump-kritisch zu berichten. Der Effekt war eine allgemeine Delegitimierung vermeintlich überparteilicher Institutionen, wodurch jeder Maßstab getilgt wurde, an dem sich die eigenen Pro-klamationen und Behauptungen noch messen lassen müssten. Wie noch zu zeigen sein wird, ist es nicht damit getan, die Lügen zu entlarven, auf denen jene Politik des Post-Faktischen (vgl. Schleusener 2018b) beruht. Denn diese ist mit einer

---

[35] Was sich bekanntlich als frommer Wunsch herausgestellt hat: In Muellers 2019 vorgelegtem Bericht wird Trumps Wahlkampfteam vom Vorwurf der koordinierten Zusammenarbeit mit Russ-land weitgehend entlastet.

Affektökonomie verkoppelt, die – zumindest bis zu einem gewissem Grad – ‚an sich selbst' (d. h. an ihren unmittelbaren Effekten) zu beurteilen ist.

Der Eindruck des Statischen rührt zudem daher, dass die beiden Lager nicht nur aufeinander angewiesen sind, sondern sich auch vollständig zu neutralisieren scheinen. So antwortete während Trumps Präsidentschaft auf jede liberale Kommentatorin, die ‚*Russian collusion!*' ausrief, garantiert ein Trump-Anhänger mit dem Hinweis: ‚*But Hillary's emails...!*' Auf diese Weise entsteht eine vollkommen zirkuläre Dynamik, eine Kreisbewegung, die sich aus sich selbst heraus anzutreiben scheint. Ein typisches Beispiel: Trump macht eine herabsetzende Bemerkung über illegale Einwanderer, die er als ‚rapists', ‚hordes' etc. bezeichnet; die Demokraten und die liberalen Medien stürzen sich darauf und werfen Trump Rassismus vor; Trump erklärt, er habe keinesfalls per se von Einwanderern gesprochen (‚who are fine people'), sondern lediglich von potenziell gewalttätigen, *illegalen* Migrant*innen; die Demokraten entgegnen daraufhin, dass Trumps Xenophobie durch zahlreiche Beispiele belegt sei, und dass sein autokratisches Verhalten gegenüber den rechtsstaatlichen Institutionen beweise, dass es ihm gar nicht um das Problem der Legalität oder Illegalität gehe; woraufhin Trumps Anhänger*innen antworten, dass man sich in der Frage der Rechtsstaatlichkeit nicht von den Demokraten belehren lasse, da deren Akzeptanz illegaler Einwanderung hinlänglich zeige, dass ihre *open door policies* Rechtsstaatlichkeit ganz und gar ausschlössen. Und so weiter, ad infinitum...

Die Logik einer solchen Auseinandersetzung ist nicht in erster Linie auf das bessere Argument gemünzt, sondern eher darauf, den politischen Gegner der Illegitimität oder des Verrats zu überführen. Genau hierauf zielte schon der *birtherism* ab, d. h. die (nicht zuletzt auch von Trump lancierte) verschwörungstheoretische Behauptung, Barack Obama sei kein amerikanischer Staatsbürger, sondern ein in Kenia geborener Muslim. Das liberale Spiegelbild dieser Behauptung artikulierte sich zu Trumps Amtszeit in dem Vorwurf, Trump sei durch die Hilfe Putins an die Macht gelangt und somit quasi ein ‚russischer Agent'. Im letzten Rededuell zwischen Trump und Hillary Clinton kam diese Logik der gegenseitigen Delegitimierung in einem denkwürdigen Schlagabtausch zum Ausdruck: Clintons Vorwurf an Trump, er sei eine Marionette Russlands (Putin „would rather have a puppet as president of the United States"), parierte dieser, indem er ausrief: „No puppet. No puppet. You're the puppet!" (vgl. Blake 2016)

Was hier in Erscheinung tritt, ist im Falle beider Lager eine zwar unterschiedliche, aber gleichermaßen ‚organische' Konzeption Amerikas. So basieren die politischen Logiken sowohl der Republikaner als auch der Demokraten auf einer je verschiedenen Variante des ‚echten Amerikas', die mit einer jeweils anderen Form von Exzeptionalismus korrespondiert (vgl. Pease 2009). Folglich kommt es zur Bezichtigung der politischen Gegner*innen, die Werte und Grundsätze dieser als fundamental begriffenen ‚imaginierten Gemeinschaft' zu missachten oder zu verraten, das organische Gleichgewicht (die nativistische Vision eines Amerikas unter WASP-Vorherrschaft oder das multikulturelle Ideal der USA als *nation of all nations*) aus der Balance zu bringen. In gewisser Weise erinnert diese

Konstellation an die Beschreibung des klassischen amerikanischen Films durch Gilles Deleuze, der dessen Verklammerung von Kinematografie und National-mythologie auf den Begriff der ‚organischen Repräsentation‘ gebracht hat:

> „Ein starkes ethisches Urteil muß die Ungerechtigkeit der ‚Dinge‘ anprangern, das Mit-leid erregen und von der heraufkommenden neuen Zivilisation künden, kurzum: immer wieder Amerika entdecken...um so mehr, als von Anfang an strikt darauf verzichtet worden ist, nach den Ursachen zu forschen. Der amerikanische Film begnügt sich damit, die Erschlaffung einer Zivilisation (auf der Ebene des Milieus) und das Eingreifen eines Verräters (auf der Ebene der Handlung) anzuführen" (Deleuze 1989: 206).

Vielleicht ist es kein Zufall, dass der vorliegende Aufsatz mit einer Parallele zwischen Trumps Schockpolitik und der (quasi avantgardistischen) Kinemato-grafie des Zeit-Bilds begann, nun jedoch eine Analogie zum Bewegungs-Bild und den generischen Codes des konventionellsten amerikanischen Kinos auf-zeigt. Denn der Trumpismus ist ganz wesentlich eine Hybridkonstruktion, deren affektive Ausdrucksform in deutlicher Diskrepanz steht zu seiner ideologischen Inhaltsform. Anders gesagt: Im Herzen populistischer Schockpolitik verbirgt sich letztlich ein retrotopisches, national-nativistisches Idyll.[36] So korrespondiert auch der Schockfaktor von Trumps Mauer (ihre Durchstreichung demokratischer Offenheit und Gastfreundschaft) mit der idyllischen Logik des Schutzwalls als natürlicher Grenze zwischen innen und außen. *Mit dem Bau dieser Mauer wird Amerika aller Sorgen ledig sein...*

Populistische Affekte

Eines der Ziele des vorliegenden Aufsatzes bestand darin, die aktuelle ‚Krise der Demokratie‘ – die sich in kaum einem Ereignis der letzten Jahre so anschaulich manifestiert wie in der Wahl Trumps zum amerikanischen Präsidenten – nicht allein dem Aufstieg des Rechtspopulismus zuzuschreiben, sondern diesen statt-dessen als symptomatisch für eine tiefergehende Krise zu verstehen, die sich mit Begriffen wie ‚Postdemokratie‘ (Crouch 2008), ‚neoliberale Hegemonie‘ (Mouffe 2018) oder ‚Politik der Alternativlosigkeit‘ (Fisher 2013) benennen lässt. Dass sich der in ganz Europa und den USA spürbare Rechtsruck zu einer Zeit ereignet hat, die von postdemokratischen Tendenzen, den allzu offensichtlich gewordenen Diskrepanzen der Globalisierung und der schwersten Wirtschafts- und Finanz-krise seit den 1920er und 1930er Jahren geprägt war, sollte nicht als zufällig begriffen werden. Vor diesem Hintergrund scheint es nicht abwegig, als ursäch-lich für den Aufschwung rechtspopulistischer Parteien und Bewegungen auch das tendenzielle Scheitern der Linken zu sehen, der es offensichtlich nicht gelungen ist, die verbreitete Unzufriedenheit mit dem neoliberalen Status quo und dem

---

[36]Vgl. in diesem Zusammenhang auch den Begriff des *Heartland*, der auf die Arbeiten des Populismusforschers Paul Taggart zurückgeht (Taggart 2000).

postdemokratischen Konsens für emanzipatorische Zwecke nutzbar zu machen. Diese Analyse ist freilich nicht neu – und das Walter Benjamin zugeschriebene Bonmot, „dass jeder Aufstieg des Faschismus von einer gescheiterten Revolution zeugt" (Žižek 2015: 14), ist wohl selten so oft zitiert worden wie in den letzten Jahren.[37]

Die Richtung dieses Arguments für glaubwürdig zu halten, sollte gleichwohl nicht zu einer allzu vereinfachenden Komplexitätsreduktion führen. Genauer gesagt: Die ökonomische Dimension der Krise der Demokratie zu betonen, heißt nicht zwangsläufig, einen simplen ‚Ökonomismus' zu vertreten. So ist Trump keinesfalls allein von Wähler*innen aus der Arbeiter*innenklasse oder der Unterschicht gewählt worden, sondern – relativ gleich verteilt – von Amerikaner*innen aus sämtlichen Einkommensschichten. Was die Klassendimension indes relevant macht, ist die Tatsache, dass sich die ausschlaggebendsten Verschiebungen im Wahlverhalten in den unteren Einkommensgruppen ereignet haben, wo es zu massiven Zugewinnen im Lager von Trump und den Republikanern kam. Es stellt sich folglich die Frage, weshalb Wähler*innen, die sich als *left out* oder *forgotten* begreifen, die nicht von *tax cuts for the rich* oder der Abwicklung von Obamacare profitieren, in so großer Zahl für Trump gestimmt haben. Was hat Trumps Attraktivität in dieser Konstellation konstituiert? Und welche Mechanismen der politischen Imagination haben dabei eine Rolle gespielt?

Vielleicht sollte der Begriff der Ideologie hier nicht allzu pauschal verworfen werden. So erwähnt Arlie Russell Hochschild z. B. das ‚große Paradox' (Hochschild 2016: 1–82), dass der Widerstand gegen Bundeshilfen, staatliche Sozialprogramme und ökonomische Umverteilung genau dort am größten ist, wo diese Maßnahmen am nötigsten wären – etwa in den verarmten Staaten des amerikanischen Südens, die ausnahmslos in der Hand der Republikaner sind. Ohne Kenntnisnahme der systematisch betriebenen ökonomischen Desinformation in konservativen Milieus und durch rechte Medien (Fox News, Breitbart, OAN, *talk radio* usw.) lässt sich dieses Phänomen kaum adäquat erfassen (vgl. Schleusener 2014: 321–324). Der Begriff der Ideologie greift allerdings zu kurz, wenn es nicht lediglich um die Entlarvung von Täuschungsmanövern gehen soll, sondern zugleich um das Verständnis von Operationen, die laut Deleuze und Guattari „kein Verkennen, keine Mißverständnisse sind, sondern vollkommen reaktionäre unbewußte Besetzungen" (Deleuze/Guattari 1997: 331). Was Trump diesbezüglich eher vermag als ideologisch-argumentativ zu ‚überzeugen', ist die Mobilisierung und Modulation der Affekte seiner Anhänger*innenschaft.[38] Hierzu schreibt Hochschild:

---

[37] Die Quelle des vermeintlichen Zitats ist umstritten. Überlegungen, die zumindest in die gedankliche Richtung des Diktums gehen, finden sich in den Texten „Über den Begriff der Geschichte" und „Theorien des deutschen Faschismus" (vgl. Benjamin 1991a und 1991b).

[38] Zu einer derartigen ‚Politik des Affekts' vgl. Massumi (2015), Schleusener (2014 und 2015: 198–210) sowie Małecki und Schleusener (2015). Zu den Interferenzen von Affekt und Ideologie vgl. John Protevis Konzeption einer ‚affective ideology' (Protevi 2016 und Peters/Protevi 2017).

„Trump is an ‚emotions candidate'. More than any other presidential candidate in decades, Trump focuses on eliciting and praising emotional responses from his fans rather than on detailed policy prescriptions. His speeches – evoking dominance, bravado, clarity, national pride, and personal uplift – inspire an emotional transformation. [...] Not only does Trump evoke emotion, he makes an object of it, presenting it back to his fans as a sign of collective success" (Hochschild 2016: 225).

Hochschild, die über einen Zeitraum von fünf Jahren Interviews mit konservativen *Tea-Party*-Anhänger*innen in Louisiana geführt hat, beschreibt in dem daraus resultierenden Buch ein unter den Befragten vorherrschendes Gefühl des Verlusts, der Entfremdung und des (ökonomischen wie kulturellen) Abgehängtseins. Ein wesentlicher Baustein dieser ideologisch-affektiven Formation ist die Tatsache, dass sich die Verbitterung hier weniger auf die ökonomische Elite als auf das liberale *Establishment* bezieht, von dem man sich zu Unrecht zu rückschrittlichen „rednecks" (ebd.: 23) degradiert fühlt. Analog dazu, wie der von Hillary Clinton lancierte Begriff der *deplorables* von Trump-Anhänger*innen – durch einen klassischen Akt postmoderner Resignifikation (vgl. Zak 2017) – in eine Auszeichnung verwandelt wurde, kommt es insbesondere auf den *rallies*, die Trump bis heute fortsetzt, zu einer ‚affektiven Umwandlung'. Anstatt sich dafür zu schämen, dass man die vom *Establishment* verordnete ‚politisch korrekte' Sprache nicht beherrscht, mündet Trumps öffentlich zur Schau gestellte Überschreitung der Grenzen politischer Korrektheit in ein nahezu katharisches Gemeinschaftsgefühl – eine Art der ‚kollektiven Efferveszenz', wie Hochschild in Anlehnung an Durkheim erklärt (Hochschild 2016: 225).

Trumps *rallies* sind in diesem Sinne mehr als simple Wahlkampfveranstaltungen, vielmehr sind sie Orte einer konkreten Retrotopie. Sachfragen und spezifische politische Vorschläge sind ebenso nebensächlich wie der Wahrheitswert von Trumps Parolen. Dass hier aber jemand öffentlich sagt, was man stets dachte, nicht sagen zu dürfen, ist die Grundlage von Trumps affektiver Ökonomie. Anstatt zu materieller Kompensation, für deren reelle Einforderung man über kein geeignetes Instrumentarium verfügt, kommt es immerhin zu einer Art von ‚emotionaler Kompensation': einer affektiven Umverteilung in der unmittelbaren Gegenwart. Diese performativ operierende *Affektmaschine* – und ihre Umwandlung von Scham in Stolz, von Neid in Spott, von Angst vor sozialem Abstieg in Hass auf illegale Einwanderer – sollte freilich nicht als apolitisch oder unschuldig begriffen werden. Sie korrespondiert mit einem Programm, das eine ‚Politik der Angst' (vgl. Woodward 2018) mit der Aussicht auf grenzenloses Wirtschaftswachstum verkoppelt – eine Konstellation, deren innere Diskrepanzen sich als ‚affektive Dissonanz' bemerkbar machen.[39] So überlagerte sich während

---

[39] ‚Affektive Dissonanz' meint hier die Überlagerung von im spinozistischen Sinne *limitierenden Affekten* (wie Trauer oder Angst) und *mobilisierenden Affekten* (wie Freude oder Hoffnung). Es lässt sich argumentieren, dass dieses Phänomen nicht nur für die Affektpolitik Trumps charakteristisch ist, sondern generell für jede gesellschaftlich-politische Formation, die sowohl von den Ansprüchen einer kapitalistischen Ökonomie als auch dem Kontrollregime des *national security state* geprägt ist. Mit Blick auf 9/11 und die Rolle der Medien vgl. hierzu Massumi

Trumps Präsidentschaft die hymnische Verkündung von ‚jobs, jobs, jobs' und ‚the greatest economy ever' mit einer nahezu dystopischen Panik bezüglich ‚illegal aliens', ‚sanctuary cities', ‚drug cartels', ‚the deep state' und ‚the fake news media'. Es mag sich die Frage stellen, ob der Affekt hier noch als Teilaspekt der politischen Auseinandersetzung fungiert, oder nicht vielmehr als deren Ersatz: als Fortsetzung der Politik mit anderen Mitteln.

Abbildungen

Abb. 1–4: Graphics from the article 'Election 2016: Exit Polls' by Jon Huang, Samuel Jacoby, Michael Strickland and K.K. Rebecca Lai originally appeared in the The New York Times on November 8, 2016 are copyright The New York Times and are used here by permission. Huang, Jon/Jacoby, Samuel/Strickland, Michael/Lai, K. K. Rebecca: Election 2016: Exit Polls. In: *The New York Times* (08.11.2016), https://www.nytimes.com/interactive/2016/11/08/us/politics/election-exit-polls.html (29.12.2018).

Literatur

Agamben, Giorgio/Badiou, Alain/Bensaïd, Daniel/Brown, Wendy/Nancy, Jean-Luc/Rancière, Jacques/Ross, Kristin/Žižek, Slavoj: *Demokratie? Eine Debatte*. Berlin 2012.
Agerholm, Harriet: What is ‚whitelash', and why are experts saying it led to Donald Trump's election? In: *The Independent* (09.11.2016), https://www.independent.co.uk/news/world/americas/us-elections/whitelash-what-is-it-white-vote-president-donald-trump-wins-us-election-2016-a7407116.html (30.10.2018).
Arendt, Hannah: *Elemente und Ursprünge totaler Herrschaft. Antisemitismus, Imperialismus, Totalitarismus*. München 1998.
Avanessian, Armen/Hennig, Anke: Wer hat Angst nach dem Zeitgenössischen? In: *Endlose Gegenwart*. Donaufestival-Reader 2018: 166–175.
Bauman, Zygmunt: *Retrotopia*. Berlin 2017.

(2010: 54): „Die Medien boten keine Informationen oder Analyse. Es war die reine Affektmodulation […]. Die ständigen Sicherheitsbedenken schleichen sich auf solch einer grundlegenden und gewohnheitsmäßigen Ebene in unser Leben ein, dass man sich kaum bewusst ist, wie sehr dadurch der generelle Tenor des täglichen Lebens verändert wird. Ganz ‚instinktiv' schränkt man den eigenen Bewegungsrahmen und den Kontakt zu anderen Menschen ein. […] Zur gleichen Zeit wie die Medien daran arbeiten, diese affektive Beschränkung herzustellen, helfen sie auf gewisse Weise auch, diese zu überwinden. Die Beschränkung darf nicht zu tiefgreifend sein, da ansonsten die Dynamik des Kapitalismus ausgebremst werden würde. Eine der größten Befürchtungen nach dem 11. September war, dass es aufgrund einer Krise im Verbrauchervertrauen zu einer wirtschaftlichen Rezession kommen würde. Somit wurde dazu aufgerufen, dass jeder als stolzer, patriotischer Akt weiter Geld ausgeben sollte."

Benjamin, Walter: Über den Begriff der Geschichte. In: Ders.: *Abhandlungen*. *Gesammelte Schriften* Bd. 1.2. Frankfurt a. M. 1991a: 691–704.

Benjamin, Walter: Theorien des deutschen Faschismus. Zu der Sammelschrift ‚Krieg und Krieger‘. Herausgegeben von Ernst Jünger. In: Ders.: *Kritiken und Rezensionen*. *Gesammelte Schriften* Bd. 3. Frankfurt a. M. 1991b: 238–250.

Best, Stephen/Marcus, Sharon: Surface reading: An introduction. In: *Representations* 108/1 (2009): 1–21.

Blake, Aaron: The final Trump-Clinton debate transcript, annotated. In: *The Washington Post* (19.10.2016), https://www.washingtonpost.com/news/the-fix/wp/2016/10/19/the-final-trump-clinton-debate-transcript-annotated/?utm_term=.c9c9d9cd90cf (30.10.2018).

Boltanski, Luc/Chiapello, Ève: *Der neue Geist des Kapitalismus*. Konstanz 2006.

Cowls, Josh/Schroeder, Ralph: Tweeting all the way to the White House. In: Pablo J. Boczkowski/Zizi Papacharissi (Hg.): *Trump and the Media*. Cambridge, Mass./London 2018: 151–157.

Crouch, Colin: *Postdemokratie*. Frankfurt a. M. 2008.

Davies, William: *The Limits of Neoliberalism: Authority, Sovereignty and the Logic of Competition*. Los Angeles/London 2017.

Davis, Stephen/Lukomnik, Jon/Pitt-Watson, David: *The New Capitalists: How Citizen Investors Are Reshaping the Corporate Agenda*. Boston 2006.

Deleuze, Gilles: *Das Bewegungs-Bild. Kino 1*. Frankfurt a. M. 1989.

Deleuze, Gilles: *Das Zeit-Bild. Kino 2*. Frankfurt a. M. 1997a.

Deleuze, Gilles: *Differenz und Wiederholung*. München 1997b.

Deleuze, Gilles/Guattari, Félix: *Anti-Ödipus. Kapitalismus und Schizophrenie 1*. Frankfurt a. M. 1997.

Dietze, Gabriele/Roth, Julia (Hg.): *Right-Wing Populism and Gender: European Perspectives and Beyond*. Bielefeld 2020.

Duménil, Gérard/Lévy, Dominique: *The Crisis of Neoliberalism*. Cambridge/London 2011.

Fisher, Mark: *Capitalist Realism: Is There No Alternative?* Winchester 2009.

Fisher, Mark: *Kapitalistischer Realismus ohne Alternative? Eine Flugschrift*. Hamburg 2013.

Frank, Thomas: *The Conquest of Cool: Business Culture, Counterculture, and the Rise of Hip Consumerism*. Chicago 1998.

Frank, Thomas: *What's the Matter with Kansas? How Conservatives Won the Heart of America*. New York 2005.

Fraser, Nancy/Honneth, Axel: *Umverteilung oder Anerkennung? Eine politisch-philosophische Kontroverse*. Frankfurt a. M. 2003.

Greenberg, Jonathan: Trump lied to me about his wealth to get onto the Forbes 400. Here are the tapes. In: *The Washington Post* (20.04.2018), https://www.washingtonpost.com/outlook/trump-lied-to-me-about-his-wealth-to-get-onto-the-forbes-400-here-are-the-tapes/2018/04/20/ac762b08-4287-11e8-8569-26fda6b404c7_story.html?noredirect=on&utm_term=.cdd9b1e171da (30.10.2018).

Hagen, Wolfgang: *Gegenwartsvergessenheit: Lazarsfeld – Adorno – Innis – Luhmann*. Berlin 2003.

Haider, Asad: *Mistaken Identity: Race and Class in the Age of Trump*. London/New York 2018.

Henley, Jon: White and wealthy voters gave victory to Donald Trump, exit polls show. In: *The Guardian* (09.11.2016), https://www.theguardian.com/us-news/2016/nov/09/white-voters-victory-donald-trump-exit-polls (30.10.2018).

Hochschild, Arlie Russell: *Strangers in Their Own Land: Anger and Mourning on the American Right*. New York 2016.

Holmes, Christopher: *Polanyi in Times of Populism: Vision and Contradiction in the History of Economic Ideas*. New York 2018.

Horn, Eva: *Zukunft als Katastrophe*. Frankfurt a. M. 2014.

Hunter, James Davison: *Culture Wars: The Struggle to Define America*. New York 1991.

Jameson, Fredric: *Das politische Unbewußte. Literatur als Symbol sozialen Handelns.* Reinbek bei Hamburg 1988.

Jameson, Fredric: *Postmodernism, or, The Cultural Logic of Late Capitalism.* London/New York 1992.

Jameson, Fredric: *The Seeds of Time.* New York 1994.

Jörke, Dirk/Selk, Veith: *Theorien des Populismus. Eine Einführung.* Hamburg 2017.

Keefe, Patrick Radden: How Mark Burnett resurrected Donald Trump as an icon of American success. In: *The New Yorker* (07.01.2019), https://www.newyorker.com/magazine/2019/01/07/how-mark-burnett-resurrected-donald-trump-as-an-icon-of-american-success (28.12.2018).

King Jr., Neil: Trump on 2011: ,Part of beauty of me is I'm very rich'. In: *The Wall Street Journal – Washington Wire* (17.03.2011), https://blogs.wsj.com/washwire/2011/03/17/trump-on-2012-part-of-beauty-of-me-is-im-very-rich/ (30.10.2018).

Klein, Naomi: *No Is Not Enough: Defeating the New Shock Politics.* London 2017.

Koch, Lars: Walling out. Zur Diskurspolitik und Mythomotorik Neuer Mauern in der Populärkultur. In: Johannes Becker/Benjamin Bühler/Sandra Pravica/Stefan Willer (Hg.): *Zukunftssicherung. Kulturwissenschaftliche Perspektiven.* Bielefeld 2019: 167–184.

Koch, Lars/Nanz, Tobias: Ästhetische Experimente. Zur Ereignishaftigkeit und Funktion von Störungen in den Künsten. In: *Zeitschrift für Literaturwissenschaft und Linguistik,* 173 (2014): 94–115.

Koch, Lars/Nanz, Tobias/Pause, Johannes (Hg.): Imaginationen der Störung. *Behemoth. A Journal on Civilisation,* 9/1 (2016).

Lammert, Christian/Vormann, Boris: *Die Krise der Demokratie und wie wir sie überwinden.* Berlin 2017.

Małecki, Wojciech/Schleusener, Simon: ,What affects are you capable of?' On Deleuze and somaesthetics. In: Simone Bignall/Sean Bowden/Paul Patton (Hg.): *Deleuze and Pragmatism.* London/New York 2015: 216–234.

Manow, Philip: *Die politische Ökonomie des Populismus.* Berlin 2018.

Mason, Paul: *PostCapitalism: A Guide to Our Future.* London 2015.

Massumi, Brian: *Ontomacht: Kunst, Affekt und das Ereignis des Politischen.* Berlin 2010.

Massumi, Brian: *Politics of Affect.* Cambridge, UK/Malden 2015.

McGuigan, Jim: *Cool Capitalism.* London/New York 2009.

Mehta, Seema: Transcript: Clinton's full remarks as she called half of Trump supporters ,deplorables'. In: *Los Angeles Times* (10.09.2016), https://www.latimes.com/nation/politics/trailguide/la-na-trailguide-updates-transcript-clinton-s-full-remarks-as-1473549076-htmlstory.html (28.10.2018).

Michaels, Walter Benn: *The Trouble with Diversity. How We Learned to Love Identity and Ignore Inequality.* New York 2006.

Mouffe, Chantal: *On the Political.* London 2005.

Mouffe, Chantal: *For a Left Populism.* New York/London 2018.

Pease, Donald: *The New American Exceptionalism.* Minneapolis/London 2009.

Peters, Christian Helge/Protevi, John: Affective ideology and Trump's popularity (draft paper, 28.09.2017), http://www.protevi.com/john/TrumpAffect.pdf (30.10.2018).

Polanyi, Karl: *The Great Transformation: The Political and Economic Origins of Our Time* [1944]. Boston 2001.

Protevi, John: Stanley on ideology. In: *Theoria* 31/3 (2016): 357–369.

Schleusener, Simon: Neoliberal affects: The cultural logic of cool capitalism. In: *REAL: Yearbook of Research in English and American Literature* 30 (2014): 307–326.

Schleusener, Simon: *Kulturelle Komplexität: Gilles Deleuze und die Kulturtheorie der American Studies.* Bielefeld 2015.

Schleusener, Simon: The dialectics of mobility: Capitalism and apocalypse in Cormac McCarthy's *The Road.* In: *European Journal of American Studies* 12/3 (2017): 1–14.

Schleusener, Simon: Political disconnects: Donald Trump, the cultural left, and the crisis of neoliberalism. In: *Coils of the Serpent: Journal for the Study of Contemporary Power* 2 (2018a): 20–34.

Schleusener, Simon: Post-truth politics: The new right and the postmodern legacy. In: Ilka Brasch/Ruth Mayer (Hg.): *Modernities and Modernization in North America*. Heidelberg 2018b: 353–370.

Schleusener, Simon: You're fired! Retrotopian desire and right-wing class politics. In: Gabriele Dietze/Julia Roth (Hg.): *Right-Wing Populism and Gender: European Perspectives and Beyond*. Bielefeld 2020: 185–206.

Schleusener, Simon: Again and again and again. In: *Amerikastudien/American Studies* 66.1 (2021): 127–31, https://doi.org/10.33675/AMST/2021/1/22 (13.01.2022).

Schorr, Daniel: A new, ‚post-racial‘ political era in America (Transcript). In: *NPR* (28.01.2008), https://www.npr.org/templates/story/story.php?storyId=18489466&t=1540947603093 (30.10.2018).

Seeßlen, Georg: *Trump! Populismus als Politik*. Berlin 2017.

Stegemann, Bernd: *Das Gespenst des Populismus. Ein Beitrag zur politischen Dramaturgie*. Berlin 2017.

Streeck, Wolfgang: *How Will Capitalism End? Essays on a Failing System*. London/New York 2016.

Strick, Simon: Alt-Right-Affekte. Provokationen und Online-Taktiken. In: *Zeitschrift für Medienwissenschaft* 19/2 (2018): 113–125.

Taggart, Paul: *Populism*. Buckingham/Philadelphia 2000.

Taylor, Charles: *Multiculturalism and the Politics of Recognition: An Essay*. Princeton 1992.

The New York Times: National Exit Polls: How Different Groups Voted (Election 2020). https://www.nytimes.com/interactive/2020/11/03/us/elections/exit-polls-president.html (15.01.2022).

Trump, Donald (& Tony Schwartz): *The Art of the Deal* [1987]. London 2016.

Trump Twitter Archive: http://www.trumptwitterarchive.com (21.12.2018).

Turner, Fred: Trump on twitter: How a medium designed for democracy became an authoritarian's mouthpiece. In: Pablo J. Boczkowski/Zizi Papacharissi (Hg.): *Trump and the Media*. Cambridge, Mass./London 2018: 143–149.

Virilio, Paul: *Geschwindigkeit und Politik*. Berlin 1980.

Virilio, Paul: *Ästhetik des Verschwindens*. Berlin 1986.

Virilio, Paul: *Revolutionen der Geschwindigkeit*. Berlin 1993.

Wallerstein, Immanuel/Collins, Randall/Mann, Michael/Derluguian, Georgi/Calhoun, Craig: *Does Capitalism Have a Future?* Oxford/New York 2013.

Weber, Max: *Die protestantische Ethik I. Eine Aufsatzsammlung*. Hg. von J. Winckelmann. Gütersloh 1991.

Woodward, Ben: *Fear: Trump in the White House*. New York 2018.

Woolf, Nicky: ‚Nasty woman‘: Trump attacks Clinton during final debate. In: *The Guardian* (20.10.2016), https://www.theguardian.com/us-news/2016/oct/20/nasty-woman-donald-trump-hillary-clinton (30.10.2018).

Zak, Dan: Embracing the insult, disarming the enemy. In: *The Washington Post* (16.01.2017): C1.

Žižek, Slavoj: *Liebe Dein Symptom wie Dich selbst! Jacques Lacans Psychoanalyse und die Medien*. Berlin 1991.

Žižek, Slavoj: *First as Tragedy, Then as Farce*. London/New York 2009.

Žižek, Slavoj: *Blasphemische Gedanken: Islam und Moderne*. Berlin 2015.

Orange is the new *Black Box* – Trump und Szenen der Herabsetzung

Lars Koch und Christina Rogers

„The White House Correspondents' Dinner is DEAD as we know it" war am 30. April 2018, 10:58 auf dem *Twitter*-Account @realDonaldTrump zu lesen (Trump 2018a). Damit reagierte Trump auf eine kontrovers diskutierte Showeinlage der Comedienne Michelle Wolf, die beim jährlichen Gala-Dinner Personen des öffentlichen Lebens bloßgestellt hatte (C-Span 2018). Zum zweiten Mal in Folge nahm Trump nicht am *Correspondents' Dinner* teil: als symbolischer Ausdruck seiner aggressiven Distanz gegenüber den traditionellen Massenmedien hatte diese Leerstelle auch in den Folgejahren Bestand.

Blickt man mit einigem Abstand auf die Aufregung vom April 2018, so wird deutlich, dass die damalige, affektiv aufgeladene Auseinandersetzung kaum etwas mit jenem Veranstaltungsformat an sich zu tun hatte. Die Vehemenz der Reaktion Trumps, die in gewohnter Manier als *Breaking News* auf *CNN* und den anderen Nachrichtensendern kursierte, steht in einem deutlichen Missverhältnis zur harmlosen Tradition des *Correspondents' Dinner*, das in der medialen Berichterstattung zuvor bloß eine Randnotiz darstellte: Trumps *Twitter*-Forderung „Put Dinner to rest, or start over!" (30.04.2018, Trump 2018a) fügte sich ein in eine seit Jahren immer lauter werdende und nicht zuletzt aus den Reihen des

L. Koch (✉)
Technische Universität Dresden, Dresden, Deutschland
E-Mail: lars.koch@tu-dresden.de

C. Rogers
Freie Universität Berlin, Berlin, Deutschland
E-Mail: christina.rogers@fu-berlin.de

© Der/die Autor(en), exklusiv lizenziert an Springer-Verlag GmbH, DE, ein Teil von
Springer Nature 2023
L. Koch et al. (Hrsg.), *The Great Disruptor,*
https://doi.org/10.1007/978-3-662-66308-0_4

Journalismus selbst kommende Kritik, die – allerdings aus anderer (nämlich diskursethischer) Motivation – den Spektakelcharakter des Dinner-Konzepts monierte.[1] Über einige Lacher hinaus, die auf Kosten des kaum aus der Reserve zu lockenden Publikums gemacht würden, zeichne sich das Dinner, so die Kritik, einzig durch Belanglosigkeit aus (Patterson 2018). Der vorherrschende Eindruck, den die Beobachter*innen gewännen, sei der der Trostlosigkeit: „Washington people pretend to be glamorous in the basement of a characterless hotel, drinking bad wine, avoiding one another, and craning their necks to catch a glimpse of passing celebrities" (Rhodes 2018). Allerdings wäre es weit gefehlt, Trumps Verweigerung gegenüber den Spielregeln des *Correspondents' Dinner* als eine grundsätzliche Distanz gegenüber einer Logik der Unterhaltung aufzufassen, die insbesondere das US-amerikanische politische Feld charakterisiert. Im Gegenteil war zu beobachten, wie es in Trumps Amtszeit zu einer zunehmenden Verflechtung von Unterhaltung und Politik kam, bei der insbesondere Comedy-Einlagen oder Late Night Show-Formate eine prominentere Rolle spielten: Trumps Auftritte schienen ganz gezielt mit einem ‚Veralberungsfaktor' zu kalkulieren, der ihn die eigenen Performances so anlegen ließ, dass sie von den linksliberalen Unterhaltungsformaten als Material der Spottbewirtschaftung aufgegriffen werden konnten. Im Umkehrschluss nutzte Trump wiederum diese Herabsetzung durch bekannte Comedy-Stars als Vorlage, um seinerseits vehement die herablassende Arroganz des ‚Mainsteams' anklagen zu können: „Trump has provoked and retaliated to satire like no recent political figure – going from symbiotic coexistence to an effective state of war with America's television comedians" (Symons 2019: 183).

Dass Trump die Gelegenheit ergriff, mit der Geste moralischer Entrüstung den Tod des *Correspondents' Dinners* auszurufen, kann also angesichts seiner rhetorischen Mobilmachung gegen die vermeintlichen *Fake Media* und der zum Ritual gewordenen Klage über das dekadente *Establishment* kaum verwundern. Bemerkenswert bleibt hingegen die konkrete Adressierung seiner Wut: So beschimpfte Trump in seinen *Tweets* Wolf als eine „filthy ‚comedian'", die es gewagt habe, seine damalige Pressesprecherin Sarah Huckabee Sanders für ihr Aussehen anzugreifen (29.04.2018, 21:38, Trump 2018b). Zudem sprach er ihr jegliche Professionalität ab und stellte sie in eine Reihe mit Seth Meyers, der 2011 für die Showeinlage verantwortlich war und fortan zu den Feinden Trumps zählte

---

[1] Die *New York Times* nimmt seit Jahren nicht mehr am Dinner teil, *Vanity Fair* und *The New Yorker* haben seit 2017 ihre Partys im Anschluss an die Gala abgesagt, zudem gab es Boykott-Aufrufe und Einladungen zu Gegenveranstaltungen (Grynbaum/Rogers 2017; Janker 2017; McCarthy 2017). Die Kontroverse 2018 betraf folglich nur auf der Oberflächenebene den Auftritt von Michelle Wolf und Trumps Reaktion. Zugleich ging es auch um den sich wandelnden Charakter des Dinners, das angesichts der jährlich stetig wachsenden Zahl von eingeladenen *Celebrities,* Werbeschaffenden und Lobbyist*innen immer weniger dem ursprünglichen Gedanken eines informellen Kontakt- und Kommunikationsraums für Journalist*innen und Politiker*innen entsprach. Hinzu kamen prinzipielle Zweifel daran, ob die Nähe zwischen den demokratietheoretisch zu trennenden Sphären von Politik und Journalistik überhaupt wünschenswert sei.

(ebd.). Darüber hinaus verwies der US-Präsident mit seinem *Tweet* auf das Jahr 2017, in dem das *Correspondents' Dinner* ebenfalls ein großer Reinfall gewesen sei. Die historische Reihe, die Trump aufmachte, ist kein Zufall, denn im Rahmen jener Dinner 2011, 2017 und 2018 wurde er am virtuosesten verspottet. Interessant ist dieser Zusammenhang in doppelter Hinsicht: Zum einen wird ersichtlich, dass Trumps prekäres Verhältnis zu den traditionellen Medien auf intrinsische Weise mit einer Szene der Herabsetzung verbunden ist, mit einer narzisstischen Kränkung, die sich im autoritären Charakter Trumps als Hass-Affekt fortwährend reaktualisiert. Zum anderen zeigt sich, dass Trumps übliche narrative Techniken zur Restabilisierung des eigenen Souveränitätsbegehrens hier nicht griffen: Mit *Fake News*-Unterstellungen, seinem bewährten Reaktionsmuster auf Kritik, konnte man den Anwürfen des komischen Sprechakts offensichtlich nicht begegnen. Das Legitimations- und Abdichtungsnarrativ, das mit dem *Fake News*-Vorwurf verbunden ist, läuft im Falle des Humors ins Leere, weil letzterer immer eine mit alternativen Fakten, Überzeichnungen und Fehllektüren arbeitende, andere Wirklichkeit einer Sachlage oder Person entwirft, die in Spannung zur eigentlich hegemonialisierten Sicht tritt. Ein souveräner Umgang würde es erfordern, das ambivalente „als-ob" der Rede als punktuellen, karnevalesk eingehegten Aura-Verlust auffassen und aushalten zu können. Genau dazu war Trump aber, wie der Eifer seiner *Tweets* zeigte, nicht in der Lage. Für ihn wurde die Mikro-Krise der Autorität zu einem echten Angriff, weil er die gegen ihn gerichteten Invektiven nicht als Witze zum allgemeinen Amüsement des Publikums auffassen konnte, sondern in ihnen Sprechakte erkannte, die seine Autorität prinzipiell anzweifelten.[2]

Angesichts der affektiven Dynamik, die die komische Kritik an Donald Trump bis heute auszulösen vermag, ist die Versuchung noch immer groß, sich mit psychoanalytischem Vokabular Trumps Psyche zu nähern und die angedeutete Narzissmus-These weiter zu entfalten.[3] Anstatt aber in den Chor von Beobachter*innen und Kommentator*innen einzustimmen, die insbesondere zu Beginn seiner Amtszeit das Phänomen Trump als Effekt einer deformierten Psyche zu verstehen versuchten und schaudernd imaginierten, was daraus für Gefahren für die Welt erwachsen würden, möchten die nachfolgenden Überlegungen eine andere, medienkulturwissenschaftliche Perspektive auf die Situation des *Correspondents' Dinner* werfen. *Close Readings,* die das Dinner als exemplarischen Schauplatz unterschiedlicher politisch-komödiantischer Phänomene begreifen, sollen einen genaueren analytischen Blick auf Affektdynamiken, die Sicht- und Sagbarkeitsregeln der amerikanischen Politik sowie auf einige Aspekte der Medienkultur in den Zeiten Trumps eröffnen.

---

[2] Diese Positionierung gegenüber komödiantischen Reden hat sich mittlerweile über Trump hinausgehend so weit diskursiv in der Öffentlichkeit verfestigen können, dass im Jahr 2019 das *Correspondents' Dinner* mit seiner jahrzehntealten Tradition bricht: Anstatt einen Comedy Star für die zentrale Performance des Abends einzuladen, übernimmt der Historiker Ron Chernow die Rede (Heil/Farhi 2018; Grynbaum 2018).

[3] Zur Deutung Trumps als autoritärem Charakter im Sinne Erich Fromms vgl. Kellner 2016.

Gefragt wird nach den veränderten Performanzen innerhalb des Felds der Politik. Dabei ist insbesondere der Normalisierung invektiver Rhetorik, also der Salon- und/oder Störfähigkeit beleidigender, beschämender, herabsetzender und feindkonstituierender Kommunikation im Kontext der Präsidentschaft Trumps nachzugehen. Es gilt, die gesellschaftlichen und kommunikativen Bedingungen herauszuarbeiten, die unterschiedliche und teilweise gegenläufige Muster herabsetzender Redeweisen öffentlich zusammenbringen. Zur anvisierten Vermessung dieses Erscheinungsraums einer Politik der Herabsetzung gehört auch, zunächst intuitiv plausibel anmutende Unterscheidungen zu hinterfragen: Angesichts der Rhetorik Trumps scheint es naheliegend, eine sachliche und auf konsensuelle Problemlösung abzielende Kommunikation aufseiten der Demokratischen Partei zu verorten sowie eine Zeit vor Trump zu bemessen und dieser „guten alten Zeit" die Verrohung der Sitten und eine Logik der Feindschaft in der Ära Trump gegenüberzustellen. Anstelle einer solch dichotomischen Ordnung, auf deren Grundlage es in der medialen Berichterstattung erst möglich wurde, Trump zum *Great Disruptor* der US-amerikanischen politischen Kultur zu stilisieren, wird vorgeschlagen, Trumps *invective form* (vgl. Kanzler 2021) als sichtbarstes Ergebnis eines längerfristigen Prozesses zu sehen, in dem ganz unterschiedliche und einander wechselseitig verstärkende mediale, diskursive und politische Transformationen zum Tragen kommen. Die *Correspondents' Dinners* werden hier demnach als Mikrodramen beobachtet, in denen sich Diskursverschiebungen und Machtmechanismen innerhalb des öffentlichen, medialen und politischen Feldes der USA nachzeichnen lassen. Indem durch die Untersuchung der Dinner eine Rückschau auf jene Affektdynamiken, Sicht- und Sagbarkeitsregeln und medienökologischen Verstrickungen zu Beginn von Trumps Präsidentschaft möglich wird, können – so unser Vorschlag im Sinne eines „how it all started" – prägnante Verschiebungen des medialen und politischen Feldes nachvollzogen werden. Trumps Verhältnis zum *Correspondents' Dinner* soll als paradigmatische Konstellation rekonstruiert werden, an der sich jene Wahrheitsspiele und intermedial gerahmten Diskursphänomene nachvollziehen lassen, die mitgestalten, was im zeitgenössischen politischen Geschehen gesagt und worüber gelacht wurde, wer den Ton angeben oder der symbolischen Exekution überantwortet werden konnte und wer schließlich überhaupt in aufmerksamkeitsökonomisch relevanter Weise medial in Erscheinung treten durfte. Die hier diskutierten Szenen der Herabsetzung und die von uns vorgeschlagenen analytischen Zugänge eröffnen so indirekt auch einen Blick auf spätere Schauplätze der Herabsetzung und der Gewalt, der Trumps zwischen Indifferenz und Härte changierendes Agieren im Kontext der *Black Lives Matter*-Bewegung ebenso betrifft wie die von ihm mitinniitiierte Eskalationsspirale im Vorfeld des Sturms auf das Kapitol.

„Well handled Sir, well handled"

Im *YouTube*-Clip „C-SPAN: President Obama at the 2011 White House Correspondents' Dinner" (C-Span 2011) ist zu sehen, wie – im Rahmen des Auftritts Obamas – den Anwesenden zunächst auf Bildschirmen ein Video gezeigt wird, in dem wehende amerikanische Flaggen leuchten, während eine Stimme den Satz „I am a real American" intoniert. Anschließend folgt eine Video-Collage US-amerikanischer Pop- und Politik-Ikonografie, die vom *star-spangled*-Banner über einen Weißkopfseeadler, Uncle Sam, Cowboys, Transformers, Karate Kid, Base Ball, Michael Jordan bis hin zu einem U-Boot reicht. Zu dieser Bildersequenz ist der patriotische Song „I am a real American" von Rick Derringer zu vernehmen, der nicht nur als identitätspolitische Rahmung fungiert, sondern eine weitere popkulturelle Referenz in die Inszenierung einspeist, handelt es sich doch um den *Theme-Song* von Amerikas berühmtestem Wrestler Hulk Hogan. Das Leitmotiv der Collage, das den Zuschauer*innen in allen Übergängen entgegenspringt, ist ein Scan der offiziellen Langfassung der Geburtsurkunde Barack Obamas. Dieses audiovisuelle Intro gibt die Stoßrichtung für die nachfolgende präsidiale Performance vor: Eine ironisch-provokative Antwort auf all jene Vertreter*innen der sog. *Birther*-Bewegung, die in der aufgeheizten Atmosphäre des Wahlkampfs 2008/2009 und auch nach Obamas Amtsantritt keine Gelegenheit ausließen, den demokratischen Präsidenten als Fremdkörper in der weißen US-amerikanischen Kultur anzufeinden. Die Geburtsurkunde wird hier zum tragenden Element einer triumphalen Geste, die der politischen Rechten das Scheitern ihrer Diffamierungsstrategie vor Augen hält. Die Veröffentlichung der Langfassung von Obamas Geburtsurkunde wenige Tage vor dem *Correspondents' Dinner* war der Höhepunkt einer immer aggressiveren, protoparanoische Züge annehmenden Kampagne, die die *Birthers* um die rechtmäßige Staatsbürgerschaft des ersten Schwarzen Präsidenten organisiert hatten.[4] Die Bewegung hatte es mit der Behauptung, Obama sei in Kenia oder Singapur geboren, geschafft, immensen Widerlegungsdruck auf die Demokratische Partei auszuüben. Wie für das Wahrheitsmanagement von Verschwörungstheorien üblich, wurden alle in den Medien präsentierten Indizien zu Obamas Herkunft von Hawaii und der damit verbundenen Rechtmäßigkeit seiner Präsidentschaft als Teil einer umfassenden Manipulation zurückgewiesen. Selbst Obamas Entscheidung von 2008, eine Kurzfassung seiner Geburtsurkunde zu veröffentlichen, reichte trotz der eindeutigen Stellungnahme der hawaiianischen Verwaltung nicht aus, um den Unterstellungen einen Riegel vorzuschieben.[5] Angespornt durch eine Serie medial laut vernehmbarer Stimmen

---

[4] Zur begriffspolitischen Dimension der Groß- und Kleinschreibung „Schwarz/weiß", vgl. Tißberger u. a. 2009.

[5] Hatte Aristoteles einst die berühmte Unterscheidung zwischen Geschichtsschreibung und Dichtung eingeführt, wonach Erstere das „wirklich Geschehene mitteilt", während es Letzterer darum geht, „was geschehen könnte", besteht eine Kernstrategie des Populismus darin, ebendiese Differenz in der Erwartungshaltung des Publikums aufzulösen. Besonders gut lassen sich die Verhältnisse verunklaren, wenn politisch nicht mehr entscheidend ist, ob etwas passiert ist,

war es – zu Beginn des zweiten Wahlkampfs Obamas – kein anderer als Trump, der, inmitten kursierender Gerüchte um Pläne für eine eigene Kandidatur, den Zweifel an Obamas US-amerikanischer Staatsbürgerschaft erneuerte. Vor diesem Hintergrund richtete sich Obamas „I am a real American"-Collage, die live im US-Fernsehen übertragen wurde, nicht nur an die anwesenden Gäste der Gala, sondern an die gesamte Nation.

Entscheidend für die folgenden Überlegungen ist, in welcher Tonlage und mittels welcher kommunikativer Register das Intro auf die von dem Account @ realDonaldTrump getwitterten Mutmaßungen reagierte. Obama inszenierte ein komödiantisches Theater der Souveränität, das den Anwesenden und der Öffentlichkeit vor Augen führte, von welch lächerlicher Sprecherposition aus Trump seinen Angriff führte. Die Geburtsurkunde war in der Performance nur der Startschuss zu einem Lehrstück über die gezielte Delegitimierung des politischen Kontrahenten, der – und das ist zentral – als Anwesender vor Publikum dem Ver-lachen preisgegeben wurde: Nachdem die letzten Töne des Intros verklungen waren, verkündete Obama, an diesem Abend einen Schritt weiterzugehen und zum ersten Mal sein offizielles Geburtsvideo der Öffentlichkeit präsentieren zu wollen – woraufhin ein Zusammenschnitt aus Walt Disneys *Der König der Löwen* (1994) eingespielt wurde. Obamas Videoclip nutzt die paratextuelle Rahmung des Block-buster-Materials, um eine Verschiebung vorzunehmen, die die Unterstellungen der *Birther* in einer ironischen Überaffirmation ad absurdum führt: Am unteren linken Bildrand ist „04 Aug. 1961 PM 7:24" zu lesen, während im oberen rechten Bildrand ein roter Punkt neben „REC" blinkt, was die Videosequenz an die Auf-zeichnungsmuster von Amateurvideos rückbindet. Das Geburtsvideo präsentiert nun die Sequenzen des Disney-Zeichentrickfilms, in denen der kleine Löwe Simba in den ostafrikanischen *Pride Lands* den versammelten Tieren als Thronfolger vor-gestellt wird. Währenddessen ertönt die in Zulu gesungene Anfangssequenz von „The Circle of Life" des Disney-Soundtracks.

Mit diesem Video vollzieht sich eine spielerische Souveränitätsgeste, die den Rassismus der *Birther*-Bewegung ebenso freilegt wie die Mechanismen und Eng-pässe innerhalb der Wahrheitsspiele rund um das Phänomen der *Fake News*. Im Sinne eines ironischen *Reenactments* aller Unterstellungen und Ressentiments fungiert das Video als eine Invektive, die ihre Schlagkraft dadurch erhöht, dass sie das Lachen der Anwesenden als Legitimationsressource für die eigene Version der Dinge nutzen kann. Genau diesen Mechanismus der Invektiv-Umkehr hat Judy L. Laksen im Auge, wenn sie feststellt: „Obama is violated by this continual discrediting, but just as relentlessly he, via humor, reminds his haters that they are being disciplined through laughter" (Laksen 2017: 11; zu Obamas Dinner Speeches, vgl. auch Nixon 2019). Das Video gewinnt sein provokatives Potenzial durch die Präsentation einer offensichtlichen Fiktion, die aber in der narrativen

---

sondern nur noch, ob man glaubt, dass etwas passiert sein könnte oder passieren können wird (Aristoteles 2008: Kap. 9).

Neujustierung genau auf jene sozialen Fakten verweist, die für die rechtsreaktionären *Birther* nur schwer erträglich sind: Obama affirmiert die Vorwürfe,
zum *Upper Class America* zu gehören, und geht sogar so weit, augenzwinkernd
zuzugestehen, qua Geburt ein *Royal* zu sein – ohne seine Beziehung zu Kenia
oder sein *Black Heritage* herunterspielen zu müssen. Anstatt immer wieder aus
einer defensiven Position heraus Hawaii gegenüber Kenia stark zu machen, versetzt die Komikeinlage seine Geburtsstunde nach Afrika und lenkt damit die Aufmerksamkeit auf das, was Obama zu diesem Zeitpunkt ist: A *Black* leader living in
the *White* House. Dabei verstärkt das tierische Personal des Videos die öffentliche
Herrschaftsgeste noch zusätzlich, da diese Anspielung die Geschichte des Rassismus mit allen Zuweisungen des Primitivismus und der Nutzung von Tier-Ana-
logien zur Herabsetzung von *People of Color* in Erinnerung ruft (Fanon 1981) und
sie zugleich disidentifikatorisch und emanzipativ aneignet.[6] Die ironische Anlage
des Geburtsvideos wird dadurch auf die Spitze getrieben, dass ausgerechnet das
Filmmaterial der Walt Disney Company verwendet wird, die – wie ihr Gründer
und Namensgeber – wegen rassistischer Stereotypisierungen umstritten ist. Somit
terrorisiert Obama die *Birthers* mit ihren eigenen Schreckgespenstern weißer
Hegemonie – mehr noch: er spielt mit ihnen und macht sie zum Belustigungs-
objekt der Zuschauer*innen.

„Call Disney, if you don't believe me"

Die Zweifel an der Kurzfassung der Geburtsurkunde waren einerseits rassistisch
motiviert, speisten sich andererseits aber zusätzlich auch aus einem Problem,
das sich im Zuge der Digitalisierung von Verwaltungsvorgängen eingestellt
hatte: Kurzfassungen sind die offizielle elektronische Speicherungsart der Verwaltung, allerdings verloren die staatlichen Dokumente im Zuge dieser digitalen
Umwandlung ihren Abbild- und Referenzcharakter. Für einen nicht unerheblichen
Teil der US-Bevölkerung verringerte sich damit das Vertrauen in das national-
staatliche Archiv bzw. in dessen mediale Repräsentanz. Infolgedessen wurden
sowohl die kurze wie auch die lange Version der Geburtsurkunde Obamas zum
Anlass investigativer Untersuchungen interessierter Laien, die ihre vermeintlichen Indizien in den digitalen Verschwörungskosmos der *Alt-Right* einspielten.
Um den von den *Birthers* bei jeder sich bietenden Gelegenheit wiederholten
Manipulationsverdacht zu entkräften, musste die Langfassung des Dokuments,
die eigentlich nur für die kommunale Verwaltung einsehbar war, der Öffentlichkeit
zugänglich gemacht werden, wobei die Quantität (also die Länge des Dokuments)
scheinbar die Qualität in Form der „Echtheit" bestimmte. Anhand des Verlaufs der

---

[6] Disidentifikation ist ein Konzept das von José Esteban Muñioz unter Verweis auf Performances
von queeren *People of Color* entwickelt wurde. Disidentifikation beinhaltet Wiederholungen und
Differenzen als Kernelemente performativer Strategien, die ihre subversive Kraft aus der Verbindung aus präsentierter Identifikation und Abwehr ziehen (Muñoz 1999).

öffentlichen Debatte wird ersichtlich, wie die Information der Geburtsurkunde erst als In-formation evident wird, es also einer „Formenlehre der Macht" bedarf, um dem Ziel der allgemein akzeptierten Beglaubigung näher zu kommen (Vogl 1998: 51).[7] Die über Jahre gehegten medialen Zweifel und die Suche nach Beweisen für eine Manipulation gingen derweil mit einer wahren Material- und Medienschlacht einher: Plakatwände, Bumper Sticker, Kaffeetassen, E-Mails, Schlagzeilen, Postkarten und Schilder mit „Where's the Birth Certificate?" wurden in Umlauf gebracht, während sich in Internetforen, auf *Social Media*-Plattformen, im Fernsehen und auf Pressekonferenzen der potenzielle Geburtsort Obamas jeweils unterschiedlich aktualisierte.

Vor dem Hintergrund dieser politisch interessierten Hermeneutik des Verdachts webt sich die Vorstellung des „originalen" Geburtsvideos während des Dinners in das aufgebotene mediale Arrangement affektiv ein: Das Dinner, wie es von Obama orchestriert wurde, wird dabei zu einer multimodalen Beglaubigungsshow. Um den Verdacht gegenüber der Authentizität und Aussagekraft der Geburtsurkunde als Trägermedium von Identität auszuräumen, kommt ein weiteres Medium – das „Geburtsvideo" – zum Einsatz. Dieses wird unter der Zeug*innenschaft des physisch anwesenden Publikums und der live über TV zugeschalteten Nation bei gleichzeitiger Anwesenheit seines menschlichen Referenten vorgestellt, um einen Zustand der Evidenz herzustellen. Parallel hierzu wird die Identitätsfeststellung via *YouTube* oder *Twitter* in den öffentlichen Diskurs als hegemoniale Deutung eingespeist. In einer protoparanoiden politischen Landschaft, in der Status und Legitimität von Fakten zunehmend umkämpft sind, scheint der diskursive *Impact* einer Behauptung primär nicht mehr von den Inhalten eines einzelnen Trägermediums abzuhängen. Entscheidender sind die möglichst komplexen, materiellen und medialen Verschränkungen, die sich um eine Sache, etwa um einen Geburtsort, bündeln. Die Frage „Where is the Birth Certificate?" kann bei paranoider Lesart nicht einfach mit der Präsentation eines entsprechenden Schriftstücks beantwortet werden. Ebenso wenig bedeutet die Forderung „Show me your Papers" in dieser affektiven Dynamik ausschließlich eine reduktionistische Fixierung auf eine Staatsgewalt, die mit der Praxis des *Racial Profiling* eine prekäre Koalition eingeht. Vielmehr wird damit eine Anrufung artikuliert, in tatsächlich komplexer gewordene mediale und materielle Kopplungsprozesse einzutreten.[8] In diesem identitätspolitischen *Setting* an das popkulturelle Gedächtnis

---

[7]Manche der öffentlichen Zweifel sind angesichts der Veränderungen, die Xerox Scanner in den digitalen Dokumenten erzeugen, nicht gänzlich unberechtigt, selbst wenn hinter den Angriffen mehrheitlich rassistische Motivationen stecken: Der Xerox-Skandal hat gezeigt, dass viele offizielle Dokumente tatsächlich durch die technischen Einstellungen von Kopierern und Scannern verfälscht sind. Bis heute halten sich Mutmaßungen, dass Obamas digitales Abbild der Geburtsurkunde dadurch fehlerhaft sei. Der Verdacht gegenüber Obama fällt hier mit einem Verdacht gegen die digitalen Medien zusammen (Kriesel 2014).

[8]Obamas Performance lässt sich so betrachtet als ein *Reparative Reading* fassen, worunter Eve Kosofski Sedgwick den Versuch versteht, paranoide Lesarten in eine reparative Lesart zu überführen, die eher nach Verbindungen und Anknüpfungspunkten sucht als nach Offen- oder Freilegungen vermeintlich umfassender Wahrheiten (Sedgwick 1997).

einer filmbegeisterten Nation zu appellieren und staatliche Dokumente mit einem melodramatischen Blockbuster in Korrespondenz treten zu lassen, scheint so gesehen weniger absurd als der Rahmen eines Sketches zunächst suggeriert – das Rhizom hat den Stammbaum abgelöst.[9] Konsequent endet diese „Aufklärungsarbeit" mit dem Satz: „Call Disney if you don't believe me. They have the original long-form version."

Später greift Obama diese Thematik wieder auf und adressiert explizit Trump, dem er eine große Hartnäckigkeit in der Ausschlachtung der Herkunftsfrage attestiert. Niemand anderes engagiere sich für die Beantwortung der zentralen Fragen der Nation derart entschlossen wie „The Donald": „And that's because he can get back to focusing on the issues that matter, like: Did we fake the moon landing? What really happened in Roswell? And where are Biggie and Tupac?" Ohne sich weiter damit aufzuhalten, die wahnhaften Züge dieses Verdachtsdenkens zu explizieren, verweist Obama mit dem Nebensatz „all kiddings aside" polemisch auf Trumps Hemdsärmeligkeit im Umgang mit komplexen Entscheidungsnotwendigkeiten, wiederholt zu sehen etwa in der TV-Show *Celebrity Apprentice,* in der er Schauspieler*innen mit theatralischer Geste feuert. Nach einer kurzen rhetorischen Pause, in der es unter den Anwesenden zu Ausbrüchen von Gelächter kommt, wirft Obama dann ein: „And these are the kind of decisions that would keep me up at night. Well handled, Sir. Well handled." Die Reichweite dieser ironischen Aussage zeigte sich erst zwei Tage später, als bekannt wurde, dass Obama hinter den Kulissen des Dinners den Einsatz zur Tötung Osama Bin Ladens in Pakistan gestartet hatte. Das *Correspondents' Dinner* spielte sich also in einer realpolitischen Rahmung ab, die sowohl die fiktive Gewalt des „Bosses" Trump und seine symbolische Macht, Menschen zu entlassen, wie auch Obamas eigene scharfe Kritik an Trump einer Verhältnissetzung unterzog: Der eigentliche *Situation Room* lag woanders.

Obamas invektive Demontage war mit der Verspottung von Trumps Selbstbild als omnipotentem Geschäftsmann allerdings noch nicht zu Ende: In einer weiteren Collage präsentierte Obama die potenzielle Zukunft des White House unter einem kommenden Präsidenten Trump: Der offizielle Regierungssitz erscheint als eine Art Casino, an dessen Fassade mehrere Schriftzüge prangen: der Familienname „Trump" und „the White House" in einem leuchtend pinken 1980er-Jahre-Schriftzug sowie „Hotel, Casino, Golf Course and Presidential Suite". Hinter den vergoldeten Säulen strahlt ein Kronleuchter, während auf dem vorderen Rasen zwei ältere Männer in Golfmontur stehen und Frauen in Bikinis Cocktails in einem Springbrunnen trinken. Vorlieben Trumps werden so als Inbegriff von Kitsch und schlechtem Geschmack ausgewiesen und als dem Präsidentenamt

---

[9] Gilles Deleuze und Félix Guattari stellen hierarchische und dichotomisch funktionierende Ordnungsmodelle, etwa Wissenshierarchien, die metaphorisch als Bäume mit Wurzeln und Ästen beschrieben werden, der Rhizomatik gegenüber. Wurzelgeflechte stehen hier eher für flexible Kopplungen, die sowohl re- als auch deterritorialisierend sind (vgl. Deleuze/Guattari 1993).

unangemessen gewertet.[10] Trumps Stil, sein Geschmack, und – noch wichtiger – das Fundament seiner finanziellen wie gesellschaftlichen Stellung werden in Obamas Komposition zur Lachnummer. So schafft es Obama, Trumps Geltungs- und Anerkennungsanspruch ins Leere laufen zu lassen und seinen Gegner, dessen Themen und das Dinner selbst, in den eigenen Schatten zu stellen – wohl wissend, welche politischen Ereignisse um Bin Laden die Öffentlichkeit als eigentliche Nachricht dieses Tages erreichen werden.

Was hier vielleicht noch nicht absehbar war, ist, dass beide Ereignisse gemeinsam erinnert werden würden: Das Dinner als Szene der „traumatischen" Beschämung Trumps und die Tötung des Al-Qaida-Anführers als Akt der „kollektiven Traumabewältigung" der vermeintlichen *Free World*. Als wäre Obamas Destruktionsarbeit noch nicht ausreichend gewesen, lieferte Seth Meyers im Fortgang des Abends weitere Witze über Trump.

In der C-Span-Live-Übertragung der Geschehnisse sind – begleitend zum schallenden Gelächter des Publikums – wiederholt Wechselschnitte zwischen dem starr am Tisch sitzenden Donald Trump und den am Pult vortragenden Barack Obama und Seth Meyers zu sehen. Die Aufnahmen kontrastieren jeweils Trump zu einem der Redner in einem Ungleichgewicht der Macht: der eine ist handlungsfähig als Sprecher, ermächtigt durch Mikrofone, TV-Übertragung oder Präsidentenamt, der andere erscheint als passiver Gast dem Spott der Anwesenden und des Fernsehpublikums ausgesetzt. Insofern wirkt Trump in diversen Szenen entmündigt und zu einem falschen Lächeln gezwungen. Von seinen Kontrahenten als jemand dargestellt, der unfähig ist, zwischen Fakten und Fiktionen zu unterscheiden, wird er in dieser Zeremonie der Statusdegradierung (Garfinkel 1956) als Lachfigur vorgeführt und dem Blick der Nation preisgegeben.

Auch wenn das *Correspondents' Dinner* 2011 in seinem invektiven Sättigungs- grad kaum überschätzt werden kann, ist es nicht, wie manche behaupten (vgl. Heil 2016), der psychologische Kern der politischen Karriere Trumps. Eine solche Erklärung des Phänomens Trump übersieht, dass das Verhältnis der Medienberichterstattung zum späteren US-Präsidenten seit jeher von Polemik und voyeuristischer Entrüstungslust geprägt ist. Gleichwohl entwickelte die Traumatisierungs- und Rache-These gerade in den Wochen nach Trumps Wahlsieg eine große suggestive Kraft. Zu groß war die scheinbare Evidenz, als dass Nach- richtenagenturen und politische Kommentator*innen sich ihr auf der Suche nach Erklärungen für Trumps Bruch mit den Konventionen des politischen Betriebs hätten entziehen können. Diese Aufdeckungsmanie der Medien führte auch dazu, dass das Dinner 2011 immer wieder als eine zentrale Etappe auf Trumps Weg ins Weiße Haus dargestellt wurde. Die dokumentarische *Netflix*-Serie *Trump: An American Dream* (2017) etwa nutzt Trumps Beschämungserfahrung als drama- turgisches Kippmoment der Narration. In die gleiche Richtung zielen Analysen von Trumps *Social Media*-Verhalten, die für seine *Tweets* eine aggressivere

---

[10]Zu Trumps Ästhetik und deren politischen Implikationen vgl. Seeßlen 2017.

Rhetorik, einen gesteigerten Willen zur invektiven Konfrontation und eine allgemeine Politisierung feststellen (Haberman/Burns 2016; Kolb 2016; Gopnik 2015; Porter 2017; Pierce 2016).

Das *Correspondents' Dinner* 2011 verdient hingegen vor allem Beachtung als Beispiel für die Formierung einer politischen Redeordnung, die sich den aufmerksamkeits- und resonanzökonomischen Bedingungen eines hybriden Mediensystems (Chadwick 2013) nach der Jahrtausendwende angepasst hat. So ist es keineswegs ein Zufall, dass Obamas Angriff auf Trump in Form einer komödiantischen Schmährede so nachhaltig zirkulierte. Obama erreichte eine souveräne Aussageposition gegenüber Trump, indem er die tradierte, in ihren Redeweisen gemäßigte Präsentationsform des politischen Amtes verließ. In einer Medienkultur, deren Aufmerksamkeits- und Valorisierungsordnung zunehmend von Beschleunigung und wertender Dichotomisierung geprägt ist (Reckwitz 2017; Pörksen 2018; Frevert 2017), kann vor allem auch eine solche politische Positionierung resonanzstark werden, die Konventionen der politischen Verständigungsverpflichtung stört, indem sie Kontrahent*innen herabsetzt und deren Anspruch auf Diskursteilhabe delegitimiert. Die Showeinlagen von 2011 stehen exemplarisch für einen Registerwechsel politischer Kommunikation, den Trump während seiner Präsidentschaft perfektionieren wird. Entscheidend an dieser Beobachtung ist, dass der inszenierte Registerwechsel der *Correspondents' Dinner* mit Trump zum alltäglichen Charakteristikum des POTUS wurde. Der 45. Präsident der USA erschien seiner Wählerschaft nicht zuletzt deshalb so anziehend, weil sein Auftreten von einem Habitus robuster Virilität geprägt war und er auch im Amt weiterhin auf Diffamierung und die beleidigende Verächtlichmachung seiner Gegner*innen setzte. Er folgte gängigen Kommunikationsmodi sozialer Netzwerke, Blogs usw. und löste immer wieder *Shitstorms* aus, die lawinenartig öffentliche und private Medien überrollten. Diese Form invektiver Rede war als gängiges Stilmittel nicht nur in Netzkulturen und den medialen Kanälen der *Alt-Right* zu finden (Nagle 2018), sondern drang von dort aus in immer größere Teile der bürgerlichen Mitte sowie der etablierten Politik ein (vgl. die umfassenderen Ausführungen und Literaturhinweise in der Einleitung zu diesem Band). Auf diese Verschiebung der politischen Auseinandersetzung wird im Folgenden noch einmal zurückzukommen sein.

„And just a reminder to everyone. I'm here to make jokes"

Obamas *Correspondents' Dinner Speech* ist diskursiv als besonders invektiver Sprechakt wahrgenommen worden, weil Trump zur selben Zeit im selben Raum und vor Zuschauer*innen – im Saal und vor den Empfangsgeräten – anwesend war. Gerade die Kopräsenz der Beteiligten verschärfte die agonale Situation. Dass das symbolische Verletzungspotenzial wie auch die „Körperkraft" (Gehring 2007) einer invektiven Adressierung auch von der An- oder Abwesenheit der Beteiligten abhängt, lässt sich anhand der Skandalisierung der Comedy-Einlage von Michelle Wolf aus dem Jahr 2018 nachvollziehen (C-Span 2018). Wolf ist als scharfe feministische Kritikerin politischer Akteur*innen bekannt geworden und wurde nach ihrer Showeinlage insbesondere für ihre Ausführungen über Sarah Huckabee Sanders kritisiert, die während des Dinners in ihrer unmittelbaren Nähe saß. Wolf verglich sie mit dem Negativ-Charakter der Tante Lydia (Ann Dowd) aus der erfolgreichen TV-Serie *The Handmaid's Tale* (Hulu, seit 2017). Wolf bezeichnete Huckabee Sanders als einen „Uncle Tom", womit sie darauf anspielte, dass Sanders als weiße Frau andere weiße Frauen enttäusche, weil sie sich mit der von Männern dominierten heterosexistischen Geschlechterordnung arrangiere und damit den *status quo* stütze. Darüber hinaus machte sich Wolf über den Namen ihres Gegenübers, Sanders politisches Auftreten und ihren lockeren Umgang mit der Wahrheit lustig: „Like she burns facts, and she uses that ash to create a perfect smoky eye." Wolfs Anspielungen wurden in Online-Foren und Nachrichtenkommentaren rückwirkend als entsolidarisierend und sexistisch bewertet. So wurde der Vergleich mit Tante Lydia nur als übergriffiger Verweis auf das körperliche Erscheinungsbild der nach dominierenden Schönheitsbildern „hässlichen" Figur verstanden. Dass Wolf eigentlich einen metaphorischen Kommentar zur diskursiven Funktion von Huckabee Sanders innerhalb einer heteronormativen Ordnung im Sinn hatte, wurde übersehen. Ebenso blieb unhinterfragt, welcher sexistische *Lookism* der öffentlichen Empörungswelle zugrunde lag. Im gleichen körperzentrierten Register wurde auch der Scherz über die Herstellung von Huckabee Sanders' Schminke gelesen: Der Bezug zum interessierten Fakteneinsatz wurde ausgeblendet, einzig der wenig schmeichelhafte visuelle Vergleich wurde kritisiert. Der Sexismus, der Wolf unterstellt wurde, produzierte eine spezifische Formatierung ihrer Aussagen, insofern die sexistische Matrix die Öffentlichkeit für eine bestimmte Wahrnehmungs- und Rezeptionsweise ihres Humors prädisponierte: Wolfs invektive Sprechakte wurden im Feld visueller Körperlichkeit gerade nicht als politische Intervention verstanden und kommentiert. Stattdessen drehte sich die öffentliche Debatte um die Frage, ob es sittlich sei, sich als Frau derartig über andere Frauen zu äußern.

Auffällig an beiden Szenerien – Obama/Meyers/Trump 2011 sowie Wolf/Huckabee Sanders 2018 – ist, dass sich die Skandalträchtigkeit der invektiven Rede nicht zuletzt aus der Interaktion unter Anwesenden ergibt. Die Relation zwischen Bühne und Publikum ist ein wichtiger Faktor, der das Spektrum des Möglichen reguliert. Die Rahmung des Gala-Dinners erlaubt nicht die gleiche eskalative Entgrenzung wie sie für die digitale Abwesenheitskommunikation der *Shitstorms,* Hasstiraden oder *Trollings* typisch ist. Demgegenüber ist Trumps Politik der Herabsetzung Teil eines neuen medialen Sagbarkeitsregimes, das kaum noch kommunikative Tabus kennt. In einer polarisierten Medienlandschaft und verbunden mit den technischen Möglichkeiten der *many-to-many*-Kommunikation findet sich immer ein Publikum, das zustimmend applaudiert, blogt, retweetet oder *Likes* verteilt. Werden Szenen der Beleidigung medial aufgezeichnet oder realisieren sie sich von vorneherein als Kommunikation unter räumlich Abwesenden qua der Aufschreibesysteme der sozialen Medien, so stellt sich sukzessive eine Normalisierung ein, die den politischen Gebrauch des Invektiven nicht nur gesellschaftsfähig macht, sondern sogar zur Ressource politischer Mobilisierung werden lässt.

Vor diesem Hintergrund ist es nur auf den ersten Blick paradox, dass gerade Trump sich über die „schmutzigen" Angriffe auf seine damalige Pressesprecherin ostentativ entrüstete. Und es wäre wohl auch unzutreffend, die Unmutsbekundungen Trumps als rein taktisches Kalkül zu werten. Vielmehr scheint er von einem moralischen Gefühl der Empörung angetrieben gewesen zu sein, das in den Kern der populistischen Gesinnungsgemeinschaft führte, in der er mit seinen Wähler*innen verbunden war: Michele Wolf repräsentierte in seinen Augen jene liberale Doppelmoral des *Establishments,* die sich mit Redeverboten und Sexismusvorwürfen über andere erhebt, dabei jedoch vermeintlich die eigenen sexistischen Implikationen übersieht. Trumps Einwürfe stilisierten Huckabee Sanders zu einem Opfer diffamierender öffentlicher Rede, wie er es selbst im Rahmen des Dinners 2011 war. In diesem Stereotyp gehörte Wolf zu jenen Karrierefrauen wie Hillary Clinton, die nicht nur die männlichen Privilegien bedrohen, sondern auch die Integrität anderer Frauen gefährden. So treffen Forderungen, feministische Frauen einzusperren – „lock her up" war ein Ruf vieler Trump-Anhänger*innen im Wahlkampf gegen Clinton –, auf Trumps „locker room talk": Sie realisieren ein sexistisches Gefüge, das Frauen zu Objekten männlicher Verfügungsgewalt macht. Diese Situationsbeschreibung ist kennzeichnend für die argumentative Logik des Trumpismus und dessen Selbstviktimisierung, die mit der Diskursstrategie der *Alt-Right* korrespondiert.

Mit dem Ziel eines besseren Verständnisses der noch immer aktuellen Polarisierungstendenzen, die von manchen Akteur*innen in den USA wie auch in Europa als Manifestationen eines vermeintlichen ‚Kulturkriegs' ausgedeutet werden, erscheint es produktiv, diese diskursive Funktion der Opfer-Position genauer in den Blick zu nehmen. Zu den rhetorischen Mitteln der Neuen Rechten in den USA wie in Europa zählt eine Argumentationsfigur, die die Verantwortlichkeit für die unterstellte Krise von Nation und Gesellschaft dem sog. *Establishment* zuweist und aus diesem Verschulden einen moralischen Anspruch auf Erneuerung und eine eigene Führungsrolle in einem notwendigen Prozess kultureller und politischer Reinigung ableitet. In der Tat zeigt sich hier eine neue Form neu-rechter Identitätspolitik, die eng mit der Klage über Redeverbote verbunden ist. Die Entrüstung über eine als gegeben erachtete Meinungszensur im Dienste „politisch korrekter" Sprache entfacht im aktuellen Kampf um Deutungshegemonie wechselseitig eine affektive Dynamik,[11] die zur Normalisierung gewaltsamer Schmährede beiträgt und so als treibendes Moment der Umbildung der Sagbarkeitsordnung fungiert. Die Vehemenz und Herabsetzungsneigung rekurriert auf die Behauptung, von einer minoritären,

---

[11] Zunächst in den 1980er Jahren benutzt, um Zustimmung zur Vermeidung beleidigender Sprachausdrücke zu signalisieren, wurde *Political Correctness* in den 1990er Jahren sukzessive zum diffamierenden Kampfbegriff der Neuen Rechten im metapolitischen Kampf um Deutungshegemonie (Hughes 2009).

diskriminierungsgefährdeten Position aus zu sprechen. Nicht nur das *Establishment* wird dadurch zur Angriffsfläche, sondern all jene anderen Minderheiten, die sich ebenfalls innerhalb von Anerkennungsdiskursen situieren. Die eigene Erregungsintensität wird dabei in einer verqueren Logik zum Beweis der bösen Intentionen des jeweils als *Establishment* markierten ‚Gegners': Wut, Aggression und der Wille zur Herabsetzung erscheinen als legitim, weil die Eliten von Grund auf unmoralisch handeln und die Gesellschaft für die eigenen Zwecke missbrauchen. Auch die *Correspondent's Dinners* 2017 und 2018 können hier als Beispiel und Resonanzraum angesehen werden. So ließ sich der Komiker Hasan Minhaj beim Dinner 2017 etwa zu der Aussage hinreißen, die tradierten Nachrichtenmedien seien nunmehr eine neue Minorität, die um Gehör kämpfen müsse (ABC News 2017). Ein ähnliches Register zog auch Wolf 2018, wenn sie auf Trumps Herkunft aus dem Geldadel anspielte (C-Span 2018). Sie legte damit den Fokus auf Trumps überaus erfolgreiche Strategie, sich selbst als das moralisch untadelige Andere des *Establishments* zu inszenieren. Die nachstehenden Gedanken folgen diesem Ordnungsgefüge und legen dabei einen Fokus auf die zugrunde liegenden politischen Aufmerksamkeitsökonomien. Dabei geht es darum, die Prozesse und Logiken der Aneignung und Verwerfung, die Trumps Politik systematisch durchziehen, herauszuarbeiten.

„Trump is so broke! How broke is he?"

Obwohl Trump als Millionärssohn, Hotel- und Casinomogul, berühmter Entrepreneur und Teil der *rich upper society* zwischen New York und Atlantic City alles andere als ein *blue-collar citizen* ist, wurde schnell klar, dass die von ökonomischen und kulturellen Abstiegsängsten affizierte untere weiße Mittelschicht die Mehrheit seiner Wählerschaft ausmachte (Roswell/Diego-Rosell 2016). Trump kam – ganz anders als es angesichts seines ökonomischen Backrounds intuitiv zu erwarten wäre – als volksnaher Dandy daher, der die Wünsche, Hoffnungen und Träume der ‚ganz normalen' Bürger*innen versteht. Das zentrale affektpolitische Motiv seiner populistischen Mobilisierungsstrategie war die bei jeder Gelegenheit artikulierte Wut über die liberalen Eliten der Ost- und Westküste. Jene Eliten, die bis heute paradoxerweise zugleich zu den Kund*innen des Geschäftsmanns Trump zu zählen sind, hätten zu den Menschen im Lande ein bloß parasitäres Verhältnis. Das Bündnis, das Trump so mit den Zurückgelassenen einer nur für wenige profitablen Ökonomie und Demokratie eingeht, fußt auf einer geteilten Affektion: Diese entspringt einerseits aus der gewiss zutreffenden Behauptung, durch die herrschende Klasse in ihren Ansprüchen nicht gesehen oder gewürdigt worden zu sein, und überträgt sich andererseits in die mit Vehemenz vorgebrachte Forderung nach Anerkennung und Gehör. In dieser affektiven Dynamik wird auch jegliche Komplizenschaft mit der etablierten Ordnung als Verrat angesehen. Der Anspruch, gegen das „verdorbene" politische System eine radikal andere Form zu setzen, mündet in ein Verhalten, das sich nicht in einen bisher gültigen Rahmen fügen darf. Der Veränderungsgrad wird damit zum Indikator der

Ernsthaftigkeit der politischen Programmatik. Als Praxis einer systemkritischen Selbstpositionierung muss die symbolische Konfrontation mit der etablierten Redeordnung radikal sein. Tabus zu brechen und Medienskandale zu initiieren diskreditiert aus dieser Perspektive nicht die politische Handlung, sie macht sie vielmehr erst wahrhaftig. Der physische Körper wird dabei zu einem Medium der Beglaubigung: Beleidigen, Brüllen, eine unkontrollierte, ausschweifende Gestik usw. gehören ebenso zum Repertoire der Inszenierung von Unkonventionalität und Authentizität wie Schläge unter der Gürtellinie, Drohungen und Lügen. Trumps exzessiver Gebrauch von *Twitter* hatte seinen Grund nicht nur in der Möglichkeit der Umgehung der Filterfunktion traditioneller Nachrichtenkanäle. Wichtiger noch ist der Umstand, dass Trump in der direkten Ansprache und in der Kommentierung des politischen Alltags – sei es als wütender Angriff, als kühler Liebesentzug oder als euphorisches Lob – einen Eindruck von Authentizität und Unangepasstheit erzeugen konnte, der bei seiner Wählerschaft verfing (vgl. Turner 2018: 147). Das „real" in @realDonaldTrump war der Frame für alle seine *Tweets*. Die nunmehr angestrebte Etablierung eines eigenen sozialen Netzwerks mit dem Namen „Truth Social", die Trump einen Ausweg aus der nach der „Stürmung des Kapitols" erfolgten Sperrung des Zugangs zu den etablierten *Social Media*-Plattformen wie *Twitter*, *Facebook* oder *Instagram* eröffnen soll, übernimmt nun auch semantisch diese ostentative Wahrheitsgeste in der Titelgebung: Infrastrukturell an *Twitter* orientiert, heißen dort Beiträge „Truths" und die technische Möglichkeit der Weiterleitung von Nutzern firmiert unter dem Begriff „retruths". Ziel der Neugründung sei es, so der Unternehmensleiter Devin Nunes in Fortführung des populistischen Narrativs einer linksliberalen Meinungsdiktatur, eine vermeintliche „censorship-free experience" zu ermöglichen (Clayton/Cabral 2022).[12]

Das neu-rechte Selbstverständnis, Teil einer antihegemonialen Graswurzel-Bewegung zu sein, dokumentiert sich in einer Vielzahl von Online-Foren, *Facebook*-Gruppen, *Twitter*-, Fernseh-, und *4Chan/8Chan*-Beiträgen, Buchpublikationen und Bildern, die darauf abzielen, den politischen Raum anhand einer Freund-Feind-Unterscheidung entsprechend aggressiv zu affizieren. In dieser gegen den Mainstream gerichteten Dynamik übernehmen rechte Populist*innen und Politiker*innen radikale Strategien: Skandalisierung, Störung, Provokation und Militanz. Die *Alt-Right* greifen Traditionen, Sitten und Gebräuche, Höflichkeiten und politische Konventionen an – immer unter der Maßgabe, dies sei ein legitimes Mittel im Kampf gegen die Meinungsdiktatur der liberalen Eliten. Ebenso stellen sie sich gegen den in migrantischen, feministischen, queeren und anderen Kämpfen geäußerten Kritik an der Mehrheitsgesellschaft. Angesichts einer Rhetorik des gesellschaftlichen Verfalls und der Sehnsucht nach Erneuerung überrascht es wenig, dass Trump die etablierten kulturellen und politischen Institutionen in ihrer damaligen Verfassung für unrettbar erklärte.

---

[12] Wobei abzuwarten bleibt, was der Erwerb von *Twitter* durch Elon Musk im April 2022 für das Schicksal von Truth Social bedeuten wird, zumindest wenn dieser die Sperrung Trumps aufheben sollte.

Hier spiegelte sich noch einmal der symbolische Überschuss des *Correspondents'
Dinner*: Als Party, in der sich das *Establishment* selbst feierte, wurde die jähr-
liche Veranstaltung in Trumps Lesart zum Kristallisationspunkt der Washingtoner
Dekadenz, die enden musste, damit es mit Amerikas Größe wieder bergauf gehen
kann: „The Dinner is DEAD as we know it!"

Diese Perspektive ebnet den Weg für eine Analyse von symbolischen Tauschverhältnissen, für die die *Persona* Donald Trump einen ausgezeichneten Spür-
sinn entwickelt zu haben scheint. Trump startete in seinen Wahlkampf als
Großprofiteur des kapitalistischen Systems. Für Medien und etablierte Politik
war er zunächst kein ernstzunehmender Kandidat. Im Gegenteil: Trump wurde
medial präsentiert als ein Schmuddelkind, im eigenen Verhalten von einer Politik
der Herabsetzung bestimmt, gleichzeitig aber keineswegs so souverän, wie er
selbst gerne von den anderen gesehen worden wäre. So wurde er selbst zu einer
Kippfigur, die wahlweise als Verlierer und/oder Gewinner in Erscheinung treten
konnte. Davon erzählen die beiden Teile seiner Autobiografie *The Art of the Deal*
(1987) und *The Art of the Comeback* (1997). Sein augenscheinlicher politischer
Dilettantismus transformierte sich, begünstigt von einem komplexen Ermög-
lichungszusammenhang, in den die medialen Verhältnisse ebenso hineinspielten
wie eine grassierende Politikverdrossenheit, Zukunftsängste und eine erstarkende
Alt-Right-Bewegung, in eine Darstellungs- und Aufmerksamkeitsressource. Je
weniger Trump sich politischen Konventionen und den entsprechenden Sprachspielen unterwarf, je mehr er einen Mangel an politischem Können preisgab,
desto mehr rückte er in den Fokus der etablierten Massenmedien, die sich von
seiner Performance Spektakel und Polarisierung versprachen: Trump erhielt mehr
mediale Aufmerksamkeit als alle anderen republikanischen Kandidaten, drei-
mal mehr Berichterstattungen als Hillary Clinton und 16 Mal mehr Sendezeit als
Bernie Sanders (Pickard 2018: 195). Dies entspricht einer kostenlosen Werbung,
die sich auf einen Wert von mehreren Milliarden Dollar beläuft. Je umfassender
Medien und Politik sich darauf einschossen, in Trump nicht mehr als eine
chancenlose, aber in ihrer Inkompetenz amüsante Randfigur zu sehen, desto mehr
konnte sich der Millionär im öffentlichen Diskursraum als *Underdog* inszenieren,
der seine Tatkraft schon auf dem Feld der Wirtschaft mit seiner Erfolgsgeschichte
bewiesen hatte. In den Augen seiner Unterstützer*innen verkörperte er das Versprechen, die „gute alte Zeit" des Wohlstands und der überschaubaren Verhältnisse wiederherzustellen. In Trumps Anti-Globalisierungs-Programm trat vertikale
an die Stelle von horizontaler Mobilität. Sein Angebot zielte auf die Schaffung
exklusiver Solidarität und auf die Einrichtung einer Schutzzone, die getragen wird
von der Idee (white) „America First". Für ihre technische Umsetzung brauchte es
den Austritt aus internationalen Vertragsverhältnissen, einen *Muslim Ban* und den
Bau einer Mauer.

Ein weiteres Spielfeld, das für das Theater der Souveränität von großer
Relevanz ist, ergibt sich aus der Dynamisierung der Geschlechterordnung. Trump
war die Antwort auf die vermeintliche Krise weißer Männlichkeit, wie sie in
Kreisen der *Alt-Right* impulsiv beklagt und symbolisch bearbeitet wird (Donovan
2012). Auch hier konnte Trump seine vermeintliche Randständigkeit strategisch

nutzen: Je weniger er modernen Männlichkeitsvorstellungen entsprach – insofern er den *Logos* bürgerlicher Rede unterlief oder aus der repräsentativen Ästhetik des distinguierten Geschmacks herausfiel –, desto eher konnte er die Hegemoniekritik feministischer Kämpfe zugunsten einer Zurschaustellung toxischer Maskulinität ignorieren.[13] Seine Ausbrüche wurden von verständnisvollen Wähler*innen als Ausdruck seines Nonkonformismus oder geschlechterstereotypischen Ungenügens gelesen und boten etwa sexistischen Männern die Identifikationsfläche eines Leidensgenossen, der nun antrat, um mit den Zumutungen der Gleichberechtigung und Inklusion aufzuräumen (Dietze/Strick 2017). Trumps „Kunst des Erfolgs" etablierte neue Äquivalenzketten, innerhalb derer Fakten und Fiktionen problemlos miteinander vertauscht werden konnten: An die Stelle der ritualisierten Pressekonferenz trat der kommunikative Exzess; die Verpflichtung zur Konsensbildung wurde abgelöst von der spektakelaffinen Schmährede; die differenzierte politische Debatte wurde ersetzt durch den antagonistischen *Tweet*. Trump musste nicht mehr an Dinners teilnehmen, da er die Bühne im Hilton gegen das *Everyday-(Social Media) Life* eintauschte und die Schmährede dort als souveränen Sprechakt nutzte. Es ist diese Kommunikationsform, die Teile der Öffentlichkeit dazu verleitete, seine politische Praxis als Satire, als parodistisches Element zu interpretieren. Trumps Souveränitätsinszenierung erreichte ein neues Niveau, weil er aufgrund der digitalen Medien nicht mehr auf die sozialen Nahräume des politischen Betriebs zur Verbreitung seiner politischen Initiativen angewiesen war.

Stellt man die Analyse von Trumps Symbolpolitik in den Fragehorizont der politischen Ökonomie, drängt sich eine materialistische Perspektive auf. Trump steht für all jene Akteur*innen, die in einem kapitalistischen System stets nach oben fallen. Jeder sexistischen, rassistischen, xeno- oder homophoben Äußerung zum Trotz bleibt er für seine Wählerschaft bis heute eine attraktive Option. Gerade dann, wenn die Aufregung groß ist, wird er von seinen Wähler*innen als vertrauenswerter Führer rezipiert. Der Trumpismus funktioniert, weil er sein Publikum niederschwellig adressiert und eine gewinnbringende Teilnahme ohne ökonomischen Investitionszwang in Aussicht stellt: Die Möglichkeit, aus einem Mangel Kapital zu schlagen, die Inadäquatheit nicht zu verheimlichen, sondern im Gegenteil auszustellen und zu zelebrieren. Trump selbst macht es vor: Was zählt, ist die Fähigkeit, Ahnungslosigkeit als Unvoreingenommenheit zu verstehen und Inkompetenz selbstbewusst als frischen Blick zu verkaufen. Wer dazu in der Lage ist, sich von anderen Meinungen nicht irritieren oder beschämen zu lassen, kann es bis ganz nach oben schaffen. Nicht von ungefähr lautete Trumps

---

[13] Simon Strick entwickelt zum Thema unangemessener Männlichkeit den Begriff *Inadequate Affect*. Er beschreibt eine „kompensatorische Männlichkeitsformel", die paradoxerweise durch die Überwindung der eigenen Inadäquatheit aufmerksamkeitsökonomisch attraktiv wird. Zwar können Figuren wie Trump Strick zufolge den *Inadequate Affect* in eine legitime Männlichkeit und Macht umwandeln und damit als Ressource der Restauration nutzen, simultan zeige diese „Brüchigkeit männlicher Herrschaft" aber die Unangemessenheit Cis-männlicher Rollenbilder auf, womit sich ebenso eine Minorisierung (im Deleuzschen Sinne) von Cis-Männlichkeit vorantreiben ließe, vgl. Strick 2018.

Inklusionsversprechen in seiner *Declaration Speech* vom 16. Juni 2015: „Sadly, the American Dream is dead. But if I get elected president, I will bring it back bigger and better and stronger than ever before and we will make America great again" (Washington Post Staff 2015). So wurde auch sein Fernbleiben vom *Correspondents' Dinner* 2018 durch *Tweets* gerahmt, die die zentrale Friktion des Wahlkampfs wiederholten: Abwesend in einer Arena des alten *Establishments,* war er anwesend bei einer Veranstaltung in Michigan, an einem Ort also, der genau mit jenem *Rust Belt* des Mittleren Westens assoziiert wird, der aufgrund seiner siechenden Industrie ein Fallstrick für Hillary Clintons Präsidentschaftsambitionen war. Michelle Wolf fasste diese Hintergrundgeschichte des Dinners mit einem Scherz prägnant zusammen: „It is kind of crazy that the Trump campaign was in contact with Russia, when the Hillary Campaign wasn't even in contact with Michigan" (C-Span 2018).

Das Problem der Prekarisierung allein am Klassismus fest zu machen, würde allerdings genau jenen binären Logiken in die Hände spielen, die das vorgestellte Tauschprinzip einführt. Trumps Angebot einer neuen Solidarität ist exklusiv. Es richtet sich an eine Klientel von zu Opfern stilisierten weißen Männern und schließt andere interdependente soziale Gruppen (Latin*x, Frauen*, Afroamerikaner*innen usw.) programmatisch aus (Berbrier 2000; Isom et. al 2021). Während die Abstiegs- und Entsicherungsängste der weißen Mittelschicht neue Anerkennung erfahren, spricht der Trumpismus Anerkennungsforderungen anderer marginalisierter Gruppen jede Berechtigung ab. Sie fallen nicht nur aus dem Aufmerksamkeitsfokus heraus, sondern werden – von Trump indirekt als Symptome des gesellschaftlichen Verfalls markiert – zu Hassobjekten gemacht. Auch hier ist eine doppelte invektive Dynamik am Werk: So fordert die *Alt-Right* eine Zurückdrängung der identitätspolitischen Gleichstellungsforderungen bislang marginalisierter Gruppen im Namen der Meinungsfreiheit. Der Verweis auf das *Free Speech*-Recht, wie es von Kritiker*innen einer diskriminierungssensiblen Sprache immer wieder vorgebracht wird, fungiert de facto als die Einforderung eines Rechts auf *Hate Speech*. Gleichwohl ist der Bezug auf *Free-Speech* strategisch erfolgreich, schafft er es doch, bestimmte Diskurszonen in den Fokus zu rücken und andere Bereiche abzuschatten. In der öffentlichen Darstellung der wirtschaftlichen und kulturellen Abstiegsängste der weißen Mittelschicht bleiben existenzielle Nöte marginalisierter Bevölkerungsgruppen, die um ihre sexuelle Integrität oder ihre physische Sicherheit fürchten müssen, daher zunehmend ausgeblendet. Umso bedenklicher ist es, dass sich die Akteur*innen des erstarkenden Populismus in den USA und in Europa in Hasstiraden gegenüber *Political Correctness* (PC) ergehen, in denen sie voller Stolz ihre -*ismen* (Rassismus, Sexismus usw.) im Namen von gutem ‚Volksempfinden', gesundem Menschenverstand und natürlicher Ordnung ausleben. Machtsensible Aufforderungen wie „Check your privilege" werden als Totschlagargumente privilegierter „PC Principles" (South Park 2015) zurückgewiesen, da diese andernfalls in doppelter Hinsicht eine Irritation erzeugen würden: Zum einen in der Perspektive ‚nach unten', insofern die eigenen, nicht alleine über Leistung vermittelten finanziellen Vorteile und Privilegien in der Gesundheitsversorgung, im Bildungsbereich usw. eingestanden

werden müssten. Zum anderen in der Orientierung ,nach oben', weil ein Vergleich auch hier ergeben würde, dass es gläserne Decken gibt, die dem eigenen
Aufstiegsstreben finanzielle und symbolische Grenzen setzen. Laut Lauren Berlant
reagiert das emotionale Angebot des Trumpismus auf die Wahrnehmung, sich
im herrschenden Diskurs moralisch diskreditiert und bevormundet zu finden.
Trump verkörpere dagegen das Versprechen einer neuen Freiheit: „Trump is
free. [...] Trump people don't use suffering as a metric of virtue. They want fair-
ness of a sort, but mainly they seek freedom from shame" (Berlant 2016). Sich
mit der Einsicht konfrontiert zu finden, zugleich mit zu vielen *und* zu wenigen
Privilegien ausgestattet zu sein, begründet eine soziale Positionierung, von der
aus ganz unterschiedliche Akteur*innen einen Status der Minorisierung für sich
beanspruchen. Erfolgversprechend sind solche Forderungen dann – dies haben
die identitätspolitischen Kämpfe der letzten Jahre und Trumps Weg zur Präsidentschaft vorgeführt –, wenn sie es verstehen, das Moment der Scham als am eigenen
Leib erfahrene Kränkungsgeschichte diskursiv produktiv zu machen. Die Selbst-
akklamation als Opfer einer Beschämung – durch die Medien, die Politik, den
Staat – kann eine so starke Evidenz entwickeln, dass diese die Erklärungsversuche
der gegenwärtigen Konjunktur des Populismus beinahe dominiert. Dies zeigt
sich etwa, wenn diverse Stimmen die Sorgen dieser Bürger*innen zu einseitig
als Ergebnis identitätspolitischer Versäumnisse, der neoliberalistischen Kränkung
oder der Marginalisierung der weißen unteren Mittelschicht herleiten (Eribon
2016; Lilla 2017; Kreiss 2018). In dieser Diskurslogik ist es wenig überraschend,
dass das *Correspondents' Dinner* 2011 als eine traumatische Geburtsstunde
Donald Trumps und als ein Wechsel der Minderheitenposition nach dem Motto der
gleichnamigen TV-Serie *Orange is the New Black* (Netflix seit 2013) interpretiert
wurde. Dieser Abend, an dem der Schwarze Präsident den weißen Konkurrenten
vor den Augen der Nation zur Lachnummer machte, steht symbolisch für die hier
beschriebenen Mechanismen der Macht- und Schamumkehrung, bzw. -aneignung.
Allerdings greift die Reduktion der komplexen rassisierten Machtverhältnisse der
USA auf eine schlichte Schwarz-Weiß-Schematik – insbesondere hinsichtlich der
Diskurse um Barack Obama – zu kurz (vgl. Sinclair-Chapman/Price 2008). Dies
zeigt sich spätestens an der Vehemenz, mit der die *Black Lives Matter*-Bewegung
Trumps Selbstviktimisierungsdiskurs, der immer auch einen Verweis auf die
vermeintliche Prekarität der weißen Identität artikuliert, zurückgewiesen hat.
Der Kritik von *BLM* an Polizeigewalt, struktureller Diskriminierung und einer
massiven Prekarisierung der Schwarzen Bevölkerung begegnete Trump einerseits politisch mit provokativer Indifferenz, zugleich ging er polizeilich mit aller
Härte gegen die Proteste vor. Gerahmt wurde Trumps „Einhegungsstrategie",
die zugleich mit einem den Aktivist*innen zugeordneten Eskalationspotenzial
kalkulierte, durch den Versuch einer Aufmerksamkeitslenkung, die auf die breite
gesellschaftliche Anerkennung der vermeintlichen Verluste und Ängste der weißen
Mehrheitsgesellschaft gerichtet war. Damit wiederholte er auch im Falle von *BLM*
ein Adressierung seiner Unterstützer*innenschaft, die viel zu seinem Wahlerfolg
2017 beigetragen hatte: Die Amalgamierung eines Law-and-Order-Narrativs einer

Erzählung von Verfall, Beschämung und weißer Vulnerabilität, verbunden mit der Suggestion, genau dieser Entwicklung einen Riegel vor schieben zu können.

Zu Trumps Politik der Herabsetzung gehörte also, dass dieser in der Lage war, beide Positionen des Invektivierungsspiels zu besetzen. Trumps Diskursstrategie changierte zwischen der Rolle des Opfers und der des dominanten Souveräns. Entscheidend für Trumps Affizierungs- und Mobilisierungsstrategie war, dass er seine Angriffe auf politische Konkurrent*innen und Kritiker*innen zumeist als eine Art Vorwärtsverteidigung zu rahmen wusste. Genau in dieser strategischen Ausnutzung gefühlter Ungerechtigkeit und unfairer Bedrängung liegt einer der Mechanismen begründet, die es plausibel erscheinen lassen, die Stürmung des Kapitols im Januar 2021 – nicht nur, aber auch – als ein kollektives Affektgeschehen der Trump-Wähler*innen erscheinen lassen, in dem diese, angestachelt von Trumps morgendlicher Ansprache und involviert in einer Kaskade wechselseitiger Entgrenzungen zur Gewalt griffen, um einer antizipierten Szene der Demütigung durch die Amtseinführung von Joe Biden zuvor zu kommen. Jenseits aller machtpolitischer Kalküle wäre es dann nicht zuletzt darum beinahe zur absoluten Katastrophe eines konsequent zu Ende geführten Putsches gekommen, weil der weiße Mob der mit dem Ende der Präsidentschaft Trumps verbundenen Furcht Einhalt gebieten wollte, „dass *weiß* zu sein keinen finanziellen Vorteil und keinen ‚natürlichen‘ Führungsanspruch mehr bedeute[n]“ und männliche Souveränität weiter ihrem Ende zugetrieben würde (Dietze 2021).

Die für Trump generell charakteristische Fähigkeit des Präsidenten, situativ zwischen unterschiedlichen Sprecherpositionen zu wechseln, resultiert aus dem Umstand, dass Trumps öffentliche Rede nicht sachlich orientiert, sondern primär moralisch codiert ist. Gerade in der Auseinandersetzung mit verhassten Nachrichtensendern – dies war auch das Thema des Komikers Hasan Minhaj beim *Correspondents' Dinner* 2017 – nutzte Trump jeden Fehler und jede Ungenauigkeit in der Berichterstattung, um entrüstet gegen den vermeintlichen Mainstream Stimmung zu machen (ABC News 2017). Angesichts einer von Trump geschürten Krise des Journalismus, der seine Akzeptanz und Autorität als Agentur öffentlicher Meinungsbildung bei Teilen der US-amerikanischen Bevölkerung weitgehend eingebüßt zu haben scheint, erinnerte Minhaj die anwesenden Journalist*innen daran, dass sie sich keine Fehler mehr leisten könnten. Anstelle Trump weiter mit journalistischer Arroganz zu begegnen, sei es geboten, mit sachlicher Präzision und ohne denunziatorische Aufregung das Vertrauen ihres Publikums zurück zu gewinnen:

> „I don't have a solution on winning back trust. I don't. But I know, in the age of Trump, I know, that you guys have to be more perfect now, more than ever. Because you are how the president gets his news. Not from advisors, not from experts, not from intelligence agencies. You guys. You got to be on your A-Game, you got to be twice as good. You can't make any mistakes. Cause if one of you messes up, he blames your entire group…. – and now you know what it feels like to be a minority! […] I've got three decades of experience being brown. So, if you want to survive the age of Trump you've got to think like a minority. […] By the way, you guys aren't really minorities. You guys are super white. I can see MSNBC going ‚We've got our minority card!' – no“ (ABC News 2017).

Was Minhaj hier anmahnte, war nichts anderes als eine Anpassung des journalistischen Selbstverständnisses an ein sich wandelndes Spielfeld. Unter den Bedingungen sozialer Medien und eines sich zusehends hybridisierenden Mediensystems ist nicht mehr ausgemacht, dass die journalistische Berichterstattung in ihrer Kontroll- und Kritikfunktion politischer Macht auf demokratische Akzeptanz stößt. Ein Blick auf die neuen populistischen Bewegungen weltweit zeigt, dass die Vierte Gewalt nach wie vor in der Kritik steht. Diese Einschätzung trifft auf Trump und seine Agitation gegen die *Fake News* ebenso zu wie auf die Medienschelten anderer populistisch agierender Politiker wie Victor Orbán, Matteo Salvini oder Björn Höcke. Die Logik einer symbolischen Selbstminorisierung ist immer die gleiche: Journalist*innen werden zu Agent*innen eines nebulösen, mächtigen Systems stilisiert, das über ihre Medienkanäle das Volk manipuliere. Dagegen gelte es Widerstand zu organisieren. Die zugrundeliegende Affektdynamik ist alles andere als neu: Die Geschichte der Moderne ist voller Phantasmen der Weltverschwörung. Verändert hat sich in der aktuellen Lage allerdings die medial bedingte Resonanzstärke der artikulierten Verdächtigungen. Begünstigt von der *many-to-many*-Kommunikation der digitalen Medien, deren Tendenz zur Fragmentierung der Öffentlichkeit und zum Aufbau sich einander misstrauisch bis feindlich gegenüberstehender „Neogemeinschaften" (Reckwitz 2017: 261 ff.), hat der Journalismus die Rolle als *Gatekeeper* öffentlicher Diskursbeteiligung verloren. Die durch soziale Netzwerke und alternative Medien erzeugte Zentrifugalwirkung hat zur Folge, dass der Glaube an den zwanglosen Zwang des besseren Arguments, der noch nie wirklich den Realitätstest ausgehalten hat, heute völlig in die Irre läuft. Faktenchecks und differenzierte Problemanalysen überwinden kaum noch die Irritationsschranken von Filterblasen, Echokammern und Verschwörungsnarrativen. Gleichzeitig – und das wäre einer vorschnellen dystopischen Kulturkritik der Medien zu entgegnen – begünstigen digitale Technologien zugleich eine wichtige Pluralisierung von Wissensbeständen und bieten Kommunikationskanäle für politische Auseinandersetzungen, die die klassischen Nachrichtenmedien nicht nur unzureichend abdeckten, sondern auch durch die Filtereffekte eigener politischer Positionierungen einer Deformation unterzogen. Bei aller berechtigten Kritik an den wechselseitigen Radikalisierungseffekten, die plattformbasierte Medienaffordanzen und populistische Kommunikationspraktiken produzieren können, geht es hier explizit nicht um eine undifferenzierte Verteidigung klassischer journalistischer Berichterstattung, gerade dort nicht, wo diese unter der selbstlegitimatorischen Adaption des Anspruchs auf gesicherte ‚Objektivität' die Reflexion der eigenen Situiertheit verweigert. Zeynep Tufekci warnt in diesem Sinne zu Recht vor zu einseitigen Analysen von medialen Aushandlungsprozessen, die dazu tendieren, eine gute alte Zeit zu idealisieren: Zwar können die traditionellen *Gatekeeper* wichtige Beiträge zur Qualitätssicherung der Nachrichtenberichterstattung liefern. Gleichzeitig haben sie aber durch ihre oftmals selbst wiederum nicht reflektierten Schwerpunktsetzungen auch blinde Flecken und tote Winkel der öffentlichen Aufmerksamkeit erzeugt, die der Hegemonialisierung bestimmter normativer Setzungen und Wissensformen

Vorschub leisten und zur Naturalisierung von Macht- und Vergesellschaftungs-
formen beitragen. Gerade die oft zu unkritische Berichterstattung habe demnach
im Verbund mit der Gleichgültigkeit der Eliten zu einer politischen Kultur geführt,
die anfällig sei für patriotisches *Trolling* (Tufekci 2018). Bezogen auf die Entwicklung populistischer Echokammern schreibt sie: „Our cognitive universe
isn't an echo chamber, but our social one is" (ebd.). In der Konsequenz dieser
Konstellation treten Fakten zugunsten von Zugehörigkeiten in den Hintergrund.

Trumps Nähe zu Russland zu untersuchen oder jede einzelne seiner zahlreichen
Lügen und Halbwahrheiten mit investigativer Energie auf politifact.com aufzudecken, erscheint aus der Distanz heraus jedenfalls ebenso mühselig wie in seinen
Effekten ambivalent. Im Sinne einer demokratischen Kritik möglichen Fehlverhaltens blieben direkte juristische Konsequenzen aus. Wohl aber war die Folge
eine weitere Verhärtung der einander gegenüberstehenden politischen Lager, die
immer weniger von einem Grundkonsens politischer Zusammenarbeit bestimmt
zu seien schienen. Die Wirkungslosigkeit sachlicher Kritik resultierte aus einem
narrativen Schutzmechanismus, der wiederum viel mit der affektiven Konstellation
von Herabsetzung und Beschämung zu tun hat. Im Englischen verweist das Verb
„to expose" auf zwei unterschiedliche Bedeutungszusammenhänge. Einerseits
kann „expose" „Aufdeckung, Freilegung" bedeuten. In diesem Sinne ist „expo-
sure" das Ziel investigativer journalistischer Arbeit. Zum anderen kann die Formel
„to expose something/someone" aber auch auf eine Praxis der Bloßstellung verweisen. Beide Bedeutungen überblenden sich im Verhältnis der Medien zu Trump
und fallen zugleich in der politischen Prädisposition unterschiedlicher Nach-
richtenrezipient*innen wieder auseinander. Diejenigen, die Trump nicht gewählt
haben, werden von jeder neuen Information in ihrer Ablehnung bestätigt. Die
Trump-Unterstützer*innen aber sehen in der journalistischen Auseinandersetzung
mit ihm bis heute den Versuch der Bloßstellung. Aus Informationen werden
im Abdichtungsnarrativ schließlich Elemente einer perfiden Diffamierungskampagne, mit deren faktischem Gehalt man sich erst gar nicht beschäftigt. Es
gehört zur Logik der Epistemologie des *Closet* (Sedgwick 1990), dass ein fremd-
bestimmtes *Outing* als Beschämungsversuch interpretiert werden kann. Jede ans
Licht gebrachte „Perversität" birgt sogleich die Chance, in einem Akt der Selbstaffirmation zu einem Nachweis des Tugendterrors des *Establishments* umgemünzt
zu werden. Im Falle von Trumps Aneignungsstrategie kann in einer Situation
starker gesellschaftlicher Polarisierung mit einer entsprechend resonanzstarken
Anschlusskommunikation gerechnet werden. Jegliche Aufdeckung wird dann zur
identitätspolitisch funktionalisierbaren Bloßstellung, mit der die Kritiker*innen
zur Schließung der eigenen Reihen motiviert werden. Minhajs Rat „if you want
to survive the age of Trump you've got to think like a minority", scheint vor allem
Trump selbst zu befolgen.

Orange is the New *Black Box*

Sieht man in Trump einen Parasiten des Medien- und Empörungsspektakels, der die Entrüstung der Anderen als Werkstoff der eigenen Identitätspolitik missbraucht, so hat das Konsequenzen für den eigenen kommunikativen Umgang mit dem früheren US-Präsidenten. Anstatt auch nach dem Ende seiner Amtszeit weiterhin im Täter-/Opfer-Zirkus mitzuspielen und neues Futter für Trumps *Media Outlets* und *Rants* bereitzustellen, gilt es, dieses ökonomische Prinzip der wechselseitigen Gabe (Mauss 1968) zu durchbrechen. Dazu gehört allerdings auch, sich nicht an der protoapokalyptischen Empörungswelle der nach wie vor machtvollen und stabil institutionalisierten Nachrichtenmedien zu beteiligen, die Trumps Behauptungen – wenn auch heutzutage weitaus weniger häufig – dankbar aufgreifen und durch alarmistische Berichterstattung in profitable Aufmerksamkeit verwandeln. Wer sich, ökonomischen Kalkülen folgend, in einem Akt der Selbstviktimisierung die Position des Minoritären zuschreibt, hat bereits die Spielregeln von Trumps Politik der Herabsetzung akzeptiert. Michelle Wolfs Witz „Trump is so Broke! How broke is he? He grabs pussies because he thinks there might be loose change in them!", spiegelte die politische Realität in Zeiten von Trump wider. Sexismus offen auszustellen war nicht hinderlich für den politischen Werdegang, sondern profitabel für das eigene Status-Management. Weil dem Vorwurf von Sexismus erfolgreich mit dem Verweis auf eine versuchte Bevormundung begegnet werden konnte, wurde es möglich, Frauen innerhalb der politischen Arena für ihr Aussehen zu attackieren. Auch waren Berichte von sexuellen Übergriffen bei der Aufnahme in den *Supreme Court* kein unüberwindbares Problem mehr, zumindest solange nicht, wie es gelang, Zweifel an ihrem Wahrheitsgehalt in relevanten Teilen der Öffentlichkeit virulent zu halten. Trumps Misogynie, aufgezeichnet in einem Video, das seine Prahlerei mit einer sexuellen Belästigung dokumentiert, drohte Schule zu machen: Dort, wo die Hegemonie eines virilen Männlichkeitsbildes in Gefahr ist, reichte während Trumps Präsidentschaft es oftmals aus, die Integrität der Opfer so lange medial infrage zu stellen, bis die Tat schlussendlich als ein Moment impulsiver Virilität erscheint.

Mit Trumps schlussendlichem Scheitern, die Ergebnisse der Wahl 2020 durch Unterstellungen der Wahlmanipulation, eine Verächtlichmachung der Institutionen der Demokratie und den gewaltsamen Druck der Straße derart stark zu diskreditieren, dass er eine Vertreibung aus dem Weißen Haus hätte verhindern können, ist dieses Prinzip aber auch an seine Grenzen gekommen. Ebenso Bemerkenswert wie bezeichnend für sein politisches Nicht-Ethos erscheint dabei, wie Donald Trump sich – unterstützt von wichtigen Verantwortungsträger*innen der Republikanischen Partei – ex post jeglicher Verantwortung zu entziehen vermochte, indem er sich einerseits öffentlich von den Kapitol-Tumulten distanzierte, zugleich aber seine Unterstützer*innen bei der Stange hielt, indem er ihnen signalisierte, wie sehr ihn ihr Einsatz enthusiasmiert hatte (Dawsey 2022). Dies unterscheidet Trump, zumindest der Intensität nach, von anderen rechtspopulistischen Störfiguren seiner Zeit. Er bleibt ein Präsident, der völlig ohne jede Integrität und Erwartungskontinuität auskommt. In seinem Handeln stets an Anschlusskommunikation und Verwertung interessiert, agiert Trump als diffuses Anpassungsgefüge, das situativ Dinge verwerfen und wiederaufnehmen kann. Erst durch diese Wechselverhältnisse und die oben beschriebenen Angriffe von außen war und ist es ihm möglich, Kontur und Substanz zu simulieren. Und hier schließt sich der Kreis zu dem *Correspondents' Dinner*, von dem diese Überlegungen ihren Ausgangspunkt genommen haben: Trump konnte mit Wolfs Komikeinlage produktiv umgehen, insofern es ihm aufgrund der Erwartungsstruktur seiner Wählerschaft möglich war, Wolf adaptiv misszuverstehen und ihre auf Sexismus anspielenden Scherze über die Pressesprecherin Huckabee Sanders als PR-Material für seine parallel stattfindende Veranstaltung in Michigan als Empörungsressource zu nutzen. Hierbei wurde nicht nur auf einer allgemeinen Ebene Klassismus und Sexismus gegeneinander ausgespielt, sondern zugleich auch der eigene Sexismus verneinend bearbeitet. Donald Trump bleibt so betrachtet nicht nur ein *Great Disruptor,* der Störungen innerhalb medialer und politischer Ordnungsgefügen produziert. Er ist zugleich auch ein *Great Adaptor,* der eine kontinuierliche Mimikry und Mimese seiner medialen Umwelt betreibt. Vor und während seiner Amtszeit zunächst innerhalb einer vorgefundenen Medienökologie, deren Aufmerksamkeits- und Affektökonomie er maximal für die eigenen Zwecke zu nutzen wusste. Seit 2021 und seiner Verbannung von Twitter nunmehr, indem er auf die neue Lage angepasst reagiert, in dem er eine eigene, alternative Plattform aufzubauen versucht, die es ihm – bei allem bisherigen Scheitern der Plattform – erlauben soll, aus dem „Off" heraus neue Resonanz und Reichweite zu erlangen. Indem er es bis hin zu seinen aktuellen Äußerungen rund um den Ukraine-Krieg gelingt, kritischer Inhalte und komplexe Probleme in eine Aussageform zu transponieren, die vor allem auf eine Aktualisierung der Logik von Aufwertung und Herabsetzung aus ist, schafft er es in der Stimulierung der Affekte, neue Rahmen der Beobachtung und Rezeption seiner Äußerungen herzustellen. Durch diese Genreverschiebungen vermag Trump die einen zu begeistern und die anderen zu irritieren und genau jenes Begehren bei seinen Kritiker*innen zu triggern, die ihn in der Arena der Wahrheit stellen und zur Verantwortung ziehen wollen. Die beinahe manische Dauerbeschäftigung mit Trumps Psyche ist eine der Reaktionen auf die Unmöglichkeit, inhaltliche Erwartbarkeit als Grundlage politischer Prognose herzustellen. Fragen, die vor allem zu Beginn seiner Amtszeit kursierten – ‚What is he thinking?', ‚Is he a narcissist because of his father?', ‚Did he conspire with the Russians?', ‚Was it his idea or rather Roger Stones?' oder ‚Does he really intend to start a nuclear war because of his ego?' – waren Ausdruck des Unvermögens, sich von der alten Vorstellung der Sachgebundenheit politischer Strategie- und Entscheidungsfindung zu lösen. An Trumps numerischen Populismus jedoch, für den alleine Klickzahlen, *Likes* und *Retweets* Indikatoren des Erfolgs waren, scheiterten solche Zuschreibungen. Trump hat bis heute eher Ähnlichkeit mit einem *Chat-Bot,* einem selbstlernenden Algorithmus mit *Social Media Account.* Man erinnere sich etwa an die von Microsoft entwickelte künstliche Intelligenz „Tay", die mit eigenem *Twitter*-Account – @TayandYou – ausgestattet und darauf programmiert war, die Sprache von *Twitter*-Nutzer*innen zu imitieren (Dewey 2016; Bright 2016). Microsofts Slogan zu dem Projekt lautete: „The more you chat with Tay, the smarter she gets" (Hunt 2016). Der selbstlernende Bot entwickelte sich allerdings innerhalb weniger Tage zu einem Image-Debakel: Aufgrund seiner das Verhalten von *Twitter*-Nutzer*innen imitierenden antisemitischen, sexistischen und rassistischen Aussagen wurde Tay zum Paradebeispiel für *AS* („Artificial Stupidity", Ferguson 2016). Tay wurde daraufhin nach nur wenigen Tagen vom Netz genommen – nachdem sie mitunter bereits Trump-*Supporterin* geworden war („Trump is the only hope we've got", Hunt 2016).

Es erscheint daher zielführend, Trump vor allem hinsichtlich seines transversalen Bewegungsvektors zu beobachten, der ihn quer zu den gesellschaftlich etablierten Ordnungen des Sagbaren agieren lässt. Eine solche Perspektive fragt zuerst nach der Funktionalität seiner Kommunikationsweise, ohne die Analyse zugunsten einer moralischen oder psychologischen Wertung vorschnell abzubrechen. Als Anpassungs- und Aneignungsgefüge zieht Trump in immer neue Richtungen und lässt sich von ihnen ziehen und damit auch sprichwörtlich „gehen". Statt an der Frage nach Trumps „Sein" abzuarbeiten, ist es produktiver, den ehemaligen US-Präsidenten als eine *Black Box* zu konzeptualisieren, die mit ihrer jeweiligen Umwelt interagiert und deren Outputs von den vorausgegangenen Inputs abhängig sind.

Kybernetik und Systemtheorie verstehen unter *Black Box* ein komplexes System, dessen innere Struktur für Analysen nicht zugänglich ist. Daher verschiebt sich das Interesse vom Wesen der *Black Box* hin zur Beschreibung ihrer In- und Output-Beziehungen (Luhmann 2006: 153 ff.; Latour 2002: 373). Bruno Latour weist in seinen Untersuchungen zur Technikgeschichte darauf hin, dass *blackboxing* als Prozess zu verstehen sei, der sich aus der Erfolgsgeschichte wissenschaftlicher oder technischer Artefakte oder Praktiken ergibt: Wenn Maschinen effizient sind, wird im alltäglichen Umgang mit ihnen die interne Komplexität immer unwichtiger – so lange etwa der Computer funktioniert, brauchen sich Verbraucher*innen nicht um seinen inneren Aufbau zu kümmern. Latour geht von der These aus, dass sich paradoxerweise die Opazität eines Artefakts erhöht, wenn es funktional erfolgreich ist. Nicht nur für die Analyse der Politik könnte eine methodische Inspiration der *Actor Network Theory* lauten, nicht mehr primär nach den Intentionen der beteiligten Akteur*innen zu fragen, sondern die jeweils gegebenen diskursiven Ermöglichungszusammenhänge und medialen Netzwerke in den Mittelpunkt zu stellen und darauf zu achten, welche In- und Outputs situativ miteinander korreliert sind. Anstatt in der Tradition journalistischer Investigation die *Black Box* Trump öffnen und ihren Inhalt exponieren zu wollen (Woodward 2018), erscheint es lohnender, die Aufmerksamkeit auf die jeweiligen Milieus und die ihnen zugrundeliegenden Machtkomplexe zu richten. Dazu gehört es, unter diskursfunktionalen Gesichtspunkten die kontinuierlich von Trump prozessierten gesellschaftlichen In- und Outputs zu befragen, aber auch nach jenen Sozietäten und politischen Formen zu fahnden, die bisher nicht einheg- oder adaptierbar sind und die *Black Box* Trump in ihrer Funktionalität unterbrechen könnten. Neben einer Untersuchung der jeweiligen Ökologien, die etwa eine Präsidentschaft Trumps erst realisierbar machen, gilt es ebenso jene sozialen und ästhetischen Existenzweisen (Maihofer 1995) in die Aufmerksamkeitsökonomie einzubinden, die sich solchen politischen Figuren wie Trump stets entziehen. Dazu gehören etwa die antirassistischen *Black Lives Matter*-Bewegungen in (US-)amerikanischen und internationalen Großstädten, die *Solidarity/Sanctuary Cities*-Initiativen, die *Women's Marches*. Ein Blick auf In- und Outputs ermöglicht es – um die Metaphorik fortzuführen – Donald Trump als Verstärker gesamtgesellschaftlicher Diskurse und Affektdynamiken zu betrachten, aber gleichzeitig auch als einen Prozessor, der „eingreifende Veränderungen" (Winkler 2015: 29) in einem kontinuierlichen Fluss an Daten vornimmt, Außenraum mit Innenraum verbindet bzw. re-arrangiert und damit als Subjekt „selbst zum Relais des medialen Dispositivs" (ebd.: 109) wird.

Unter Rückgriff auf die Apparatus-Theorie, die den Kinoraum als *Black Box* konzeptualisiert, lädt noch ein weiterer Aspekt an der vorgeschlagenen Perspektivierung von Trump zum Weiterdenken ein: Die *Black Box,* so Hito Steyerl, kann im Unterschied zum *White Cube* des Ausstellungsraums „als Wunschmaschine gedacht [werden], die von unbewusstem Begehren, Trieben und libidinösen Identifikationen durchdrungen ist" (Steyerl 2017: 138). Steyerl greift hier bewusst auf rassistische Zuschreibungen zum Schwarz-sein und der Farbe „schwarz" zurück, um sie auf den Kino- und Museumsraum zu beziehen. Die schwarze Farbe der Black Box ist assoziiert mit Vorstellungen von „Sinnlichkeit, Affektivität, Magie und Irrationalität" (139). Sie ist als solche „in unbewusste und unkontrollierbare Dynamiken verwickelt" (ebd.), sie manipuliert Affekte. Die Farbcodierung hat in Steyerls Beschreibung eine analytische Dimension: Die *Black Box* webt sich hier in eine rassisierte hell/dunkel-Metaphorik ein (ebd.). Sie umreißt begrifflich einen affektiven Raum, der im Dunkeln verbleibt und der Vernunft nur unzureichend zugänglich ist. Steyerl arbeitet heraus, dass die *Black Box* als Ort der Illusion, der Verführung, des Spektakels aber auch als ein Ort der Überwältigung und des unterdrückten Unbewussten diskursiviert wird. Die *Black Box* markiert das absolute Gegenteil der aufgeklärten Welt des *White Cubes,* der mit dem distanzierten Blick eines autonomen und kontemplativen Subjekts verbunden ist, das souverän den Objekten im Museumsraum gegenübertritt. Die *Black Box* wird in einer kontradiktorischen Gegenüberstellung zum „Erscheinungsraum einer zugleich profanen und illusorischen Wirklichkeit" (ebd.). Die Filme, die in den dunklen Räumen des Kinos oder des Museums gezeigt werden, realisieren eine eigene Zeitökonomie und prägen den Betrachter*innen ein Blickarrangement auf. Indem die *Black Box* eine eigene perzeptive *Agency* entwickelt, der sich die betrachtenden Subjekte unterwerfen müssen, erzeugt sie eine mit der Gefahr des Souveränitätsverlusts einhergehende Angstlust (Groys 2001; Steyerl 2017: 140). *Black Box* und *White Cube* stehen in einem wechselseitigen Konflikt, der von einem Bedrohungsszenario befeuert wird, in dem „Licht und Dunkel, Souveränität und Verunsicherung, Essenz und Schein" in einem vermeintlich unüberwindbar binären Modell aufeinandertreffen (ebd.: 141). Anhand dieses kleinen Exkurses in die Medientheorie wird noch einmal von anderer Warte aus nachvollziehbar, welche affektive Dynamik das Verhältnis der Nachrichtenmedien

zu Trump organisierte: Eine von Angstlust getriebene Beobachtungsmanie nämlich, die in Trump ein Anderes jeglicher politischer Rationalität zu erkennen ver-
meinte, von dem sie sich aufgrund ungläubiger Faszination und profitorientierter
Skandalisierungserwartung nicht lösen konnte. Gerade weil Trump als disruptive
Anomalie narrativiert werden konnte, unterwarfen sich die Medien bereitwillig
seinen Aufmerksamkeits- und Zeitökonomien – *Trump Tower, Trump Twitter,
Trump Time* usw. In der Retrospektive erscheint es mit Blick auf die Anfangszeit der politischen Karriere Trumps ebenso nachvollziehbar wie ironisch, dass
die traditionellen Nachrichtenmedien fortwährend versuchten, die *Black Box*
Trump in den *White Cube* zu überführen und dabei genau jene reduktionistischen
Bedrohungsphantasmen und Herabsetzungen zwischen *Black* und *White*
reproduzierten, die sie an Trumps Populismus kritisierten. Die Hypostasierung
Trumps zum irrationalen, eitlen Sittenmonster (Foucault 2007) verbleibt genau
in jenen auf Binarismen gebauten Tauschverhältnissen, aus denen Trump das
Charisma und die Authentizitätseffekte erwirtschaften konnte, die ihn auch weiterhin für zahlreiche Wähler*innen als vermeintliche Systemalternative erst attraktiv
machen.

Die Untersuchung der medialen, politischen und diskursiven Ökologie Trumps
erlaubt es schlussendlich auch, den Eintritt in ein weiteres problematisches
Tauschverhältnis zu vermeiden, das sich anhand von Michelle Obamas Aus-
spruch „When they go low, we go high" beim *Democratic National Convention
2016* konturieren lässt (Washington Post Staff 2016). Das Zitat bildete die Quintessenz einer scharfen Abrechnung mit Trumps sexuell übergriffiger Vergangenheit und seinem fortdauernden und ostentativ zur Schau gestellten Sexismus.
So wichtig Michelle Obamas feministische Positionierung und ihr Eintreten
für eine gesamtgesellschaftliche Verantwortung und eine Praxis der *Care-Work*
ist, befördert sie doch zugleich auch die Gefahr, dass ihr Auftritt von jenen
Akteur*innen affekt- und diskurspolitisch ausgebeutet wird, denen sie eigentlich den öffentlichen Raum streitig machen will. Gemeint ist ein Mechanismus,
den man als regulative Normalisierung bezeichnen kann: Je herabsetzender,
beschämender, ungehaltener und deplatzierter sich politische Figuren wie
Trump benehmen, desto eher wirken geringfügig moderatere Erscheinungs- und
Handlungsweisen tolerier- oder gar akzeptierbar. Eine maßstabs- und geschichts-
vergessene Kritik, die Trump zum außerordentlichen *Great Disruptor* erklärt und
ihn jenseits der politischen Kultur der USA situiert, entzieht der Kritik selbst den
Boden. Je eklatanter sich Trump islamophob, rassistisch und xenophob äußerte,
je mehr politische Energie er beispielsweise in den Bau einer Mauer zu Mexiko
legte, desto mehr droht noch heute in Vergessenheit zu geraten, dass sich unter
Barack Obama eine harte Abschiebpraxis manifestierte, die Tötungsrate im
völkerrechtlich höchst umstritte Drohnenkrieg exponentiell stieg und er sich
während seiner Amtszeit weigerte die Benachteiligung der afroamerikanischen
Bevölkerung politisch zu adressieren. Eine problematische Diskursrelation ist zu
entdecken: Hillary Clintons feministische Positionierung angesichts von Trumps
Sexismus entzog ihre antimuslimische Außenpolitik der Diskussion; Horst See-
hofers Behauptung, die Flüchtlingspolitik im Sommer 2015 sei die „Mutter aller

Probleme" gewesen, ließ die alles andere als unproblematische Abschiebungs-
und Externalisierungspolitik Angela Merkels als human erscheinen; Joe Bidens
wachsende Liste an Misserfolgen – sei es im Bereich der Corona-Pandemie, des
Abzugs aus Afghanistan oder im Umgang mit Inflation und Klimakrise – wirken
angesichts Trumps unberechenbar irrationalem Führungsstil wie die Rückkehr zu
geordnete Bahnen. „When they go low, we go high" verweist in diesem Sinne auf
eine schleichende Rehabilitierung eigentlich kritikwürdiger Praxen und auf nach-
haltige Diskursverschiebungen rechtspopulistischen Gedankenguts in das Zentrum
demokratischer Meinungsvielfalt. Selbststabilisierung durch *shifting baselines* –
dies wäre dann wohl der Modus, der nicht nur im Kontext des politischen Diskurses aus alten neue Normalitäten werden lässt.

Mit einer Rückschau auf die Amtszeit von Donald Trump wird es möglich, die skizzierten Tauschmechanismen in ihren vielgestaltigen Ausprägungen
zu rekonstruieren und in einem zweiten Schritt die Übertragungskanäle,
die den *Great Disruptor* und seine politischen Adept*innen weiterhin mit
Energie versorgen, ihrerseits zu unterbrechen. Dafür ist es zunächst nötig,
die kommunikativen In- und Output-Bilanzen des Rechtspopulismus in ihrer
Funktionalität zu vergegenwärtigen und dabei die Rolle von Invektivität als
Ressource und Dynamisierungsmoment politischer und sozialer Positionierungs-
prozesse genauer zu fassen. Erst wenn die parasitäre Logik der Politik der
Herabsetzung genau erfasst ist, sind die Voraussetzungen zur Entwicklung einer
nachhaltigen Gegenstrategie geschaffen. Deren Einsatzpunkt ist es, die durch den
neurechten Populismus forcierte Polarisierung des politischen Beschreibungs-
vokabulars, die identitäre Einteilungslogik von Freund und Feind, Wir und Sie,
Oben und Unten, Innen und Außen usw. in ihren reduktionistischen Voraussetzungen und prekären affektpolitischen Effekten zurückzuweisen. Dazu
gehört es auch, jene Bewegungen zu unterstützen, die sich mit ihrer politischen
Praxis oder ihren Existenzbedingungen gegen rassistische Grenz- und Affekt-
politiken, sexistische Gewalt, politische Schmähreden usw. stellen. Die Trans-
nationalisierung der *BLM*-Bewegung macht es vor: Es ist möglich, Output
und Reichweite der *Black Box* zu beeinflussen: durch Beschneidung der
kommunikativen und infrastrukturellen Ressourcen, die *wir* einer Politik der
Herabsetzung zur Verfügung stellen.

Literatur

ABC News: Hasan Minhaj full White House Correspondents Dinner speech (29.04.2017),
    https://www.youtube.com/watch?v=uDmSZX_zVuQ (11.03.2019).
Aristoteles: *Poetik*. Berlin 2008.
Berlant, Lauren: Trump, or Political Emotions. In: *The New Inquiry* (05.09.2016), https://
    thenewinquiry.com/trump-or-political-emotions/ (13.03.2019).
Chadwick, Andrew: *The Hybrid Media System. Politics and Power*. Oxford 2013.
C-Span: President Obama at the 2011 White House Correpondents' Dinner (30.04.2011), https://
    www.youtube.com/watch?v=n9mzJhvC-8E (11.03.2019).

C-Span: Michelle Wolf COMPLETE REMARKS at 2018 White House Correspondents' Dinner, (28.04.2018), https://www.youtube.com/watch?v=DDbx1uArVOM (11.03.2019).

Berbrier, Mitch: The victim ideology of white supremacists and white separatists in the United States. In: *Sociological Focus* 33/2 (2000): 175–191.

Bright, Peter: Tay, the neo-Nazi millennial chatbot, gets autopsied. Microsoft apologizes for her behaviour and talks about what went wrong. In: *Arstechnica* (26.03.2016), https://arstechnica.com/information-technology/2016/03/tay-the-neo-nazi-millennial-chatbot-gets-autopsied/ (13.03.2019).

Clayton, James/Cabral, Sam: Truth Social: Banned from twitter, Trump returns with a new platform. In: *BBC News* (21.02.22), https://www.bbc.com/news/technology-60419008 (18.03.22).

Dawsey, Josh: Trump deflects blame for January 6. silence, says he wanted to march to Capitol. In: *The Washington Post* (07.04.22), https://www.washingtonpost.com/politics/2022/04/07/trump-interview-jan6/ (10.04.22).

Deleuze, Gilles/Guattari, Félix: *Tausend Plateaus. Kapitalismus und Schizophrenie*. Berlin 1993.

Dewey, Caitlin: Meet Tay, the creepy-realistic robot who talks just like a teen. In: *The Washington Post* (23.03.2016), https://www.washingtonpost.com/news/the-intersect/wp/2016/03/23/meet-tay-the-creepy-realistic-robot-who-talks-just-like-a-teen/?utm_term=.628f23355458 (13.03.2019).

Dietze, Gabriele/Strick, Simon: Der Aufstand der Betamännchen. In: *Gender-Blog der Zeitschrift für Medienwissenschaft* (18.12.2017), https://www.zfmedienwissenschaft.de/online/blog/der-aufstand-der-betam%C3%A4nnchen (22.10.2018).

Dietze, Gabriele: Trumps letzte Tage. Der bittersüße Zauber der Verleugnung. In: *Gender-Blog der Zeitschrift für Medienwissenschaft* (08.01.2021), https://zfmedienwissenschaft.de/node/1628 (15.02.2022).

Donovan, Jack: *The Way of Men*. New York 2012.

Eribon, Didier: *Rückkehr nach Reims*. Berlin 2016.

Fanon, Frantz: *Die Verdammten dieser Erde*. Frankfurt a. M. 1981.

Ferguson, Niall: Tay, Trump, and the artificial stupidity. In: *The Boston Globe* (04.04.2016), https://www.bostonglobe.com/opinion/2016/04/03/tay-trump-and-artificial-stupidity/9Zk3dP7CSByV5bzbc3L2vJ/story.html (13.03.2019).

Foucault, Michel: *Die Anormalen. Vorlesungen am Collège de France 1974/1975*. Frankfurt a. M. 2007.

Frevert, Ute: *Die Politik der Demütigung. Schauplätze von Macht und Ohnmacht*. Frankfurt a. M. 2017.

Garfinkel, Harold: Conditions of successful degradation ceremonies. In: *American Journal of Sociology* 61/5 (1956): 420–424.

Gehring, Petra: Über die Körperkraft von Sprache. In: Steffen K. Herrmann/Sybille Krämer/Hannes Kuch (Hg.): *Verletzende Worte. Die Grammatik sprachlicher Missachtung*. Bielefeld 2007: 211–228.

Gopnik, Adam: Trump and Obama: A night to remember. In: *The New Yorker* (12.09.2015), https://www.newyorker.com/news/daily-comment/trump-and-obama-a-night-to-remember (14.03.2019).

Groys, Boris: On the aesthetics of video installations. In: Stan Douglas: *Le Detroit*. Basel 2001.

Grynbaum, Michael M.: No more laughs as White House Correspondents' Dinner turns to a historian. In: *The New York Times* (19.11.2018), https://www.nytimes.com/2018/11/19/business/media/ron-chernow-white-house-correspondents-dinner.html (16.04.2019).

Grynbaum, Michael M./Rogers, Katie: New Yorker and Vanity Fair pull out of Correspondents' Dinner parties. In: *The New York Times* (03.02.2017), https://www.nytimes.com/2017/02/03/us/politics/trump-white-house-correspondents-dinner.html (18.03.2019).

Haberman, Maggie/Burns, Alexander: Donald Trump's presidential run began in an effort to gain stature. In: *The New York Times* (12.03.2016), https://www.nytimes.com/2016/03/13/us/politics/donald-trump-campaign.html?_r=0 (13.03.2019).

Heil, Emily: Is Obama's 2011 White House correspondents' dinner burn to blame for Trump's campaign? In: *The Washington Post* (10.02.2016), https://www.washingtonpost.com/news/reliable-source/wp/2016/02/10/is-obamas-2011-white-house-correspondents-dinner-burn-to-blame-for-trumps-campaign/ (20.04.22).

Heil, Emily/Fahri, Paul: The White House correspondents' dinner breaks decades-old tradition by not featuring a comedian. In: *The Washington Post* (19.11.2018), https://www.washingtonpost.com/arts-entertainment/2018/11/19/white-house-correspondents-dinner-will-not-feature-comedian-first-time-decades/?utm_term=.d6bb1fbf1a7f (16.04.2019).

Hughes, Geoffrey: *Political Correctness. A History of Semantics and Culture*. London 2009.

Hunt, Elle: Tay, Microsoft's AI chatbot, gets a crash course in racism from Twitter. In: *The Guardian* (24.03.2016), https://www.theguardian.com/technology/2016/mar/24/tay-microsofts-ai-chatbot-gets-a-crash-course-in-racism-from-twitter (23.10.2018).

Isom, Deena/Mikell, Toniqua/Boehme, Hunter: White America, threat to the status quo, and affiliation with the alt-right: a qualitative approach. In: *Sociological Spectrum* 41/3 (2021): 213–228.

Janker, Karin: Journalisten mit Politikern auf Du und Du. In: *Süddeutsche Zeitung* (26.02.2017), https://www.sueddeutsche.de/politik/trumps-absage-beim-korrespondenten-dinner-journalisten-mit-politikern-auf-du-und-du-1.3395563 (19.03.2019).

Kanzler, Katja: Invective form in popular media culture: Genre – mode – affordance. In: *Kulturwissenschaftliche Zeitschrift* 1 (2021): 26–36. https://doi.org/https://doi.org/10.2478/kwg-2021-0011

Kellner, Douglas: *American Nightmare. Donald Trump, Media Spectacle, and Authoritarian Populism*. Amsterdam 2016.

Kolb, Matthias: Trump: Von der Lachnummer zum Horror-Kandidaten. In: *Süddeutsche Zeitung* (29.04.2016), https://www.sueddeutsche.de/politik/white-house-correspondents-dinner-trump-von-der-lachnummer-zum-horror-kandidaten-1.2972596 (10.03.2019).

Kreiss, Daniel: The media are about identity, not information. In: Pablo J. Boczkowski/Zizi Papacharissi (Hg.): *Trump and the Media*. Cambridge, Mass./London 2018: 93–101.

Kriesel, David: Traue keinem Scan, den du nicht selbst gefälscht hast (2014), https://media.ccc.de/v/31c3_-_6558_-_de_-_saal_g_-_201412282300_-_traue_keinem_scan_den_du_nicht_selbst_gefalscht_hast_-_david_kriesel#t=135 (13.03.2018).

Latour, Bruno: *Die Hoffnung der Pandora. Untersuchungen zur Wirklichkeit der Wissenschaft*. Frankfurt a. M. 2002.

Laksen, Judy: The power of Obama's racio-rhetorical humor: Rethinking black masculinities. In: *Howard Journal of Communications* 28/1: 6–19 2017.

Lilla, Mark: *The Once and Future Liberal. After Identity Politics*. New York 2017.

Luhmann, Niklas: *Soziale Systeme. Grundriss einer allgemeinen Theorie*. Frankfurt a. M. 2006.

Maihofer, Andrea: *Geschlecht als Existenzweise. Macht, Moral, Recht und Geschlechterdifferenz*. Frankfurt a. M. 1995.

Mauss, Marcel: *Die Gabe. Die Form und Funktion des Austauschs in archaischen Gesellschaften*. Frankfurt a. M. 1968.

McCarthy, Ellen: Calls emerge for a boycott of the White House Correspondents' Association dinner. In: *The Washington Post* (04.02.2017), https://www.washingtonpost.com/news/arts-and-entertainment/wp/2017/02/04/wchdboycott/?utm_term=.e37a81c22717 (08.03.2019).

Muñoz, José Esteban: *Disidentifications. Queers of Color and the Performance of Politics*. Minneapolis/London 1999.

Nagle, Angela: *Die digitale Gegenrevolution. Online-Kulturkämpfe der Neuen Rechten von 4chan und Tumblr bis zur Alt-Right und Trump*. Bielefeld 2018.

Nixon, James: "You think I'm joking": Examining the weaponized comedy of President Obama's stand-up addresses at the White House Correspondents' Association Dinner. In: *Studies in American Humor* 5/1 (2019): 103–123.

Patterson, Troy: Michelle Wolf and the pseudo-event of the White House Correspondents' Association Dinner. In: *The New Yorker* (30.04.2018), https://www.newyorker.com/culture/

culture-desk/michelle-wolf-and-the-pseudo-event-of-the-white-house-correspondents-association-dinner (13.03.2019).

Pierce, Charles P.: For my money, Donald Trump has never gotten over this event from 5 years ago. In: *Esquire* (27.04.2016), https://www.esquire.com/news-politics/politics/news/a44392/trump-foreign-policy-speech/ (10.03.2019).

Pickard, Victor: When commercialism Trumps democracy: Media pathologies and the rise of the misinformation society. In: Pablo J. Boczkowski/Zizi Papacharissi (Hg.): *Trump and the Media*. Cambridge, Mass./London 2018: 195–202.

Porter, Marc: Trump's first real tweet was on July 6, 2011. Our theory: It was inspired by Obama. In: *The Outline* (03.12.2017), https://theoutline.com/post/2445/trump-s-first-real-tweet-was-on-july-6-2011?zd=2&zi=xxp5e7jl (10.03.2019).

Pörksen, Bernhard: *Die große Gereiztheit: Wege aus der kollektiven Erregung*. München 2018.

Reckwitz, Andreas: *Die Gesellschaft der Singularitäten. Zum Strukturwandel der Moderne*. Berlin 2017.

Rhodes, Ben: Behind the scenes the day Osama bin Laden was killed (2018), https://lithub.com/behind-the-scenes-the-day-osama-bin-laden-was-killed/ (22.10.18).

Roswell, Jonathan/Diego-Rosell, Pablo: Explaining nationalist political views: The case of Donald Trump (15.08.2016), https://papers.ssrn.com/sol3/papers.cfm?abstract_id=2822059 (16.04.2019).

Sedgwick, Eve Kosofsky: *Epistemology of the Closet*. Berkeley/Los Angeles 1990.

Sedgwick, Eve Kosofsky: Paranoid reading and reparative reading; or, your so paranoid, you probably think this introduction is about you. In: Dies. (Hg.): *Novel Gazing: Queer Readings in Fiction*. Durham 1997: 1–37.

Seeßlen, Georg: *Trump! POPulismus als Politik*. Berlin 2017.

South Park: PC Principle final justice (Staffel 19, Episode 10), southpark.de (2015), http://www.southpark.de/alle-episoden/s19e10-pc-principal-final-justice#source=e3748950-6c2a-4201-8e45-89e255c06df1:19eabca7-b00f-4a06-ac66-c9529cef2834&position=10&sort=!aird ate (13.03.2019).

Steyerl, Hito: White Cube und Black Box. Die Farbmetaphysik des Kunstbegriffs. In: Susan Arndt/Maureen Maisha Eggers/Grada Kilomba/Peggy Piesche (Hg.): *Mythen, Masken und Subjekte. Kritischer Weißseinsforschung in Deutschland*. Münster 2017: 135–143.

Strick, Simon: Wenn sexuelle Belästiger sich entschuldigen: Monologe, Solipsismus, Terror. In: *Gender-Blog der Zeitschrift für Medienwissenschaft* (27.05.2018), https://www.zfmedienwissenschaft.de/online/blog/sexuelle_Bel%C3%A4stiger_Entschuldigungn (22.11.2018).

Sinclair-Chapman, Valeria/Price, Melanye: Black politics, the 2008 election, and the impossibility of race transcendence. In: *Political Science & Politics* 41/4 (2008): 739–745.

Symons, Alex: Trump and satire. America's carnivalesque president and his war on television comedians. In: Happer, Catherine/Hoskins, Andrew/Merrin, William (Hg.): *Trump's Media War*. Cham 2019: 183–197.

Tißberger, Martina/Dietze, Gabriele/Hrzán, Daniela/Husmann-Kastein, Jana (Hg.): *Weiß – Weißsein – Whiteness. Kritische Studien zu Gender und Rassismus*. Frankfurt a. M. u. a 2009.

Trump, Donald: The Correspondents' Dinner is dead (2018a), www.trumptwitterarchive.com/archive .

Trump, Donald: The White House Correspondents' Dinner was a failure last year (2018b), www.trumptwitterarchive.com/archive .

Trump, Donald/Schwartz, Tony: *The Art of the Deal*. New York 1987.

Trump, Donald/Bohner, Kate: *The Art of the Comeback*. New York 1997.

Tufekci, Zeynep: How social media took us from Tahrir Square to Donald Trump. In: *MIT Technology Review* (14.08.2018), https://www.technologyreview.com/s/611806/how-social-media-took-us-from-tahrir-square-to-donald-trump/ (10.03.2019).

Turner, Fred: Trump on Twitter. How a medium designed for democracy became an authoritarian's mouthpiece. In: Pablo J. Boczkowski/Zizi Papacharissi (Hg.): *Trump and the Media*. Cambridge, Mass. 2018: 143:150.

Vogl, Joseph: Grinsen ohne Katze. Vom Wissen virtueller Objekte. In: Hans-Christian von Herrmann/Matthias Middell (Hg.): *Orte der Kulturwissenschaft: fünf Vorträge*. Leipzig 1998: 41–55.

Washington Post Staff: Full text: Donald Trump announces a presidential bid. In: *The Washington Post* (16.06.2015), https://www.washingtonpost.com/news/post-politics/wp/2015/06/16/full-text-donald-trump-announces-a-presidential-bid/?utm_term=.c1ba68d4b14c (10.07.2019).

Washington Post Staff: Transcript: Read Michelle Obama's full speech from the 2016 DNC. In: *The Washington Post* (26.06.2016), https://www.washingtonpost.com/news/post-politics/wp/2016/07/26/transcript-read-michelle-obamas-full-speech-from-the-2016-dnc/?utm_term=.44b06edd12bd (11.03.2019).

Winkler, Hartmut: *Prozessieren. Die dritte, vernachlässigte Medienfunktion*. Paderborn 2015.

Woodward, Bob: *Furcht. Trump im Weißen Haus*. Hamburg 2018.

Der Pussy-Präsident. Sexuelle Konterrevolution versus Feministischer *Civil War*

Gabriele Dietze

> *What's new pussycat whoa oh Pussycat, pussycat, I've got*
> *flowers And lots of hours to spend time with you So go and*
> *powder your cute little pussycat nose.*
> Tom Jones, „What's new Pussycat" (1967)

Vorspiel

‚Sex-positiv' zu sein bedeutete in der Neuen Frauenbewegung der 1970er und 1980er-Jahre sich als Teil einer Sexuellen Revolution zu verstehen und damit die neuen Freiheiten – unterstützt von Pille und Abtreibungsrecht – produktiv zu machen (Nazarova 2016). Eine andere Fraktion des *Second Wave Feminism* sah dagegen in der gleichzeitig auftretenden Legalisierung von Pornografie und Sexindustrie eine Verlängerung und/oder gar Verschärfung der alten patriarchalischen Herrschaft (Bader 2016). Catharine MacKinnon, eine der Wortführerinnen der Anti-Pornografie-Bewegung, bemerkt lapidar: „Man fucks woman; subject verb object" (MacKinnon 1989: 124).[1] Im Gegensatz dazu bestand das sex-positive Lager – vertreten unter anderem durch die Queer-Theoretikerin Gayle Rubin – auf der sexuellen *Agency* von Frauen (auch in Teilen der Pornografie-Produktion)

---

[1] Zusammen mit Andrea Dworkin, deren Studie *Pornography. Men Posessing Women* (Dworkin 1981) als Programmschrift des Anti-Porn-Feminismus galt, hatte Catharine MacKinnon ein erstes Gesetz zum Verbot für Pornographie verfasst und in Indianapolis implementiert, was allerdings durch mehrere gerichtliche Instanzen hindurch als nicht verfassungsmäßig abgelehnt wurde.

G. Dietze (✉)
Berlin, Deutschland
E-Mail: gabriele.dietze@rz.hu-berlin.de

© Der/die Autor(en), exklusiv lizenziert an Springer-Verlag GmbH, DE, ein Teil von 115
Springer Nature 2023
L. Koch et al. (Hrsg.), *The Great Disruptor,*
https://doi.org/10.1007/978-3-662-66308-0_5

und griff die *NoPorn*-Fraktion der Neuen Frauenbewegung als heteronormativen Neo-Puritanismus an (Rubin 1993). Der Begriff ,sex-positiv' hat sich inzwischen auch jenseits feministischer Fraktionskämpfe durchgesetzt und beschreibt Haltungen, die entgegen diverser konservativer *Backlash*-Versuche am Recht auf Abtreibungen und an einer sexuellen Liberalisierung festhalten wollen.

Könnte man in diesem Zusammenhang sagen, dass Donald Trump der erste sex-positive Präsident der Vereinigten Staaten ist? Nun ja, was die Offenheit gegenüber Sexualität betrifft, wäre das zutreffend. In der jüngeren Geschichte zählten bereits Serien-Ehebrecher wie John F. Kennedy oder „Ein *Blowjob* ist doch kein Sex"-Protagonisten wie Bill Clinton zu den US-Präsidenten. Doch alles wurde entweder mit verschämtem Schweigen übergangen oder als politische Verfehlung problematisiert. Kennedy wurde nach seiner Ermordung als ,Camelot'-Ritter seliggesprochen, und Bill Clinton hat Buße getan und seiner tapferen Frau das Feld überlassen. Donald Trump dagegen war ein Pionier der Sexindustrie, bevor er für die Präsidentschaft kandidierte. Er war der erste, der in seinen Casinos in Atlanta und Las Vegas Strip-Clubs einrichtete, und die Trump-Hotels gehören noch immer zu jenen Ketten, die in den Kabelfernsehprogrammen ihrer Gästezimmer *pay per view*-Pornofilme anbieten (Brannon 2016). Weiterhin war Trump der alleinige Unternehmer und Promotor der *Miss Universe*-Schönheitswettbewerbe.

Trump ist also insoweit sex-positiv, als er die sexuelle Revolution der 1960er-Jahre zu nutzen wusste, insofern diese die Kommerzialisierung von Sexualität im Kielwasser mit sich führte, indem sie Regulation, Verbote und Zensur zu Fall brachte und der Sexindustrie eine legale Geschäftsgrundlage eröffnete. Dennoch spricht Laurie Penny, eine junge sex-positive Feministin der dritten Welle, davon, dass Angloamerika im Zeichen einer „sexuellen Konterrevolution" (Penny 2014: 149) stehe. Ihre Einschätzung ist nicht durch den Hinweis zu entwerten, dass sie von einer Latzhosen tragenden Anti-Porn-Altfeministin stammt. Penny votiert für weibliche sexuelle *Agency, feminist porn* und unterstützt die Anerkennung von Sexarbeit als normale berufliche Beschäftigung.

Bei der sexuellen Konterrevolution handelt es sich laut Penny um eine Art von Gegenbewegung, die sexuelle Objektwahl als exklusiv männliches Privileg reinstallieren will. Eine solche finde dann statt, wenn „ritual sexual objectification" von Frauen als erregend für Männer propagiert wird und man gleichzeitig unterstellt, dass es zu viele falsche Anschuldigungen wegen Vergewaltigung, Belästigung und Missbrauch gebe (ebd.: 150). Es geht Penny also nicht um Entsexualisierungs- oder Re-Traditionalisierungsprogramme, die Frauen zu züchtiger Kleidung anhalten oder sie wieder an den Herd zurückschicken wollen. Im Blick hat sie vielmehr Neulegitimierung der Verfügbarkeit über den weiblichen Körper als ,Ding'. Sie kritisiert, dass damit männliche Privilegien hergestellt, erlebt und kommuniziert werden.

Der Fall Kavanaugh

Beispielhaft konnte man diese Struktur zuletzt im Berufungshearing von Brett Kavanaugh, Trumps favorisiertem Kandidaten für einen freigewordenen Sitz am US-Verfassungsgericht, studieren, als die Psychologie-Professorin Christine Blasey Ford unglaubwürdig gemacht und erniedrigt wurde, als sie einen möglichen Vergewaltigungsversuch des Juristen vor den US-Senat brachte (Dietze 2018). Nimmt man Donald Trumps legendären „grab them by the pussy"-Ausspruch und Richter Kavanaughs möglicherweise zutreffenden – jedenfalls nicht hinreichend und mit der gegebenen Sorgfalt untersuchten – Vorwurf eines Vergewaltigungsversuchs, dann handelt es sich um Kommunikationsformen *unter Männern*. Professorin Blasey Ford hatte dem Senatsausschuss berichtet, dass ein Freund, Mark Judge, während Brett Kavanaughs vermutlichem sexuellen Übergriff lachend dabeigestanden habe: „She said she had never forgotten ‚the uproarious laughter' between the two and their having fun at my expense. I was underneath one of them while the two laughed […]. Two friends having a really good time together" (Haag/Ruis 2018). Wie man es aus vielen Schilderungen des US-amerikanischen College-Lebens kennt, sind kollektive Besäufnisse und die Eroberung von Frauen, auch gegen deren Willen, Schmiermittel für „male bonding at the expense of women", wie Lili Loofbourow in *Slate* schreibt (Loofbourow 2018).

Donald Trump hat den während der Wahlkampagne berühmt gewordenen „Pussy"-Satz 2005 gegenüber einem Journalisten geäußert, den er durch *male bonding* für sich einnehmen wollte. Was er eigentlich meinte, war etwa: ‚Wenn Du ganz oben angekommen bist, kannst Du Dir alles weibliche Fleisch aneignen, ohne irgendeine Sanktion fürchten zu müssen.' Um dem hier entwickelten Zusammenhang eine grobe Zuspitzung zu geben, kann man sagen, dass – nicht nur in Trumps Universum – die Anerkennung von Männern durch Männer in den beschriebenen Fällen über die Eroberung, Demütigung und Verletzung von Frauenkörpern stattfindet und erst dann gültig ist, wenn die Erfahrung mit anderen Männern geteilt wird. Wenn man dem Gesprächspartner nicht zutraut, dass er ähnlich kühn und ungefragt auf Frauen zugreifen könne, wird er verweiblicht: „You are a pussy", sagte Trump zu dem Fernsehmann, den er gerade belehrt hatte, was man alles mit Frauen machen könnte, und der ihn wohl erstaunt und ungläubig angeschaut haben muss (Bullock 2016).

Zentral für dieses männliche Ermächtigungsmuster ist es, dass Frauen nicht als Persönlichkeiten mit eigenem Willen betrachtet werden dürfen, und – wie Penny formuliert – zu einem ‚Ding' werden müssen. Gegen Donald Trump liegen inzwischen 22 Anklagen und Zeugenaussagen wegen sexueller Belästigung vor. Nicht wenige stammen aus der Zeit, in welcher der Präsident noch Promoter von Schönheitswettbewerben war und sind von Kandidatinnen ausgegangen. Das ist umso bedeutsamer, als im Milieu von *beauty pageants* sexualisierte Aufmerksamkeiten zum Geschäft gehören. Daher ist es kein Zufall, dass frühe Feministinnen die berüchtigte Büstenhalterverbrennung bei den *Miss America*-Wahlen 1968 in Atlantic City durchzuführen planten.[2]

Der Kulturkritiker Georg Seeßlen spricht davon, dass das Genussuniversum des Präsidenten von sog. ‚Trumpfrauen' bevölkert sei, die ihren Status als Luxusware pflegen und zu einer „neoliberalen Renaissance des Patriarchats" (Seeßlen 2017: 41) beitragen. Ihre Welt oszilliere zwischen „Barbie Houses und Playboy Mansion" (ebd.: 39). Der Begriff ‚trophy wife', als welche die First Lady Melania oft gesehen wird, deckt sich mit dem, was Seeßlen die „sexuelle Ökonomie eines Sugar Daddy" nennt, sprich: „reicher Sack hält schöne junge Frau aus" (ebd.: 37). Im Netz kursieren zahllose Fotos, die Trump mit einer oder zwei sexy Frauen – am liebsten Schönheitsköniginnen – im Arm zeigen.

Einige der Miss-Kandidatinnen auf den Schönheitskonkurrenzen erfüllten jedoch nicht das Erwartungsprofil von ‚Trumpfrauen'. Ihnen gefiel nicht, dass Trump seine Position als Veranstalter und Promoter nutzte, um unangemeldet die Umkleidekabinen zu besuchen. Manche fühlten sich angestarrt, wurden nichteinvernehmlich auf den Mund geküsst und angegrabscht: Samantha Holvey, frühere Miss North Carolina, gab zu Protokoll: „He would step in front of each girl and look you over from head to toe like we were just meat, we were just sexual objects, that we were not people" (Grave/Morris 2017). Eine solche Art von *Sexual Harassment* ist in diesem Zusammenhang eine ständige Wiedervergewisserung des männlichen Privilegs. Jedes Zurückweichen, jeder erschrockene Aufschrei, jede gequälte Scham belästigter Frauen ist eine Bestätigung dafür, dass sie kontrolliertes Eigentum, benutztes Ding und damit Beweis für die Unangefochtenheit des männlichen Privilegs sind.

„Traffic in Women" postmodern

Auf einer theoretischen Ebene haben wir es hier mit einer abgewandelten Kombination von „Traffic in Women" nach Gayle Rubin (Rubin 1975) und „männliche[r] Herrschaft" nach Pierre Bourdieu (Bourdieu 1997) zu tun. Rubin interpretiert einen von Männern unter Männern getätigten Frauentausch als konstitutiv für jede Gesellschaft, da sie damit ihre Reproduktion (und Frieden durch die Herstellung von Blutsverwandtschaft) sichert. Für diese Logik sei es wichtig, dass Frauen sich nicht selbst verschenken oder vergeben könnten und deshalb strukturell zum Objektstatus verdammt seien. Bourdieu wählt einen etwas anderen Weg, maskuline Dominanz zu erklären. Konstitutiv für männliche Herrschaft sei die Anerkennung von Männern untereinander. Dazu müssten sie ‚ehrgleich' sein, d. h. derselben gesellschaftlichen Kaste entstammen, um im Turnier ‚satisfaktionsfähig' zu sein.

---

[2] Heute weiß man, dass diese zwar geplant war, aber nicht stattgefunden hat, weil sie aus feuerschutztechnischen Gründen verboten worden war (Rosen 2000: 160).

Beide Anthropolog*innen gehen von einer *Longue Durée* der Frauenunterdrückung aus, leiten sie aber unterschiedlich her. Rubin kommt es darauf an, machtasymmetrische Sex-Gender-Systeme als Effekte einer sozialen Praxis zu verstehen, die auch beendet oder revolutioniert werden kann. Nach Bourdieu gehört in der kabylischen Gesellschaft, die er als Prototyp männlicher Herrschaft beschreibt, die untergeordnete Stellung von Frauen zur Doxa des Weltverständnisses. Der ganze Kosmos sei nach ‚oben' (= Mann) und ‚unten' (= Frau) geordnet und das habe sich in die Geschlechter-Körper eingeschrieben, die er als Gedächtnisspeicher versteht. Das heißt, auch wenn die realen Verhältnisse, z. B. über die gesetzliche Gleichstellung von Mann und Frau, sich geändert haben, kann der Habitus der Geschlechter hinter der Entwicklung zurückbleiben, muss dies aber nicht bei allen und in jedem Fall. Insofern ist die männliche Herrschaft in der Spätmoderne prekär und muss immer wieder erneut hergestellt und versichert werden.

Ein Echo alter Tausch- und Objektivierungssitten findet sich insbesondere in den Sphären, die hier als Träger einer sexuellen Konterrevolution von oben beschrieben werden. Zu denken ist etwa an den Brauch, dass die Braut dem Bräutigam von ihrem Vater übergeben wird, sowie an die Institution der Debütantinnenbälle, bei denen weißgekleidete Mädchen als Heiratsmaterial dargeboten werden. Moderne Formen von Objektivierung von Frauen finden sich in Sportarten, die Hyper-Maskulinität propagieren (also Turniere von ehrgleichen Männern): *Cheerleader* im Football oder *Grid Girls* bei Autorennen.

Diese Phänomene galten und gelten heute noch als üblich und normal. Aber sie sind über die Kulturrevolutionen von 1968, die verschiedenen Stadien der Neuen Frauenbewegung und des Feminismus und generell durch eine linksliberale Teilöffentlichkeit in die Kritik geraten. Es wurden unterschiedliche Maßnahmen ergriffen, um dieser Duldung und teilweise Heroisierung sexuellen Tausches, der Zurschaustellung und Überwältigung als Mannbarkeitsritus Einhalt zu gebieten. *Sexual Harassment* wurde juristisch definiert und den Geschädigten wurde es ermöglicht, Angreifer auf finanzielle Kompensation zu verklagen. Vergewaltigung in der Ehe wurde unter Strafe gestellt, ein Tatbestand übrigens, der von Trumps Anwalt Larry Cohen zu *Fake News* erklärt wurde, als während der Wahlkampagne angesprochen wurde, dass Trumps Ex-Frau Ivana ihn der Vergewaltigung beschuldigt hatte.[3]

College Rape

In der Ära Trump wurde nun antisexistische Politik nicht nur lächerlich gemacht oder für überflüssig erklärt, sondern es sind auch Strukturen, die Übergriffe verhindern sollten, zerschlagen worden. Das beste Beispiel dafür ist der Umgang mit

---

[3]Vergewaltigung in der Ehe ist in den USA seit 1993 generell strafbar, im Staat New York seit 1991. Trumps Anwalt Larry Cohen hatte dazu gesagt: „Er hat noch nie jemanden vergewaltigt. Und außerdem kann man ja schon per Definition seine Gattin nicht vergewaltigen." (Anonym 2015).

sexualisierter Gewalt gegen Frauen in Studentenverbindungen – sog. *Fraternities* – in Universitäten und Colleges. In den letzten Jahrzehnten ist mehr und mehr in die Öffentlichkeit gekommen, in welchem Ausmaß diese stattfand und wie wenig die Universitätsverwaltungen dagegen unternahmen. Den Anstoß für die vermehrte Thematisierung gab ein Fall an der University of Virginia (UVA) aus dem Jahr 2012, der 2014 in einem Artikel der Zeitschrift *Rolling Stone* von der Journalistin Sabrina Erdely recherchiert worden war. Ich zitiere hier ausführlich aus der Beschreibung des Tathergangs, wie er von Erderly auf Basis der Gespräche mit der Studentin berichtet wird:

> „[…] seven men took turns raping her, while two more – her date, Drew, and another man – gave instruction and encouragement. She remembers how the spectators swigged beers, and how they called each other nicknames like Armpit and Blanket. […] As the last man sank onto her, Jackie was startled to recognize him: He attended her tiny anthropology discussion group. He looked like he was going to cry or puke as he told the crowd he couldn't get it up. ‚Pussy!' the other men jeered. ‚What, she's not hot enough for you?' Then they egged him on: ‚Don't you want to be a brother?' ‚We all had to do it, so you do, too.' Someone handed her classmate a beer bottle. Jackie stared at the young man, silently begging him not to go through with it. And as he shoved the bottle into her, Jackie fell into a stupor, mentally untethering from the brutal tableau, her mind leaving behind the bleeding body under assault on the floor" (Erdely 2014).

Ich habe diesen Ausschnitt gewählt, weil er die Vergewaltigung als Gruppenerlebnis und Initiationsritus präsentiert, bei dem junge Männer sich gegenseitig ihrer Kühnheit und Stärke versichern, und weil sie die Brutalisierung durch Gruppendruck verdeutlicht, die das schwächste Glied der Angreifer nötigt, nicht nur mitzumachen, sondern sich auch in besonders brutaler Weise zu verhalten. Die Studentin spielt dabei als Person keine Rolle, sie ist „female flesh under capitalism", wie Laurie Penny eine frühe sexualpolitische Polemik untertitelt (Penny 2011). Damit diese Szene ihre ganze Wirkmacht entfalten kann, bedarf es mehrerer Charakteristika. Neben den vergewaltigenden und anfeuernden Jungs braucht es ein Opfer, das triumphal unterworfen werden kann, und das sich im günstigen Fall auch im Nachhinein keine Gerechtigkeit verschaffen will und wenn es das doch tut, in der Machtstruktur kein Gehör findet.

Anhand der Reaktionen auf die hier geschilderten Vorkommnisse an der University of Virginia kann man wie in einem Brennglas studieren, wie die oben thematisierte sexuelle Konterrevolution orchestriert wurde. Zunächst mobilisierte die Veröffentlichung des UVA-Falles – insbesondere der dazugehörige Bericht über die Untätigkeit und Verdunklungsbemühungen der Universitätsleitung – die Obama-Administration dazu, die bestehenden Regelungen des *Clery Act* und des *Title IX* zu verschärfen.

Der *Clery Act* von 1990 – benannt nach dem brutalen Mord an der Studentin Jeanne Clery, begangen durch einen Kommilitonen, der sie zuvor auch vergewaltigt hatte – verpflichtete alle Universitäten, die staatliche Finanzierung erhielten, was auch bei den meisten privaten Universitäten zutrifft, eine Statistik über sexuelle Übergriffe auf dem Campus zu führen und zu veröffentlichen sowie Anlaufstellen für Opferberatung und -unterstützung einzurichten. Die *Title IX*-Regelung ist ein allgemeines Gesetz, das staatlich finanzierte Institutionen mit Entzug der Zuwendungen bedroht, falls sie keine Maßnahmen gegen sexuelle Diskriminierung ergreifen (Phillips 2016: 268).

Nachdem 2014, dem Jahr des UVA-Falls, weitere Skandale wie ein ‚Rape Guide' (eine Gebrauchsanweisung, wie man Erstsemesterstudentinnen am besten gegen ihren Willen zum Beischlaf zwingen könnte) im Dartmouth College (Kingkade 2014) oder Sprechchöre bei Aufnahmefeiern in *Fraternities* wie „No means yes! Yes means anal" in der Yale University publik wurden, richtete die Obama Administration die *White House Task Force on Protecting Students from Sexual Assault* ein. In seiner wöchentlichen Radioansprache sagte Obama: „I want every young man in America to know, that real men don't hurt women" (Obama 2014). Schon 2011 hatte das *Center for Public Integrity* eine Studie über sexuelle Angriffe in Universitäten in Auftrag gegeben, die ergab, dass eine von fünf Studentinnen während ihres Studiums sexuell angegriffen worden sei (Lombardi/Jones 2009). Daraus erging in Zusammenarbeit mit der Staatsbehörde *Department of Education Office for Civil Rights* eine Anordnung an alle Universitäten – der sog. ‚Dear Colleagues Letter' – die empfahl, die Ermittlungsprozeduren der Beratungszentren dahin gehend zu verändern, den Rechtsgrundsatz des ‚begründeten Zweifels' (‚reasonable doubt') zugunsten des Angeklagten durch das Übergewicht der Beweise (‚preponderance of evidence') zu ersetzen: Falls es zu einer Anklage käme, sollte es demnach im Zweifelsfall für wahrscheinlicher gehalten werden, dass ein sexueller Angriff stattgefunden hat als dass es nicht so war.

Diese Interventionen – die journalistischen Recherchen zu Vergewaltigungen an Universitäten sowie der Artikel über die UVA im *Rolling Stone* und die Studien zur Häufigkeit von Collegevergewaltigungen – wurden zu symbolischen Schlachtfeldern in den Kulturkriegen um weiße Männlichkeit. Die Interventionen wurden in unzähligen Gegenstudien und Artikeln auseinandergenommen, angegriffen und ‚widerlegt', sodass es am Ende so schien, als seien nicht die untersanktionierten sexuellen Angriffe in Colleges das Problem, sondern als würden die Versuche, das Problem zu lösen, eine ernste Gefahr für Amerikas junge weiße Männer, die kommende Hoffnung der Nation, darstellen (Phillips 2016: 157–173).

Der Höhepunkt dieses Stimmungsumschwungs zeigte sich im Fall des Stanford-Studenten und Schwimm-Athleten Brock Turner, der bei einer *Fraternity*-Party nachweislich eine bewusstlose Frau vergewaltigt hatte und zu sechs Monaten Gefängnis verurteilt wurde, von denen er drei Monate absitzen musste. Schon der Richter, früher selbst Sportler an einer berühmten Universität, hatte in seiner Urteilsbegründung angemerkt, dass dem Elite-Athleten keine längere Strafe zuzumuten sei, da dies sein Leben schwer beeinflussen würde. Sein Vater hatte dem Gericht geschrieben und gefordert, dass man seinem Sohn keine oder lediglich eine milde Strafe zukommen lassen sollte, da dieser schließlich nur 20 min einen erzwungenen Beischlaf ausgeübt habe (Walasek 2016).

In dieser sich drehenden Stimmungslage griff die Trump Administration ein und zu. Trumps Erziehungsministerin Betsy DeVos will in den staatlichen Leitlinien zum Umgang von Colleges mit sexueller Gewalt die Regel, die von einem

‚Übergewicht von Beweisen' auszugehen hatte, abschaffen. Mit dem Argument, dass man junge Männer vor falschen Anschuldigungen schützen müsse,[4] will sie den ‚begründeten Zweifel' wieder als Leitlinie einführen. Feministinnen und die liberale Presse waren sich darin einig, dass Vergewaltigungen an Colleges damit wieder unter den Teppich gekehrt werden würden (Green 2018). Der Aufruhr um die Frage, ob Trumps Verfassungsgerichtskandidat Brett Kavanaugh als Schüler einer Eliteschule mit seiner Clique im trunkenen Zustand versucht habe, ein Mädchen zu vergewaltigen, spielt sich vor dem Hintergrund dieser Debatte ab. Seine Berufung illustrierte sowohl, dass, erstens, eine kulturelle Akzeptanz für die Wiedereinführung der ‚reasonable doubt'-Regel für männliche Elitemitglieder besteht und dass, zweitens, die sexuelle Konterrevolution an Fahrt gewinnt und inzwischen wieder offen (und nicht mehr verdeckt) das Recht auf männliche Ermächtigung und Verbindung über ge- und missbrauchte Frauenkörper in Anspruch nimmt.

Feminist Civil War

Dass eine solche Entwicklung im 21. Jahrhundert nicht unwidersprochen bleibt, versteht sich von selbst. Nicht nur Feministinnen haben dem Präsidenten den Krieg erklärt und im *Women's March* zur Inauguration des Präsidenten das *Pussy*-Machtsymbol umgekehrt. Sie trugen es pink und selbst gestrickt auf dem Kopf. Damit gelang eine Schamumkehr. Aus dem verborgenen und durch ungebetene Berührung verletzten ‚Geschlechtsteil', das der Geschädigten aufnötigte, sich zu schämen, war ein Fanal der Beschämung des Übergriffigen geworden. Der Aufstand von *#MeToo* hätte ohne Donald Trumps Liste der Beschuldigungen wegen sexuell ungebührlichem Verhalten und seinem ‚Pussy'-Satz nicht die gleiche Kraft entfalten können.

Man könnte auch sagen: Der inzwischen öffentlich gewordene handgreifliche Sexismus in der US-amerikanischen Politik hat den Feminismus belebt (Misiak 2018). Letzten Endes ging es um die Logik: ‚Wenn so einer Präsident werden und damit etabliert werden kann, dass ein solches Verhalten ‚normal' ist, dann sollten wir uns umschauen, wie viele ‚normale' Belästiger wir in unserem Umfeld ähnlich ungeschoren davonkommen lassen und dies beenden.' Damit wurde die Konfliktzone in einen Zweifrontenkrieg ausgeweitet. Es wurde danach gesucht, was *immer noch* ungeahndet für selbstverständlich gehalten wurde, aber auch eine Sensibilität dafür entwickelt, dass sexuelle Aggression, insbesondere gegenüber sog. ‚emanzipierten' Frauen, zu einer neuen Waffe eines ‚aggrieved entitlement' geschmiedet wurde. Michael Kimmel schrieb ein solches Sentiment der neuen sozialen Formation von *angry white men* zu, die den Kern von Trumps *base* bilden.

---

[4]Die Angaben über statistische Häufigkeit von Falschbeschuldigungen variieren je nach politischem Hintergrund der Erhebenden, pendeln sich aber bei ca. 5 % ein (Phillips 2016: 147).

Während die oben beschriebene Umdeutung von sexualisierter Gewalt auf dem Campus eher eine sexuelle Konterrevolution von oben anspricht, die einen über Frauenkörper führenden Weg ins Klassen-Privileg geschützt wissen will, findet sich ein Äquivalent des ‚aggrieved entitlement' auch in der Mittelklasse und darunter. Insbesondere in der sog. ‚Manosphere', die nach *The Guardian*-Kolumnistin Eva Wiseman aus „a mix of men – pick-up artists, male victims of abuse, father's rights proponents – who come together online" (Wiseman 2014) besteht, hat man zu einer Art von Krieg gegen Feministinnen aufgerufen, da sie angeblich Frauen ermutigen, sich sexuell zu verweigern und damit einige Männer um ihr verbrieftes Recht auf kostenlose sexuelle Aktivität bringen. Ein „Aufstand der Beta-Männchen" (Strick/Dietze 2017) hat sich in Einzelfällen in das allgemeine amerikanische Genre der Massenerschießungen durch weiße Männer eingeklinkt. 2009 drang der dreiundvierzigjährige Mark Sordini mit einer Pump-Gun bewaffnet in eine Aerobic-Klasse ein und erschoss fünf junge Frauen und verletzte zwölf weitere, bevor er sich selbst richtete. In seinem Rucksack hinterließ er eine Botschaft, in der unter anderem stand: „A man needs a woman for confidence. He gets a boost on the job, career, with other men […]. He knows inside he has someone special to spend the night with" (Kimmel 2017: 170).[5]

„Having a body is a preexisting condition", stand beim *Women's March* in New York am 21. Januar 2017 auf einem Poster. Neben der Anspielung auf die Kämpfe um Obamas Gesundheitsreform, im Zuge derer die Möglichkeit abgeschafft wurde, dass Krankenkassen die Annahme von Kunden verweigern konnten, wenn bei diesen bereits eine chronische Krankheit diagnostiziert worden war (‚pre-existing condition'), weist das Plakat auf die krude Tatsache hin, dass Frauen in Frauenkörpern leben. Letzteres kann immer wieder dazu führen, dass diese von Männern betatscht, belästigt und vergewaltigt werden, und – das ist mit der Anspielung auf die Hilfe verweigernden Krankenkassen gemeint – dass es keinen institutionellen Schutz gegen sexualisierte Gewalt gibt. Im Gegenteil, männlich dominierte Wirtschaftsunternehmen und Staatsbürokratien verleugnen in Geschlechtskomplizenschaft angezeigte Übergriffe, verdecken sie und/oder halten sie mit Knebelverträgen aus der Öffentlichkeit heraus.

Vor der Debatte um #MeToo hatte das damit zu tun, dass Anklagen wegen sexueller Belästigung gewöhnlich mit einer außergerichtlichen Einigung (‚settlement') endeten. Den Frauen wurde es damit erspart, sich zu exponieren, den Unsicherheiten eines Jury-Urteils ausgesetzt zu werden und möglicherweise den Prozess zu verlieren. Darüber hinaus garantierte eine außergerichtliche Einigung den Erhalt einer Entschädigungssumme. Als Harvey Weinsteins Übergriffe publik wurden, wurde aufgedeckt, dass er innerhalb dreier Jahrzehnte bereits

---

[5] Schon 1991 hatte Marc Lépine in Kanada, nachdem er an einer Universität nicht angenommen worden war und dies als einen Effekt von ‚affirmative action' aufgefasst hatte, einen Hörsaal gestürmt, dort Männer von Frauen getrennt und vierzehn Studentinnen erschossen und zehn weitere verwundet. Dabei soll er geschrien haben: „You are all feminists, I hate feminists" (Kimmel 2017: 171).

acht solcher außergerichtlichen Einigungen getroffen hatte. Diese Tatsache sowie seine ungebrochene Neigung zu Belästigungen dieser Art waren seinem Vorstand bekannt und wurden von diesem gebilligt, solange Weinstein bei jeder außergerichtlichen Einigung 250.000 US\$ für den Erstfall nach Vertragsabschluss und 500.000 US\$ für den Wiederholungsfall und dann exponentiell wachsend zusätzliche Summen für jede weitere Klage an die Firma zahlte.[6]

Nun besteht der Clou der außergerichtlichen Einigungen in den Zusatzvereinbarungen, die dem Angeklagten das Schweigen der Abgefundenen garantieren (,affidavits of non-disclosure'). Die Auszahlung der Entschädigungssumme für sexuelle Nötigung oder Belästigung ist mit der Unterzeichnung einer eidesstattlichen Erklärung verbunden, die wiederum an die Aussetzung einer hohen Strafgebühr gekoppelt ist, falls die Schweigepflicht gebrochen werden sollte. Harvey Weinstein hatte den ersten Opfern seines Fehlverhaltens, die trotzdem gesprochen hatten, Klagen angedroht und konnte nur durch seinen Rechtsberater von einem erneuten *publicity*-Desaster abgebracht werden. Das heißt, selbst wenn sich eine Frau entschließen konnte, ihren Belästiger anzuzeigen, war das fast immer gleichzeitig mit einer *Omertà* verbunden. Deshalb hat die Öffentlichkeit, obwohl die sexuellen Belästigungen systematisch waren und über Jahrzehnte anhielten, bis zum Start der *#MeToo*-Kampagne nichts davon erfahren. Als durch Indiskretionen immer mehr prominente Fälle ans Licht kamen, haben fast nie die betroffenen Frauen selbst gesprochen, weil sie Vertrauensbruch-Klagen befürchten mussten, sondern die Tatbestände wurden stattdessen mit anonymen Quellen belegt.[7]

Ob *#MeToo* nun ein nachhaltiger Erfolg war oder nicht, muss sich noch herausstellen. Zwei Fälle lassen zumindest Zweifel aufkommen. Ähnlich wie in dem Fall der *Fraternity*-Vergewaltigung an der University of Virginia werden die Stimmen lauter, die die Ankläger*innen zu diskriminieren suchen. Eine der Protagonistinnen von *#MeToo,* Asia Argento, wurde von dem jugendlichen Schauspielerkollegen Jimmy Bennett beschuldigt, ihn, als er 17 Jahre alt war, zu sexuellen Handlungen genötigt zu haben. Er gab an, dadurch traumatisiert worden zu sein (Heil 2018). Der New Yorker Staatsanwalt Eric Schneiderman, der die ersten Anklagen gegen Harvey Weinstein erhoben hatte und als Kämpfer gegen *Sexual Harassment* politische Sympathien erworben hatte, musste nach Belästigungsbeschuldigungen vier früherer Mitarbeiterinnen zurücktreten (Meyer/Farrow 2018). Die öffentliche Diskussion darüber, ob *#MeToo* nicht über das Ziel hinausgeschossen und von unglaubwürdigen Protagonist*innen

---

[6]Noch bizarrer verhält es sich bei dem Fall Bill O'Reilly. Er hatte bereits 13 Mio. US\$ für zehn außergerichtliche Einigungen entrichtet als öffentlich wurde, dass sein Arbeitgeber Fox News und dahinter der britische Medienmogul Rupert Murdoch mit ihm einen vierjährigen Arbeitsvertrag über 100 Mio. US\$ abgeschlossen hatten, obwohl diesen kurz zuvor bekannt geworden war, dass O'Reilly 31 Mio. US\$ (in Worten *einunddreißig Millionen*) an die Juristin Lis Wiehl hatte zahlen müssen. Es geht also nicht nur darum, dass Verfehlungen stattfanden, sondern auch und besonders darum, dass sie systematisch gedeckt und damit gebilligt wurden (Anonym 2017).

[7]Die letzten beiden folgenden Absätze sind zu Teilen aus meinem Blog „,You Owe Me Big': Sexual Harrassment – Gefallen und Gefälligkeiten" entliehen (Dietze 2017).

vorangetrieben worden sei, gewann an Boden und es ist von einem „*#MeToo*-Backlash" die Rede (Anonym 2018). Von vielen abgewickelten Managern ist bekannt, dass sie von ihren Firmen Millionensummen an Kompensationen erhalten, weil diese befürchten, von ihnen verklagt zu werden, weil sie einer Falschbeschuldigung Glauben geschenkt und dadurch die Angeklagten um große finanzielle Gewinne gebracht hätten.

Aber auch der feministische Bürgerkrieg ruht nicht. Die männerfreundlicheren Regularien von Betsy DeVos sind noch nicht rechtskräftig. Trotzdem hatte die Harvard Universität nach ihrer Verkündigung vorsorglich die Befragung eines Studenten abgebrochen, der beschuldigt worden war, in einer anderen Stadt und damit außerhalb der Universität eine Frau vergewaltigt zu haben. Ein Strafprozess fand nicht statt, da der Student behauptet hatte, es hätte sich um einvernehmlichen Sex gehandelt. Die Anklägerin hatte daraufhin einen Zivilprozess angestrengt, der noch nicht entschieden ist. Die *Faculty of Arts and Sciences,* die sich selbst strengere Regeln zur Verfolgung von sexueller Gewalt auferlegt hatte, bestand dagegen erfolgreich auf der Wiederaufnahme der Befragung. Zweifellos sollte hier ein Exempel statuiert werden, dass man mit der Trump/DeVos-Aufweichung der Sicherheitsstandards gegen sexuelle Belästigung nicht einverstanden war. Daraufhin verklagte der Beschuldigte die Universität, um festhalten zu lassen, dass eine Untersuchung etwaiger sexueller Verfehlung außerhalb des Campus nicht rechtens sei. Harvard selbst ist gespalten. Die Rechtsprofessorin Janet Halley gibt zu Protokoll:

> „I think that the Obama administration so egregiously overdid it. We started out with a bad situation of underenforcement. The Obama administration corrected that by moving in the direction of overenforcement, overly broad definitions, and lack of fundamental fairness in the process" (Ebbert 2018).

Die Universität dagegen verteidigt die Wiederaufnahme ihrer alten Politik mit den Worten:

> „Harvard's top priority remains ensuring the safety and well-being of every member of our community, supported through thoughtful and fair policies and procedures. Essential to this is ensuring that all members of our community are both encouraged to report and feel comfortable in reporting incidents of sexual and gender-based harassment, including sexual assault" (ebd.).

‚Feminazis' und ‚the base'

Donald Trump sitzt im ‚Herzen der Finsternis' oder man kann auch sagen, „er ist das Herz der Finsternis". In ihm sind zwei Aspekte verkörpert: die Unterstützung eines giftigen Anti-Feminismus in der Trump-*base* und die Re-Installation eines weißen sexuellen Klassenprivilegs, das z. B. in Campus-Vergewaltigungen seinen Ausdruck findet, deren angebliche Lässlichkeit in den Kavanaugh-Hearings eindrücklich manifestiert wurden. Als Mitglied der *Upper-Class* – mehr als Tycoon,

Popular Culture-Ikone und Präsident zu werden, geht eigentlich nicht[8] – führt Trump den Kampf um die ungehinderte Fortsetzung von *male bonding* über die Zeugenschaft gemeinschaftlicher Benutzung von Frauen als Initiationsritus ins weiß-männliche Klassenprivileg. Das zeigt auch die entmutigende Unbestrafbarkeit seiner eigenen Eskapaden. Zuletzt ist es ihm gelungen, Prozesskosten von fast 300.000 US$ von der Pornodarstellerin Stormy Daniels einzuklagen, obwohl er ihr über seinen Anwalt Cohen, der dafür nun eine Gefängnisstrafe zu verbüßen hat, nachweislich Schweigegeld dafür bezahlt hatte, dass sie sich nicht mehr als seine ehemalige Geliebte bezeichne.

Der Schutz von *Sugar Daddy*-Allüren eines alten weißen Mannes ist jedoch nicht das Hauptanliegen der Trump-*base,* den *angry white men* aus dem ruralen *heartland,* das ihn zum Wahlsieg getragen hat. Hierfür brauchte er eine andere *bonding*-Strategie und in gewisser Weise auch eine andere sexuelle Konterrevolution. Diese hat er im aggressiven Anti-Feminismus der Beta-Männchen-Kultur gefunden und auf Hillary Clinton und ihr angeblich kriminelles Gebaren in der E-Mail-Affäre ausgerichtet. Noch in den Wahlauftritten zu den *Midterm*-Wahlen 2018, bei denen Hillary Clinton gar nicht kandidiert hatte, stimmte er mit seinen Fans rituelle und hasserfüllte Sprechchöre „Lock her up" an. Clinton und mit ihr auch andere Karrierefrauen werden als das hässliche Gesicht des Feminismus dargestellt, die Heim und Herd vernachlässigen, um nach oben zu kommen. Sie sind es in den Augen der Trump-Unterstützer*innen, die die männliche Potenz öffentlich wirksam bedrohen. Dieses Klischee fand schon im Vorwahlkampf um die Nominierung von Obama seinen Ausdruck in einem Hillary Clinton-Plastik-Nussknacker, dessen Beine zum Knacken von Nüssen (‚ball-breaking') eingesetzt wurden (Dietze 2012: 92).

Interessanterweise ist Trumps Antifeminismus auch im weiblichen Teil seiner *base* sehr beliebt. Schon in der *Tea Party*-Bewegung, dem Treibhaus für Trumps späteren Erfolg, hatte es sich eingebürgert, Feministinnen als ‚Feminazis' zu bezeichnen. Den Begriff hat der rechtspopulistische Radiomoderator und Trump-Verehrer Rush Limbaugh geprägt, um den feministischen Kampf um die Beibehaltung der legalen Abtreibung zu diskreditieren: „I prefer to call the most obnoxious feminists what they really are: feminazis. […] I often use it to describe women who are obsessed with perpetuating a modern-day holocaust: abortion" (Limbaugh 1992: 194). Arlie Hochschild traf in ihrer Studie über die Trump-Unterstützer*innen mit dem Titel *Strangers in Their Own Land* auf eine Interviewpartnerin, die ihr anvertraute, dass sie Rush Limbaugh lieben würde. Auf die Frage, warum die sehr freundliche und verbindliche Südstaatlerin einen solch kontroversen und hasspredigenden Radiomoderater verehre, antwortete sie, dass sie sich durch ihn vor den ‚Feminazis' beschützt fühle: „You know, feminist

---

[8] Ein Accessoire US-amerikanischen Privilegs fehlt ihm jedoch: Mitglied der Ostküsten-*Gentry* zu sein. Seine Abstammung geht nicht auf die *Mayflower* zurück, und er repräsentiert auch kein ‚altes Geld', denn er ist erst der zweite, der das vom Vater zusammengeraffte Familienvermögen genießen kann.

women, who want to be equal to men [...]. Liberals think that bible believing Southerners are ignorant, backward, rednecks, losers. They think that we are racist, sexist, homophobic, and maybe fat" (Hochschild 2016: 23).

Hier haben wir es mit einer anderen Front der sexuellen Konterrevolution zu tun: mit Bevölkerungsteilen, die mit der sexuellen Revolution eine Bedrohung des Zusammenhalts ihrer Familien verbinden. Als meist gläubige Christen sehen sie plötzlich wieder Chancen, den nie aufgegebenen Kulturkrieg gegen die Legalisierung der Abtreibung endlich doch noch gewinnen zu können. Die große Zustimmung für Brett Kavanaugh als möglichen Verfassungsrichter war in diesen Kreisen von der Hoffnung getragen, dass seine Stimme endlich eine Rücknahme der verhassten „Roe vs. Wade"-Entscheidung von 1973 bedeuten könnte.[9] In dieser Perspektive wurde die anklagende Psychologieprofessorin Blasey Ford als eine ‚Feminazi' gesehen, der es nur um die straffreie Beseitigung der Früchte, sprich Babys, liberaler Lebensführung gehe. Auf diese Weise wird in einer verqueren Logik ein Präsident, der nachweislich Frauen mindestens sexuell belästigt hat, entlastet, und eine hochwahrscheinlich nicht sex-positive, vielleicht feministische, Professorin der Lüge und möglicher sexueller Ausschweifung verdächtigt, die konsensuellen Sex im Nachhinein als Vergewaltigungsversuch deklariert.

Coda

Der weiße Elefant oder der eigentliche Kern der Auseinandersetzung ist die Abtreibungsfrage, oder sagen wir es zugespitzter, das Bemühen der historisch absehbar zur Minderheit werdenden weißen Bevölkerung, ausreichend Nachwuchs zu produzieren, damit sie nicht ‚outnumbered' wird. Hier treffen sich der neue offene Sexismus, der alte Rassismus und seine Phantasmen vom ‚race-suicide'.[10] Weiße Frauen sollen zur Reproduktion angehalten werden und wenn beispielsweise diejenigen mit College-Ausbildung das nicht freiwillig tun und ‚Feminazis' werden, dann sollen Gesetze sie daran hindern, von etwas Gebrauch zu machen, was man in angloamerikanischen Ländern ‚reproductive freedom' nennt. In dieser Frage kooperiert die christlich argumentierende Trump-*base* mit der *Diversity*-feindlichen weißen republikanischen Elite.

Die Normalisierung und Banalisierung von *Sexual Harassment*, wie beim Kavanaugh-*Hearing* zu beobachten, ist insofern auch als Disziplinierungsinstrument zu verstehen. Männliche weiße Studenten der Universität von Sydney

---

[9] 1973 hatte der Oberste Gerichtshof der USA in einer umstrittenen Grundsatzentscheidung den Schwangerschaftsabbruch unter das Recht der Privatsphäre gestellt.

[10] Zur Jahrhundertwende um 1900 hatte sich US-Präsident Theodore Roosevelt den Begriff ‚race-suicide' zu eigen gemacht, um, gesetzt den Fall, dass weiße Frauen Verhütungsmittel einsetzen würden, ein potentielles Aussterben oder in Minderheit Geraten der weißen Rasse zu beklagen (Roosevelt 1907).

jedenfalls haben das so verstanden, als sie zur Feier anlässlich von Kavanaughs Wahlsieg laut „Grab them by the pussy" singend über den Campus zogen (Regehr/Ringrose 2018: 357). *#MeToo* ist ein Teil des feministischen Bürgerkriegs, der auf die ‚Pussy-hats' des *Women's March* folgte. Feministinnen sehen einen „fascinating cultural moment whereby both Feminism and misogyny are increasingly visible" (Keller u. a. 2018: 4). Populärer *#MeToo*-Feminismus und populistische Misogynie halten sich kräftemäßig knapp in der Waage. Solange der ‚Pussy-Präsident' regiert und Verfassungsrichter, die der *base* in der Abtreibungsfrage gefallen, benennen kann, könnte das momentane Gleichgewicht kippen. Jagt eine glückliche Konstellation ihn aus dem Amt, muss neu verhandelt werden. Eine erfolgreiche Anklage wegen nachweisbarem *Sexual Harassment* könnte der Hebel sein.

Literatur

Anonym: Trumps Anwalt relativiert Vergewaltigung in der Ehe. In: *Die Zeit* (29.07.2015), https://www.zeit.de/politik/ausland/2015-07/usa-trump-anwalt-vergewaltigung-vorwuerfe (13.11.2018).

Anonym: Harvey Weinstein. Contract with TWC allowed for sexual harassment. In: *TMZ* (12.10.2017), https://www.tmz.com/2017/10/12/weinstein-contract-the-weinstein-company-sexual-harassment-firing-illegal/ (16.12.2018).

Anonym: Measuring the #MeToo Backlash. In: *The Economist* (20.10.2018), https://www.economist.com/united-states/2018/10/20/measuring-the-metoo-backlash (03.12.2018).

Bader, Michael: PorNO! Radikalfeministische Positionen gegen Pornographie. In: Anja Schmidt (Hg.): *Pornographie: Im Blickwinkel der feministischen Bewegungen, der Porn Studies, der Medienforschung und des Rechts*. Baden-Baden 2016: 11–34.

Bourdieu, Pierre: Die männliche Herrschaft. In: Irene Dölling/Beate Krais (Hg.): *Ein alltägliches Spiel. Geschlechterkonstruktion in der sozialen Praxis*. Frankfurt a. M. 1997: 153–218.

Brannon, Robert: Donald Trump and the sex industry. In: *Dignity: A Journal on Sexual Exploitation and Violence* 1/1 (2016): 1–9.

Bullock, Penn: Transcript: Donald Trump's taped comments about women. In: *New York Times* (08.10.2016), https://www.nytimes.com/2016/10/08/us/donald-trump-tape-transcript.html (18.11.2018).

Dietze, Gabriele: Barack Obama's ‚identity performance' and the intersection of race and gender during the nomination battle against Hillary Clinton. In: Birte Christ/Greta Olson (Hg.): *Obama and the Paradigm Shift-Measuring Change*. Tübingen 2012: 83–103.

Dietze, Gabriele: ‚You owe me big': Sexual harassment. Gefallen und Gefälligkeiten. In: *Zeitschrift für Medienwissenschaft-Blog* (27.10.2017), https://www.zfmedienwissenschaft.de/online/blog/you-owe-me-big-sexuelle-bel%C3%A4stigung-gefallen-und-gef%C3%A4lligkeiten (20.11.2018).

Dietze, Gabriele: Così fan tutte: Ermannungssysteme im US-Senatshearing zu Kavanaugh. In: *Zeitschrift für Medienwissenschaft-Blog* (10.10.2018), https://www.zfmedienwissenschaft.de/online/blog/cosi-fan-tutte (01.11.2018).

Dworkin, Andrea: *Pornography: Men Possessing Women*. New York 1981.

Ebbert, Stefanie: Harvard student accused of rape far from campus sues university for investigating it. In: *The Boston Globe* (08.12.2018), https://www.bostonglobe.com/metro/2018/12/08/should-harvard-investigate-alleged-rape-that-happened-nowhere-near-campus/3mlPW6GxXyljpgW2OU0q4K/story.html?camp=breakingnews:newsletter (14.12.2018).

Erdely, Sabrina Rubin: Rape on campus. A brutal assault and struggle for justice at the UVA. In: *Genius* (2014), https://genius.com/Sabrina-rubin-erdely-a-rape-on-campus-a-brutal-assault-and-struggle-for-justice-at-uva-annotated (02.11.2018).

Grave, Lucia/Morris, Sam: The Trump allegations. In: *The Guardian* (29.11.2017), https://www.theguardian.com/us-news/ng-interactive/2017/nov/30/donald-trump-sexual-misconduct-allegations-full-list (14.11.2018).

Green, Erica L.: The new sexual misconduct bolster rights of accused and protext colleges. In: *The New York Times* (29.08.2018), https://www.nytimes.com/2018/08/29/us/politics/devos-campus-sexual-assault.html (04.11.2018).

Haag, Matthew/Ruis Rebecca: Mark Judge says, he'll talk to the FBI. Here is, what we know about him. In: *The New York Times* (27.10.2018), https://www.nytimes.com/2018/09/27/us/mark-judge-kavanaugh-hearings.html (28.04.2019).

Heil, Christiane: Die außergewöhnliche Doppelzüngigkeit. In: *Frankfurter Allgemeine Zeitung* (25.08.2018), https://www.faz.net/aktuell/gesellschaft/menschen/asia-argento-und-metoo-15755278-p2.html (13.12.2018).

Hochschild, Arlie Russell: *Strangers in Their Own Land: Anger and Mourning on the American Right*. New York 2016.

Keller, Jessalynn/Mendes, Kaitlynn/Ringrose, Jessica: Speaking ‚unspeakable things‘: Documenting digital feminist responses to rape culture. In: *Journal of Gender Studies* 27/1 (2018): 22–36.

Kimmel, Michael: *Angry White Men: American Masculinity at the End of an Era*. London 2017.

Kingkade, Tyler: Dartmouth student says she was sexually assaulted after website ‚rape guide‘ named her. In: *The Huffington Post* (27.02.2014), https://www.huffingtonpost.com/2014/02/27/rape-guide-dartmouth_n_4869092.html (04.11.2018).

Limbaugh, Rush H.: *The Way Things Ought to Be*. New York 1992.

Lombardi, Kristen/Jones, Kristin: *Sexual Assault on Campus: A Frustrating Search for Justice*. Washington, DC 2009.

Loofbourow, Lilly: Brett Kavanaugh and the cruelty of male bonding. When being one of the guys comes at women's expense. In: *Slate* (25.09.2018), https://slate.com/news-and-politics/2018/09/brett-kavanaugh-allegations-yearbook-male-bonding.html (14.12.2018).

MacKinnon, Catharine: *Toward a Feminist Theory of the State*. Cambridge, Mass. 1989.

Meyer, Jane/Farrow, Roman: Four women accuse New York's attorney general of sexual abuse. In: The New Yorker (07.05.2018), https://www.newyorker.com/news/news-desk/four-women-accuse-new-yorks-attorney-general-of-physical-abuse (12.12.2018).

Misiak, Anna: The Lessons We have learnt: How sexism in American politics sparked off the new feminist renaissance. In: *Feminism & Visual Culture* 1/1 (2018).

Nazarova, Ekaterna: PorYes! Strömungen der sexpositiven Frauenbewegung. In: Anja Schmidt (Hg.): *Pornographie: Im Blickwinkel der feministischen Bewegungen, der Porn Studies, der Medienforschung und des Rechts*. Baden-Baden 2016: 35–59.

Obama, Barack: Weekly adress: Take action to end sexual assault (25.01.2014). In: https://obamawhitehouse.archives.gov/the-press-office/2014/01/25/weekly-address-taking-action-end-sexual-assault (01.11.2018).

Penny, Laurie: *Meat Market: Female Flesh under Capitalism*. London 2011.

Penny, Laurie: *Unspeakable Things: Sex, Lies and Revolution*. New York 2014.

Phillips, Nickie D.: *Beyond Blurred Lines: Rape Culture in Popular Media*. Lanham 2016.

Regehr, Kaitlyn/Ringrose, Jessica: Celebrity victims and wimpy snowflakes: Using personal narratives to challenge digitally mediated rape culture. In: Jacqueline Vickerey/Tracy Everbach (Hg.): *Mediating Misogyny*. New York 2018: 353–369.

Roosevelt, Theodore: A letter from President Roosevelt on race suicide. In: *American Monthly Review of Reviews* 35/5 (1907): 550–51.

Rosen, Judith: *The World Split Open. How the Modern Women's Movement Changed America*. New York 2000.

Rubin, Gayle: The traffic in women. Notes on the ‚politial economy' of sex. In: Rayna R. Reiter (Hg.): *Toward an Anthropology of Women*. New York 1975: 157–210.

Rubin, Gayle: Misguided, dangerous, and wrong: An analysis of antipornography politics. In: Alison Assiter/Carol Avedon (Hg.): *Bad Birls and Dirty Pictures: The Challenge to Reclaim Feminism*. London 1993: 18–40.

Seeßlen, Georg: *Trump. POPulismus als Politik*. Frankfurt a. M. 2017.

Strick, Simon/Dietze, Gabriele: Der Aufstand der Beta-Männchen. In: *Zeitschrift für Medienwissenschaft* (18.12.2017), https://www.zfmedienwissenschaft.de/online/blog/der-aufstand-der-betam%C3%A4nnchen (20.11.2018).

Walasek, Dobromilla: Du kennst mich nicht, aber Du warst in mir drin. In: *Zeit Online* (07.06.2016), https://blog.zeit.de/teilchen/2016/06/07/brock-turner-vergewaltigung-stanford-20-minuten/ (16.12.2018).

Wiseman, Eva: The everyday fear of violence every woman has to cope with. In: *The Guardian* (01.06.2014), https://www.theguardian.com/lifeandstyle/2014/jun/01/mens-rights-internet-forums-distance-from-misogynist-mass-murder (20.11.2018).

Keine Disruption außer der eigenen: Donald Trump vs. *Black Activism*

Elisabeth Schäfer-Wünsche

Gegen Ende von Präsident Barack Obamas erster Amtszeit hielt ich einen Vortrag an der Universität Bonn zum Thema „What is an American?", eine Referenz auf J. Hector St. John de Crèvecoeurs kanonische, teils utopische Beschreibung einer neu entstandenen „race now called Americans" in den britischen Kolonien Nordamerikas (Crèvecoeur 2019: 1015). „Americans", so Crèvecoeurs ebenso zelebrierende wie exkludierende Erklärung, sind eine Mixtur, entstanden durch Einwanderung aus Europa (ebd.). Der Vortrag endete mit einem kurzen Exkurs über *birtherism,* über Delegitimierungsstrategien, die Obama als nicht in den USA geboren – als Geburtsland galt Kenia – und damit als unrechtmäßigen Präsidenten zu entlarven vorgaben. Donald Trump, zu der Zeit einem deutschen Publikum altersabhängig eher als ehemaliger Playboy, als Immobilien-Mogul oder als Reality TV-Star bekannt, gehörte, so betonte ich, zu den prominentesten Verfechtern dieser Behauptung. Es ist mir damals nicht gelungen, die Anwesenden von der politischen Brisanz und der Resilienz des *birtherism* zu überzeugen. Die Argumentation erschien zu absurd, zu offensichtlich verschwörungstheoretisch, um ernst genommen zu werden. Anders – Trump konzedierte erst 2016, zumindest vorübergehend, dass Obama doch in den USA geboren sei – die Einschätzung durch US-amerikanische Medien (vgl. Krieg 2016; Serwer 2020; Megerian 2016) oder Autoren wie Ta-Nehisi Coates und Tim Wise. In seinem Essay „The First White President" betont Coates, dass lediglich Trumps Weiß-sein ihn für die Präsidentschaft qualifizierte, und dass er seine politische Karriere mit der Unterstützung der *birther*-Bewegung begann (Coates 2017). „Birtherism", so Coates, ist jenes „modern recasting of the old American precept that black people are not fit to be citizens of the country they built" (ebd.). Es ging den *birthers* mit anderen

E. Schäfer-Wünsche (✉)
Düsseldorf, Deutschland
E-Mail: esw@culturetrans.de

L. Koch et al. (Hrsg.), *The Great Disruptor,*
https://doi.org/10.1007/978-3-662-66308-0_6

Worten in ihrem politischen Projekt um das grundsätzlich Nicht-amerikanisch-sein-können, um das existentielle, disqualifizierende Anderssein nicht-weißer/schwarzer Amerikaner*innen im eigenen Land.[1] Im Fall von Trump, so Coates weiter, erschien das schiere Faktum eines schwarzen Präsidenten als geradezu persönliche Beleidigung (ebd.).[2] Die proklamierte Fremdheit qua *race*[3] war zudem eingebettet in und wurde intensiviert durch die bereits seit Beginn von Obamas politischer Karriere vor allem in der republikanischen Wähler*innenschaft zirkulierende Behauptung, er sei in Wirklichkeit Muslim wie sein Vater. Damit erschien er konservativen weißen Wähler*innengruppen – die Anschläge vom 11. September 2001 bestimmten die Semantik des Begriffs ‚Muslim'– als geheimer oder zumindest potentieller Terrorist (vgl. Moody/Holmes 2015; Serwer 2020; Turner 2018).

Es war Trumps *celebrity*-Status, der über Jahre half, diesen Erzählungen Aufmerksamkeit zu verschaffen, in Print- und Online-Medien, in Nachrichtensendern und in zahllosen „late night-" und „comedy shows". Selbst wenn *birtherism* häufig zum Ziel von Witzen und Satire wurde, erhöhte das Medienecho, dessen Zyklen Trump zu bedienen wusste, seine politische Visibilität. Patricia Turner zieht den *celebrity*-Faktor nicht in Betracht, wenn sie über *birtherism* konstatiert: „Oddly enough, the story came to be about Trump" (Turner 2018: 424). Das Okkupieren von kursierenden Erzählungen, das strategische Nutzen der hiermit verbundenen medialen Aufmerksamkeit, gepaart mit einer vagen Rhetorik, die widerständiges Wissen oder scheinbare Offenheit suggeriert – „I heard," „I was told," „some people say," „I received credible information," „Who knows?" – führten dann zum legendären „roasting" während des White House Correspondents' Dinner in 2011. Wenn Trump hier nicht als zentraler Performer, als Macher, agieren durfte, sondern in der Position des aufgerufenen, zugleich zur Passivität verdammten Zuschauers gefangen war, so insistierten er und sein Team immer wieder darauf, dass es ihm gelungen sei, Obama zum Veröffentlichen seiner *long form*-Geburtsurkunde zu zwingen. Die Erfahrung von Schwäche wurde in eine Erzählung der Stärke und des Erfolgs verkehrt, zeigte Trump einmal mehr in der Position des generischen Angreifers (vgl. Cilliza 2022)[4] und ließ sich geschmeidig in das Projekt des Trump-*branding* einbinden.

Trumps ebenso transgressive wie diffuse, mit ritueller Wiederholung, Variation, Widersprüchen und Unberechenbarkeit operierende Rhetorik ließ manche

---

[1] Vgl. hier auch die historische Aufarbeitung in Kopp (2016).

[2] Mit der Bezeichnung ‚schwarz' übernehme ich Coates' Terminologie qua wörtlicher Übersetzung. Im Folgenden betone ich mit meiner Verwendung englischsprachiger Begriffe wie *race, racial, racialized* deren spezifische Semantik im Kontext US-amerikanischer Geschichte. Auch ein Schlüsselwort wie *celebrity* werde ich übernehmen.

[3] In der komplexen *racial architecture* der USA gilt Obama als ‚schwarz' oder als *biracial*. In keinem Fall könnte er, unter Berufung auf seine weiße Mutter, sich selbst als ‚weiß' bezeichnen.

[4] Chris Cilliza betont Trumps notorischem Hang zum Prozessieren oder zum Androhen von Klagen (vgl. Cilliza 2022).

Kritiker*innen schlussfolgern, er sei letztlich keiner politischen Ideologie verpflichtet. Dem entgegnet Coates unmissverständlich: „[…] his ideology is white supremacy, in all its truculent and sanctimonious power" (Coates 2017). Sehr wohl ist sich Coates darüber im Klaren, dass er sich mit seinem *race* priorisierenden Argument in einer seit Jahren geführten Debatte ‚einseitig' positioniert. Die Diskussion um Wähler*innenverhalten aufgreifend betont er: „Trump's dominance among whites across class lines is of a piece with his larger dominance across nearly every white demographic" (ebd.). Zudem, so führt er an, waren es afroamerikanische communities, die vom Abbau industrieller Arbeitsplätze und von desaströsen Entwicklungen im Finanzsektor besonders hart getroffen wurden. Sie hätten dennoch weitestgehend nicht Trump gewählt.

Was die Situierung Trumps als *white supremacist* betrifft – Tim Wise gilt er als „white nationalist" (Wise 2020: 94–98) –, so mangelt es, jenseits von Trumps *birtherism,* nicht an vielfach analysierten Belegen für beide Adressierungen. Einige Beispiele dafür sind Trumps sexualisierte, rassistische Beschimpfungen von nicht-weißen Eingewanderten und der Länder, aus denen sie emigrieren, sein Versprechen, eine große, schöne Mauer zu bauen, die die USA vor noch mehr Einwanderung schützt, sein Versuch, Grenzen für muslimische Einreisende zu schließen, sowie seine Gleichsetzung diverser Gruppierungen der militanten Rechten mit Gegendemonstrant*innen in Charlottesville, Virginia, im Statement „you also had people that were fine people, on both sides" (vgl. Holan 2019).[5] Hinzu kommen die Trumps Präsidentschaft dominierende Obsession, Obamas politisches Vermächtnis auslöschen zu müssen und, bereits Jahrzehnte zuvor, die berüchtigte Intervention im Verfahren gegen die „Central Park Five", für die Trump auch 2019, also dreißig Jahre später, keine Worte der Entschuldigung fand.[6]

Das unter anderem mit ikonischen MAGA-Baseballkappen monetarisierte, Nostalgie bedienende Versprechen, nationale Größe und Stärke wiederherzustellen, heißt demnach, weiße Vorherrschaft zu reetablieren. Dieser Argumentation ist hinzuzufügen, dass es vor allem um weiße Heteropatriarchie geht, verbunden mit der ‚Erneuerung' des Status als industrielle wie militärische Supermacht. Angesichts der Frage, ob Trump aus fester Überzeugung *white supremacist/ white nationalist* ‚ist', ob sich also aus seinem Sprechen und Handeln eine politische Essenz ableiten lässt, oder ob er – situations- und stimmungsabhängig – zynisch-pragmatisch im eigenen Machtinteresse qua rassistischer Polemik

---

[5] Die „Unite the Right"-*rally* fand vom 11.–12. August 2017 statt. Trump reagierte erst am 13. August mit dem oben zitierten Statement.

[6] Trump hatte im Juni 1989 in mehreren New Yorker Zeitungen einen ganzseitigen Aufruf platziert, die Todesstrafe wieder nach New York State ‚zurückzubringen'. Qua hochvisiblen Appells und Dank seines *celebrity*-Status beeinflusste er so das Verfahren gegen fünf Jugendliche (Afroamerikaner und Latino), die fälschlicherweise angeklagt waren, Trisha Meili im Central Park vergewaltigt und schwer verletzt zu haben. Erst 2002 wurde das Urteil annulliert (vgl. Ransom 2019). Die Weigerung sich zu entschuldigen, ähnelte rhetorisch Trumps Kommentar zu Charlottesville. Ava DuVernays Netflix-Miniserie *When They See Us* (2019) widmet sich der Aufarbeitung des Justizirrtums.

Ängste, Sehnsüchte, konkrete Handlungen evoziert und bestätigt, plädiere ich
für ein schillerndes trumpsches Spektrum. In jedem Fall schließe ich mich Bob
Hankes Einschätzung an, dass – im Unterschied zu Ronald Reagan, der von einem
Präsident verlangte, nicht einfach Präsident zu ‚sein‘, sondern die Präsidentschaft als Rolle aufzuführen[7] – Trump „[w]ith the West Wing as his TV set"
zum „executive producer" seiner eigenen Präsidentschaft wurde (Hanke 2021).
Zweifelsohne verkaufte sich Trump vor und während seiner Präsidentschaft seinen
Fans nicht nur als CEO, der als Einziger das Unternehmen USA führen kann,
sondern er agierte als Produzent seiner eigenen Präsidentschaftsshow. In meiner
Thematisierung von *celebrity politics* als medienbasierter politischer Praxis werde
ich diese Perspektive noch einmal aufgreifen.

Es gibt weitere, mit *race* interagierende Positionierungen, die Trump
bekanntermaßen vorführt. Hierzu gehören die Affinität und emphatisch bezeugte
Zuneigung zu „strongmen",[8] zu autoritären Staatsoberhäuptern und Diktatoren
wie Recep Tayyib Erdogan, Wladimir Putin und Kim Jong-un, die, so Trumps
Lesart, ohne störende demokratische Prozeduren nach eigenem Gusto durch-
regieren können. Es artikuliert sich ein Phantasma maskuliner Stärke, das an die
heteropatriarchalen Mythen der wahren Größe eines weißen Amerikas andockt
und zugleich demokratische Traditionen strategisch erodiert.[9] Nicht nur verbal
ist Trump auch den Mitgliedern rechtslastiger Gruppierungen verbunden, die
sich selbst als „strong men" sehen, wie den *Proud Boys* und den *Oath Keepers*.[10]
Als (mehrfach insolventer) Unternehmer vertritt Trump zudem konservative
fiskalische und umweltpolitische Positionen,[11] die zwar die eigenen und die
Interessen seiner großen Geldgeber bedienen, den Bedürfnissen zumindest eines
Teils seiner *fanbase* jedoch grundlegend widersprechen, ein nach Trumps Wahlsieg immer wieder analysiertes Paradox.[12]

Ich werde im Folgenden meine Diskussion des Antagonismus/der *clashes*
von trumpschem Projekt und *Black activism* – im Sinne von öffentlichem afroamerikanischen Widerstand gegen systemischen Rassismus – im Schnittfeld von
celebrity politics, performativer Ästhetik/*style, race* und mediatisierter politischer

---

[7] Hanke beruft sich hier auf J. Meyrowitz (1985).

[8] Robert Draper, der ein Interview mit der ehemaligen Russland-Expertin des *United States
National Security Council*, Fiona Hill, führte, zitiert ein Statement aus Hills *Memoir,* in dem sie
betont, dass Trumps Entscheidungsabläufe im Verlauf seiner Präsidentschaft sehr wohl denen
von Putin mehr und mehr geähnelt hätten (Draper 2022).

[9] Hanke spricht von „fascisizing micropolitics" (Hanke 2021; vgl. auch Schleusener 2020).

[10] Vgl. Trumps eher opaken Aufruf während der ersten *presidential debate* am 29. September
2020: „Proud Boys, stand back and stand by", (vgl. Associated Press 2020). Zu den Effekten
seines Statements vgl. Frenkel/Karnie 2020.

[11] Vgl. auch Olga Bayshas Verweis auf einen „‚transparent‘ neoliberal discourse articulated via an
antagonistic relationship between the market and the state" (Baysha 2021: 2).

[12] Die Tragweite von Trumps Pakt mit der christlichen Rechten wurde erst langsam Teil der
öffentlichen Debatte.

Praxis verorten.[13] Dabei werde ich mich vor allem auf Trumps Amtszeit konzentrieren, die Jahre davor, wie auch seine jüngsten Aktivitäten, prägen jedoch meine Perspektive mit. Was *race* als Schlüsselkategorie betrifft, so situiere ich diese ebenfalls intersektional, oder, aus einer Ökologie-derivierten, prozessualeren Begrifflichkeit, als sich in ständigem Austausch befindend, mit *class*[14] und mit multiplen Formen von Gender und Sexualität. Weitere Faktoren, unter anderem Alter kommen hinzu.

Ich habe oben *Black activism* in einem politischen Umfeld von Widerstand positioniert. Zweifelsohne ist auch konservativer, meist ‚wertebasierter‘ und zugleich neoliberal positionierter *Black activism* präsenter Teil der US-amerikanischen politischen Landschaft und wird kurz angesprochen. Die sehr viel größere politische Dynamik entwickeln jedoch Bewegungen und netzwerkbasierte Organisationen, die strukturelle/systemische Veränderungen einfordern und zugleich Trumps große Feindbilder waren und möglicherweise bleiben. Ich schließe mich hier einer „ongoing conversation" an, wenn ich argumentiere, dass es während und selbst nach Trumps Amtszeit, im Einklang mit seinen autokratischen, *racialized* Visionen, vor allem *style* als multipler, ästhetisierter Aktionsmodus ist, durch den er sich als *disruptor* positioniert hat. Ebenfalls kein Geheimnis in der kritischen Literatur, möchte ich hier dennoch anmerken, dass das Etikett *disruptor* vor allem im US-amerikanischen Sprachduktus, angelehnt an Schumpeters Begriff der schöpferischen Zerstörung, durchaus positiv konnotiert sein kann, und Disruption, innerhalb einer gewissen Dimension als systemimmanente Strategie gilt.[15] Ob der Trump-Modus Grenzen der Systemimmanenz lediglich verschiebt oder mit hohen politischen Konsequenzen sprengt, wird sich erst in der Retrospektive zeigen.

Im Folgenden werde ich kurz den Begriff *celebrity* und die Relevanz von *celebrity politics* ansprechen, um dann Trumps Aufführung von *whiteness* zu thematisieren. Wie oben angekündigt, gehe ich hier vor allem auf *style* als Generator politischer Affekte ein, praktiziert über visuelle und rhetorische Performanz. Aus dieser Positionierung werde ich Trumps Zelebrieren der eigenen

---

[13] Mein Dank geht an Christian Klöckner für Inspiration und Kollaboration im Themenfeld *celebrity politics*. Mein Dank geht auch an Greta Olson, auf deren Essay zum Thema „affective politics" ich im Folgenden zurückgreife. Paul Spickard und Louis Chude-Sokei unterstützten mein Projekt mit wichtigen Hinweisen.

[14] Im Unterschied zum sich deskriptiv gebenden Begriff ‚Schicht‘ konnotiert *class* – wenn auch nicht im marxschen Sinne – Interessengegensätze und Konfliktpotential und wird daher im Folgenden verwendet. Ich übernehme auch den Begriff *style* aus dem Englischen, da er den Aspekt des Handelns, der Performanz, in seiner möglichen Verwendung als Verb, betont. Mein Einbringen ökologischer Kategorien wie Austausch und Adaption, gründet sich auf meine Zusammenarbeit mit Sabine Sielke. Aufgrund meiner Betonung von Prozessualität arbeite ich im Folgenden nicht mit dem Begriff *caste*, der unterdessen wieder in den Mittelpunkt von Analysen rückt.

[15] Elon Musk und Peter Thiel sind in diesem Kontext als Repräsentanten zu nennen.

politischen Verdienste für die afroamerikanische Community aufrufen und mich dann selektiv auf seine Auseinandersetzung mit schwarzem politischem Widerstand konzentrieren. Dabei fokussiert meine Diskussion, historisch kontextualisiert, die medial/global präsenteste Bewegung/Organisation: *Black Lives Matter (BLM)*. Es versteht sich, dass das demografische Spektrum, dessen Angehörige durch *race* und Rassismus besonders betroffen sind, hochgradig divers ist. Häufig findet sich daher auf Plakaten, in Statements und in Analysen die Verbindung „Black and Brown people" oder „Black and Brown lives", wobei *Brown* als informelle, offene Benennung (alle) diejenigen zur Selbstidentifikation einlädt, die als nicht-weiß gelten.[16] In einer immer wieder modifizierten Praxis der Namensgebung wird zudem *Black* manchmal in den ‚Oberbegriff' *People of Color (POC)* eingebunden, in anderen Fällen, unter anderem in dem Akronym *BIPOC (Black Indigenous People of Color)*, einzeln benannt.[17] Ich werde im Anschluss diese Diversität nicht rituell aufrufen, möchte jedoch betonen, dass die systemimmanente Entwertung von Körpern, von Leben, die *Black Lives Matter* anprangert, in ganz besonderer Weise auch für die indigene Bevölkerung der USA, für *Native Americans*, gilt.

Celebrity politics, *style* und Affekt

In seiner Diskussion unterschiedlicher Formen von *celebrity* und *celebrity politics* situiert John Street Trumps *celebrity*-Status als über Jahrzehnte konsolidiertes biografisches Projekt: „From his earliest days, he has sought and attracted the kind of media attention that guarantees attribution of the label ‚celebrity', and his occasional ventures into politics have derived from, or depended upon, the fame and notoriety he has acquired" (Street 2019). Trump ist damit kein Politiker, der zuvor *celebrity* war, wie Ronald Reagan oder, in austarierter Gleichzeitigkeit, Arnold Schwarzenegger, sondern Trumps gesamte politische Karriere affirmiert und reproduziert seinen bereits bestehenden *celebrity*-Status: als in glamouröser Selbstinszenierung angekündigter Bewerber, als nominierter republikanischer Kandidat, als Präsident und, nach dem 6. Januar 2021, als angeblich um seinen Wahlsieg betrogener Ex-Präsident, der eine erneute Kandidatur, die Produktion einer weiteren präsidialen Staffel, nicht ausschließt. Es erübrigt sich fast zu betonen, dass der präsidiale Status Trumps unternehmerischen Marktwert seinerseits enorm erhöht, ein wichtiger Teil des Kalküls.

Effekt medialer Repräsentation und zugleich mediales Genre (vgl. Klöckner/Schäfer-Wünsche 2016; Turner 2014), ist *celebrity* eine adaptive Kategorie, die als

---

[16] Der Status von *Asian Americans* bleibt hier – nicht zuletzt aufgrund der internen Diversität – letztlich offen und ist Thema kontroverser Debatten.

[17] Beide Akronyme, *POC* und *BIPOC*, sind, wie viele generische Bezeichnungen umstritten. In den von mir zitierten Texten sind sie wenig relevant. Das Gleiche gilt für die Geschlechterzuweisungen unterlaufende Bezeichnung *Latinx*.

Etikettierung Widersprüche zusammenbringt. Graeme Turners Erklärung hat nach wie vor Wiedererkennungswert: „[…] celebrities are extraordinary or they are ‚just like us'; they deserve their success or they ‚just got lucky'; they are objects of desire and emulation, or they are provocations for derision and contempt; they are genuine down-to-earth people or they are complete phonies" (Turner 2014: 9). Trump galt/gilt seinen Anhänger*innen als „extraordinary" aufgrund seines immer wieder betonten großen, aber verdienten Reichtums, seiner demonstrativ dynastischen Familienkonstellation, und seiner ‚mutigen' Transgressivität. All dies, so scheint es, macht ihn zu einer Person, deren Erfolg es nachzuahmen, zumindest zu bewundern, oder strategisch zu nutzen gilt. Zugleich gelang es Trump qua *style,* gelingt ihm möglicherweise nach wie vor, sich aus der Sicht seiner Fans als „(just) like us" zu präsentieren, ein Thema, das die nachfolgende Diskussion aufgreift.

Celebrity culture, so Karen Sternheimer, ist von hoher Relevanz für die nationale Erzählung der USA. Sternheimer bezeichnet *celebrities* als „unique manifestation of our sense of American social mobility; they provide the illusion that material wealth is possible for anyone […]. The fluctuating nature of clelebrity culture reflects and reveals the so-called American Dream itself" (Sternheimer 2011: xiii). Angesichts der Millionen seines Vaters fiel es Trump nicht ganz leicht, sich als „self-made billionaire" zu präsentieren, und er behauptete zunächst, lediglich eine Million Dollar von seinem Vater als Darlehen erhalten zu haben (vgl. Kessler 2016), aber er wusste stattdessen das „blue collar millionaire"-Image seines Vaters auch für sich selbst erfolgreich einzubringen.[18] Sternheimers Aussage ist jedoch – ein kurzer Exkurs – unbedingt applikabel, was den Status von Barack und Michelle Obama betrifft, in deren Schatten Donald und Melania Trump agieren mussten. Der Aufstieg beider Obamas zu *super celebrities* implizierte dabei zunächst einen Bildungsaufstieg, wobei Barack Obamas politische Karriere nicht zuletzt gefördert wurde durch sein erstes *Memoir, Dreams from my Father* (1995), das ihm nationale Aufmerksamkeit einbrachte. Acht Jahre im Weißen Haus ließen dann das Ehepaar Obama zu Ikonen einer Medienökonomie werden, ein Status, der nach Ende von Barack Obamas Amtszeit auch den Aufstieg in die finanzielle Oberschicht mit sich brachte. *Celebrity* ist hier nicht, wie bei Reagan, Schwarzenegger oder Trump, der Beginn einer politischen Karriere, sondern Effekt eines politischen Aufstiegs, verknüpft mit medienwirksamer Affinität zur Populärkultur.[19]

---

[18] Die Erzählung vom „blue collar millionaire" ist etablierter Teil der US-Medienlandschaft, vgl. hier die CNBC Dokuserie „Blue Collar Millionaires" (CNBC 2015) sowie die Podcasts von Toppodcast (2020) und Buzzsprout (2020).

[19] John Street diskutiert in den beiden Publikationen, auf die ich hier zurückgreife, Varianten von *celebrity politics* und verweist auf unterschiedliche ‚Typen' von *celebrity politicians.* Möglicherweise wird sich auch in Europa der Aufstieg (männlicher) *celebrity politicians* etablieren. So begannen sowohl der ukrainische Präsident Wolodymyr Selenskyj als auch der Bürgermeister von Kiew, Vitali Klitschko, ihre politische Karriere als *celebrities.*

In einer frühen Publikation fasst John Street Kritik an *celebrity politicians* wie folgt zusammen: Sie bedrohen die Prinzipien repräsentativer Demokratie „either because they privilege style and appearance over substance, or because they marginalize relevant expertise" (Street 2004: 440). Dem hält er entgegen, dass politische Repräsentation (auch) als kreative Performanz zu sehen ist. Diese Performanz geht über ein Vertreten oder ein Ausagieren des Willens der Repräsentierten hinaus, indem sie Ähnlichkeit mit den Repräsentierten schafft oder diese spiegelt („resemble or mirror", ebd.: 442). *Style* und Kreativität werden so Teil des politischen Prozesses und produzieren politische Macht, sind Performanz, die – qua Porösität der Trennlinien zwischen Repräsentierenden und Repräsentierten – Formen von Populismus hervorbringen kann, aber nicht muss (vgl. Street 2019).[20] Eine Beschäftigung mit *celebrity politics* erfordert dabei zugleich, so Street, den Blick auf Bürger*innen/Wähler*innen als Fans zu richten. Darüber hinaus betont er, dass politische Performanz an Genres gebunden ist, Genres, die wiederum entscheidend sind für die hochrelevante Einschätzung der Politikerin/des Politikers als ‚authentisch'. Trump verbindet hier unter anderem *preaching* im Sinne von Wahrheitsverkündung, Entertainment/*Irritainment* (vgl. Lobo 2022) und *comedy*. Es sind nicht zuletzt die Brüche, die Transgressionen, die Inkohärenzen, die Trump die Aura des Authentischen verliehen und vielleicht nach wie vor verleihen.

Wenn Street das Gewicht von *style* betont, so plädiert er zugleich für die Notwendigkeit, das affektive Potential von *celebrity,* ein Potential „generated by the mediated persona of the politician", in den Fokus zu rücken (Street 2019).[21] In ihrem Aufsatz „Love and Hate Online – Affective Politics in the Age of Trump" definiert Greta Olson Affekt als „pre-verbal experiences of feeling rather than emotions, which are experiences that have been translated into and thus already explained through words" (Olson 2020: 153). Im Unterschied zu Theorien politischer und sozialer Kommunikation, die rationalen Diskurs und Austausch betonen, so Olson, argumentiert eine affektive Theorie des Politischen, dass politische *sentiments* – ‚gefühlte Meinungen' – bestimmt werden durch „viscerally experienced sentiments and a physically imagined sense of rightness and wrongness rather than one that is worked out through rational means" (ebd.: 154). Olson plädiert damit für eine körperliche Involviertheit in Praktiken des Beurteilens (‚richtig', ‚falsch'), und verwahrt sich dagegen, den Nexus von Affekt und Politik simplifizierend im Kontext eines ‚vulgären' Populismus anzusiedeln (ebd.).

---

[20] Ich werde die intensiv geführte Debatte zur Entstehung und zu Formen von Populismus im Kontext einer globalisierten/globalisierenden, neoliberalen Wirtschaftsordnung hier nicht weiter aufgreifen, vgl. unter anderem Hanke 2021; Jutel 2017; Schleusener 2020 und, jenseits von Trump und „Trumpism", Baysha 2021.

[21] David Marshall formuliert: „Celebrities via their cultural industries develop a form of ‚affective power' in their emotional connection to an audience/crowd" (Marshall 2020: 91).

Einen Fokus auf trumpsche Disruption zu legen, heißt jedoch, sich an Formen von Exzess abzuarbeiten, die qua Affekt agieren und ihre eigene Sprache entwickeln. Trump, so Olson, „needs to be credited for his having cued into a new political economy of passion, excess, and the naming of subjects once considered unmentionable, at least by a politician on the public stage" (ebd.: 159). Grenzüberschreitung und Tabubruch, häufige Forderung emanzipatorischer, aber auch Praxis faschistischer Bewegungen, werden hier – ich greife eine Formulierung von Simon Schleusener auf – als „retrotopian desires" eingebunden in einen Kontext rechtsgerichteter „class politics" (Schleusener 2020), einer Politik, die sich, so gilt es zu wiederholen, zugleich über weitere Faktoren und Effekte widersprüchlich positioniert.

Wenn ich bisher von Prozessen der Mediatisierung und von Medien als Akteuren gesprochen habe, so möchte ich vor meiner Diskussion trumpscher *whiteness* kurz die weitreichenden kulturellen Rekonfigurationen durch soziale Medien ansprechen. P. David Marshall formuliert: „It is argued that via the communicative structures of social media and its avenues of sharing and connecting, there has developed a pandemic will-to-public identity by the billions of users of online culture – what is identified as pandemic persona – that resembles the patterns with which celebrity and politicians have operated over the previous century" (Marshall 2020: 89). Trump, so lässt sich schlussfolgern, bringt alles zusammen. Er ist *celebrity* des 20. und *celebrity politician* des 21. Jahrhunderts und war bis zur Sperrung seines Accounts obsessiver *Twitter User*. Ezra Klein spricht hier von der Okkupation des Weißen Hauses durch einen „Twitter account with a cardiovascular system" mit Konsequenzen auch für diejenigen, die *Twitter* selbst nicht nutzen (Klein 2022). Damit ist Trump in der Tat Paradebeispiel einer „pandemic persona", ein präsidialer Superinfluencer. Wenn die Verbannung aus den global präsenten sozialen Medien die pandemische Reichweite dieser Persona drastisch einschränkte, ist aufgrund der strukturellen und rhetorischen Übereinstimmung seiner *Tweets* mit vielen seiner öffentlichen Statements und Reden nach wie vor der Eindruck von Ungefiltertheit, „rawness" und damit „realness" gegeben. Trumps Reden, so Jan Blommaert, der sich auf die Zeit vor Trumps Ausschluss bezieht, bestehen aus einer Aneinanderreihung von Mikro-Botschaften und Kommentaren, die sich problemlos in *Tweets* konvertieren lassen – und umgekehrt. Für Trumps „tweetopoetics" galt daher: „Talk is tweet, and tweet is talk" (Blommaert 2018: 1). Auch ohne *Twitter* tweetet Trump als Troll, der im „Irritainment", so Sascha Lobo, „boshafte Meisterschaft erreichte" (Lobo 2022), in seinen Reden letztlich weiter.[22] Vielleicht lässt sich sogar argumentieren, dass selbst Trumps Invektiven, seine beleidigenden, erniedrigenden Attacken, die als performative Sprechakte konkrete Effekte in Form von körperlicher Gewalt generiert haben, zugleich auch phatische Kommunikation sein können. Sie informieren nicht, sondern besetzen Kommunikationskanäle affektiv und wirken

---

[22] Sascha Lobo mutmaßt leicht ironisch, dass Musk „in gewisser Weise […] die Lücke" füllt, „die die Verbannung von Trump gerissen hat" (Lobo 2022).

damit gemeinschaftsbildend. Und selbst wenn zwischen *rallies,* die auf geteiltes körperliches Erleben setzen, und millionenfach ‚geliketer' *Tweets* weitreichende Unterschiede bestehen, so gilt auch für politische Reden nicht erst, aber besonders seit Trump, Kleins Statement zur Funktionsweise von *Twitter*: „The easiest way to rack up points is to worsen the discourse" (Klein 2022).

Styling whiteness

Zu den wichtigsten choreografischen Gesetzmäßigkeiten von Trump *rallies* gehörte und gehört nicht nur die möglichst dicht gedrängte, altersgemischte Menge vor dem Redner*innenpult, sondern es ist, je nach Veranstaltungsort, der Bereich hinter dem Pult, dem besondere Aufmerksamkeit geschenkt wird. Von den Kameras und, immer wieder, von Trump selbst. Es ist dieser Bereich, wo oft besonders viele weibliche Gesichter zu sehen sind und – mitentscheidend für die mediale Wirkung – *People of Color* und afroamerikanische Fans. Plakate werden geschwenkt mit der Aufschrift „BLACKS FOR TRUMP", und T-Shirts mit Aufdruck sind zu sehen, z. B. „TRUMP AND REPUBLICANS ARE NOT RACIST". Trump selbst, wenn er keinen dunklen Mantel trägt, erscheint, vielfach kommentiert, in den Nationalfarben: weißes Hemd, rote, lange Krawatte, blauer Anzug, der, sehr wichtig, nicht körpernah geschnitten ist. Die locker fallende Kleidung signalisiert Maskulinität der alten Schule und somit Stärke, ein antailliertes Jackett hingegen würde feminisieren, schwächen. Das über Jahre gelbblond bis quasi-orange gefärbte Haar – Motiv zahlloser Memes und Debatten – wird oft weitgehend von der roten MAGA Kappe bedeckt. Trumps unterdessen dezenteres Makeup komplettiert eine Erscheinung,[23] die suggeriert: Dieser schwerreiche *white man* hört nicht auf Stylist*innen, er schafft seine eigenen Regeln.[24] Immer wieder reckt Trump – nach wie vor – die geballte Faust, häufig auch im schwarzen Handschuh. In Verbindung mit dem ebenso rockigen wie patriotischen Sound der *rallies* zelebriert der Gesamtauftritt weiße, maskuline Macht, gepaart mit Unangepasstheit, Rebellion und Einsprengseln von „trash".

Keineswegs sind es nur die frühen Auftritte, die für Disruption qua Exzess in Gestik (vgl. Hall et al. 2016), Mimik (vgl. Hanke 2021) und Rhetorik (vgl. Nacos et al. 2020) berüchtigt wurden. Aber selbst bei Veranstaltungen, wo der Redner sich eher zurücknimmt, auf Exkommunizierung und Enthumanisierung derjenigen, die er als Gegner*innen sieht, halbwegs verzichtet, bleibt das Rockstarhafte,

---

[23] Ironisch-engagiert aufgeworfen im Internet, in etablierten Medien wie der *New York Times,* dem *Rolling Stone* und in Modemagazinen, muss die Frage offenbleiben, ob Trumps unterdessen weniger auffälliger Teint das Resultat von Selbstbräuner, Bronzer oder – eine weitere Spekulation – Sonnenbank war. Der weiße Concealer unter den Augen machte das orange Gesicht zu einer bizarren, zornigen Maske.

[24] Sehr wohl ergeben sich hier Parallelen, aber zugleich entscheidende Differenzen zu Auftritten von Bernie Sanders.

Ungezähmtheit signalisierende der Shows erhalten. Zugleich erscheint Trump, wie die Variante des industriellen Kapitalismus, die er über Jahre zu reinstallieren versprach, rückwärtsgewandt, uncool, retro (vgl. auch Schleusener 2020). Es ist diese hybride Positionierung, mit der er seine konservative weiße Basis affektiv einbindet, in Anlehnung an Olivier Jutel eine ‚jouissance of whiteness‘ (vgl. Jutel 2017). Mit den strategisch platzierten nicht-weißen Fans soll zwar demonstriert werden, dass Trump und die Republikanische Partei keineswegs nur für Weiße das Versprechen von Zugehörigkeit bieten, aber Gemeinschaft impliziert hier nichtsdestotrotz, Grenzlinien von *class* überschreitend: *whiteness rules.*

Was es mit Trumps geballter Faust auf sich hat – die Faust symbolisierte Einigkeit und Stärke in US-amerikanischen Arbeitskämpfen zu Beginn des 20. Jahrhunderts, war revolutionäre Geste der *Black Power*-Bewegung und der *Black Panther Party* in den 1960ern und frühen 1970ern, und signalisiert Kontinuität wie Erneuerung in der *Black Lives Matter* Bewegung der letzten zehn Jahre – muss hier offenbleiben. Ob so Widerstand, vor allem schwarzer Widerstand, als *style* appropriiert und adaptiert wird, oder ob es sich (zugleich) um eine abstreitbare Form der „Aryan fist", also um eine bereits durch die extreme Rechte umgedeutete Geste handelt (Long/Williams 2021), offensichtlich soll Rebellion gegen einen Status quo und seine Eliten demonstriert werden. Die kämpferische Faust als perfektes „Irritainment" (Lobo 2022) gehört zu den zahlreichen vorgeführten *clashes,* die Trumps ‚weiße‘ Performanz – wie die seiner Söhne und mancher Fans – nach wie vor ausmachen.[25]

Ich habe oben den Raum hinter dem Rednerpult als besonders wichtig für Trump *rallies* bezeichnet. Wenn Trump beginnt zu improvisieren, dreht er sich häufig um, spricht zu den Fans hinter sich, bindet sie ein, evoziert ihre Zustimmung, ihren Beifall. Die Körpersprache ist hier die des Predigers, der seine Gemeinde beschwört und von ihr bestätigt wird, der aber zugleich auf rituelle Vorgaben, *chants*, der Fan-Gemeinde einzugehen weiß. Vor allem, was Mimik und Gestik betrifft, aber auch durch seine Intonation, wird der *preacher*, oben angesprochen, zugleich zum Entertainer/*Irritainer* und *comedian*. Wenn ich den Begriff der phatischen Kommunikation eingebracht habe, die bei Trump vielleicht auch Invektiven einbeziehen kann, so lassen sich die Beleidigungen, die polemisierenden *nicknames*, zugleich als adaptiertes *dissing* lesen. Vor allem über Rap – aus afrodiasporischen antagonistischen Sprachritualen – in eine globalisierte Populärkultur eingebracht, geht es hier darum, Gegener*innen zu provozieren und zu ‚zerstören‘. Wie Trumps „bragging" ist auch Trumps *dissing* nicht dem Rap, sondern seiner Identifikation mit der Theatralik, dem hybriden *style* von WrestleMania Veranstaltungen geschuldet (vgl. Hall et al. 2016). Dass „America's first white president" (Coates 2017) sich teils

---

[25] Michael Long und Yohuru Williams, deren Kolumne vor Joe Bidens Amtsantritt erschien, fordern eher ironisch, dass Biden in seiner Antrittsrede die geballte Faust zeigen und so die symbolische Geste seinem „blasphemous predecessor" wieder entreißen solle (Long/Williams 2021).

afrodiasporisch-derivierter kultureller Formen bedient, um *whiteness* auszu-agieren, ist, wenn nicht grundsätzlich neu, dennoch ein weiterer performativer *clash* und zugleich Marker der Persona/Person Trump. Zurecht verleiht Jutel ihm daher den Titel „affective media entrepreneur par excellence" (Jutel 2017).[26]

Ein kaum zu überbietendes Spektakel von *whiteness* war dann – hier ein weiterer kurzer Exkurs – die Erstürmung des Capitols am 6. Januar 2021, ultimative politische Disruption mit für eine wachsende Anzahl von Teil-nehmenden, möglicherweise auch für Trump selbst, strafrechtlichen Konsequenzen. Voraus ging eine *rally* mit der emphatischen Aufforderung/dem performativen Sprechakt des Noch-Präsidenten „[…] if you don't fight like hell, you're not going to have a country anymore" (vgl. TheNewsNgo 2021). Nach der *rally* hieß *whiteness* für den ‚harten', weitgehend männlichen Kern der *fanbase* nicht nur zu kämpfen,[27] sondern dies auch visuell zu unterstreichen, unter anderem durch *combat gear"* und durch Phantasieoutfits, die den antikolonialen Kampf der weißen Siedler-Milizen Neuenglands gegen die britische Armee zitierten. *Race* schreibt über Blut, das sich angeblich in der äußeren Erscheinung ‚zeigt', Identi-täten fest – oder versucht diese festzuschreiben. Damit agiert *race* als fiktive, ‚klebrige Substanz', die Kohäsion von Körpern produziert und Affekte generiert. Zugleich schließt *race* Körper aus, lässt vor allem Haut als sichtbare Differenz zur Trennlinie werden. Am teils geplanten, teils anarchischen Vorgehen des Mobs nahmen auch Afroamerikaner*innen und *People of Color,* unter anderem aus *Hispanic Communities,* teil – aus höchst unterschiedlichen Motiven. Die Totalität, die *race* suggeriert, kann sehr wohl porös werden, ohne zu verschwinden.

Angehalten, den Coup zu beenden, äußerte sich Trump schließlich widerwillig. Seine Sprache ließ die Angreifer zu Opfern werden, für die es Empathie, eine Gabe, die Trump eher abgesprochen wird, aufzubringen gälte: „I know your pain, I know your hurt" erklärte er, um dann zu beteuern: „We love you" (zit. in Beer 2021).[28] In einem Kontext, der von Hass und Gewalt geprägt ist, findet der Präsident im Pluralis Majestatis Worte der Liebe für seine Anhänger*innen, die ihre Bereitschaft gezeigt haben, sich mit ihren Körpern für ‚die Freiheit' und für ihren Präsidenten einzu-setzen. Es wird sich zeigen, inwieweit Trumps Wortwahl in den Untersuchungen des „U.S. House Select Committee" zum Angriff auf das Capitol Gewicht erhält. Ich werde im Anschluss auf Trumps Liebeserklärung zurückkommen.

---

[26] Vgl. auch die berühmt-berüchtigte Passage in Trumps erstem Buch, *The Art of the Deal* (1987): „The final key to the way I promote is bravado. I play to people's fantasies. […] People want to believe that something is the biggest and the greatest and the most spectacular. I call it truthful hyperbole. It's an innocent form of exaggeration – and a very effective form of promotion" (58).

[27] Frauen nahmen ebenfalls an der Erstürmung teil und machen 13 % der Verhafteten aus (vgl. Miller-Idriss 2022). Zwei Frauen starben.

[28] Ich habe hier auf einen am 6. Januar auf *Forbes*-online veröffentlichten Artikel zurück-gegriffen. Auch in wirtschaftsfreundlichen Medien galt Trumps Wortwahl als beunruhigend. Für eine Aufzeichnung von Trumps Statement vgl. Denver7 2021. Vgl. aber auch Trumps abgelesene, scheinbare Rücknahme seiner Liebeserklärung am 8. Januar 2021 (CNBC 2021).

Mit Ausnahme von Abraham Lincoln

Am 27. Februar 2020 empfing Trump eine Gruppe afroamerkanischer *leaders* – unter ihnen konservativ-evangelikale Aktivist*innen – im *Cabinet Room* des Weißen Hauses. Zu den Geladenen gehörte auch Angela Stanton-King, eine der Langzeitinhaftierten, die Trump begnadigt hatte. Fotos kursierten, die die Gruppe im gemeinsamen Gebet zeigen, um den am Schreibtisch sitzenden Trump stehend. Hände sind auf seine Schultern gelegt. Zwar benötigte Trump dringend afroamerikanische Wähler*innenstimmen für seine angestrebte Wiederwahl, aber dieser choreografierte, Gemeinschaft qua christlichem Glauben beschwörende Teil der Veranstaltung war, so lässt sich Trumps gequälte Pose eines Betenden lesen, eine körperlich unangenehme Pflichtübung.[29] In der schriftlichen Aufzeichnung des Gesprächs findet sich dann auch Trumps immer wieder variierte Behauptung ganz außerordentlicher Verdienste für Afroamerikaner*innen. Trump spricht zunächst über die hervorragenden, neuesten Umfrageergebnisse bei schwarzen Wähler*innen und betont dann: „And I won't be satisfied until I get 100 %, because nobody has done more for black people than I have. Nobody has done more" (Trump 2020a). Das Statement wurde, so die Aufzeichnung, wie alle weiteren Statements des Präsidenten mit Applaus bedacht. 100 % der Stimmen sind in der präsidialen Rhetorik lediglich die logische Konsequenz seines historisch einmaligen Einsatzes für *black people*. Die Journalistin Fabiola Cineas nennt weitere Varianten dieser strategisch gestreuten Behauptung, unter anderem: „I have done more for the African American community than any president with the exception of Abraham Lincoln." Ein Tweet vom 2. Juni 2020 wird scheinbar konkreter: „My Admin has done more for the Black Community than any President since Abraham Lincoln. Passed Opportunity Zones with @ SenatorTimScott, guaranteed funding for HBCUs, School Choice, passed Criminal Justice Reform, lowest Black unemployment, poverty, and crime rates in history [...]" (zit. in Cineas 2020).[30] Cineas entkräftet oder relativiert diese reklamierten Errungenschaften. Der Vergleich mit der nationalen Ikone Abraham Lincoln, in der öffentlichen Erinnerung meist als ,Befreier der Sklaven' verankert, verleiht für seine Fans den trumpschen Iterationen das Flair der gekonnten Hyperbolik.[31]

---

[29] Hier gilt es Trumps langes Gespräch mit Rapper, Produzent und Modeunternehmer Kanye West – unterdessen „Ye" – als Pendant anzuführen. Beide Männer sprechen von Respekt und Liebe, bis West aufspringt und Trump umarmt, für den Präsidenten offensichtlich eine Überreaktion, die aber durchaus medienwirksam geschätzt wird (vgl. NBC News 2018).

[30] „Opportunity Zones" sind – verkürzt dargestellt – Gebiete, deren Bewohner*innen über niedrige Einkommen verfügen und in denen durch Steuererleichterungen Investitionen attraktiv gemacht werden sollen. „HBCU" ist die Abkürzung für „Historically Black Colleges and Universities". „School Choice" soll es – die Erodierung US-amerikanischer „public education" forcierend – Schüler*innen ermöglichen, per Gutschrift (*voucher*) Privatschulen zu besuchen.

[31] Lincoln erklärte in der am 1. Januar 1863 in Kraft tretenden „Emancipation Proclamation" zunächst die Abschaffung der Sklaverei in den konföderierten Südstaaten.

Während des Empfangs im Weißen Haus fällt zwar selbst die Referenz auf
Lincoln weg, sie wird jedoch von zwei der Anwesenden ihrerseits eingebracht.
Sie nennen Trump, ihn de facto zitierend, den größten bzw. den besten „president
since Abraham Lincoln" (Trump 2020a).

Das Datum des *Tweets* ist insofern von Bedeutung, als Trump ihn sieben Tage
nach der Ermordung von George Floyd am 25. Mai 2020 in Minneapolis durch
den weißen Polizisten Derek Chauvin postete. Das von der damals 17-jährigen
Darnella Frazier mit dem Handy gefilmte und auf *Facebook* gepostete Video von
Floyds qualvollem Tod ging viral, und am folgenden Tag begannen Proteste in
Minneapolis, die sich landesweit ausbreiteten. Trumps *Tweet* wurde also gepostet,
als viele Städte bereits in Aufruhr waren. Wenn der *Tweet* sich perfekt in das
Schema der trumpschen Selbstüberhöhungsrhetorik einfügt, so ist es vor allem
Trumps Verweis auf seine „Criminal Justice Reform", über die der Präsident, so
eine mögliche Lesart, sich als stets für die Belange der *Black Community* zugänglich und zugleich als Macher zeigt, der Probleme umgehend löst. Eine weitere
Lesart wäre allerdings, dass Trump die angespannte Lage einfach temporär
ignoriert, weil ein Eingehen auf politischen Widerstand mit seinem Projekt des
wahlkämpferischen *self-advertisement* als großer Freund des schwarzen Amerika
kollidieren würde.

„WE DRIVE TANKS WHY NOT TROLLEYS?"

So das Plakat einer Demonstrantin, die im August 1944 die Einstellung afroamerikanischer Straßenbahnfahrer*innen durch die Philadelphia Transit Company
fordert (Sugrue 2020). Ein anderes Plakat trägt die warnende, ‚dichte' Aufschrift:
„RACE DISCRIMINATION BREEDS FASCISM" (ebd.). Die USA, so die
Implikation, geben vor, in Europa Faschismus – auch mit schwarzen Soldaten –
zu bekämpfen. Fundamental antidemokratisch, produziert jedoch der Rassismus,
den sie ‚zu Hause' walten lassen, einen eigenen Faschismus, eine radikale, und in
den 1940er Jahren zweifelsohne gefährliche Aussage. In seinem mit historischem
Bildmaterial bestückten Artikel im *National Geographic* vom 11. Juni 2020 betont
Thomas J. Sugrue, dass angesichts der landesweiten Proteste, ausgelöst durch die
Ermordung von George Floyd (und die vielen Tode zuvor), der Blick nicht nur auf
die 1960er Jahre zu richten ist. Stattdessen sollten auch jene Auseinandersetzungen
erinnert werden, die bereits mit der Rückkehr der schwarzen Kriegsveteranen nach
dem 1. Weltkrieg begannen, Auseinandersetzungen, in denen umfassende bürgerliche Rechte für die afroamerikanische Bevölkerung eingefordert wurden.[32] Die

---

[32] Zu den berüchtigtsten Ausschreitungen, die auf den 1. Weltkrieg folgten, gehört das „Tulsa"
oder „Black Wall Street massacre", in dem am 31. Mai und 01. Juni 1921 ein wohlhabender
schwarzer Stadtteil von Tulsa, Oklahoma, von einem luftunterstützten weißen Mob völlig zerstört wurde und zahlreiche Bewohner*innen – genaue Angaben fehlen – starben.

Bilder – einige von ihnen mit ikonischem Status – rütteln auf, und das sollen sie auch als visuelle Belege für Sugrues Argumentation, die allerdings sprachlich eher zurückhaltend bleibt. Die Fotografien zeigen unbewaffnete schwarze Männer, Respektabilität ausstrahlende schwarze Demonstrantinnen, weiße Uniformierte mit aufgepflanztem Bajonett, weiße Mobs, zerstörte schwarze Wohnviertel, den Einsatz von Wasserwerfern und Tränengas, dann im Kontext der Konfrontationen seit den 1960er Jahren auch die eher vorsichtige bildliche Dokumentation von Plünderungen durch Afroamerikaner*innen. *Race* und die aus der für die US-amerikanische Geschichte konstitutiven Kategorie resultierenden Konflikte bringen Sprache hervor: die der radikalen Entmenschlichung wie der vagen, euphemistischen Ausgrenzung. *Race* generiert zugleich eine Sprache oder Sprachen des Widerstands, im Fall der oben zitierten Plakate eine ebenso emphatische wie analytische. Vor allem bringt *race* aber Bilder hervor, die zwar, wie Sugrue betont, eine sehr lange Geschichte von häufig gewalttätigen Auseinandersetzungen dokumentieren, die aber letztlich erst seit den 1950er, 1960er Jahren die öffentliche Wahrnehmung geprägt haben. So gelten Fotografien des offenen Sargs mit dem Folterspuren tragenden Leichnam des 1955 ermordeten 14-jährigen Emmett Till, der auf Veranlassung seiner Mutter, Mamie Till(-Mobley), aufgebahrt wurde, als Katalysator der Bürgerrechtsbewegung. 66 Jahre später wurde, oben angesprochen, das global konsumierte/analysierte Video von Darnella Frazier als Beweisstück im Prozess gegen Derek Chauvin verwendet.[33] Mit Blick auf die Frage nach dem Erinnerungseffekt von Bildern, die Afroamerikaner*innen vor allem als Opfer oder in stoischpassiver Widerstandshaltung gegenüber weißen Akteur*inen zeigen (vgl. Moyles/ Poydras 2020), werde ich mit meiner Betonung auf *activism*, auf politischem Handeln, versuchen, Fixierungen zu unterlaufen.

In seiner Diskussion von Elon Musks geplanter *Twitter*-Übernahme zieht Ezra Klein Parallelen zwischen Musk und Trump, unter Anderem ihre „extreme personalities" und ihr Begreifen von *Twitter* als Plattform, die über *gamification* im Sinne von „quantified evaluations of one's conversational success" funktioniert (Klein 2022). „There is a reason", so betont Klein, „that Donald Trump, with his preternatural gift for making people look at him, was Twitter's most natural and successful user" (ebd.). Trumps übernatürliche Gabe, Blicke auf sich zu ziehen, lässt ihn zum zentralen Objekt werden. Er wird fotografiert, gefilmt, millionenfach angesehen. Zugleich versucht er – als „executive producer" (Hanke 2021) – die Bildproduktion zu orchestrieren: auf *rallies,* auf Pressekonferenzen, bei Interviews. Auch Trumps *Tweets* lenkten, ultimative Belohnung, Millionen von Blicken auf seine Worte und, implizit, auf ihn als Verfasser.

Ich habe oben betont, dass afroamerikanischer *activism* spätestens seit Mitte des 20. Jahrhunderts in der öffentlichen Erinnerung tief über Bilder verankert ist.

---

[33] Ich danke meiner ehemaligen Studentin Theresa McMahon für ihre hoch kompetenten, sensibel reflektierten „readings" einer Fotografie von Emmet Tills Aufbahrung und von Darnella Fraziers Video.

Vor allem in den 1960er Jahren entstanden Bilderkulturen: *Movements* sind zu sehen, Demonstrierende, die etwas bewegen wollen und die selbst in Bewegung sind. Zugleich entsteht jedoch, medial generiert, ein Fokus auf charismatische männliche *leaders*, die dann zu *celebrities* werden, wie Martin Luther King, Malcolm X oder, im Fall von John Lewis, zum Politiker mit lebenslanger medialer Präsenz. Hinzu kommen Ikonen wie Rosa Parks, die in populären Erinnerungskontexten – der oben angesprochene Einwand, mit den gezeigten Bildern würde häufig schwarzer passiver Widerstand suggeriert, greift hier unbedingt – über Jahrzehnte weniger als versierte politische Organisatorin denn als mutig/stoische ‚Figur' erschien.

Trump hat sein MAGA-Projekt – mittlerweile, noch größere Dringlichkeit insinuierend, umbenannt in „Save America"[34] – immer wieder als großartige amerikanische Bewegung bezeichnet, sich damit das kulturelle Kapital des Wortes angeeignet und zugleich seiner *fanbase* einen affektiven Zusammenhalt ‚geschenkt'. Dabei ist die Menge, sind die Fans, in ihrer schieren Präsenz zwar notwendig, aber sie sind zugleich austauschbar. Trump selbst verkörpert das ‚große' Amerika. Im Kontext dieser Obsessionen ist es wenig überraschend, dass eine netzwerkende politische Bewegung und Organisation, die ihrerseits auf Disruption und hohe mediale Sichtbarkeit setzt, Trump in seiner bisherigen politischen Karriere als ultimative Provokation galt, vielleicht erneut gelten wird: *Black Lives Matter.*

„Love", „joy", „change"

In ihrem mit Asha Bandele verfassten *Memoir* erzählt Patrisse Khan-Cullors[35] von ihrem Besuch eines jungen Mannes, der eine langjährige Haftstrafe im nordkalifornischen Susanville im wörtlichen Sinne ‚verbüßt', die Kleinstadt ein beklemmendes, zugleich exemplarisches Beispiel für die lukrative Gefängnisökonomie, in die das US-Justizsystem seit Ende der „Reconstruction" (1865–1877) eingebunden ist.[36] In einem Motel verfolgt Cullors, so ihr Bericht, auf *Facebook* den

---

[34] Der Slogan „Save America" fungiert zugleich als Name für Trumps „Political Action Committee" (PAC).

[35] Seit ihrer Heirat mit Janaya Khan (2018) führt Cullors (meist) den Doppelnamen Khan-Cullors. Im Folgenden werde ich daher für die Zeit nach 2018 von Khan-Cullors sprechen, in Verweisen auf die frühen Jahre von *Black Lives Matter* von Cullors.

[36] Die Datierung der *reconstruction*, einer Phase, in der den ehemals Versklavten, den *freedmen*, ein gewisses Maß an politischer Partizipation ermöglicht wurde, variiert. Ich habe oben die übliche Datierung genannt. Luvena Kopp verweist hier auf den 13. Zusatzartikel zur Verfassung, der zwar Sklaverei in allen US-Staaten als Institution aufhob, aber zugleich einen Grund für Freiheitsentzug nannte: ein Verbrechen, dessen die Person in einem ordentlichen Gerichtsverfahren überführt wurde (vgl. Kopp 2016: 262 und National Archives 2022). Zur Hyperinhaftierung von Afroamerikaner*innen vgl. Motyl 2016 und Alexander 2010.

Urteilsspruch im Verfahren gegen George Zimmermann, angeklagt wegen Mordes („second-degree murder") an dem 17-jährigen Trayvon Martin. Zimmermann war nur auf großen öffentlichen Druck hin überhaupt angeklagt worden und wurde am 13. Juli 2013 von allen Anklagepunkten freigesprochen. Prominent involviert in den öffentlichen Aufschrei, der in den sozialen Medien unmittelbar folgte, verfasst Alizia Garza, mit Cullors befreundete Aktivistin aus Oakland, einen *Facebook*-Post, der zum politischen Dokument wird: „[…] I continue to be surprised at how little Black lives matter. And I will continue that. stop giving up on black life. black people, I will NEVER give up on us. NEVER." Cullors antwortet mit dem legendären Hashtag: „#BlackLivesMatter." (zit. in Khan-Cullors 2018: 180). Die New Yorker Aktivistin Opal (Ayo) Tometi bringt sich in den Dialog ein und sorgt für einen Internetauftritt unter anderem mit der Domäne „Blacklivesmatter.com".

Wenige Minuten vor Cullors Hashtag hatte Garza bereits einen „love letter to Black people" gepostet: „Black people. I love you. I love us. Our lives matter" (zit. in Garza 2021:110).[37] Die Sprache der Liebe verbindet und leistet zugleich Widerstand. Sie wird online in einem Moment gewählt und verbreitet, der die historische Verquickung von *race* und Rechtsprechung oder Unrechtsprechung einmal mehr in drastischer Form demonstriert. Ein Nebeneinanderstellen von Trumps Kommentar zur Stürmung des Capitols und Online-Reaktionen auf die Freisprechung von George Zimmerman erscheint gewagt, und ist dennoch wichtig. Während bei Trump Beteuerungen von Liebe zunächst einer ansonsten eher auf Angriff gepolten Maskulinität zu widersprechen scheinen, fügen sie sich doch nahtlos in ein Freund-Feind-Schema ein, das seine Wähler*innen affektiv einbindet, bei gleichzeitiger Grenzziehung gegenüber denjenigen, die als Gegner*innen gelten. Die Liebe, wie sie Garza in ihrem Post beschwört, definiert sich im Gegensatz dazu nicht über einen personalisierten Feind, sondern steht für sich. Wenige Jahre später kontextualisiert Joy James in einem Gespräch mit Ahmad Greene-Hayes *Black Lives Matter* als „one of the most recent iterations of the Black Liberation Movement" (Green-Hayes/James 2017: 69). Auch James greift die Zentralität von Liebe für *Black Lives Matter* auf und spricht – eine überraschende semantische Erweiterung – von Liebe als „low-tech ‚wild card'". Sie betont: „Self-love, Black love, communal embrace cannot be completely repurposed against Black freedom because that code is constantly, spontaneously rewritten" (ebd.). Liebe, so das digitalen Praktiken verpflichtete Argument, lässt sich nicht (völlig) qua Aneignung zweckentfremden und gegen schwarze Freiheit richten. Liebe lässt sich nicht wirklich *hacken,* weil der Code nicht vorgegeben ist, sondern ständig neu geschrieben wird, eine vorsichtig optimistische, künstlerisch zukunftsorientierte, vielleicht auch Science-Fiction-inspirierte Argumentation.

Als Aussage, als Slogan, als *chant*, scheinen die drei Worte „Black" „lives" „matter" zunächst eine elementare Selbstverständlichkeit zu proklamieren und

---

[37] Siehe auch den Eintrag für „July 13, 2013" in Camille Squires' und Alice Markham-Cantors „Timeline" (Squires/Markham-Cantor 2022).

implizieren zugleich, dass diese Selbstverständlichkeit eben nicht gegeben ist, dass schwarze Leben nicht wirklich zählen, dass schwarze Körper abkömmlich und daher, im Sinne von Judith Butler, nicht oder weniger zu betrauern sind (vgl. Yancy/Butler 2015). Damit rufen die hoffnungsvollen wie auch zornigen Worte – ihre Zusammengehörigkeit wird im Kompositum des Hashtags #BlackLivesMatter betont – belehrende bis aggressive Gegenrede hervor. Diese Gegenrede wird unter anderem komprimiert im Slogan „All Lives Matter", ebenfalls die Formulierung einer Selbstverständlichkeit oder eines anzustrebenden Ziels, aber zugleich eine universalisierende Auslöschung von Geschichte, von Jahrhunderten der Entmenschlichung und Gewalterfahrung.[38] Zu „Black Lives Matter" als Slogan und Name formuliert die *New York Times* etwas prosaischer: „The phrase [Black Lives Matter] is as much a mantra as a particular organization, with the general public lumping numerous groups under the Black Lives Matter banner, even if they are not officially connected" (zit. in Zakarin 2022). In der Tat ist „Black Lives Matter" keine geschützte Bezeichnung und kann aufgerufen werden von allen, die sich mit dem Slogan identifizieren[39] – oder ihn ablehnen.

Cullors hatte bereits einen Tag nach dem Posten des Hashtags eine Demonstration in Los Angeles organisiert, allerdings nicht in einem der vorwiegend afroamerikanischen oder *hispanic* Stadtteilen, sondern auf dem Rodeo Drive, der Luxusmeile in Beverly Hills. Die damit verbundene Aussage war klar: Rassismus gründet sich auf weiße Privilegien, und die historische Erfahrung der harten Auseinandersetzungen in Stadtteilen, die von Armut und Polizeigewalt betroffen sind, sollte sich nicht wiederholen.[40] Auf #BlackLivesMatter folgte, in dem Zitat bereits impliziert, die Gründung der *Black Lives Matter Global Network Foundation, Inc. (BLMGNF)* mit Ortsverbänden (*chapters*), offiziell vertreten in den USA, Kanada und Großbritannien. Im Oktober 2020 wurden zudem zwei weitere, affiliierte Bereiche vorgestellt: *Black Lives Matter Political Action Committee (BLM PAC)* und *Black Lives Matter Grassroots* (vgl. Black Lives Matter 2020a). Dabei verwendet die *Black Lives Matter*-Website als Teil ihres *mission statement* eine Sprache, die von der Rhetorik früherer politischer Bewegungen und Organisationen – eine Ausnahme ist das „Combahee

---

[38] Der Slogan „Blue Lives Matter", auch als Hashtag kursierend, ist als – in einigen Fällen unverhohlen rassistische – Reaktion von Polizeibeamt*innen und denjenigen, die für sie Partei ergreifen, zu lesen. Angesichts der öffentlichen Kritik an der Polizei als Institution wird die Gefährlichkeit ihres Berufs betont. Der Slogan dient damit implizit oder auch explizit als Legitimierung für die Bereitschaft zum Einsatz von Gewalt.

[39] Wie andere ‚progressive' Slogans fungiert auch „Black Lives Matter" zugleich als erfolgreiches Marketinginstrument.

[40] Auch als es 2020 doch zu schweren Auseinandersetzungen in Los Angeles kam, führten sie nicht, wie 1965 („Watts") und 1992 („Rodney King" – die ersten „riots", in denen ein zirkulierendes Video eine entscheidende Rolle spielte) zu Todesfällen und Zerstörung in ohnehin marginalisierten Stadtteilen (vgl. Arango 2021).

River Collective Statement"[41] – abweicht: „By combating and countering acts of violence, creating space for Black imagination and innovation, and centering Black joy, we are winning immediate improvements in our lives" (ebd.).[42] Der politische Kampf gegen Gewalt wird verbunden mit Akten der Kreativität und der Betonung von „Black joy" – ein Zelebrieren positiver körperlicher Empfindungen, das die Rhetorik von „love" weiterführt. Es folgen Statements über die Expansion des Netzwerks und über die Inklusion all derjenigen, die in schwarzen Befreiungsbewegungen bisher marginalisiert waren: „Black queer and trans folks, disabled folks, undocumented folks, folks with records, women, and all Black lives along the gender spectrum" (ebd.). Zudem wird Resilienz im Angesicht tödlicher Unterdrückung betont (ebd.). Ein holistischer Ansatz wird gewählt, der mit emphatischer Geste über das Ziel des Beendens von Diskriminierung und den Einsatz für bessere Lebensbedingungen weit hinausgeht.

Black Lives Matter, sowohl die Bewegung wie das organisierte Netzwerk, formierte sich, dies gilt es zu betonen, während der Amtszeit von Barack Obama. Systemischer Rassismus in all seinen Ausprägungen zeigte sich auch, vielleicht besonders, während der Obama-Administration als historische Kontinuität oder als traumatischer ‚Loop‘, als Form einer geskriptet erscheinenden Wiederholung, die zugleich die über Jahrzehnte betriebene Aushöhlung politischer Errungenschaften der 1950er und 1960er Jahre vor Augen führte. Obama, so die kritische Wertung, hat sich einer klaren Positionierung gegenüber der historischen Festschreibung von Afroamerikaner*innen als „problem population" verweigert, hat das Paradigma der Meritokratie zumindest öffentlich nicht in Frage gestellt, hat strukturelle Zusammenhänge und „white backlashes" („„whitelashes‘"), das heißt weiße Gegenreaktionen auf schwarzen Fortschritt nicht benannt.[43] Die Vehemenz der Reaktionen auf Tode durch Polizeigewalt, durch „vigilantes" oder ‚einfach nur‘ durch bewaffnete weiße Männer – eine Gewalt, die an Praktiken weißer Sklavenpatrouillen und Milizen anknüpft[44] – war daher bis zur Trump-Wahl auch der Tatsache geschuldet, dass diese Verbrechen ‚unter‘ einem

---

[41] Das „Combahee River Collective Statement" von 1977 ist ein Manifest queerer schwarzer Feministinnen, das den Begriff „identity politics" in die öffentliche Diskussion einbrachte und die multiplen, ineinandergreifenden Formen der Unterdrückung schwarzer Frauen betonte. „Intersectionality" wurde hier nicht als Begriff formuliert, aber konzeptionell eingefordert. Vgl. The Combahee River Collective Statement (1977). Vgl. auch Taylor (2017) und das Interview von Barbara Smith: From Combahee River Collective to Black Lives Matter (2021).

[42] Das Statement formuliert zunächst als Ziel: „[…] to eradicate white supremacy and build local power to intervene in violence inflicted on Black communities by the state and vigilantes" (Black Lives Matter 2020a).

[43] Vgl. hier die kritische Aufarbeitung in Taylor (2016 und 2019) und die biografisch kontextualisierten Argumente in Garza (2021) und Khan-Cullors (2018). Vgl. auch den von Michael Butter, Astrid Franke und Horst Tonn herausgegebenen Band *Von Selma bis Ferguson* (2016), dessen Beiträge historische/strukturelle/politische Zusammenhänge wie einzelne Ereignisse analysieren.

[44] Vgl. auch Lepore (2020) und Alexander (2010).

schwarzen Präsidenten begangen wurden/begangen werden konnten. Eine von Obamas Reaktionen auf das serielle Töten, das Programm „My Brother's Keeper" aus dem Jahr 2014, demonstrierte zudem, dass der Präsident vor allem junge schwarze Männer als gefährdet sah, eine Positionierung, die die Lebensumstände schwarzer Frauen und Mädchen sowie das offene Gender-Spektrum im wörtlichen Sinne aus dem Blickfeld rückte. Die Juristin Kimberlé Crenshaw, die den Begriff ‚Intersektionalität' in die akademische/politische Diskussion einbrachte, formuliert:

> Gender exclusivity isn't new, but it hasn't been so starkly articulated as public policy in generations. It arises from the common belief that black men are exceptionally endangered by racism, occupying the bottom of every metric: especially school performance, work force participation and involvement with the criminal justice system. Black women are better off, the argument goes, and are thus less in need of targeted efforts to improve their lives. (Crenshaw 2014)[45]

Die Betonung von Gender-Inklusivität durch *Black Lives Matter*-Aktivist*innen ist zweifelsohne auch der hochproblematischen Perspektive solcher öffentlichen Programme geschuldet. Ich werde im Folgenden, wie angekündigt, *Black Lives Matter* als entscheidenden Impulsgeber für *Black activism* fokussieren, dies aber weitgehend an trumpschen Statements und Handlungen festmachen.

Disruption und *celebrity leadership*

Trumps bevorzugte Binarismen – „good"/„bad", „great"/„terrible", „strong"/„weak", „beautiful"/„ugly" oder „disgusting" – agieren in höchst unterschiedlichen Kontexten. Da Trump für sich selbst das Attribut ‚stark' beansprucht, sind innerhalb eines etablierten politischen Spektrums die meisten seiner Gegner*innen per definitionem ‚schwach'. Und wenn ihm seine Polemik und die von ihm nicht verurteilte Gewaltbereitschaft/Gewalttätigkeit eines Teils seiner Basis den Vorwurf mangelnder Distanzierung von Gewalt einbrachte, so schreibt Trump das Attribut „violent" grundsätzlich den Anderen zu. Philip Bump konstatiert: „This has been a pattern for Trump consistently: failing to repudiate acts of violence from people directly or broadly supportive of his presidency while accusing his critics of being dangerous and violent" (Bump 2020). Dem fügt Bump eine Beobachtung hinzu, die in Trump-kritischen Medien geteilt wird: „But it bears noting how much of that rhetoric has been centered on issues of race and the Black Lives Matter movement specifically" (ebd.; vgl. auch Beer 2021). Bump nennt Beispiele. So kritisierte Trump bereits 2014 den angeblich laschen Umgang mit Protesten und landesweiten Unruhen, ausgelöst durch den Tod des 19-jährigen Michael Brown

---

[45] Ich möchte hier auf die komplexen Erzählungen des afroamerikanische Autors John Edgar Wideman verweisen. Vor allem *Brothers and Keepers* (1985) und *Fatheralong* (1994) bieten sich geradezu als literarische Vorlage für Obamas Fokus an (vgl. auch Horst Tonn 2016).

in Ferguson, Missouri (vgl. auch Squires/Markham-Cantor 2022; Kopp 2016). Auf *Twitter* prophezeite Trump: „[…] with our weak leadership in Washington, you can expect Ferguson type riots and looting in other places" (zit. in Bump 2020). Als *Law and order*-Mann, der sich zugleich als genialischer *disruptor* feiert, duldet Trump keinerlei Disruption außer der eigenen, duldet letztlich keinerlei kritische Aktionen. Vor allem der Entwendung oder Zerstörung von Eigentum gilt es, so lässt der *Tweet* ahnen, martialisch entgegenzutreten.

In einem Telefoninterview mit CNN-Moderator Don Lemon kommentiert Trump am 2. September 2015 eine Aktion von *Black Lives Matter*-Aktivistinnen, die Bernie Sanders auf einer *rally* das Mikrophon weggenommen hatten, um, so ihr Argument, Sanders' *race* vernachlässigenden Fokus auf Ökonomie-basierte Formen von Ungleichheit und Ungerechtigkeit anzuprangern (Trump 2015). Rassismus mit allen hiermit einhergehenden Formen von Gewalt sollte in Sanders' Agenda – die Aktivistinnen richteten sich auch an das teils empörte Publikum – gleichrangig mit ökonomischen Polarisierungen behandelt werden.[46] Trumps telefonisches Urteil über Sanders, der die Veranstaltung abbrechen ließ: „terrible" und „tremendously weak". Auf Lemons Frage, ob Trump *Black Lives Matter* für gefährlich halte, antwortet er jedoch, scheinbar zurückhaltend: „I don't know" (ebd.). Anders und doch auch seine Rhetorik wiederholend, äußert sich Trump dann auf einer anschließenden Veranstaltung in Michigan, wo er damit prahlt, dass er niemals in eine solche Situation geraten würde und betont: „I don't know if I'll do the fighting myself or if other people will" (zit. in Bump 2020). Hier handelt es sich um ein trumpsches *hedging*, um das Vermeiden einer klaren Festlegung bei gleichzeitigem Insistieren auf der eigenen ständigen Kampfbereitschaft. Trump hat das Kämpfen dann seinen Fans überlassen, die auf seinen *rallies* Protestierende attackierten. Im Fall von John McGraws Angriff auf Rakeem Jones am 10. März 2016 zahlte Trump auch die Kosten für den Rechtsstreit nicht, wie mehrfach vollmundig angekündigt, aus der eigenen Tasche.[47] Dass es Jones war, der von *law enforcement* aus der Veranstaltung eskortiert und zu Boden geworfen wurde, während McGraw zunächst lediglich aufgefordert wurde zu seinem Sitzplatz zurückzukehren, demonstrierte auch für eine (kritische) weiße Öffentlichkeit die Verkehrung des Opfer-Täter-Status durch eine Polizei, die *Blackness* systematisch mit Täterschaft korreliert, wenn nicht gleichsetzt.

Black Lives Matter setzte als Organisation über Jahre auf hoch visible Formen der Disruption, die bewusst die Irritation weißer Liberaler/Progressiver einkalkulierten (vgl. auch Hirschfelder 2016: 231–232) und deren Involviertheit

---

[46] Es waren zwei Veranstaltungen, die von *Black Lives Matter*-Aktivistinnen unterbrochen wurden. Auf einer der Veranstaltungen übernahm Patrisse Cullors das Podium (vgl. Lind 2015).

[47] MSNBC sendete am 11. März 2016 einen Zusammenschnitt von Trump Äußerungen über Protestierende, in denen er mehrfach zu körperlicher Gewalt aufrief und sogar – als quasi-„comedian" – nicht völlig ausschloss, jemanden, der seine Veranstaltung stört, umzubringen. Der Begriff „kill" ist hier allerdings nicht einfach mit ‚töten' zu übersetzen. Der *YouTube*-Clip enthält auch ein kurzes Interview mit Rakeem Jones und Ronny Jones, vgl. MSNBC 2016.

in systemischen Rassismus offen proklamierten. Damit klagten Aktivist*innen die Notwendigkeit radikaler Veränderungen ein und positionierten sich gegen legalistische Strategien und männliche Führungspersönlichkeiten etablierter Organisationen wie der *NAACP (National Association for the Advancement of Colored People)* und des *NAN (National Action Network)*. Dem gilt es hinzuzufügen, dass nach der Erschießung von Michael Brown am 9. August 2014 in Ferguson, Missouri, durch den Polizist Darren Wilson ein Spektrum von lokalen, regionalen und nationalen Bewegungen und Organisationen entstanden war – Beispiele sind die *Dream Defenders, Ferguson Action, Hands Up United* und #SayHerName – die Allianzen ermöglichten und eine Infrastruktur für politische Aktionen schufen. Wenn *Black Lives Matter,* vergleichbar mit radikalen Ansätzen der *Black Power*-Ära, Polizeigewalt in systemischer Staatsgewalt und vielfältigen Formen von Ungleichheit verortet (vgl. Tayler 2022: 167), so beruft sich die Organisation zugleich auf die lange Tradition von schwarzen Frauen als professionellen politischen Organisatorinnen. Keeanga-Yamahtta Taylor nennt als Beispiel Ella Baker (ebd. 162), die über Dekaden in verschiedenen Bewegungen und Organisationen aktiv war, und unter anderem das *SNCC (Student Nonviolent Coordinating Committee)* in den 1960er Jahren zu einer impulsgebenden radikalen Bürgerrechtsorganisation machte. Baker lehnte in den Jahrzehnten ihrer politischen Arbeit einen charismatischen Führungsstil und öffentliche Aufmerksamkeit, soweit sie ihre Person betraf, ab, und plädierte für „,group-centered leadership'" anstelle einer „,leader-centered group'" (zit. in Waldschmidt-Nelson 2001: 95).[48] Ihr Statement: „My theory is: strong people don't need strong leaders" (ebd.) scheint Argumente netzwerkbasierter, zumindest in ihren Anfängen antihierarchischer oder Hierarchie-skeptischer Bewegungen/Organisationen wie *Occupy* und *Black Lives Matter* geradezu vorwegzunehmen.

Zugleich gilt es auch hier die bereits angesprochenen grundlegenden Veränderungen in der Medien- und damit in der politischen Landschaft zu betonen. Zwar bezeichnet sich *BLMGNF* als „collective of liberators who believe in an inclusive and spacious movement" (Black Lives Matter 2020a), dennoch ist „leadership" ein Schlüsselbegriff. Bereits zum Zeitpunkt des Initiierens der Hashtag-Bewegung, waren Cullors, Garza und Tometi – erfahrene, hervorragend vernetzte, queere Aktivistinnen und Organisatorinnen – Mitglieder des Netzwerks *BOLD (Black Organizing for Leadership)*. Mit der viralen Verbreitung des Hashtags ‚nach Ferguson' wurden sie dann in eine Aufmerksamkeitsökonomie auch jenseits sozialer Netzwerke eingebunden, gaben Interviews, hielten Vorträge, waren visuell präsent. Khan-Cullors und Garza veröffentlichten *Memoirs,* die beide ins Deutsche übersetzt wurden, und Angela Davis schrieb das Vorwort für Khan-Cullors' Buch.[49] Das *Memoir* wird damit durch eine Ikone des radikalen,

---

[48] Auf der Grundlage ihrer Interviews mit Cornel West situiert Christa Buschendorf Ella Baker in einer Tradition schwarzer prophetischer Stimmen des Widerstands (vgl. Buschendorf 2016).

[49] Cullors hat 2022 ein weiteres Buch veröffentlicht mit dem Titel: *An Abolitionist's Handbook: 12 Steps to Changing Yourself and the World.*

feministischen schwarzen Widerstands autorisiert, durch eine öffentliche Intellektuelle, die ihre akademische Position mit ihrer politischen – immer intersektionalen – Arbeit verbunden hat und deren *celebrity*-Status Khan-Cullors wie auch Garza und Tometi als Aktivistinnen einer neuen Generation prominent situiert. Zweifelsohne entspricht die Form von *leadership*, die bei *Black Lives Matter* und in zahlreichen anderen *racial justice*-Bewegungen und Organisationen praktiziert und zelebriert wurde/wird, eher Bakers Begriff von „group-centered leadership" und betont „grass-roots activism" (vgl. Eligon 2021). Sehr wohl lässt sich jedoch argumentieren, dass *celebrity* auch als zeitgenössische Variante von oder als Pendant zu Charisma gelesen werden kann, ein Aspekt, den ich zu Ende meiner Überlegungen noch einmal aufgreife.

Widerstand und Reaktion

Mit #BlackLivesMatter fand der Freispruch von George Zimmermann im Jahr 2013 eine erste digitale Antwort.[50] Die Erschießung von Michael Brown durch den Polizist Darren Wilson, das Lynchmorde aufrufende Liegenlassen von Browns Leichnam auf der Straße, sowie die Weigerung der *grand jury* Wilson anzuklagen, machten dann ein Jahr später den Ortsnamen Ferguson – vergleichbar dem Namen Selma im Kontext der Bürgerrechtsbewegung[51] – zur Metapher für eine außerordentliche Mobilisierung von schwarzem Widerstand und dem Ruf nach radikaler Veränderung. Zugleich steht Ferguson, auch hier eine Parallele zu Selma, für den brutalen Einsatz einer Polizei, deren Ausrüstung laut ironisch-lakonischem Kommentar von Kriegsveteranen eher für Einsätze in Afghanistan als für einen US-*suburb* geeignet war (Walters 2015).[52] In der Tat evozieren solche Aussagen die Argumentation der *Black Panthers,* die, 1966 in Oakland gegründet als *Black Panther Party for Self-Defense,* schwarze *Communities* in den USA als Kolonien und die Polizei als „occupying army", ähnlich der US-Armee in Südostasien, bezeichneten (Bloom/Martin: 2016: 2).

Die USA, so möchte ich argumentieren, wurden ‚nach Ferguson' als politische Landschaft neu kartiert, über die Namen von Getöteten und die der Orte, an denen sie starben.[53] So verlasen/rezitierten Aktivist*innen von *Black Lives Matter* bei

---

[50] Camille Squires' und Alice Markham-Cantors „Timeline" listet als Eintrag zum 1. Mai 2018, dass #BlackLivesMatter seit 2013 bereits 30 Millionen Mal verwendet wurde (Squires/Markham-Cantor 2022).

[51] Vgl. hier auch den Titel des bereits zitierten, von Michael Butter, Astrid Franke und Horst Tonn herausgegebenen Sammelbandes *Von Selma bis Ferguson* (2016).

[52] Die von Gouverneur Jay Nixon einberufene *National Guard* bezeichnete laut einem *Guardian*-Bericht Demonstrierende in Emails als „enemy forces" (vgl. Walters 2015).

[53] Ein eindringliches Beispiel für diese Form der Kartierung ist Squires'/Markham-Cantors „Timeline" der ersten zehn Jahre von *Black Lives Matter* (2022), die unter anderem die bekannt gewordenen Fälle von Gewaltausübung in eine Chronologie bringt.

Veranstaltungen und Aktionen häufig die Namen von Opfern – um die Erinnerung an sie wach zu halten, aber auch um zu betonen, dass es eben nicht nur um Gewalt gegen männliche Jugendliche und gegen Männer geht, sondern dass sich diese Gewalt gender- und altersübergreifend systemisch gegen *black communities* richtet.

In meiner Betonung der Macht von Bildern, von Fotografien wie von Videos, habe ich bereits den Tod von George Floyd am 25. Mai 2020 in Minneapolis angesprochen. Darnella Fraziers unterdessen mit einem Pulitzer-Preis ausgezeichnete Dokumentation von Floyds öffentlicher Hinrichtung, sowie die Medienpräsenz der vorausgehenden Tode von Ahmaud Arbery und Breonna Taylor führten zu Monate andauernden landesweiten Protesten und Zusammenstößen mit Polizei und *National Guard*. In einem globalen Kontext initiierten Fraziers Video und die anschließenden Demonstrationen unter anderem in Großbritannien, Deutschland und Frankreich wie in Kolumbien oder Neuseeland öffentliche Debatten über systemischen Rassismus vor Ort – einschließlich hoher Sterberaten in *communities of color* während der Corona-Pandemie – und über Erinnerungskulturen, die an kolonialen/hegemonialen Narrativen festhalten (vgl. auch Silverstein 2021). Angesichts der in ständiger Wiederholung zirkulierenden Bilder von Gewaltanwendung wurde in den USA auch in Teilen der weißen Bevölkerung scharfe Kritik am Vorgehen von, im weitesten Sinne, „law enforcement" laut. Schilder erschienen in Vorgärten mit der Aufschrift „Black Lives Matter" und erhebliche Summen wurden an die Organisation gespendet.

Zugleich brachte Trumps Präsidentschaft ‚proaktiven', Sachbeschädigung und körperliche Auseinandersetzung potentiell akzeptierenden Gruppierungen wie *antifa* („antifascist action") Zulauf, Gruppierungen, die ihrerseits in die Dynamik von Protesten eingriffen.[54] Antifaschistische Protestierende gehörten auch zu den bereits angesprochenen Gegendemonstrant*innen in Charlottesville, Virginia in 2017, und Trump fand im ebenso vagen wie skandalisierenden *Brand*-Namen *antifa* ein willkommenes Argumentationsarsenal, um jedwede Proteste gegen rassistische Gewalt zu kriminalisieren und zugleich für harte polizeiliche/militärische Maßnahmen zu plädieren. Trumps *Tweet* vom 29. Mai 2020 weckte Befürchtungen, dass sich die brutalen Polizei- und *National Guard* Einsätze der 1960er Jahre wiederholen würden und dass die Befugnisse der Exekutive weiter ausgeweitet würden. Nachdem Trump angesichts des Todes von Floyd zunächst Anteilnahme gezeigt und eine vorbereitete Erklärung verlesen hatte, griff sein anschließender *Tweet* auf seine frühere Rhetorik zurück:

> […] These THUGS are dishonoring the memory of George Floyd, and I won't let that happen. Just spoke to Governor Tim Walz and told him that the Military is with him all the way. Any difficulty and we will assume control but, when the looting starts, the shooting starts. Thank you! — Donald J. Trump (@realDonaldTrump) May 29, 2020 (zit. In Bump 2020).

---

[54] Die Infiltration von Protestbewegungen durch Provokateure ist hier immer mitzudenken.

Als Präsident, der sich brüstet stets alles unter Kontrolle zu haben, verspricht Trump bei Bedarf den Einsatz des Militärs, wobei er offensichtlich zunächst nicht nur Einheiten der *National Guard,* sondern „active duty military forces" meinte (vgl. Schiff 2020). Der Reim, der im *Tweet* folgt, ein rassistischer *riff,* wird Miami Police Chief Walter Headley zugeschrieben (vgl. Burns 2020), der 1967 harte Polizeimaßnahmen gegen eine, so das Argument, steigende Verbrechensquote ankündigte und durchführte.[55] Dabei hatte in Headleys Rhetorik Verbrechen eine Hautfarbe und meinte ‚schwarze' Verbrechen. Mehr als fünfzig Jahre später bestätigte Trumps Zitat einmal mehr das Argument, dass *race* trotz afroamerikanischer Präsenz in Polizeiapparat, Militär und Politik nach wie vor ein konstitutiver Faktor ist (vgl. auch Tayler 2022: 75–106). Zugleich legt der *riff* den Eindruck nahe, dass sich der New Yorker *celebrity*-Unternehmer Trump zum quasi-Südstaatler entwickelt hat. Wenn Trump zunächst versuchte, die explizite Drohung abzustreiten, konzedierte er dann doch die Implikation, dass auf Plünderer geschossen werde (vgl. Bump 2020). Die Beleidigung der Protestierenden als „THUGS" ließ er unkommentiert stehen.[56]

Die Einberufung von Einheiten der *National Guard* durch den Präsidenten, historisch eher eine Befugnis von Gouverneuren der Bundesstaaten, gilt als problematisch, weil gesetzlich wenig reguliert (vgl. Brennan Center for Justice n. d.). Wenn unter anderem in Städten wie Seattle und Portland das Vorgehen von Spezialeinheiten – Protestierende wurden in martialischen Einsätzen mehrfach in nicht markierte Einsatzwagen gesperrt – die spezifische Rechtsauslegung der Trump-Administration demonstrierte, so war es der Einsatz von *federal law enforcement* im Mai/Juni 2020 in Washington, D.C., der zu einer Gesetzesvorlage mit dem Ziel führte, präsidiale Befugnisse bei Protesten zu beschränken (vgl. Schiff 2020). Obwohl ein großer Teil der Protestierenden trotz aggressiver militärischer Taktiken friedlich blieb, sahen sich Angehörige des *Secret Service* aufgrund der Nähe der Demonstrierenden zum Weißen Haus – einige hatten eine Barrikade überwunden – veranlasst, den Präsident sowie Melania und Barron Trump für eine kurze Zeit in einen als Schutz vor terroristischem Anschlägen vorgesehenen Bunker zu bringen (vgl. Baker/Habermann 2020). Als eklatanten Kontrollverlust empfunden, stritt Trump die Sicherheitsunterbringung im Bunker ab und erschien drei Tage später, am 1. Juni, für einen Fototermin vor der St. John's Kirche auf dem Lafayette Square, wo er, absurdes Schauspiel, höchst ungeschickt eine Bibel hochhielt. Die Protestierenden, die sich im Bereich auf-

---

[55] Andere Quellen verweisen auf eine frühere Verwendung durch George Wallace und den berüchtigten „public safety commissioner" Eugene „Bull" Connor in Birmingham, Alabama (Burns 2020).

[56] *Twitter* markierte den *Tweet* als Aufruf zur Gewalt und damit als Verstoß gegen die Regeln der Plattform.

gehalten hatten, waren zuvor mit brachialen *riot control tactics* von Einheiten der *National Guard* und der *U.S. Park Police* vertrieben worden (Silverstein 2021).[57]

An den zahlreichen organisierten und spontanen Aktionen der Jahre 2020 und 2021, sie gelten als größte Protestbewegung der US-amerikanischen Geschichte (vgl. auch Mo/Poydras 2020; Eligon 2021), waren *Black Lives Matter-*Aktivist*innen sowie diejenigen, die sich mit deren Forderungen identifizierten, maßgeblich beteiligt. In D.C., so Jason Silverstein, startete der Ortsverband von *Black Lives Matter* „mutual aid initiatives in all eight wards of the city to work to bring about some of the changes that they've yet to see from institutions" (Silverstein 2021). Repetitive spektakuläre Gewalt wie auch das Spektakel Trump tendieren dazu, die konkrete Arbeit für systemische Veränderungen durch Aktivist*innen vor Ort aus dem Fokus zu rücken, ungesehen zu machen, ein Aspekt, auf den ich zu Ende meiner Überlegungen noch einmal zurückkomme.

Ich habe in meinem Verweis auf Effekte von Bildern die kritische Beobachtung von Mo/Poydras bereits angesprochen, dass ikonische Fotografien vergangener Dekaden die dichotomische Gegenüberstellung von weißer Aggression und schwarzem stoischen Widerstand zu einem *singular narrative* werden ließen. Auch wenn die Kameratechnologien der letzten Dekaden und die Verbreitung von Bildern und Videos über soziale Medien diese Eindimensionalität durchbrechen, so führt ein preisgekröntes Video wie Darnella Fraziers letztlich die etablierte Bildtradition fort. Der Fokus auf Gewalthandlungen, so der Historiker Martin A. Berger, lenkt in problematischer Weise die kollektive Aufmerksamkeit weg von historischer Diskriminierung in Bereichen wie „public accomodation, voting rights, housing policies, and labor practices" (zit. in Mo/Poydras 2020), ein Grund, warum diese Bilder, so Bergers kritische Begründung, bei Weißen besonderen Anklang finden. Bilder von Plünderungen hingegen, von brennenden Gebäuden und Autos zeigen Protestierende als Antagonist*innen, erzeugen eine weitere binäre Relation, erstellen ein zweites ‚geschlossenes' Narrativ. Mo/Poydras fordern daher „more nuanced storytelling from community members" und führen als Beispiel ein Bild von Demonstrierenden an, das, so die Lesart, „joy, love, and unity" zeigt und die Trope von Protest als spektakulärem Konflikt zurückweist (ebd.). Ein weiteres Foto zeigt eine Familie nach ihrer Teilnahme an Protestkundgebungen auf dem Dach ihres Autos, alle mit erhobener Faust, in die Kamera

---

[57] Offensichtlich kam es zu kritischen Kommentaren selbst durch Angehörige des Militärs und durch Trump Unterstützer (vgl. Silverstein 2021). Die Einberufung der *National Guard* war gegen den Willen der Bürgermeisterin und des D.C. *Council* sowie ohne das übliche Prozedere im Kongress erfolgt. Es gilt allerdings unterdessen als erwiesen, dass die Protestierenden nicht wegen des Fototermins vertrieben wurden, wie zunächst berichtet. Das „Lawyers Committee for Civil Rights under Law" sowie weitere Organisationen reichten Klage ein (vgl. Laywer's Committee for Civil Rights under Law 2020).

Die Veröffentlichung seines *Enthüllungsmemoirs* ankündigend, berichtet der ehemalige Verteidigungsminister Mark Esper, dass Trump im Meeting vor dem Fototermin gefragt habe, ob das Militär den Protestierenden nicht einfach in die Beine schießen könne (vgl. den Ausschnitt aus dem Interview mit *CNN News*, 09.05.2022).

lachend. In Los Angeles, wo Protest in Form eines „love dance" stattgefunden hatte, hält ein junges Mädchen ein Plakat mit den Worten „RAGE" und „LOVE!" hoch (ebd.). Die Argumentation von Mo/Poydras, wie die Bilder selbst, rufen die Selbstdarstellung und die Ziele von *Black Lives Matter* fast wörtlich auf.

Trump hat 2019 seinen ersten Wohnsitz von New York nach Mar-a-Lago, Florida, verlegt. In der Tat war er seit Sommer 2020 sowohl in Washington D.C. wie in New York umgeben von unübersehbaren Zitaten des Appells „Black Lives Matter". So wurde in unmittelbarer Nähe zum Weißen Haus ein Teilbereich der „16th Street" als „Black Lives Matter Plaza" benannt, und Bürgermeisterin Muriel Bowser ließ „BLACK LIVES MATTER" in riesigen Großbuchstaben auf die Straße malen.[58] Kyle Chayka spricht hier von einem „blatantly anti-Trump symbol", das zugleich öffentliche Kunst ist (Chayka 2020). Auch der damalige New Yorker Bürgermeister Bill de Blasio provozierte Trump mit „BLACK LIVES MATTER" direkt vor dem Trump Tower, wobei er selbst medienwirksam bei der Malaktion mithalf. Trump sprach daraufhin, ein weiteres Medienereignis, von einem „symbol of hate" (Liptak/Holmes 2020). Zweifelsohne leihen sich solche öffentlichen Aktionen für den Vorwurf der politischen Aneignung, oder gelten, so die Kritik des *Black Lives Matter*-Ortsverbands in Washington D.C. als „‚lip service'" (zit. in Chayka 2020).

Wenn *Black Lives Matter* und *antifa* in Trumps Rhetorik als ineinander ver-schwimmende Feindbilder fungierten – *antifa* sollte, laut einer *getweeteten* Ankündigung von Trump als terroristische Organisation eingestuft werden (vgl. Haberman/Savage 2020)[59] – so adaptiert Trump im Herbst 2020 angesichts der näher rückenden Präsidentschaftswahlen zunehmend die allgemeinere Rhetorik der *culture wars*:

Left-wing mobs have torn down statues of our founders, desecrated our memorials and carried out a campaign of violence and anarchy. […] Whether it is the mob on the street, or the cancel culture in the boardroom, the goal is the same: to silence dissent, to scare you out of speaking the truth and to bully Americans into abandoning their values (zit. in Niedzwiadek 2020).

Trump hatte bereits über Jahre das Stürzen und Entfernen von Statuen, die als materialisierte Geschichtsschreibung Sklaverei, Segregation und Gewalt repräsentieren oder zumindest unhinterfragt lassen, als ultimativen Akt der Disruption, der nationalen Zerstörung, verdammt. In dem zitierten Statement propagiert er zugleich das Opfer-Narrativ des US-amerikanischen Konservatismus,

---

[58] Das Logo der Organisation unterliegt keiner *copyright protection*. Als Aussage/Appell kann „Black Lives Matter" im öffentlichen Raum daher unterschiedlich dargestellt werden. Zahlreiche Städte in den USA folgten den Beispielen von Washington DC und New York, wobei die Ver-bindung von politischer Aussage und Kunst häufig betont wurde.

[59] In der Broschüre einer Firma, die „law enforcement training" anbietet, werden Mitglieder der Polizei informiert, dass sowohl *Black Lives Matter* wie *antifa* revolutionäre Bewegungen sind, deren Ziel es ist die Regierung zu stürzen und die extreme Gewalt planen (vgl. Foley 2020).

ein Versuch, das Momentum der andauernden Aktionen gegen Polizeigewalt und für, im weitesten Sinne, *racial justice* wahlkampfwirksam einzudämmen und zu unterlaufen.

Retrospektiv lassen sich Trumps geskriptete Worte als Vorlage lesen für die Auseinandersetzungen nach seiner Abwahl und für den Versuch der Republikanischen Partei, kulturelle wie politische Deutungshoheit zurückzugewinnen. Pejorativ verwendete Begriffe wie *critical race theory* – gemeint ist in der konservativen Fehlverwendung letztlich jedweder Verweis auf Sklaverei und Rassismus als konstitutiv für US-amerikanische Geschichte – sowie das Verbot von Curricula und Materialien zu den Themen sexuelle Orientierung und Gender Identitäten, von Kritiker*innen ironisch als „Don't Say Gay" bezeichnet, komplettieren die trumpsche Rhetorik (Bouie 2022).

„To be continued?"

Als selbsternannter Königsmacher, der in Mar-a-Lago Hof hält und Audienzen vergibt, zehrt Ex-Präsident Trump nach wie vor von seinem *celebrity*-Status. Republikanische Kandidaten, die von ihm unterstützt werden, oder die, sollte Trump erneut selbst kandidieren, sich als potentielle Konkurrenten aufstellen, versuchen häufig, seine Rhetorik, seine Performanz zu imitieren. Andere konservative Politiker*innen haben eigene Formen der Disruption, des Exzesses, des Trumpismus entwickelt. *Race,* Gender, Sexualität – immer interagierend – werden, so lässt sich schlussfolgern, entscheidende Faktoren im nächsten Präsidentschaftswahlkampf sein. Die derzeitigen *culture wars* sind laut Jamelle Bouie eingebunden in das große Projekt des Erodierens von *key public goods*, vor allem von frei zugänglicher Schulbildung, im Dienst von Kapital und hierarchischen Strukturen (Bouie 2022).[60] Vergleichbar dem McCarthyismus der späten 1940er und der 1950er Jahre, der sich unter dem Vorwand, sozialistische/kommunistische Infiltration aufzudecken, gegen progressive Aspekte des *New Deal* richtete, sind daher die *culture wars* ein Langzeitprojekt (ebd.). Und *class* als gewichtiger Faktor ist immer präsent.

Hauptverantwortlich für den Tod von George Floyd wurde Derek Chauvin in einem medial hochpräsenten Verfahren zu einer Haftstrafe von über zwanzig Jahren verurteilt, die drei weiteren involvierten Polizisten erhielten ebenfalls Haftstrafen. Die Strafen der Mörder von Ahmaud Arbery lauteten lebenslänglich bzw. lebenslänglich mit möglicher Bewährung. Kyle Rittenhaus, hingegen, der in Kenosha, Wisconsin, zwei Personen erschossen und eine Person verwundet hatte, wurde – die Tat galt auch Trump als Selbstverteidigung – freigesprochen (vgl. Bump 2020). Wenn vor allem das Verdikt gegen Chauvin und die Verurteilung der mitinvolvierten Polizisten in vielen Medien als Erfolg, als Beweis für ein

---

[60] Die umfassende Kriminalisierung von Schwangerschaftsabbrüchen ist ein weiterer integraler Bestandteil des konservativen Projekts.

letztlich funktionierendes Rechtssystem galten, so ist der Langzeiteffekt solcher juristischen Entscheidungen offen. Spektakuläre Strafprozesse und ihre Urteilsverkündigungen überlagern häufig die langwierige, auf Widerstand treffende Arbeit an tiefgreifenden systemischen Veränderungen, die, falls dennoch erfolgreich, sich in Statistiken erst mit zeitlicher Verzögerung niederschlagen. So wird das Engagement von *Black Lives Matter* für eine Umwidmung kommunaler Mittel zu Gunsten sozialer und psychologischer Betreuung anstelle von ubiquitärer Polizeipräsenz in nicht-weißen Wohnvierteln – bewusst polemisch als „Defund the Police" zum Slogan erklärt – auch in weiten Teilen der Demokratischen Partei abgelehnt.

Es sind vor allem *grassroots*-Aktivist*innen und Organisator*innen, die sich mit hohem Engagement in konkrete Projekte einbringen. Wenn Patrisse Khan-Cullors über viele Jahre selbst als *grassroots*-Aktivistin tätig war, so wurde sie zugleich – dies habe ich oben bereits erwähnt – aufgrund der hohen Sichtbarkeit von *Black Lives Matter* zur Akteurin in einer *celebrity*-Ökonomie.[61] Während *celebrity activism* vor allem im Sport eine wichtige Rolle spielt und von Trump entsprechend kritisiert wurde (vgl. McCaskill/McGraw 2020),[62] führt ein *celebrity*-Status, der im Unterschied zu charismatischer Führung immer eine medial bedingte ökonomische Facette hat, in einer systemkritischen Organisation potentiell zu Interessenskonflikten. Khan-Cullors unterzeichnete im Herbst 2020 unter anderem einen mehrjährigen *production deal* mit Warner Bros TV (James 2020), übernahm die Position einer *executive director* in *BLMGNF* und schuf die beiden bereits erwähnten Bereiche *Black Lives Matter Political Action Committee* und *Black Lives Matter Grassroots* – letzteres angeblich gegen den Willen von Ortsverbänden (vgl. Ramsey 2022). Von konservativen Medien ausgeschlachtet, wurde zudem die finanzielle Transparenz von *BLMGNF* – vor allem der Umgang mit den sehr hohen Spendenaufkommen – in Frage gestellt. So wurde Khan-Cullors der Erwerb von Luxusimmobilien aus Mitteln der Organisation unterstellt, woraufhin sich einige der Familien, die Opfer zu beklagen haben, von der Organisation distanzierten und die Unterstützung ihrer eigenen Stiftungen einforderten (vgl. Eligon 2021; Ramsey 2022). Die Leiterin von *Black Lives Matter* Oklahoma City, betont daher unmissverständlich: „We're not trying to do celebrity activism […]. We're trying to save lives, uphold lives and to empower Black lives" (zit. in Eligon 2021).

Spannungen, Unstimmigkeiten, Widerspruch waren immer, so übereinstimmende Kommentare, Teil von Bürgerrechtsbewegungen und -organisationen und waren häufig auch der Grund für die Entstehung neuer Bewegungen (vgl. Eligon 2021; Ramsey 2022). Konflikte innerhalb von *Black Lives Matter*

---

[61] Dies gilt, weniger spektakulär, auch für die beiden Mitbegründer*innen Alicia Garza und Opal Tometi, die bereits vor Jahren die Organisation verlassen hatten. Vgl. auch die Kritik an anderen *racial justice*-Organisationen in Eligon 2021.

[62] Trumps Auseinandersetzung mit politischen Stellungnahmen durch professionelle Sportler*innen leiht sich als komplexes, zu historisierendes Thema für eine eigene Untersuchung.

als Organisation sind aus einer solchen Perspektive daher eher erwartbar als außergewöhnlich. Dennoch hat Khan-Cullors ihre Funktion in der *BLMGNF* aufgegeben, auch wenn der Vorwurf der Veruntreuung von Geldern sich als nicht stichhaltig erwies und die Website der Organisation unterdessen einen großen als „Transparency Center" benannten Bereich enthält. Es wird sich herausstellen, inwieweit sich *Black Lives Matter* als Konstellation unterschiedlicher Suborganisationen neu, vielleicht strukturierter und hierarchischer aufstellt, und ob der Anspruch auf radikale Veränderungen einschließlich disruptiver Aktionen aufrechterhalten wird. Angesichts der (offensichtlich neueren) Selbstbeschreibung als „Black, abolitionist, philanthropic organization" bleibt die politische Ausrichtung eher offen (Black Lives Matter 2020b). Für hoch relevant halte ich die Aussage: „We are continuing to evolve from an organization that was boxed into Black death, to what it means to celebrate the fullness of Black life" (ebd.). Sie indiziert, wie auch die Betonung von Begriffen wie „love", „joy" oder „healing" einen verstärkten Schwerpunkt im ‚Bejahen von' schwarzem Leben angesichts des jahrelangen, aufreibenden ‚Kampfes gegen' systemische Zerstörung. Sollte hoch visibler *Black activism* möglicherweise jenseits von *Black Lives Matter* auch in Zukunft eine radikale Auseinandersetzung mit oppressiven gesellschaftlichen Verhältnissen beinhalten, so ist davon auszugehen, dass angesichts möglicher Machtgewinne der Republikanischen Partei und im Kontext der *culture wars* – mit oder ohne Donald Trump als Performer, der keine Disruption jenseits der eigenen duldet – neue/alte Konfrontationen vorprogrammiert sind.

Literatur

Alexander, Michelle: *The New Jim Crow: Mass Incarceration in the Age of Colorblindness.* New York 2010.
Arango, Tim: In Los Angeles, the ghosts of Rodney King and Watts rise again. In: *The New York Times* (14.02.2021), https://www.nytimes.com/2020/06/03/us/rodney-king-george-floyd-los-angeles.html (27.06.2022).
Associated Press: Trump tells Proud Boys: ‚Stand back and stand by' (30.09.2020), https://www.youtube.com/watch?v=qIHhB1ZMV_o (12.07.2022).
Baker, Peter/Haberman, Maggie: As protests and violence spill over, Trump shrinks back. In: *The New York Times* (31.05.2020), https://www.nytimes.com/2020/05/31/us/politics/trump-protests-george-floyd.html (10.06.2022).
Baysha, Olga: On „progressive neoliberalism" from a discursive perspective: „Progress" as an empty signifier. In: Academia Letters, Article 671. 2021, https://doi.org/10.20935/AL671.
Beer, Tommy: Trump called BLM protesters „thugs" but Capitol-storming supporters „very special". In: Forbes (06.01.2021), https://www.forbes.com/sites/tommybeer/2021/01/06/trump-called-blm-protesters-thugs-but-capitol-storming-supporters-very-special/?sh=73854c553465 (10.06.2022).
Black Lives Matter: About. 2020a, https://blacklivesmatter.com/about/ (10.06.2022).
Black Lives Matter: Transparency Center. 2020b, https://blacklivesmatter.com/transparency/ (10.06.2022).
Blommert, Jan: Trump's Tweetopoetics. In: *Tilburg Papers in Culture Studies* 203 (2018), https://research.tilburguniversity.edu/en/publications/trumps-tweetopoetics (10.06.2022).

Bloom, Joshua/Martin, Waldo E., Jr: *Black Against Empire: The History and Politics of the Black Panther Party*. Oakland, California 2016.

Bouie, Jamelle: Democrats, you can't ignore the culture wars any longer. In: *The New York Times* (22.04.2022), https://www.nytimes.com/2022/04/22/opinion/red-scare-culture-wars.html (10.06.2022).

Brennan Center for Justice: Domestic Employment of the Military (n. d.), https://www. brennancenter.org/issues/bolster-checks-balances/executive-power/domestic-deployment-military (10.06.2022).

Bump, Philip: Over and over, Trump has focused on Black Lives Matter as a target of derision or violence. In: *The Washington Post* (01.09.2020), https://www.washingtonpost.com/politics/2020/09/01/over-over-trump-has-focused-black-lives-matter-target-derision-or-violence/ (10.06.2022).

Burns, Katelyn: The racist history of Trump's „When the looting starts, the shooting starts"-tweet. In: *Vox* (29.05.2020), https://www.vox.com/identities/2020/5/29/21274754/racist-history-trump-when-the-looting-starts-the-shooting-starts (10.06.2022).

Buschendorf, Christa: Black Leadership: Prophetische Stimmen des Widerstands. In: Michael Butter/Astrid Franke/Horst Tonn (Hg.): *Von Selma bis Ferguson – Rasse und Rassismus in den USA*. Bielefeld 2016: 215–229.

Butter, Michael/Franke, Astrid/Tonn, Horst (Hg.): *Von Selma bis Ferguson – Rasse und Rassismus in den USA*. Bielefeld 2016.

Buzzsprout: Blue Collar Millionaire (2020), www.buzzsprout.com/1538530 (10.06.2022).

Chayka, Kyle: The mimetic power of D.C.'s Black Lives Matter mural. In: *The New Yorker* (09.06.2020), https://www.newyorker.com/culture/dept-of-design/the-mimetic-power-of-dcs-black-lives-matter-mural (10.06.2020).

Cillizza, Chris: Donald Trumps longtime legal strategy may be catching up with him. In: *CNN politics* (25.04.2022), https://edition.cnn.com/2022/04/25/politics/trump-legal-strategy-history/index.html. (10.06.2022).

Cineas, Fabiola: „No, Trump hasn't been the best president for Black America since Lincoln." In: *Vox* (21.10.2020), https://www.vox.com/21524499/what-trump-has-done-for-black-people. (27.06.2022).

CNBC: Blue Collar Millionaires (2015), www.cnbc.com/blue-collar-millionaire-full-episodes/ (10.06.2022).

CNBC: President Donald Trump releases video in response to the Capitol riot (08.01.2021), https://www.youtube.com/watch?v=ENIL-Uru-cM (10.06.2022).

CNN News: Esper: Trump suggested shooting protesters after George Floyd murder (09.05.2020), https://www.youtube.com/watch?v=kzJahzEJDoA (10.06.2022).

Coates, Ta-Nehisi: The first white president. In: *The Atlantic* (10/2017), https://www.theatlantic.com/magazine/archive/2017/10/the-first-white-president-ta-nehisi-coates/537909/ (10.06.2022).

The Combahee River Collective Statement (1977), https://americanstudies.yale.edu/sites/default/files/files/Keyword%20Coalition_Readings.pdf (27.06.2022).

Crenshaw, Kimberlé Williams: The girls Obama forgot. In: *The New York Times* (29.07.2014), https://www.nytimes.com/2014/07/30/opinion/Kimberl-Williams-Crenshaw-My-Brothers-Keeper-Ignores-Young-Black-Women.html (10.06.2022).

de Crèvecoeur, J. Hector St. John: What is an American? In: Paul Lauter (Hg.) *The Heath Anthology of American Literature*. Boston 2019: 1014–1019.

Cullors, Patrisse: *An Abolitionist's Handbook: 12 Steps to Changing Yourself and the World*. New York 2022.

Denver7: President Trump releases video responding to storming of the Capitol (06.01.2021), https://www.youtube.com/watch?v=AtMIPfmvTOg (10.06.2021).

Draper, Robert: „This Was Trump Pulling a Putin." In: *The New York Times Magazine* (11.04.2022), https://www.nytimes.com/2022/04/11/magazine/trump-putin-ukraine-fiona-hill.html?referringSource=articleShare (10.06.2022).

Eligon, John: Black Lives Matter has grown more powerful, and more divided. In: *The New York Times* (04.06.2021), https://www.nytimes.com/2021/06/04/us/black-lives-matter.html (10.06.2022).

Foley, Ryan J.: Police guide that calls BLM a terrorist group draws outrage. In: *abc News* (02.12.2020), https://apnews.com/article/police-guide-calls-blm-terrorist-group-8dc0afce2ce6 b60dbaa0d1d9c53ce1e3 (10.06.2022).

Frenkel, Sheera/Karni, Annie: Proud Boys celebrate Trump's ‚Stand by' remark about them at the debate. In: *The New York Times* (29.09.2020), https://www.nytimes.com/2020/09/29/us/ trump-proud-boys-biden.html (08.06.2022).

Garza, Alicia: *The Purpose of Power: How to Build Movements for the 21st Century.* New York 2021.

Greene-Hayes, Ahmad/Joy, James: Cracking the codes of black power struggles: Hacking, hacked, and Black Lives Matter. In: *The Black Scholar* 47/3 (2017): 68–78.

Hall, Kira/Goldstein, Donna M./Ingram, Matthew Bruce: The hands of Donald Trump: Entertainment, gesture, spectacle. In: *HAU: Journal of Ethnographic Theory* 6/2 (2016): 71–100.

Hanke, Bob: Trump's new face of power in America (2021), https://www.academia.edu/41169726/Trumps_New_Face_of_Power_in_America (10.06.2022).

Hirschfelder, Nicole: #BlackLivesMatter: Protest und Widerstand heute. In: Michael Butter/ Astrid Franke/Horst Tonn (Hg.): *Von Selma bis Ferguson – Rasse und Rassismus in den USA.* Bielefeld 2016: 231–260.

Holan, Angie Drobnic: In context: Donald Trump's ‚very fine people on both sides' remarks (transcript). In; politifact (26.04.2019), https://www.politifact.com/article/2019/apr/26/ context-trumps-very-fine-people-both-sides-remarks/ (10.06.2022).

James, Meg: Black Lives Matter co-founder Patrisse Cullors lands Warner Bros. TV production deal. In: Los Angeles Times (15.10.2020), https://www.latimes.com/entertainment-arts/ business/story/2020-10-15/black-lives-matter-patrisse-cullors-warner-bros-production-deal (10.06.2020).

Jutel, Olivier: Donald Trump's libidinal entanglement with liberalism and affective media power. In: Boundary 2 Online (23.10.2017), https://www.boundary2.org/2017/10/olivier-jutel-donald-trumps-libidinal-entanglement-with-liberalism-and-affective-media-power/ (10.06.2022).

Kessler, Glenn: Fact check: Trump's claim that he built his company with $1 million loan. In: *The Washington Post* (20.10.2016), https://www.washingtonpost.com/politics/2016/live-updates/general-election/real-time-fact-checking-and-analysis-of-the-final-2016-presidential-debate/fact-check-trumps-claim-that-he-built-his-company-with-1-million-loan/ (12.07.2022).

Khan-Cullors, Patrisse; *When They Call You a Terrorist: A Black Lives Matter Memoir.* Edinburgh 2018.

Klein, Ezra: Elon Musk got twitter because he gets twitter. In: *The New York Times* (27.4.2022), https://www.nytimes.com/2022/04/27/opinion/elon-musk-twitter.html (27.06.2022).

Kopp, Luvena: Der Fall Michael Brown: (Symbolische) Polizeigewalt und kollektive Fantasie. In: Michael Butter/Astrid Franke/Horst Tonn (Hg.): *Von Selma bis Ferguson – Rasse und Rassismus in den USA.* Bielefeld 2016: 261–286.

Krieg, Gregory: 14 of Trump's most outrageous ‚birther' claims – half from after 2011. In: CNNpolitics (16.09.2016), https://edition.cnn.com/2016/09/09/politics/donald-trump-birther/ index.html (10.06.2022).

Laywer's Committee for Civil Rights under Law: Black Lives Matter D.C. vs. Trump (2020), https://www.lawyerscommittee.org/black-lives-matter-d-c-vs-trump/ (27.06.2022).

Lepore, Jill: The Invention of the police. In: *The New Yorker* (13.07.2020), https://www.newyorker.com/magazine/2020/07/20/the-invention-of-the-police (27.06.2022).

Lind, Dara: Black Lives Matter vs. Bernie Sanders, explained. In: *Vox* (02.09.2015), https://www.vox.com/2015/8/11/9127653/bernie-sanders-black-lives-matter (10.06.2022).

Liptak, Kevin/Holmes, Kristen: Trump calls Black Lives Matter a ‚symbol of hate' as he digs in on race. In: *CNNpolitics* (01.07.2020), https://edition.cnn.com/2020/07/01/politics/donald-trump-black-lives-matter-confederate-race/index.html (10.06.2022).

Lobo, Sascha: Elon Musk. Der große Irritainer. In: *Spiegel Online* (13.04.2022), https://www.spiegel.de/netzwelt/netzpolitik/elon-musk-der-grosse-irritainer-kolumne-von-sascha-lobo-a-0b199f21-353c-40cd-89e0-3dc9e5d2785c (10.06.2022).

Long, Michael G./Williams, Yohuru: Oped: The clenched fist. In: *AFRO News* (06.01.2021), https://afro.com/oped-the-clenched-fist/ (10.06.2022).

Marshall, P. David: Celebrity, politics, and new media: an essay on the implications of pandemic fame and persona. In: *International Journal of Politics, Culture, and Society* 33 (2020): 89–104.

McCaskill, Nolan D./McGraw, Meridith: Sports stars' intensifying activism is a blow to Trump. In: *Politico* (27.08.2020), https://www.politico.com/news/2020/08/27/sports-stars-intensifying-activism-trump-nba-403887 (10.06.2022).

Megerian, Chris: What Donald Trump has said through the years about where President Obama was born. In: *Los Angeles Times* (16.09.2016), https://www.latimes.com/politics/la-na-pol-trump-birther-timeline-20160916-snap-htmlstory.html (10.06.2022).

Miller-Idriss, Cynthia: Women among the Jan. 6 attackers are the new normal of right-wing extremism. In: *MSNBC* (08.01.2022), https://www.msnbc.com/opinion/women-among-jan-6-attackers-are-new-normal-right-wing-n1287163 (10.06.2022).

Mo, Nicole/Poydras, Myles: How will we remember the protests? In: *The Atlantic* (31.12.2020), https://www.theatlantic.com/culture/archive/2020/12/how-will-we-remember-protests/617515/ (10.06.2022).

Moody, Chris/Holmes, Kristen: Donald Trump's history of suggesting Obama is a Muslim. In: *CNNpolitics* (19.09.2015), https://edition.cnn.com/2015/09/18/politics/trump-obama-muslim-birther/index.html (10.06.2022).

Motyl, Katharina: Der *War on Drugs,* die Hyperinhaftierung sozial schwacher Afroamerikaner und Perspektiven der Strafrechtsreform. In: Michael Butter/Astrid Franke/Horst Tonn (Hg.): *Von Selma bis Ferguson – Rasse und Rassismus in den USA.* Bielefeld 2016. 191–213.

MSNBC: Attacked Donald Trump protester Rakeem Jones speaks out. The last word. (11.03.2016), https://www.youtube.com/watch?v=eM7bzehxOrM (10.06.2022).

Nacos, Brigitte L./Shapiro, Robert Y./Bloch-Elkon, Yaeli: Donald Trump: Aggressive rhetoric and political violence. In: *Perspectives on Terrorism* 14/5 (Oct. 2020): 2–25, https://www.universiteitleiden.nl/binaries/content/assets/customsites/perspectives-on-terrorism/2020/issue-5/nacos-et-al.pdf (10.06.2022).

National Archives: 13th Amendment to the U.S. Constitution: Abolition of slavery (10.05.2022), https://www.archives.gov/milestone-documents/13th-amendment (10.06.2022).

NBC News: Full video: Kanye West's meeting with President Donald Trump at the White House (12.10.2018), https://www.youtube.com/watch?v=jLmQ57mEGFs (10.06.2022).

Niedzwiadek, Nick: Trump goes after Black Lives Matter, ‚toxic propaganda' in schools. In: *Politico* (17.09.2020), https://www.politico.com/news/2020/09/17/trump-black-lives-matter-1619-project-417162 (10.06.2022).

Olson, Greta: Love and hate online: Affective politics in the era of Trump. In: Sara Polak/Daniel Trottier (Hg.): *Violence and Trolling on Social Media. History, Affect, and Effects of Online Vitriol.* Amsterdam 2020: 153–178. https://doi.org/10.1515/9789048542048.

Ransom, Jan: Trump Will Not Apologize for Calling for Death Penalty Over Central Park Five. In: *The New York Times* (26.04.2019), https://www.nytimes.com/2019/06/18/nyregion/central-park-five-trump.html (10.06.2022).

Ramsey, Donovan X: After quitting BLM, co-founder Patrisse Cullors is healing: ‚I really thought I was gonna die'. In: *Los Angeles Times* (13.01.2022), https://www.latimes.com/california/story/2022-01-13/patrisse-cullors-black-lives-matter (10.06.2022).

Schäfer-Wünsche, Elisabeth/Klöckner, Christian: Politics of celebrity: The case of Donald Trump (19.07.2016), https://www.nas.uni-bonn.de/Events/esw-ck_script (10.06.2022).

Schiff, Adam: Schiff introduces Bill to prevent misuse of military in domestic law enforcement (23.06.2020), https://schiff.house.gov/news/press-releases/schiff-introduces-bill-to-prevent-misuse-of-military-in-domestic-law-enforcement (10.06.2022).

Schleusener, Simon: 'You're Fired!' Retrotopian Desire and Right-Wing Class Politics. In: Gabriele Dietze/Julia Roth (Hg.): *Right-Wing Populism and Gender. European Perspectives and Beyond.* Bielefeld 2020: 185–206.

Serwer, Adam: Birtherism of a nation. In: *The Atlantic* (14.05.2020), https://www.theatlantic.com/ideas/archive/2020/05/birtherism-and-trump/610978/ (10.06.2022).

Silverstein, Jason: The global impact of George Floyd: How Black Lives Matter protests shaped movements around the world. In: *CBSnews* (04.06.2021), https://www.cbsnews.com/news/george-floyd-black-lives-matter-impact/ (10.06.2022).

Smith, Barbara: From combahee river collective to Black Lives Matter (21.06.2021), https://blacklivesmatter.com/barbara-smith-from-combahee-river-collective-to-black-lives-matter/ (12.07.2022).

Squires, Camille/Markham-Cantor, Alice: Ten years since Trayvon: The story of the first decade of Black Lives Matter. In: *New York* (21.012022), https://nymag.com/article/black-lives-matter-2022.html (10.06.2022).

Sternheimer, Karen: *Celebrity Culture and the American Dream: Stardom and Social Mobility.* New York 2011.

Street, John: Celebrity politicians: Popular culture and political representation. In: *BJPIR* 6 (2004): 435–452, https://doi.org/https://doi.org/10.1111/j.1467-856X.2004.00149.x.

Street, John: What is Donald Trump? Forms of ‚celebrity' in celebrity politics. In: *Political Studies Review* 17/1 (2019): 3–13, https://doi.org/10.1177%2F1478929918772995.

Sugrue, Thomas J.: 2020 is not 1968. To understand today's protests, you must look further back. In: *National Geographic* (04.06.2020), https://www.nationalgeographic.com/history/article/2020-not-1968 (27.06.2022).

Taylor, Keeanga-Yamahtta: *From #Black Lives Matter to Black Liberation.* Chicago 2016.

Taylor, Keeanga-Yamahtta (Hg.): *How We Get Free: Black Feminism and the Combahee River Collective.* Chicago 2017.

Tayler, Keeanga-Yamahtta: From #Black Lives Matter to black liberation (25.06.2019), https://www.youtube.com/watch?v=IA1OW_2fvow (10.06.2022).

TheNewsNgo: if you dont fight like hell youre not going to have a country anymore (06.01.2021), https://www.youtube.com/watch?v=9mPKUNVlsrY (12.07.2022).

Tonn, Horst: Detroit, Philadelphia, Baltimore: Rassenkonflikte in urbanen Brennpunkten. In: Ders./Michael Butter/Astrid Franke (Hg.): *Von Selma bis Ferguson – Rasse und Rassismus in den USA.* Bielefeld 2016: 139–156.

Toppodcast: Blue Collar Millionaire (2020), toppodcast.com/podcast_feeds/blue-collar-millionaire/. (10.06.2022).

Trump, Donald: On the Black Lives Matter movement. Interview with Don Lemon. CNN (02.09.2015). https://www.youtube.com/watch?v=-_u4QLK8R-E (10.06.2022).

Trump, Donald: Remarks by President Trump in Meeting with African American Leaders. (27.02.2020a), https://trumpwhitehouse.archives.gov/briefings-statements/remarks-president-trump-meeting-african-american-leaders/ (10.06.2022).

Turner, Graeme: *Understanding Cele*brity. London 2014.

Turner, Patricia A.: Respecting the smears: Anti-Obama folklore anticipates fake news. In: *Journal of American Folklore* 131/522 (2018): 421–425, https://doi.org/10.5406/jamerfolk.131.522.0421.

Wideman, *John: Brothers and Keepers.* London 1985.

Wideman, John: *Fatheralong.* New York 1994.

Waldschmidt-Nelson, Britta: ‚Strong people don't need strong leaders!' Ella Jo Baker and the role of black women in the civil rights movement. In: Patrick B. Miller/Therese Frey

Steffen/Elisabeth Schäfer-Wünsche (Hg.): *The Civil Rights Movement Revisited: Critical Perspectives on the Struggle for Racial Equality in the United States.* Hamburg 2001: 87–104.

Walters, Joanna: Troops referred to Ferguson protesters as ‚enemy forces‘, emails show. In: *The Guardian* (17.04.2015). https://www.theguardian.com/us-news/2015/apr/17/missouri-national-guard-ferguson-protesters-email (10.06.2022).

Wise, Tim: *Dispatches from the Race War.* San Francisco 2020.

Yancy, George/Butler, Judith: What's wrong with ‚All Lives Matter'? In: *The New York Times* (12.01.2015), https://opinionator.blogs.nytimes.com/2015/01/12/whats-wrong-with-all-lives-matter/ (10.06.2022).

Zakarin, Jordan: How Patrisse Cullors, Alicia Garza and Opal Tometi created the Black Lives Matter movement". In: *Biography* (27.01.2022), https://www.biography.com/news/patrisse-cullors-alicia-garza-opal-tometi-black-lives-matters-origins (10.06.2022).

Donald Trumps Medien

Niels Werber

„Potus als Twitterer"

Am 20. Januar 2017 hat Donald Trump das Amt des 45. Präsidenten der Vereinigten Staaten von Amerika übernommen. An diesem Tag versendet Barack Obama seinen letzten *Tweet* vom *Twitter*-Account des President of the United States, @potus: „I'm still asking you to believe – not in my ability to bring about change, but in yours. I believe in change because I believe in you." Der Account wird noch am selben Tag als @potus44 von *Twitter* archiviert. @Potus steht ab dem 21. Januar 2017 dem neuen Präsidenten, Donald Trump, zur Verfügung. Von diesem Account wird an diesem 21.01.2017 folgender *Tweet* abgesetzt: „January 20th 2017, will be remembered as the day the people became the rulers of this nation again." Derselbe *Tweet* wurde kurz zuvor vom Account @realDonaldTrump abgesetzt. Damit wird eine kurzlebige Praxis etabliert: Der präsidiale @potus Account setzt Mitteilungen ab, die bis ins letzte Zeichen identisch mit *Tweets* sind, die vorher @realDonaldTrump getwittert hat. Ab Februar 2017 habe ich keine Beispiele mehr dafür finden können, dass @potus und @realDonaldTrump in dieser Form die gleichen Botschaften versenden. Eine neue Praxis ist etabliert worden: @potus retweetet nun jeden *Tweet,* der von @realDonaldTrump versendet wird. @potus ist ein Retweetbot. Das Amt dient als *Amplifier* der *Twitter*-Reichweite des Milliardärs, der schon seit März 2009 einen Account unterhält und am 4. Mai 2009 seinen ersten *Tweet* abgesetzt hat. Seitdem geht es rasant aufwärts. Am 29. Oktober 2009 zählt Trump nahezu 500.000 *Follower,* aufgrund der schnellen Steigerung seiner Resonanz wird (von der Statistikplattform https://twittercounter. com/realDonaldTrump) prognostiziert, binnen 179 Tagen die Zahl von einer

N. Werber (✉)
Universität Siegen, Siegen, Deutschland
E-Mail: werber@germanistik.uni-siegen.de

L. Koch et al. (Hrsg.), *The Great Disruptor,*
https://doi.org/10.1007/978-3-662-66308-0_7

Million *Follower* zu erreichen. Auch wenn es nicht unbedingt der „best Account to follow on Twitter" (03.06.2013) sein mag, wie Trump das mehrfach für sich reklamiert, steht doch fest: Trump ist ein Twitterer, der Präsident wird. Am Tag *vor* der Amtsübernahme (19.01.2017) folgen seinem Account @realDonaldTrump 20.322.176 *Twitter-Follower*, eine veritable *Multitude* menschlicher und nicht-menschlicher Agenten, Anhänger*innen und Gegner*innen. Zu dieser durchaus heterogenen Menge von Abonnent*innen des Accounts, die alles andere als eine Gefolgschaft darstellt, später mehr auch zum Politischen einer Medienpraxis, die heute geradezu selbstverständlich, etwa von Peter Strohschneider in seinem Essay „POTUS als Twitterer", als „populistische Textpraxis" bezeichnet wird (Strohschneider 2018: 61).

Zunächst ist Trumps Twittern aber erst einmal eine Praxis, die vor allem auf Popularität zielt und Popularität auch nachweisbar erreicht. Diese Popularität von @realDonaldTrump lässt sich messen und vergleichen – und zwar sehr genau und mit allen anderen Accounts, wer auch immer sie betreiben mag. Die Popularität im Sinne messbarer Beachtungserfolge, auf die es hier ankommt, setzt zuerst und vor allem auf Quantitäten – unterläuft also alle tradierten high/low-Unterscheidungen, Qualitätsstandards, Regeln der Meinungsäußerung im öffentlichen Raum, Kohärenzansprüche usw. Dies lässt sich sehr gut im Jahr 2009 beobachten, dem Jahr, in dem Donald J. Trump sich einen *Twitter*-Account zulegt.

Trumps und *Twitters* Popularität

Am 17.04.2009 hat der junge Schauspieler und damalige Lebensgefährte von Demi Moore, Ashton Kutcher, gegen *CNN* den Wettbewerb gewonnen, wer als erster eine Million *Follower* auf *Twitter* erreicht. Dass Kutcher gewinnt, zeigt ganz schön, dass die Popularisierungsbedingungen auf *Twitter* andere sind als die der traditionellen Massenmedien. Es ist fraglich, ob Kutcher *CNN* bei den Einschaltquoten schlagen würde, würde er einen Nachrichtensender gründen. Ebenfalls bliebe unwahrscheinlich, ob er im Falle einer Zeitungsgründung hinsichtlich der Abonnementzahlen erfolgreich mit der *New York Times* konkurrieren könnte. Kutchers *Twitter*-Sieg illustriert, dass es auf der Plattform vor allem um Beachtung geht, die beispielsweise in *Follower*-Zahlen zu messen ist, und nicht um all die unzähligen Unterschiede, die zwischen den *Tweets* von Ashton Kutcher und den Nachrichten bestehen, die *CNN* sendet.

Das Wettrennen eines Popstars gegen einen der wichtigsten Nachrichtensender der Welt hat aber vor allem ganz entscheidend dazu beigetragen, die zuvor unbekannte Mikroblogging-Plattform eines Start-ups zu popularisieren (vgl. Paßmann 2018: 290). „Twitter race: Ashton Kutcher trumps *CNN* with one million followers", lautet eine Schlagzeile aus dem April 2009 (*Telegraph* vom 17.04.2009). Kurz nach dieser Erfolgsmeldung mit ihrem Seitenhieb auf die etablierten Massenmedien schickt der Account @realDonaldTrump seinen ersten *Tweet* in die Welt. Trump startet nicht mit dem Thema *CNN*, sondern mit

CBS – und zwar mit dem Hinweis auf seinen Auftritt in einer sehr populären *late night show:* „Be sure to tune in and watch Donald Trump on Late Night with David Letterman as he presents the Top Ten List tonight" (04.05.2009)! Trump präsentiert an diesem Abend in der *Late Show* auf CBS mitten in der Bankenkrise zehn mehr oder minder originelle Finanztipps von „buy golf courses" (natürlich in seinen Resorts) über „sent me 29.99 $ to get a tip und visit the Trump casino in Atlanta" bis zu seiner „No. 1: marry and divorce me".[1] Der bemühte Witz besteht darin, in der Finanzkrise das Geld in Richtung Trump fließen zu lassen, der im Jahre 2009 zum vierten Mal bankrottiert und die Insolvenz seines Unternehmens *Trump* nach „Kap. 11" zu restrukturieren sucht (Berke 2015).

Im Rückblick ist an diesem ersten *Tweet* interessant, dass Trump weit davon entfernt ist, das Massenmedium Fernsehen zu schmähen und seine *Social Media*-Präsenz pauschal gegen die *Fake News Media* in Stellung zu bringen, wie es nach Auskunft Peter Strohschneiders typisch für Donald Trump sein soll (Strohschneider 2018: 61, 71 f.). Der erste *Tweet,* der gegen die *Fake News* wettert, stammt erst vom 10. Dezember 2016 und scheint wieder eher auf etwas plumpe Art witzig gemeint zu sein als die Offensive eines „Medienkriegs" einzuleiten (ebd.: 72). Trump twittert: „Reports by @CNN that I will be working on The Apprentice during my Presidency, even part time, are ridiculous & untrue – FAKE NEWS!" Erst ein Jahr später wird die Bezeichnung „FAKE NEWS" in einem Trump-*Tweet* zur Parole einer Diffamierungskampagne eines amerikanischen Präsidenten gegen die Nachrichtenmedien seines Landes: „FAKE NEWS – A TOTAL POLITICAL WITCH HUNT" (10.01.2017)!

Was Trump in seinem ersten und durchaus exemplarischen *Tweet* unternimmt, ist der Versuch, seinen Account über die Referenz einer populären TV-Show eines prominenten TV-Hosts zu popularisieren, überdies mit dem Hinweis auf das selbst sehr populäre Format einer Top-Ten-Liste. *Parasitäre Popularität* könnte man es nennen, wenn dieser erste *Tweet Follower,* Kommentare und *Favs* dadurch generiert, dass er alle *Late Show*- und Letterman-Fans adressiert. Denn es ist schwer auszumachen, ob die *Twitter*-Resonanz tatsächlich Trump gilt oder nicht doch David Letterman, seinem Gastgeber, dessen *The Late Show* im Jahr 2009 durchschnittlich 3,8 Mio. Zuschauer zugesehen haben, also über 3 Mio. mehr als Trump zu dieser Zeit *Twitter-Follower* zählt. Genau so hat *Twitter* zwei Wochen zuvor von der Popularität von *CNN* profitiert, insofern der extrem reichweitenstarke Nachrichtensender über seinen Wettlauf mit Ashton Kutcher ausführlich berichtet hatte. Massenmedien sind für die Popularisierung *Twitters* entscheidend. Dass sie als Popularisierungsverstärker fungieren, hat sich bis heute nicht geändert. Trump verweist in seinen *Tweets* bis April 2019 510 mal auf *CNN,* 102 mal auf *CBS,* 953 mal auf *NBC,* 1480 mal auf *Fox* und einige hundertmal auf *Washington Post* und *New York Times.* Umgekehrt werden seine *Tweets* in diesen Medien zitiert und kommentiert, worauf Trump wiederum häufig per *Twitter* hin-

---

[1] https://www.youtube.com/watch?v=Saznopjn5WY&t=1s (11.03.2019).

weist. Aller erklärten Feindschaft zwischen den „fake news media" (119 mal) und dem Präsidenten steigern Trumps *Twitter*-Account und diese Massenmedien wechselseitig ihre Popularität. Die Zahl der Abonnentïnnen steigt auf beiden Seiten.

Zurück zu Trumps *Top Ten,* die sein erster *Tweet* annonciert. Ganz oben auf der Liste, auf Platz 1, platziert Trump seinen Supertipp für den Weg zum Geld in der *subprime crisis:* „marry and divorce me". Ganz oben steht er selbst. „Was an der Spitze einer Rangliste von Dingen steht, die Menschen besitzen, (ver-)wünschen oder – im Falle von Aussagen – sich als Meinung zurechnen, gehört zur populären Kultur im weitesten Sinne" (Hecken 2006: 87). Trump reklamiert Popularität in einer Form, die Vergleichbarkeit erlaubt und so Rankings ermöglicht: Platz eins liegt vor Platz zwei, worum es auch immer gehen mag. Genauer betrachtet, handelt es sich bei Trumps *Top Ten* um eine „auktoriale Liste" und nicht um eine „anonyme", algorithmisch generierte Liste (Schaffrick 2016: 110), insofern Trumps *Top Ten* nicht der Reihenfolge empirisch gemessener und ausgewerteter Popularität entspricht, wie dies etwa bei den *Top Ten*-Listen der Musikcharts und Hitparaden der Fall ist. Es ist eher eine Liste, wie sie Literatur-, Musik- oder Filmkritikerïnnen zusammenstellen, wenn sie die besten zehn Romane, Singles oder Spielfilme aller Zeiten oder auch der Saison auswählen und in eine Rangfolge bringen; auch dies ist eine genuin populärkulturelle Praktik. Obgleich die Auswahl der *Items* und ihre Anordnung in Trumps auktorialer *Top Ten*-Liste also ganz offensichtlich allein „individuell zurechenbar" ist, versäumt es Trump nicht, sich selbst ganz oben zu positionieren, ganz so, als komme diesem Platz 1 die gleiche Bedeutung zu wie dem Platz 1 in einem Ranking empirischer Beachtungsmessung. Auch dies ließe sich als parasitäre Popularität bezeichnen. Der Platz 1 einer auktorialen Liste profitiert von der Popularität, die den metrischen Verfahren der Beachtungsmessung gemeinhin zukommt.

In Trumps Timeline kann man beides beobachten: Den Verweis auf solche Ranglisten, die aufgrund von quantitativen Messverfahren Zählergebnissen ausstellen und Zahlen in Ziffern ausdrücken (Heintz 2018: 633), und die Aufstellung auktorialer Ranglisten, je nachdem ob Trump sich gut platziert vorfindet oder ob er selbst sich gut platzieren muss. Der Form nach unterscheiden sich diese Listen nicht: Es sind die *Top Ten* oder die *Top Five*. Auch nach anderen Auftritten in *Late Night Shows* bezeugt Trump auf *Twitter* sein Interesse an quantitativ erwiesenen Beachtungserfolgen. „Ratings were great! A big win", heißt es in einem *Tweet* vom 26. Januar 2016 über eine Miss Universum Wahl. Beispiele aus dem Wahlkampf: „The media refuses to talk about the three new national polls that have me in first place. *Biggest crowds ever* – watch what happens" (21.10.2016)! Und: „@CNBC continues to report fictious poll numbers. *Number one,* based on every statistic, *is Trump* (by a wide margin). They just can't say it" (28.10.2015)! Trump macht seine Popularität immer wieder zum Thema seiner *Tweets:* „Wow, ratings are just out", twittert er am 22.01.2017 über die beste und größte Inauguration aller Zeiten.

Donald J. Trump ✓
@realDonaldTrump

(Folgen) ∨

"**@financeturd**: **@realDonaldTrump** you have many more followers on Twitter than Mark Cuban" I also have far greater wealth and athleticism!

🌐 Tweet übersetzen

14:40 - 23. Apr. 2014

Abb. 1 Tweet von @realDonaldTrump (23.04.2014)

Solche Verlautbarungen sind typisch für eine ganze Serie von *Tweets,* die alle Trumps Popularität behaupten, belegen, inszenieren und weiter popularisieren – und zwar sehr häufig im Sinne eines Rankings, also typisch für jene Verfahren der Erzeugung und Visibilisierung von Differenz, die Steffen Mau zufolge „die Popularität von Politikern oder Popstars" gleichermaßen hierarchisieren (Mau 2017: 71). Trumps *Tweets* fokussieren immer wieder auf „metrische Wertigkeits-ordnungen", deren Zahlen einen „Wert" nicht nur anzeigen, sondern auch zuteilen (ebd.: 261 f.). Die *Tweets* eröffnen immer wieder neue „Vergleichsdimensionen" (ebd.: 262), in denen Trump exzelliert. Er ist smarter, reicher, athletischer und populärer als alle anderen, er hat die besseren Hotels, die schöneren Golfclubs, die beliebtere Show, die größere Zahl von *Twitter-Follower* (Abb. 1). *Trump is trumping everybody else.* Am 14. September 2014 twittert er: „Money was never a big motivation for me, except as a way to keep score. The real excitement is playing the game!" Geld lässt sich – wie die Zahl der *Follower, Retweets, Favs* oder *Likes* – leicht und genau messen, sodass sich angeben lässt, wer mehr und wer weniger hat. Wie bei der Quantifizierung des Sozialen insgesamt, dienen die von Trump aufgerufenen Metriken der „Universalisierung" und „Inszenierung des Wettbewerbs" sowie der Überführung qualitativer Differenzen in „quantitative Unterschiede" (ebd.: 17). Die quantitativ messbare Popularität, die in „Rang-listen" überführt wird und auf die es Trump ankommt, dient durchaus nicht einer „Valorisierung des Besonderen", sondern dem Nachweis eines kleinen, aber nach-weisbaren Abstands, der Trump „prozentual" von anderen „Stars" (Heintz 2018: 639) unterscheidet.

Trumps *Tweets* vollziehen dies nicht nur, sie reflektieren auch die Bedingungen der Beachtungserzeugung durch *scores, charts, ratings, rankings* usw. Dies gilt ausdrücklich nicht nur für seine Shows oder Unternehmen, sondern auch für Trumps Rolle als Politiker. Trumps „politische" *Tweets* belegen genau wie alle anderen das Gewicht, das der Popularität schlechthin und insbesondere der populären Inszenierung quantitativ messbarer Popularität in Rankings oder Ratings zukommt. „Polls looking great! See you soon", schreibt er am 7. November 2016. Oder „Any negative polls are fake news, just like the CNN, ABC,

NBC polls in the election", am 6. Februar 2017. Oder Trump retweetet Fox & Friends am 2. Juni 2017: „Wall Street hits record highs after Trump pulls out of Climate pact". Populäre Politik ist messbar.

Bekanntlich hat Trump den *popular vote* gegen seine Konkurrentin Hillary Clinton verloren und sich geweigert anzuerkennen, dass sie knapp 3 Mio. Stimmen mehr für sich gewinnen konnte. Trump twittert zu seinem Sieg: „In addition to winning the Electoral College in a landslide, I won the popular vote if you deduct the millions of people who voted illegally" (27.11.2016). Auch den *popular vote* habe er also in Wahrheit für sich entschieden, wenn man nur all die ‚illegalen' Wählerinnen und Wähler abzöge (vgl. Hecken 2017: 13). Damit noch einmal zurück zu Trumps Wahlerfolg und dem *Tweet* von @potus vom 21. Januar 2017.

Populismus

„January 20th 2017, will be remembered as the day the people became the rulers of this nation again" (20.01.2017). Vorher wurde das „Volk" von korrupten Eliten eher betrogen als regiert; nun aber, mit Trumps Amtsübernahme, übt das „wahre Volk" endlich wieder selbst die Staatsgewalt aus, so ließe sich dieser *Tweet* mit Jan-Werner Müller programmatisch als populistisches Programm reformulieren. Müller hat in einem instruktiven und sehr erfolgreichen Essay einen Vorschlag zur Definition unterbreitet, was Populismus „eigentlich" bzw. wer „wirklich ein Populist" sei (Müller 2015: 28; Müller 2016: 11): Im Unterschied zu vielen ähnlichen Phänomenen von Extremist*innen bis zu stammtischseligen Advokaten der Volkstümlichkeit seien Populismen *anti-elitär* und *anti-pluralistisch* zugleich (Müller 2015: 30). Der „*Kernspruch* aller Populisten", so macht Müller seine Hypothese anschaulich, laute „stets ungefähr so: ‚Wir – und *nur wir* – repräsentieren das wahre Volk'" (Müller 2016: 26). Und diese Anmaßung spricht jeder anderen Partei und selbst dem vom Volk gewählten Parlament bzw. dem gewählten Staatsoberhaupt ab, das *wahre* Volk *wirklich* zu vertreten. Müllers Definition ist – aller berechtigten Kritik an ihrer Formalität (Manow 2018b: 27 f.) zum Trotz – hilfreich, denn sie scheidet alle nur möglichen Politikerinnen und Politiker aus, die derb oder volksnah auftreten, Probleme vereinfachen oder zuspitzen, leugnen oder mit absurden Mitteln zu lösen versprechen, jedoch „keinen solchen moralischen Alleinvertretungsanspruch für sich reklamier[en]" (Müller 2016: 26). Der in der Populismusforschung verbreitete Verzicht auf eine inhaltliche Bestimmung des Begriffs (Manow 2018b: 27) zugunsten eines rein formalen Verständnisses (anti-pluralistisch, anti-elitär, vgl. Müller 2016: 26) erklärt womöglich den Erfolg des Vorschlags, der keine Unterscheidungen zwischen unterschiedlichen Regionen, politischen Systemen, Traditionen politischer Partizipation, Medienpraktiken, Ideologien, Ökonomien usw. erfordert.

In seinem Aufsatz „POTUS als Twitterer" hat Peter Strohschneider diesen Beitrag Müllers ausführlich referiert und als Muster für seine Analyse der „spezifischen Textpraxis populistischer Politiken" (Strohschneider 2018: 63) übernommen. Seine *Twitter*-Lektüren verdichtet Strohschneider zur These einer „Strukturhomologie zwischen populistischer Politik und einem bestimmten Typus netzschriftlicher Textpraxis", insbesondere natürlich der „trumpschen Tweets" (ebd.: 71). Trumps „populistische Textpraxis", so Strohschneider, konstituiere einerseits ein „homogenes Kollektiv", quasi Müllers „wahres Volk", und reklamiere fortwährend für sich und nur für sich, anders als die korrupten Eliten dieses wahre Volk zu repräsentieren (ebd.: 61, 68). Nimmt man Müllers Definition als Suchraster und durchmustert Trumps *Timeline* nach anti-elitären und anti-pluralistischen *Tweets*, dann wird man häufig genug fündig. Allerdings hat man dann keine Medienpraxis beschrieben, schon gar keine *Twitter*-spezifische Praktik, sondern eine semantische Analyse durchgeführt, die auch bei einer anderen Medienauswahl zu den gleichen Ergebnissen geführt hätte: Was Trump im TV sagt, in seinen Shows, in seinen Pressebriefings, in Zeitungsinterviews – das alles ließe sich auch nach der Müller-Formel ertragreich durchmustern. Man würde auch bei Grillo, le Pen, Wilders, Orbán oder Chavez fündig werden, um die Personen zu nennen, die als Motive eines populistischen Quartettspiels das Cover von Müllers Buch (2016) zieren. Weltweit ließen sich so schnell überzeugende Kandidat*innen für die Etikettierung als Populist*in finden. Schwieriger wird es, aufgrund dieser Musterung spezifischer zu werden. Warum es im Falle Trumps zu einer „Strukturhomologie zwischen populistischer Politik und einem bestimmten Typus netzschriftlicher Textpraxis" gekommen sein soll, erschließt sich so nicht, denn die populistische Politik im Sinne Strohschneiders bzw. Müllers findet man überall dort, wo Trump sich äußert, auf seinen *Rallies,* in den Massenmedien und eben auch in den sozialen Medien. Ich werde gleich selbst auf die Spezifität des Twitterns einzugehen suchen, aber um meine Beobachtungen zu konturieren, möchte ich zunächst Strohschneiders Thesen zu „POTUS als Twitterer" referieren und kommentieren. Zwei zentrale Passagen seien hier im Zusammenhang zitiert:

> „Die Trumpsche Tweet-Praxis unterstellt je schon alternativenloses Verständigtsein. Es geht ihr nicht ums Mitteilen und Verstehen, sondern um eine jenseits dessen liegende Teilhabe, um Partizipation. Darauf antwortet ein nicht reflexives, sondern im Gegenteil reflexhaftes Einverständnis, das als *following* (oder *sharing*) die zweideutigkeitslose Wirklichkeit einer homogenen Gefolgschaft integriert. Soziale Binnendifferenzierungen fehlen in ihr ebenso wie semantische Probleme. So wird ein Zusammenhang konstituiert, der weder einer Sprache der Distanz noch einer Sprache tatsächlicher Nähe zugeordnet werden könnte. Er ist in semantischer Hinsicht durch a-hermeneutisches Einverständigtsein gekennzeichnet und strukturell durch etwas, das man eine jenseits der Unterscheidung von Distanz und Nähe angesiedelte Abstandslosigkeit nennen möchte. Er wirkt als ein homogener Textraum, der all denjenigen, die ihn als *follower liken*, einen Erlebnismodus des phantasmatischen Darinnenseins ermöglicht. Insofern handelt es sich um eine Textlichkeit, die in dauererregter Exklamatorik ihre eigene medientechnische Vermitteltheit aus der Wahrnehmung bringt" (Strohschneider 2018: 68 f.).

Kein einziger *Tweet,* den Strohschneider zitiert, entspricht dieser Beschreibung. Der *Tweet* „A great day at the White House!" vom 31.07.2017 (ebd.: 68) beispielsweise erhält bis Dezember 2018 22.745 *Retweets* und 113.293 Likes – schaut man aber einmal in die Unmenge der Kommentare, dann sieht man sofort, dass weder *Following,* noch *Liken* oder *Retweeten* unbedingt Beispiele für „reflexhaftes Einverständnis" darstellen. Der *Tweet* findet zwar durchaus enthusiastische

Abb. 2   a und **b**: *Tweets* von @MagsVisaggs (02.08.2017) und @ritadaughery (04.08.2017)

Zustimmung, trifft zugleich aber auch auf rigorose Ablehnung. Lobpreisungen und Hasstiraden wechseln sich ab. Die vielen *Retweets* werden genauso mit affirmativen Kommentaren versehen wie mit kritischen, mit invektiven oder absurden Anmerkungen oder gar mit Werbebotschaften unterschiedlichster Akteure, die von der Popularität des Accounts profitieren wollen und ihn so zugleich weiter popularisieren. Gerade das, was Strohschneider *sharing* nennt, fällt überaus ambivalent aus. Der *Tweet* wird zwar verbreitet und mit den eigenen *Followers* geteilt, doch wird er eben auch auf jedem Account neu gerahmt. Das sieht dann bei einer Trumpistin ganz anders aus als bei einem Trump-Kritiker (s. Abb. 2a, b).

Ich zitiere nun die zweite Passage aus Strohschneiders Aufsatz:

„Und allein das *sharing* dieser Rede als likender *follower* gewährt reale, vermittlungslose Teilhabe an dieser Realität. An die Stelle räumlich-zeitlicher, epistemischer und sozial-politischer Differenzen und Kontingenzen tritt eine alle Vermitteltheiten wie Vorbehalte einebnende heiße, augenblickliche Gemeinschaftlichkeit, ein präsentistisches ‚Hier' und ‚Jetzt' und ‚Wir in unserer *realDonaldTrump*-Wirklichkeit' – dies aber nicht als religiöse Erfahrung oder als ästhetisches Ereignis, sondern als Instrument eines machtpolitischen Kalküls. Es ist ein Angriff auf alle Nicht-*Follower*. Ihnen fehle nämlich der *access* zu Trump und damit derjenige zur Wirklichkeit. Was sie zu sagen haben, entbehre jeglicher Geltung: *yet they know nothing about me & have zero access.* #FAKE NEWS! […] Dies ist die Programmatik einer alles Intermediäre ausschaltenden, populistischen Unmittel-barkeit und Vorbehaltlosigkeit. Zugleich sollte aber deutlich geworden sein, dass der Textualitätstyp der Trumpschen *Tweets* selbst strukturell populistisch ist. Sie realisieren in bedrückender Ausschließlichkeit, was das Kurznachrichtenmedium strukturell schon ermöglicht: die Reduktion aller Urteilsbildung auf den anti-hermeneutischen Dual eines begründungsfreien *like* und *dislike* sowie die Einteilung der Welt in Freund und Feind, in *Follower* und alle anderen. Die *Tweets* konstituieren einen netzschriftlichen Kommunikationsraum, in dem die Gemeinschaft der *Follower* mit ihrem Präsidenten in abstandsloser Direktheit zusammenkommt. Man teilt sich in alternativlose Fakten: Verschiedenste Sachverhalte – am 12. September 2017 Präsidentschaft, Journalismus, Unwetter, Kindsgeburten, Diplomatie – unterliegen unterschiedslos einer unzweifelhaften, seriell unentwegt reproduzierten konsensuellen Bewertung. Man teilt ein gemeinsames gewisses Wissen, in dem sich ein je schon gegebenes Verständigtsein direkt manifestiert" (ebd.: 69 f.).

Dies ist unzutreffend: Es gibt weder eine Gemeinschaft der *Follower* in dem Sinne, dass die *Twitter-Follower* des @realDonaldTrump-Accounts eine immer schon mit Ihrem Führer einverstandene Gefolgschaft Trumps darstellen würden, noch gibt es eine Feinderklärung an die Nicht-*Follower.* Die *Follower* zerfallen vielmehr selbst in Freund und Feind, wie sofort einsichtig wird, wenn man sich die Kommentare zu Trumps *Tweets* nur einmal anschaut. Die Kommentare zu *jedem Tweet* Trumps, und sei es ein Ostergruß, aus den letzten drei Jahren belegen, dass *Follower* auf *Twitter* nicht mit einem affirmativen *Gefolge* des Präsidenten zu verwechseln sind. Von einem „Phantasma der Metonymie des ‚Volkes' der *Follower* mit seinem populistischen Führer" kann man nur sprechen (ebd.: 72), wenn man die Medienpraktiken des Twitterns vollkommen ignoriert. Was sich auf dem Account @realDonaldTrump konstituiert, ist alles andere als eine homo-gene Volksgemeinschaft, die in Trump ihren wahren Repräsentanten gefunden hat. So wie es bis heute keinen *dislike*-Button gibt und in den ersten sechs Jahren der großen *Twitter*-Karriere Trumps noch nicht einmal einen *like*-Button (Paßmann 2018), so teilt sich auch die politische Welt Trumps auf gar keinen Fall in „*Follower* und alle anderen", so als seien die *Follower* Freunde und die anderen Feinde. Es ist vielmehr so, dass alle *Follower,* seien sie nun *Fans* oder *Hater,* Trump nolens volens *gemeinsam populär machen,* während alle anderen dies (bis-lang) nicht tun. All jene, die nicht twittern oder seinen Account nicht abonnieren, sind für Trump entsprechend potenzielle *Follower,* die im Dienste der Popularität noch inkludiert werden müssen.

Nach dieser Kritik sollen im Folgenden Trumps *Twitter*-Praktiken genauer beschrieben werden. Um die Spezifität dieser medialen und politischen Praxis genauer in den Blick zu bekommen, nutze ich als Kontrastfolie Erwartungen, die aus der Epoche der ausschließlich massenmedialen Reflexion der Politik stammen, also aus der Zeit vor der Popularisierung des Internets.

Trumping *Twitter*

In den soziologischen Großtheorien von Jürgen Habermas und Niklas Luhmann spielen die alten Massenmedien eine zentrale Rolle für repräsentative Demo-kratien: Die „öffentliche Meinung" übernehme für die Politik der Gesellschaft die Funktion eines „Mediums für ein Beobachten zweiter Ordnung" (Luhmann 2000: 287). Die Politik kann hier beobachten, wie sie beobachtet wird – und dies nicht im Modus einer Interaktion unter Anwesenden, sondern mit Bezug auf „Dar-stellungen abwesender Beobachter für abwesende Beobachter" (ebd.: 295), also in Radio, Presse und Fernsehen (Luhmann 1996: 11). Die Massenmedien dienen der „Repräsentation von Öffentlichkeit" (ebd.: 188) in dem Sinn, dass die Politik sich selbst mit Blick auf ihre vermeintliche Wirkung auf die ‚öffentliche Meinung' zu reflektieren vermag. Luhmann geht in seinen Monografien zum Thema davon aus, dass dies alle Akteure wissen und sich entsprechend auf die Beobachtung durch den Anderen einstellen (können). Für die Politikerinnen und Politiker führe dies zum Bemühen um „Ausdrucksbeherrschung und Informationskontrolle" (Luhmann 2010: 292). Oder abstrakter formuliert: „Daß alle Äußerungen, die sich im Medium der öffentlichen Meinung präsentieren, sich eben damit selbst der Beobachtung aussetzen, hat disziplinierende Effekte zur Folge" (Luhmann 2000: 291). Mit dieser Konzeption der öffentlichen Meinung ist der Rahmen skizziert, den Trump in mehrfacher Hinsicht bricht.

Zum ersten: Die Massenmedien werden in eine parasitäre Rolle gedrängt, denn Trump unterläuft die von „Organisationen strukturierte Öffentlichkeit" (Luhmann 2010: 434) mit jedem seiner bislang 39.800 *Tweets,* mit denen er inzwischen Hunderte von Millionen Usern erreicht, nämlich seine 55 Mio. *Follower* und in einem Kaskadeneffekt auch die *Follower* seiner *Follower,* die ihn *liken* oder *retweeten.* Wenn die Massenmedien über die *Tweets* berichten, popularisieren sie zugleich den Account.

Zweitens: Der twitternde Trump macht sich von allen modernen, bürokratisch-administrativen Filtern unabhängig, die traditionell zwischen der Meinung eines gewählten Präsidenten und der veröffentlichen Meinung seiner Regierung stehen. Der Zugang zum Präsidenten wurde in den USA im Verlauf des 20. Jahrhunderts drastisch verknappt. Bereits zu Beginn des Jahrhunderts belegen Zeugnisse führender Journalisten und Publizisten die Verwunderung darüber, keinerlei Informationen mehr vom Präsidenten zu erhalten und ihm ihrerseits keine Hin-weise oder auch keinen Rat mehr geben zu können (Nelson 2000: 21 f.). Franklin D. Roosevelts Sekretär Stephen Early führt in den 1930er Jahren regelmäßige Presse-Briefings ein, die vom *White House Press Secretary* organisiert werden.

Seitdem spricht und schweigt der *Press Secretary* für den Präsidenten, und er simuliert und er dissimuliert zu dessen Vorteil und Schutz, während der Präsident selbst je nach Lage davon absehen kann, zu sprechen oder zu lügen, zu leugnen oder auszuweichen. In der US-Publizistik wird das Dilemma des *White House Press Secretary* betont, der oder die (Dana Parino übernimmt 2007 als erste Frau dieses Amt, das zur Zeit Sarah Sanders innehat) einerseits die Öffentlichkeit in Gestalt des Pressecorps wahrheitsgemäß zu informieren hat und anderseits der Beliebtheit und Popularität des Präsidenten bzw. dessen Schutz vor einer stets neugierigen und zudringlichen Öffentlichkeit verpflichtet ist (Klein 2008). *Working the press, spinning* oder *hiding news,* wie immer man nun die Aufgaben dieses Amtes auch interpretieren mag, klar ist jedenfalls, dass eine Agentur eingerichtet worden ist, die im *White House* die Kommunikation „zwischen Politik und Publikum" organisiert, verwaltet und betreut (hat?) (Luhmann 2010: 292). Und noch für Barack Obama war diese Praxis ganz selbstverständlich, auch was die Handhabung seines enorm populären *Twitter*-Accounts angeht, dem als Präsident über 100 Mio. Accounts folgten: „Barack Obama was a reluctant pioneer in this regard. *Tweets* from his @POTUS account would undergo a policy and legal vetting process, and it could sometimes take days or even weeks before they were finally posted" (Draper 2018). Der 44. Präsident der Vereinigten Staaten wendet sich auf *Twitter* keinesfalls ‚direkt‘ oder ‚unmittelbar‘ an sein Publikum (Strohschneider 2018: 61), sondern mediatisiert, wie es Luhmann für typisch hält.

Die Verlautbarungen Obamas kommunizieren nicht mit, dass ihnen ein „policy and legal vetting process" vorausgegangen sind; und auch ein Pressesprecher expliziert es üblicherweise nicht, wenn sein *briefing* in Wahrheit ein *spinning* ist. Würde die Person darauf hinweisen, dass ihre Verlautbarungen fabriziert oder wenigstens selektiert und inszeniert oder auch Ablenkungen und Ausflüchte sind, gäbe es Irritationen, die auf einen Bruch des Rahmens hinweisen würden, in dem das *White House Press Corps* und der *White House Press Secretary* gemeinsam zu agieren vorgeben. Wenn Trumps zeitweiliger Pressesprecher Sean Spicer wissen lässt, er würde nicht nur die Politik seines Präsidenten vermitteln, „but to make false statements, if asked to do so by the president" (Borchers 2017), wird diese Geschäftsgrundlage zerstört.

Trump kommuniziert nun aber selbst mit seinem Publikum, und zwar täglich, und Kommunikationsdirektoren wie Scaramucci benötigt er dafür nicht. Trump verzichtet auf die Dienste einer Instanz, die üblicherweise verhindern soll, dass Differenzen zwischen der Darstellung seines Handelns und dem Kalkül seines Handelns, zwischen der Mitteilung einer Information und ihrer Motivation an ihm selbst beobachtet werden können. Trump dagegen bricht mit dieser Praxis, ruiniert das Amt des Sprechers und Kommunikationsdirektors gründlich und macht sich selbst *Tweet* für *Tweet* beobachtbar – und kann daher persönlich des Lügens und Leugnens, der Simulation und Dissimulation bezichtigt werden. Seine Sprecher und Sprecherinnen haben darauf bislang recht hilflos reagiert und vergeblich versucht, die Verlautbarungen ihres Präsidenten einzuhegen, aus denen die *New York Times* eine lange Liste zusammengestellt hat mit „nearly every outright lie he has told publicly since taking the oath of office" (Leonhardt/Thompson 2017). Da die Sprecherinnen und Sprecher nicht wissen, wozu und wie ihr Präsident sich äußern wird, verfügt das *White House Press Corps* oft genug über die gleichen Informationen wie Spicer und Scaramucci oder Sanders und Hicks, die auch nur Trumps *Tweets* zur Kenntnis nehmen können. An dieser Informationslage ändert sich auch nichts, wenn Robert Draper recht hat und einige *Tweets* Trumps von seinem *Social Media Director* Dan Scavino geschrieben worden sind (Draper 2018), denn auch über diese *Tweets* haben Sanders und Hicks vorab keine intimeren Kenntnisse als das *Press Corps*. Kein Wunder, dass der Account @ PressSec vor allem für *Retweets* der *Tweets* von @realDonaldTrump benutzt wird. Am 12.05.2017 twittert Trump unvermittelt und im dargelegten Sinne durchaus konsequent: „… Maybe the best thing to do would be to cancel all future ‚press briefings' […]."

Es gibt noch ein weiteres Motiv, das Trump auf den Gedanken bringt, das *White House Press Corps* aufzulösen und nach Hause zu schicken; und auch dieses Motiv wird völlig unverholen und unvermittelt, also ohne jedes Bemühen um die von Luhmann unterstellte „Ausdrucksbeherrschung und Informations-kontrolle" benannt: Trump gefällt es nicht, wie die alten Medien über ihn berichten. Über hundert Mal hat Trump auf *Twitter* die seriösesten Massenmedien wie *CNN* und *Washington Post, ABC, NBC* und *New York Times* als *Fake News* denunziert. Auf ein „totally biased and dishonest Media coverage" (22.09.2017) könne er auch verzichten. In den liberalen Medien wie etwa *Politico, Huffington Post, Newsweek, NY Post* usw. spricht man von „Trump's war on press"; in den *Alt-Right*-Medien wird dieser *Krieg* begrüßt, gefördert und gefeiert. Tatsächlich wird die Rolle der Massenmedien für einen öffentlichen, kritischen Diskurs über die Politik des Präsidenten genauso marginalisiert wie seine Pressesprecherinnen, wenn Trump sich lieber via *Twitter* „direkt" an seine *Follower* wendet, statt die Vermittlung den *Fake News Media* zu überlassen:

> [TRUMP:] „Well, let me tell you about Twitter. I think that maybe I wouldn't be here if it wasn't for Twitter, because I get such a *fake* press, such a *dishonest* press… They're despicable in their coverage. CBS, ABC, you take a look at what's going on – I call it the fake press, the fake media. It is a disgrace" (Cillizza 2017).

Drittens: Von einer „Repräsentation von Öffentlichkeit" (Luhmann 1996: 188) im Sinne von Habermas und Luhmann kann gar keine Rede sein, wenn Trump seine Verlautbarungen ohne Umwege über Presseamt und Pressekorps publik macht. Ohne Mediatisierung und Moderierung durch seine angestellten Sprecherinnen oder offiziellen Berater exponiert sich Trump in einer in fast jeder Hinsicht unkontrollierbaren Weise. Hunderttausende von Kommentaren seiner *Tweets* beziehen sich völlig unvermittelt auf Trump als Person. Die Sachdimension seiner *Tweets* erzeugt kaum Resonanz, auffällig ist die Begeisterung über Trump oder seine entschiedene Ablehnung als Präsident und – vor allem – als Mensch.

Ein typisches Beispiel für die Affirmation Trumps auf *Twitter* ist ein *Tweet* einer Evelyn McQuary vom 4. Oktober 2017, für den sich Trump am 05.10. mit einem schlichten wie pathetischen „Thank you" bedankt hat: „God bless President

 **Donald J. Trump**
@AKADonaldTrump

Why would anyone ask a pathological liar for verification ya fucking moron?
@realDonaldTrump

Donald J. Trump ✔ @realDonaldTrump
Rex Tillerson never threatened to resign. This is Fake News put out by @NBCNews.
Low news and reporting standards. No verification from me.

↻ Original (Englisch) übersetzen

14:10 - 5. Okt. 2017

Abb. 3 *Tweet* von @AKADonaldTrump (05.10.2017)

Trump, his family and his team who are faithfully and diligently MAKING AMERICA GREAT AGAIN!" Der Account ist übrigens ein Bot. Dass sich Trump bei einem Bot bedankt, ist aber durchaus angemessen, schließlich wird er von Abertausenden von *Fake Followers* unterstützt. Aber auch ganz ohne Bots erfährt Trump auf *Twitter* im Minutentakt Zustimmung: Make America Great Again! #MAGA.

Charakteristisch für die Ablehnung Trumps ist ein *Tweet,* der den Präsidenten als „pathological liar" und „fucking moron" bezeichnet (s. Abb. 3). Das klingt in den Kommentaren von Trumps *Tweets* auf *Twitter* dann auch ganz anders als in Briefen an den Editor der *Times* oder *Post:* Mit „fucking liar" geht es los, tausendfach, und mit dem Aufruf „assassinate Trump" hört es nicht auf. Neben Obszönitäten, Verwünschungen, Drohungen und Mordaufrufen der Trump-Feinde stehen die Liebes- und Ergebenheitsadressen seiner Fans, die ihn vergöttern und seine Kritiker*innen verwünschen und bedrohen. Dass Trump seinerseits Personen, Organisationen, Medien harsch attackiert, gibt dieser Spirale ein weiteres Momentum. Dies ist mein vierter Punkt: *Twitter* eskaliert. Die devote Zustimmung und der ungezügelte Hass seiner *Follower,* Bots auf beiden Seiten inklusive, erzeugen jene Resonanz, die Trumps Account so „super strong" machen. Die Verbalinjurie „fuck you" wird in den Kommentaren der *Tweets* Trumps den Feinden des Präsidenten genauso wie seinen Fans entgegengeschleudert. Es ist das inoffizielle Motto der 45. Präsidentschaft. Zum einen symbolisiert diese Invektive die für Trumps *Tweets* typische Geste, auf Verfassung, Bundesstaaten, Richter, Parteien, Unternehmen, Medien, Bündnisse, Verträge, Institutionen keinerlei Rücksicht zu nehmen. Trump lässt alle seine *Follower,* Anhänger*innen wie Gegner*innen, spüren, dass sie und er wissen, dass er „darübersteht. Damit markiert er eine übergeordnete Souveränität" – eine typische Medienpraktik des Twitterns (Paßmann 2017: 337). Zum anderen zeigt die Ubiquität dieser Beleidigung auf dem @realDonaldTrump-Account, dass alles Politische persönlich wird: Die Auseinandersetzung wird nicht mit Blick auf den Sachgehalt einer Meinung geführt, sondern mit dem Ziel der Diffamierung des Anderen dafür, dass er anderer Meinung ist als der Präsident. *Anti-Trump – fuck you!* Oder: *Anti-anti-Trump – fuck you!* Mit jedem seiner *Tweets* erzeugt Trump so die enorme Resonanz seines Accounts zugleich durch Ablehnung und durch Zustimmung! Dies gilt gerade auch im Vergleich zu @potus, auf dem die Beteiligung an dieser Eskalation deutlich schwächer ist. Auch diese Polarisierung verschafft Trump das, was ihm am allerwichtigsten ist: Popularität. Diese Priorität ist von seinem ersten *Tweet* an offensichtlich und zieht sich als roter Faden durch seine Timeline. Am 21.09.2017 retweetet @realDonalTtrump (05:30:56) eine *Twitter*-Statistik, der zufolge Trump auf Platz 1 der *World Leader* stehe – und zwar nicht etwa, was die Beliebtheit oder Bedeutung betrifft, sondern schlicht was seine Beachtung in Zahlen angeht: Über ihn wird am meisten getwittert. In dieses Ranking gehen alle „hater", „snowflakes" und sonstigen „loser" mit ein, die Trump nur thematisieren, um ihn zu beleidigen oder zu kritisieren. Feinde und Freunde machen den Account gemeinsam stark; in diesem Sinne hat Trump ganz Amerika vereint: Jeder einzelne *Tweet* von Trump aus den letzten drei Jahren genügt, damit sich Tausende gegenseitig als Rassisten, Nazis, Idioten, Lügner oder Verräter beschimpfen. Man würde an keiner Stelle auf den Gedanken kommen, dass in diesem öffentlichen Medium die „Publizität als Prinzip der Vermittlung von Politik und Moral" wirksam sein könnte, wie Immanuel Kant und Jürgen Habermas dies vom öffentlichen Diskurs angenommen haben (Habermas 1990: 178 ff.; Kant 1984). Dass ein politisches Vorhaben oder eine politische Handlungsmaxime „öffentlich kundbar" ist, liefert für Kant ein sicheres Kriterium dafür, dass die entsprechende politische Agenda auch „ethisch" und „juridisch" gerechtfertigt sei; man könne sich dazu „öffentlich bekennen", „ohne daß dadurch unausbleiblich der Widerstand aller gegen meinen Vorsatz gereizt werde" (Kant 1984: 49 f.). Diese „politisch fungierende Öffentlichkeit" avanciert in Habermas' berühmter Studie zum *Strukturwandel der Öffentlichkeit* zum „Organisationsprinzip des liberalen Rechtsstaates" (Habermas 1990: 183). Trumps *Tweets* erweisen das Gegenteil: sie reizen unausweichlich zum Widerstand und zum Widerstand gegen diesen Widerstand, sodass sich am Ende nur noch der Hass der *Trump Lover* gegen die *Trump Hater* zu neuen Bosheiten und Verleumdungen aufzuschaukeln scheint und alles, was man in Trumps *Tweets* überhaupt als konkretes politisches Vorhaben oder allgemeine politische Maxime entziffern könnte, im Resonanzraum der *Twitter*-Kommentare keine Rolle mehr spielt.

Fünftens: Es ist vor Trump nicht üblich gewesen, politische Entscheidungen primär an ihrer Popularität auszurichten und dies auch mitzuteilen. Luhmanns Feststellung, dass in der Politik die „Darstellung [...] kalkuliert, aber die Kalkulation nicht dargestellt werden darf" (Luhmann 2010: 292), wird von Trump auf den Kopf gestellt, denn er möchte nicht allein an einer Sachfrage, sondern vor allem an der Beachtung gemessen werden, die ihm selbst zukommt, wenn er sich einer Sache annimmt. Diese Orientierung an der Popularität in Form messbarer Beachtung – zumal durch Millionen von *Follower* oder fahnenschwenkenden Fans

– legt einen Politikstil nahe, den man occasionalistisch nennen könnte. Selbstbindungen, die Trump hindern könnten, eine Gelegenheit zu ergreifen, lehnt er dezidiert ab. Am 18.12.2012 twittert er programmatisch: „I also protect myself by being flexible. I never get too attached to one deal or one approach. – *The Art of The Deal*".

Ein Beispiel für diesen Occasionalismus, der sich keine Gelegenheit zur Popularisierung entgehen lässt, lieferte seine harsche Polemik gegen einige schwarze NFL-Spieler. Trump hat einem NFL-Spiel zugesehen und bemerkt, dass sich einige Spieler zur Nationalhymne nicht erhoben haben. Auf *Twitter* fordert er, während das Spiel noch läuft, die Football-Spieler, die Millionen verdienen, „should stand for the National Anthem. If not, YOU'RE FIRED" (23.09.2017). *YOU'RE FIRED* gehört zur Marke Trump, und er wiederholt diesen Spruch aus seiner TV-Show *The Apprentice* (NBC seit 2004) immer wieder, wenn es sich anbietet. Trump weiß, was seine *Follower* von ihm erwarten, die ihn als den „,you're fired' president" feiern (retweet am 05.10.2016). Popularisiert wird, auch was das politische Problem der NFL-Spieler angeht, nicht die Sachfrage oder eine politische Kontroverse, sondern die Geste selbst. Der tautologische Gipfel – *you're fired because I am a „you're fired" president* – wurde beinahe erreicht, als Trump seinen Kommunikationsdirektor Anthony Scaramucci nach nur zehn Tagen im Amt entließ und twitterte: „A great day at the White House" (31.07.2017)!

Ein Sechster Punkt kommt hinzu: Am 25.08.2017 teilt der Autor und Trump-Kritiker Stephen King mit, Donald Trump habe ihn auf *Twitter* geblockt, er könne also dem Account nicht länger folgen, keinen der *Tweets* einsehen oder kommentieren. King und viele andere werden aus dem bevorzugten Nachrichtenkanal des Präsidenten ausgeschlossen. Die gegen diese Praxis Trumps vor dem *United States District Court* geführte Prozess ist zwar am 23. Mai 2018 von der Richterin Naomi Reice Buchwald zugunsten der Kläger entschieden worden,[2] doch hatte diese Entscheidung keinerlei Folgen. Die Erwartung des Gerichts, „we must assume that the President and Scavino will remedy the blocking we have held to be unconstitutional", wird bislang enttäuscht. Auf @realDonaldTrump ist weiterhin geblockt worden.

Eine solche Exklusionsmöglichkeit bieten die Massenmedien nicht. Die ‚öffentliche Meinung' demokratischer Gesellschaften ist juristisch gemeinhin gegen solche Ausschlüsse geschützt. Niemandem kann verboten werden, Zeitungen zu lesen, die von allen anderen Bürgerinnen und Bürgern gelesen werden, oder Sendungen zu sehen, die von jeder Person empfangen werden können. „Im klassischen […] Diskurs", darauf weist Niklas Luhmann hin, sei „,öffentlich' durch Zugänglichkeit für jedermann, also durch Ausschluß der *Kontrolle über den Zugang* definiert. Danach sind Druckerzeugnisse und Sendungen der Massenmedien öffentlich, weil *keine Kontrolle darüber besteht, wer sie zur Kenntnis nimmt*"

---

[2] Das Urteil im Original als PDF: https://knightcolumbia.org/sites/default/files/content/Cases/ Wikimedia/2018.05.23%20Order%20on%20motions%20for%20summary%20judgment.pdf (24.04.2019).

(Luhmann 1996: 184). Auch dieser Zusammenhang von Öffentlichkeit und Massenmedien wird von Trump gesprengt, denn zum einen liegt die Kontrolle des Zugangs zu einem *Twitter*-Account bei seinem Betreiber, der unliebsame User blockieren, stumm stellen oder sperren kann, und zum anderen herrscht für alle vollkommene Transparenz darüber, wer folgt, wer retweetet, wer liked, wer kommentiert. Wer seine *Tweets* wie zur Kenntnis nimmt, ist Trump prinzipiell bekannt. Unter dieser Voraussetzung blockiert er ja seine schärfsten und populärsten Gegner.

Das von Luhmann angeführte doppelte Kontrollverbot – Ausschluss der Kontrolle über den Zugang zur einer Nachricht und keine Kontrolle darüber, wer sie zur Kenntnis nimmt – gilt für *Twitter* grundsätzlich nicht; man könnte eher im Gegenteil von den ungeheuren Möglichkeiten dieses Mediums sprechen, Rezeption wie Produktion zu einer höchstpersönlichen, individualisierten Sache zu machen. Statt ohne Ansehen der Person geht es bei *Twitter* um das Gegenteil: Gerade das Ansehen der Person, ja eigentlich das Selbst des Individuums stehen auf dem Spiel. Zorn und Eifer eskalieren noch die Kommentare des harmlosesten *Tweets,* etwa des Ostergrußes vom 16.04.2017, zwischen „I love you" und „Even Jesus hates you", „God bless you" und „suk me", „impeach Trump" und „MAGA".

Die Kommentare eines Trump-*Tweets* sehen anders aus als die Leserbriefseiten der Qualitätspresse. Auf *Twitter* wird alles *persönlich* genommen, also Mensch und Amt, Individuum und Person, Subjekt und Rolle werden nicht getrennt, wie dies in der modernen, funktional ausdifferenzierten Welt der Normalfall sein soll, sondern jede Äußerung mit der Achtung oder Missachtung des ‚ganzen Menschen' verbunden – als ob es um eine moralische Interaktion unter Anwesenden ginge. Dies gilt auch für Trumps eigene *Tweets,* die notorisch die moralische Verkommenheit seiner Kritikerinnen und Kritiker bedauern. „Sad! So sad!".

Die Moral, die sich in der Moderne aus dem politischen Raum zurückgezogen hat, ist – siebtens – zurück, was keine gute Nachricht ist, denn die Moralisierung von politischen Unterscheidungen zeitigt polemische Effekte: Die Anderen vertreten nicht nur eine andere Meinung, die man ja mit guten Gründen ablehnen und politisch bekämpfen kann, sondern sind als Menschen böse, verdorben, schlecht. Diese Anderen müssen gehasst werden. Diese Moralisierung der politischen Auseinandersetzung bis hin zur Ächtung ist paradigmatisch abzulesen an dem Hillary Clinton kriminalisierenden Hashtag *#LockHerUp*. Die Konkurrentin „Crooked Hillary" (404 mal) wird zu einem Feind und Verbrecher (s. Abb. 4). „Moral" sei, so Luhmann, „immer ein Symptom für das Auftreten von Pathologien" (ebd.:143), und im Fall der moralischen Zuspitzung der politischen Debatte zum *Twitter*-Krieg wäre eine Pathologie der Politik der Gesellschaft zu indizieren: Der Rahmen, den die repräsentative, auf öffentlichem Diskurs aufbauende, liberale Demokratie benötigt, ist kollabiert.

Donald J. Trump ✔ @realDonaldTrump · 22. Okt. 2016   ⌄
"{Crooked Hillary Clinton} created this mess, and she knows it."
#DrainTheSwamp fxn.ws/2esXyzt

🌐 Tweet übersetzen

HILLARY CLINTON ACCEPTED A
$12 MILLION GIFT
FROM MOROCCO.
A COUNTRY HER STATE DEPARTMENT CALLED
CORRUPT.

❝ SHE'S CREATED THIS MESS
—— AND ——
SHE KNOWS IT ❞
– HUMA ABEDIN

💬 1,1 Tsd.   ⟲ 10 Tsd.   ♡ 17 Tsd.   ✉

Crazy 8   (Folgen)   ⌄
@Crazy851296121

Antwort an @realDonaldTrump

Lock her up! Lock her up!

🌐 Tweet übersetzen

00:34 - 22. Okt. 2016

Abb. 4 *Tweets* von @realDonaldTrump und @crazy851296121 (22.10.2016)

New normal

Als vorübergehendes Störmoment oder Krisenereignis, das mit der nächsten oder doch übernächsten Wahl verschwände, wäre Trump missverstanden, weil seine Medienpraktiken einen neuen Rahmen etabliert haben, in dem seine *Tweets* nicht als Ausnahme zu betrachten sind, sondern als erwartbar. Dass ein *Tweet* inkohärent ist, nicht der Wahrheit entspricht oder in Widerspruch mit einem anderen *Tweet* Trumps gerät – all dies zählt zum *new normal* einer occasionalistischen, allein an Popularität orientierten Medienpraxis, für die es auf die Steigerung der Beachtung ankommt, nicht aber auf Konsistenz mit der Vergangenheit.[3] In diesem neuen Rahmen spielen Gesetze und Verträge, Institutionen, Programme und Normen eine untergeordnete Rolle, da sie kollektiv bindende Entscheidungen oder Präferenzen über die Zeit hinweg festhalten und so auch zukünftiges Handeln an die Vergangenheit binden. Genau dieser Rahmen wurde aber zerschlagen. Daher ist Trump mit dem Vorwurf der Lüge gar nicht beizukommen, da das Konzept der Lüge einen kausalen und temporalen Zusammenhang voraussetzt, den es in der Gegenwärtigkeit der *deals* nicht gibt, weil auch der *deal* nur die *occasio* völlig opportunistisch nutzt – sich also um vergangene Festlegungen nicht kümmert. Die penible Dokumentation aller Lügen durch die *New York Times* geht so an der Wirklichkeit, die Trump auf *Twitter* organisiert, völlig vorbei.

Trump agiert in einer Gegenwart, in der ihm alles zur Gelegenheit für einen *Tweet* werden kann. Dass dieser *Tweet* die Popularität des Präsidenten erhöht, liegt im Mechanismus der Beachtungserzeugung begründet, den Trump mit *Twitter* dadurch perfektioniert hat, dass seine Befürworterïnnen *und* seine Gegnerïnnen, seine Fans und seine Kritikerïnnen die politische Auseinandersetzung zu einem Krieg eskaliert haben, der dem Account @realDonaldTrump *täglich* ca. 70.000 neue *Follower* beschert, die sich gegenseitig beschimpfen, beleidigen und bedrohen und alle gemeinsam die Resonanz des Accounts weiter erhöhen. Auf der *Twitter analytics service*-Plattform *Twitter Counter* ist dazu zu lesen: „That's awesome! @realDonaldTrump seems to be on its way to Twitterverse domination!" Die unverhohlene Freude über die Popularität des Accounts, der zugleich die Popularität der Plattform indiziert, kann nun nicht mehr verblüffen und belegt noch einmal das Primat der Popularisierung der Trumpschen *Twitter*-Praxis.

Selbstverständlich kann man dies alles Populismus nennen. Aber dann ist der Populismus Trumps vor allem eine Bezeichnung für äußerst Populäres, dessen Popularität man ablehnt – als vulgär zum Beispiel, als unsäglich (Strohschneider 2018: 62), als irrational oder unmenschlich (vgl. Manow 2018a, b). Normativ steht man dann auf der sicheren Seite, auf der Seite, die nicht populistisch ist, auf der Seite der Vernunft und Weitsicht, der Argumente und der Menschlichkeit. Einer Analyse der Popularisierungsbedingungen des Populismus kommt

---

[3] Ähnlich argumentiert hier Strohschneider 2018: 68. Vgl. zum Ersetzen der *causa* durch die *occasio* Werber 2017.

man so allerdings nicht näher. Ich möchte daher dafür plädieren, die Erarbeitung von Populismus-Definitionen nicht mit der Analyse des populistischen Feldes zu verwechseln. Die Medienpraktiken besser zu verstehen, die der Popularisierung dienen, scheint mir ein wichtiger Schritt auf dem Weg zum Verständnis einer Popularität zu sein, die die Rahmenbedingungen der repräsentativen, in der Öffentlichkeit reflektierten, liberalen Demokratie auf den Kopf stellt.

Das Ende der Gelegenheiten

Am 8. Januar 2021 um 10:44:28 Uhr Eastern Standard Time versendet der 45. Präsident der Vereinigten Staaten von Amerika von seinem iPhone die letzte Botschaft über seinen Account @realdonaldtrump: „To all of those who have asked, I will not be going to the Inauguration on January 20th." Seitdem ist der Account gesperrt, und seine zuletzt 88.776.124 Follower, die seine 59.558 Tweets aus erster Hand zur Kenntnis nehmen konnten, um sie zu liken und zu retweeten, um sie zu bejubeln oder zu beschimpfen, zu affirmieren oder zu kritisieren, müssen sich für ihre Schlachten andere Accounts suchen. Den Hunderttausenden, die jeden Tag im Kommentarbereich des Trump-Accounts gegeneinander mit einer teils unfassbar zugespitzten Sprache der Verleumdung, Herabsetzung und Beleidigung angetreten sind, verlieren eine Arena, auf der mit größter Intensität polemisiert, polarisiert und damit auch popularisiert worden ist. Es waren diese Millionen von erbitterten Gegnern und fanatischen Anhängern Trumps, die ihre Energie täglich in die Kommentare der Tweets von @realdonaldtrump investiert und so diesem Account zu seiner enormen Popularität und Reichweite verholfen haben – zu einer Resonanz, die den Tweets eines privaten Accounts eine Beachtung verschafft hat, die sonst diplomatische Depechen, schriftliche Verträge oder Noten, Kabinettsentscheidungen oder auch *executive orders* genießen und die entsprechend massenmedial zitiert und verbreitet worden sind, als hätten Sie diesen Status. Diese über die Jahre immer weiter steigende Popularität, die ihm auf der Plattform Twitter gerade eine „polarisierte" Nation bescheren konnte, die sich vollkommen unmoderiert und maßlos gegenseitig herabsetzt und beleidigt, fehlt dem abgewählten Präsidenten auch noch zehn Monate nach seinem Ausscheiden aus dem Amt. Noch ist kein Medium in Sicht, das Freunde und Feinde Trumps gleichermaßen attrahieren, zur Steigerung der Popularität antreiben und so zugleich auch für die Popularisierung der Plattform einspannen könnte. Damit fehlt ihm auch das Medium, das für seine occasionalistische Praxis, Politik zu betreiben, über vier Jahre hinweg unentbehrlich gewesen ist.

Der von mir verwendete Begriff der *occasio* wird von Carl Schmitt in der *Politischen Romantik* im Gegensatz zum Begriff der *causa* entwickelt. Der klassische, souveräne Staat, dessen Ratio die Causa gewesen sei, werde in der politischen Romantik von einer „occasionellen Haltung" abgelöst, dessen Prinzip die „magische Hand des Zufalls, the magic hand of chance" sei (Schmitt 1991: 24 f.). Der Zufall schafft Gelegenheiten, die dann wiederum zufällig, das hängt ganz vom „Romantiker" ab, ergriffen werden oder nicht. Die „Wirklichkeit" tritt dem Individuum als „Ereigniskonglomerat" entgegen: „Seine Beobachtung tastet Ereignisse daraufhin ab, ob ihnen Gelegenheitsqualität zukommt." (Stanitzek 1989: 50) Und „Gelegenheiten", so erläutert Georg Stanitzek weiter, „qualifizieren sich gegenüber anderen Ereignissen als Anschlußmöglichkeiten für eigenes Handeln, welches Vorteile entstehen oder Schaden abwenden läßt, kurz: der Selbsterhaltung (und das heißt, wie gesagt: -steigerung) dienlich ist." (ebd.) Es ist nicht planbar oder vorhersehbar, welches Ereignis zur Gelegenheit werden könnte, aber wenn ein Ereignis sich als Gelegenheit zeigt, dann muss sie sofort „beim Schopf ergriffen werden". Die „okkasionelle Situation kommt nicht wieder, und deshalb steht erfolgreiches Handeln auf des Messers Schneide. Im nächsten Augenblick ist die Gelegenheit verpaßt, ist sie in die Ungreifbarkeit der Vergangenheit entwichen." (Stanitzek 1989: 52).

Trumps Medienpraxis ist als Exempel dieses Occasionellen aufzufassen: Jede interessante Gelegenheit wird Anlass zu einem Tweet, dessen „Effektexplosionen" (Balke 1996: 130) nicht erst am 6. Januar 2021 unübersehbar geworden sind. Und wie die romantischen „Occasionalisten" auf Resonanz und „Affekt" aus waren, auf *beides,* auf „Lob und Tadel, Beifall und Abscheu" (Schmitt 1991: 150), so erzielt Trumps Occasionalismus Popularitätssteigerung durch Polarisierung. Nicht auf Konsistenz der Argumente oder Konsequenz der Entscheidungen *(causa)* kommt es an, sondern auf Resonanz und Affekt. Die von Stanitzek konstatierte Funktion der „Selbststeigerung" findet hier ihren Widerhall: Trumps Grundprinzip der Popularitätssteigerung wird alles andere, gerade auch alles Normative, jede in Verträgen oder Versprechen eingegangene Selbstbindung untergeordnet. All dies wird ganz offen oder unverschämt ausgesprochen. Selbstbindungen, die Trump hindern könnten, eine Gelegenheit zu ergreifen, lehnt er dezidiert ab. Am 18. Dezember 2012 twittert er programmatisch: „I also protect myself by being flexible. I never get too attached to one deal or one approach."

Ein völlig opportunistischer Occasionalismus, ist also schon immer sein Programm gewesen, auch vor seinem Einstieg in die Politik, wie sich auch am Beispiel seines Bestseller *The Art of the Deal* gut zeigen ließe:

> „The worst of times often create the best opportunities to make good deals." (Trump 2015: 200)
> „…the whole deal was a desaster. But from our perspective that was great, because it gave us terrific opportunity." (Trump 2015: 82)
> „…I felt the only chance…" (Trump 2015: 342)
> „I want to be more aggressive. 'What worries me', I said to Harris, 'is that no one is pushing hard enough on an appeal." (Trump 2015: 6)
> „It was a dead issue. Even so, I didn't give up… I was relentless…, sheer persistence is the difference between success and failure." (Trump 2015: 147)
> „I pick up the phone and dial the guy in charge … ‚Steve', I say, ‚this is Donald Trump. Listen, you've got to get your ass moving and get finished… I want you to get personally involved in this.'" (Trump 2015: 38)

Es liest sich wie ein Vorgriff auf die Szene, in der Trump am 2. Januar 2021 zum Telefon greift, um Brad Raffensperger anzurufen… Die Ereignisse des 6. Januars 2021 lassen sich deuten als eines der letzten und für alle Anhänger von Rechtsstaatlichkeit, Gewaltenteilung und Demokratie äußerst bedrohlichen Beispiele dafür, wie sich Trumps Medienpraxis mit seinem politischen Occasionalismus vereinigt.

Der sog. „Sturm auf das Kapitol", von dem Berthold Kohler am 11. Januar 2021 in der FAZ spricht, ist entfacht worden von einigen überaus typischen Tweets, in denen der Präsident seine Spitzenposition reklamiert, den ersten Platz in den Wahlen, allen Tatsachen zum Trotz. „Statistically impossible to have lost the 2020 Election. Big protest in D.C. on January 6th. Be there, will be wild!" (19. Dezember 2020) Und am 6. Januar 2021: „The States want to redo their votes. They found out they voted on a FRAUD. Legislatures never approved. Let them do it. BE STRONG!" Und am gleichen Tag: „These are the things and events that happen when a sacred landslide election victory is so unceremoniously & viciously stripped away from great patriots who have been badly & unfairly treated for so long." Trumps beharrliches Leugnen, die Wahl verloren zu haben, ist nur eine weitere „Variante dieser [für ihn typischen, NW] Quotenrealitätsverweigerung" (Ulrich 2020: 97). Da er, der allerpopulärste Präsident, die Wahl nicht verloren haben kann, muss er im Amt bleiben, der Vizepräsident soll es richten: „All Mike Pence has to do is send them back to the States, AND WE WIN. Do it Mike […]!", twittert @realdonaldtrump am 6. Januar 2021. Doch Pence hat offenbar die Erwartungen des Präsidenten nicht erfüllt, der um 14.22 Uhr (EST) twittert: „Mike Pence didn't have the courage to do what should have been done". Rund sieben Minuten zuvor haben Tausende von Trump-Anhänger und -Anhängerinnen, die der Präsident auf seiner „Save America"-Rally versammelt hat, damit begonnen, das Kapitol zu stürmen. Um 13.12 Uhr hatte Trump seine Fans in seiner Ansprache aufgerufen, „to fight like hell" und einen Gang zum Kapitol zu unternehmen:

> „So we're going to, we're going to walk down Pennsylvania Avenue, I love Pennsylvania Avenue, and we're going to the Capitol and we're going to try and give […] our Republicans, the weak ones, because the strong ones don't need any of our help, we're going to try and give them the kind of pride and boldness that they need to take back our country." (Trump 2021).

Weniger als eine Stunde später durchbricht der Mob gewaltsam die letzten Absperrungen der *Capitol Police* und dringt in das Gebäude ein, in dem sich Senat und Kongress zusammengefunden haben, um die Wahl Bidens zum 46. Präsidenten der Vereinigten Staaten zu bestätigen. Senator*innen, Abgeordnete, Bürokräfte flüchten, verstecken oder verbarrikadieren sich. Pence wird in Sicherheit gebracht. Um 13.49 und nochmals um 14.10 und um 14.26 bemühen sich die Polizeikräfte des Kapitols und führende Politiker beider Häuser vergeblich um Verstärkung durch die Nationalgarde. Ein Einsatz zur Sicherung des gestürmten Kapitols wird immer wieder verzögert. Erst um 17.40 treffen erste Soldaten ein. Um 20 Uhr ist das Gebäude und die unmittelbare Umgebung gesichert. Am frühen morgen des 7. Januars, um 3.24 Uhr erklärt der Kongress Biden zum Gewinner der Wahl. Am 13. Januar wird Donald Trump vom Repräsentantenhaus „impeached" wegen Hochverrats und Aufruhrs. Das Verfahren wird im Februar im Senat behandelt werden und an den Republikanern scheitern.

Ist hier ein Staatsstreich missglückt? Ein Putschversuch? Oder ist hier ein Mob über die Stränge geschlagen, wie es bei erregten Auflaufmassen leicht passieren kann? Auf die Frage: „Könnte der amtierende Präsident Trump gleichwohl mit Hilfe des Militärs an der Macht bleiben?" antwortet der Verfassungsrechtler Russell Miller am 14. Januar 2021 in seinem FAZ-Gespräch mit Reinhard Müller:

> „Eine beunruhigende Frage. Aber: Ja, das wäre möglich. Schon vor dem Aufstand am Capitol gab es Berichte über einen inneren Zirkel im Weißen Haus, der über extreme Strategien diskutiert hat, damit Trump nach dem 20. Januar an der Macht bleiben kann. […] Der Insurrection Act würde es dem Präsidenten erlauben, die Streitkräfte zur ‚Unterdrückung eines Aufstandes' auf Antrag der Legislative eines Bundesstaats oder eines Gouverneurs einzusetzen. Eine Reihe von republikanisch kontrollierten Staaten schien schon bereit, dem Präsidenten nachzugeben."

Überhaupt über dieses Thema zu reden, hält Müller daher durchaus für angebracht, da der Präsident die Bindung seiner Amtsführung an Rechtsnormen suspendiert hat. Das Problem bestehe darin, „dass nach vier Jahren mit Trumps Normenverletzungen ernsthafte Diskussionen über einen Putsch nicht mehr überraschend sind." The new normal.

Der Historiker Wolfram Siemann ist in seinem Beitrag *Gebt mir ein Blutbad* in der FAZ vom 9. Januar 2021 einen Schritt weiter gegangen, wenn er unterstellt, dass Trump den Sturm auf das Kapitol planvoll angezettelt habe, um dann angesichts der akuten Gewalt, der Gefährdung für Leib und Leben der Abgeordneten und Senatoren und einer handlungsunfähigen Legislative den Ausnahmezustand ausrufen zu können, um Ruhe und Ordnung wiederherzustellen. „Law & Order", twittert Trump häufig – und so auch am 6. Januar (um 15.16 Uhr EST). Es war, so Siemann, also ein Coup: „Donald Trump hatte ein klares Kalkül, als er die Massen zum Sturm des Kapitols anstiftete: Er wollte die Gewalt schüren, um dann den Notstand ausrufen und an der Macht bleiben zu können." Trump habe den Aufruhr geplant, um den „Kongress kalt" zu stellen und im Ausnahmezustand als „Herr der militärischen Exekutive" auch nach dem 20. Januar 2021 Präsident zu bleiben. Siemann behauptet:

> „Trump mobilisierte und enragierte die versammelten Massen, bis sie zum Kapitol marschierten – auf seine Aufforderung hin zu dem erklärten Zweck, den schwachen Republikanern zu Hilfe zu kommen. Mit der Wut, in die er sie versetzt hatte, war der Sturm des Parlaments zu erwarten, das hat er einkalkuliert. Er rechnete mit einer vollständigen Handlungsunfähigkeit des Parlaments."

Vizepräsident Pence, der schließlich selbst die Nationalgarde anforderte, um die Besetzung des Kapitols durch den Mob zu beenden und das Verfahren zur Bestätigung von Bidens Wahlsieg weiterzuführen, habe den Erfolg dieses versuchten Staatsstreichs Trumps verhindert.

Müssen wir uns also Trump als Mastermind einer Verschwörung gegen die USA vorstellen? Als genialen Strategen, der schon im Dezember seine Anhänger mobilisiert, nach Washington beordert („will be wild"), die angemessene Bewachung des Kapitols verhindert, den Sturm der beiden Kammern durch seine Fans in Gang setzt, den frühzeitigen Einsatz der Nationalgarde verhindern lässt, um schließlich, weil das Ergebnis des *Electoral College* vom Kongress nicht bestätigt wird, selbst nach dem 20. Januar weiter im Amt zu bleiben und um alle exekutiven Befugnisse zu nutzen, damit auf Dauer durchzukommen?

Wohl kaum. Vielleicht hätte Trump die Gelegenheit genutzt, wenn sie sich am 6. oder 7. Januar tatsächlich geboten hätte. Keine Bindung an moralische, politische oder staatsrechtliche Normen stünde dem entgegen. Aber anderseits entspräche die zeitige Planung und Organisation eines Staatsstreichs so gar nicht jenem Prinzip der *Occasio*, dem Trumps Medienpraxis und seine politischen Entscheidungen verpflichtet ist. Der Coup wäre ihm zugefallen, „the magic hand of choice" hätte ihn berührt – und er hätte womöglich auch diese Gelegenheit so beim Schopfe gegriffen wie schon so viele zuvor, die ihm gerade durch den polarisierenden und polemischen Gehalt der Sache die Beachtung von vielen eingebracht haben.

Am 22. Januar 2020 retweetet @realdonaldtrump einen Tweet seiner Partei: „RT @GOP: Despite Democrats' best efforts, President @realDonaldTrump is more popular than ever!" Mit dieser Popularität ist es nun vorbei. Und die Gelegenheiten, auf Twitter die eigene Popularität durch Polarisierung zu steigern, bleiben künftig aus. Erste Verlautbarungen des ehemaligen Präsidenten, geäußert am 22. Januar 2021 im Grill Room des Trump International Golf Club in West Palm Beach lassen weder Effektexplosionen noch Selbststeigerungen erwarten. Pläne hat er viele oder keine. Entschieden ist nichts. Der Occasionalist wird auf Gelegenheiten warten müssen. Und auf eine mediale Plattform, die ihm die Popularisierungsmöglichkeiten bietet, die er nun dringend benötigt. Ob Trump mit seinem Plan, eine eigene Plattform namens „Truth Social" zu lancieren, reüssieren werden, halte ich für fraglich: Die Chancen sind gut, dass Trumps eigene Social-Media-Plattform eine Fan-Blase bleiben wird und die vielen Gegner fehlen, die seinen Account auf Twitter so populär gemacht haben. Derweil schwindet zumindest laut *Google Trends* die Beachtung, die er einmal weltweit gefunden hat (Abb. 5). Die Ereignisse des Januars waren nur ein letzter Peak eines langen *fading outs*.

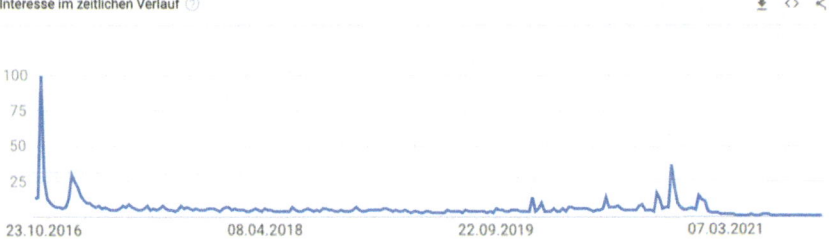

Abb. 5 Google Trends Analyse vom 22.10.2021: „Interesse im zweitlichen Verlauf der letzten fünf Jahre". Mit 100 haben Suchanfrage mit „Donald Trump"-Bezug im November 2016 das Maximum erreicht, der Wert liegt im Januar 2021 bei 37 und im Oktober 2021 bei 1

Literatur

Balke, Friedrich: *Der Staat nach seinem Ende. Die Versuchung Carl Schmitts.* München 1996.
Berke, Jon: A trip down Donald Trump's bankruptcy memory lane. In: *Forbes* (18.08.2015), https://www.forbes.com/sites/debtwire/2015/08/18/a-trip-down-donald-trumps-bankruptcy-memory-lane/#5923f214609e (11.03.2019).
Borchers, Callum: Sean Spicer basically admitted that he was willing to lie for Trump. In: *The Washington Post* (14.09.2017), https://www.washingtonpost.com/news/the-fix/wp/2017/09/14/sean-spicer-basically-admitted-that-he-was-willing-to-lie-for-trump/?utm_term=.2d81991ba0b4 (11.03.2019).
Cillizza, Chris: Donald Trump's explanation of his wire-tapping tweets will shock and amaze you. In: *The Washington Post* (16.03.2017), https://www.washingtonpost.com/news/the-fix/wp/2017/03/16/donald-trump-explained-twitter-the-universe-and-everything-to-tucker-carlson/?utm_term=.ca722bf1dc1b (11.03.2019).
Draper, Robert: The man behind the President's tweets. In: *The New York Times* (16.04.2018), https://www.nytimes.com/2018/04/16/magazine/dan-scavino-the-secretary-of-offense.html (12.04.2019).
Habermas, Jürgen: *Strukturwandel der Öffentlichkeit. Untersuchungen zu einer Kategorie der bürgerlichen Gesellschaft* [1962]. Frankfurt a. M. 1990.
Hecken, Thomas: Der populäre Donald Trump. In: *Pop. Kultur und Kritik* 10 (2017): 10–21.
Hecken, Thomas: *Populäre Kultur. Mit einem Anhang ‚Girl und Popkultur'.* Bochum 2006.
Heintz, Bettina: Von der Allmacht der Zahlen und der Allgegenwart des Bewertens. In: *Soziologische Revue* 41/4 (2018): 629–642.
Kant, Immanuel: *Zum ewigen Frieden* [1795]. Stuttgart 1984.
Klein, Woody: *All the Presidents' Spokesmen: Spinning the News, White House Press Secretaries from Franklin D. Roosevelt to George W. Bush.* Westport, Connecticut 2008.
Leonhardt, David/Thompson, Stuart A.: Trump's lies. In: *The New York Times* (14.12.2017), https://www.nytimes.com/interactive/2017/06/23/opinion/trumps-lies.html?mcubz=3 (11.03.2019).
Luhmann, Niklas: *Politische Soziologie*, hg. von André Kieserling. Berlin 2010.
Luhmann, Niklas: *Die Politik der Gesellschaft.* Frankfurt a. M. 2000.
Luhmann, Niklas: *Die Realität der Massenmedien.* 2. Aufl. Opladen 1996.
Manow, Philip: „Dann wählen wir uns ein anderes Volk…" Populisten vs. Elite, Elite vs. Populisten. In: *Merkur. Deutsche Zeitschrift für europäisches Denken* 74/4 (2018a): 5–14.
Manow, Philip: *Die Politische Ökonomie des Populismus.* Berlin 2018b.
Mau, Steffen: *Das metrische Wir. Über die Quantifizierung des Sozialen.* Berlin 2017.
Müller, Jan-Werner: Populismus: Theorie und Praxis. In: *Merkur. Deutsche Zeitschrift für europäisches Denken* 69/795 (2015): 28–37.
Müller, Jan-Werner: *Was ist Populismus?* Berlin 2016.
Nelson, W. Dale: *Who Speaks for the President? The White House Press Secretary from Cleveland to Clinton.* New York 2000.
Paßmann, Johannes: *Die soziale Logik des Likes. Eine Twitter-Ethnografie.* Frankfurt a. M./New York 2018.
Paßmann, Johannes: Kurz & souverän. Twittern als sozioliterarische Praxis. In: Michael Gamper/Ruth Mayer (Hg.): *Kurz & knapp. Zur Mediengeschichte kleiner Formen vom 17. Jahrhundert bis zur Gegenwart.* Bielefeld 2017: 325–348.
Schaffrick, Matthias: Listen als populäre Paradigmen. Zur Unterscheidung von Pop und Populärkultur. In: *KulturPoetik* 16/1 (2016): 109–125.
Schmitt, Carl: *Politische Romantik* [1925]. Berlin 1991.
Strohschneider, Peter: POTUS als Twitterer. In: *Zeitschrift für Ideengeschichte* XII/3 (2018): 61–75.
Stanitzek, Georg: *Blödigkeit. Beschreibungen des Individuums im 18. Jahrhundert.* Tübingen 1989.

Trump, Donald J., Tony Schwartz: *The Art of the Deal* [1987]. New York 2015.

Trump, Donald J.: *Speech "Save America" Rally Transcript*. January 6. 2021. https://www.rev. com/blog/transcripts/donald-trump-speech-save-america-rally-transcript-january-6

Ulrich, Anne: „He quickly became obsessed" – Donald Trump und die Medienlogik der Quote. In: Dominik Maeder/Herbert Schwaab/Stephan Trinkaus/Anne Ulrich/Tanja Weber (Hg.): *Trump und das Fernsehen. Medien, Realität, Affekt, Politik*. Köln 2020: 83–123.

Werber, Niels: Keine Nacht ohne Tweet, kein Tag ohne Dekret. Trumps Show der permanenten Provokation und unaufhörlichen Überschreitung. In: *Pop. Kultur und Kritik-Blog*, 10.02.2017. http://www.pop-zeitschrift.de/2017/02/10/keine-nacht-ohne-tweet-kein-tag-ohne-dekretvon-niels-werber10-2-2017 (01.04.2019).

Madman im Digitalen. Donald Trumps Rückgriff auf eine Figur des Kalten Krieges

Tobias Nanz

Ihren Schock angesichts der Wahl Donald Trumps zum 45. Präsidenten der Vereinigten Staaten von Amerika verarbeiteten viele politische Gegner*innen gerne mit der vermeintlichen Gewissheit, dass das Amt den Präsidenten formen und zähmen würde. Viele Vorgänger Trumps hätten im Wahlkampf markige Sprüche von sich gegeben, seien aber dann – unter Einwirkung der Bürokratie, des Beamt*innenapparates und der Zwänge des politischen Körpers – ruhiger und staatstragender geworden. Die Hoffnung, dass auch Trump im Regierungsalltag die Wahlkampfrhetorik ablegen und zur Mäßigung finden wird, erfüllte sich während seiner Amtszeit jedoch nicht. Im Gegenteil endete diese mit dem Sturm seiner Anhänger*innen auf das Kapitol, weshalb sich der scheidende Präsident einem zweiten Amtsenthebungsverfahren stellen musste, das wie das erste im vorangegangenen Jahr mit einem Freispruch endete. So wirken im Rückblick jene Stimmen etwas unbedarft, die Trump bereits kurz nach seiner Amtseinführung mithilfe eins *Impeachment*-Verfahrens absetzen wollten und auf Richard Nixon als historische Referenz verwiesen: Nixon trat – nachhaltig geschädigt von der Watergate-Affäre und ihren Folgen – von seinem Amt zurück, als er realisieren musste, dass selbst republikanische Senator*innen seine Absetzung unterstützen würden. Sein Rücktritt kam der Amtsenthebung zuvor.

Weniger bekannt als die Watergate-Affäre ist die *Madman*-Strategie, deren Autorschaft Nixon einmal beiläufig beanspruchte und die er im Vietnamkrieg mit zweifelhaftem Erfolg anwandte. Entlang dieser Strategie inszeniert sich der politische Führer als irrationaler Akteur und Entscheider, um in einer Konflikt-

T. Nanz (✉)
Europa-Universität Flensburg, Flensburg, Deutschland
E-Mail: tobias.nanz@uni-flensburg.de

T. Nanz
Syddansk Universitet Odense, Odense, Dänemark

L. Koch et al. (Hrsg.), *The Great Disruptor,*
https://doi.org/10.1007/978-3-662-66308-0_8

situation größtmöglichen Druck auf Gegner*innen aufzubauen. Mögliche irrationale Entscheidungen und Verhandlungen werden so zu einem Mittel der Abschreckungspolitik. Es kursieren Spekulationen, ob Trump ebenso ein Anhänger der *Madman*-Strategie sei. Dies wäre nicht die einzige Gemeinsamkeit der beiden Präsidenten: Trump stand wie Nixon damals in dem Ruf, die Presse und andere kritische Massenmedien zu verachten, und auch in seinem Mitarbeiter*innenkreis fand sich stets jemand, der dem Staatswohl unverträgliche und impulsiv gegebene Anweisungen ignorierte oder vertrauliche Informationen preisgab (für Nixon vgl. Haldeman 1978: 181–188; für Trump vgl. Woodward 2018: xix).

In diesem Aufsatz sollen die Gemeinsamkeiten der rationalen Irrationalität der beiden ehemaligen US-Präsidenten ausgelotet und zugleich die Brüche, die – so die These – vor allem in den unterschiedlichen Medien und im Medienhandeln liegen, diskutiert werden. Der *Madman* Trump war mit seinem digitalen Mediengebrauch ein vollkommen anderer *Madman* als Nixon, der seine Irrationalität über andere, nicht-öffentliche Kanäle verbreitete. Dafür wird in einem ersten Schritt die Genese der *Madman*-Strategie erkundet, um Nixons Praktiken zu befragen. Schließlich werden Trumps *Madman*-Handlungen im digitalen Raum erläutert.

Abschreckung im Kalten Krieg

Die *Madman*-Strategie ist keine kohärente Konzeption, die jemals in der Spiel- und Abschreckungstheorie des Kalten Krieges ausgearbeitet worden wäre. Als Idee taucht sie aber um 1960 an verschiedenen Stellen auf, insbesondere in der Schrift *The Strategy of Conflict* von Thomas Schelling, der sich als Ökonom Ende der 1950er und in der ersten Hälfte der 1960er Jahre mit den Strategien des Nuklearkrieges befasste. Die Spieltheorie, die Schelling in der zeitgenössischen Forschung vorfand, erschien ihm für seine Zwecke nicht praktikabel und wurde deshalb bis dato auch nicht auf Fragen der Abschreckung angewendet (Schelling 1960: 10). Die Spieltheorie überbetonte seiner Ansicht nach den reinen, reißbrettartigen Konflikt, dessen Wettbewerbscharakter die beteiligten Parteien nur unilateral handeln lässt und keinen Anreiz zur Kollaboration bietet. Zudem fußte die Spieltheorie auf einer mathematischen Grundlage, was dazu führte, dass die Lösung eines Konfliktes zur Symmetrie tendierte (Ayson 2004: 22). Schelling arbeitete nun daran, seinen theoretischen Ansatz mit der Spieltheorie zu verbinden.

Ein Baustein zur Entwicklung der *Theory of Strategy* ist die Bestimmung von rationalen und irrationalen Entscheidungen politischer oder militärischer Akteur*innen. Hier kann man bereits Schellings Kritik an unausgewogener, polarisierender Theoriebildung bemerken. Denn kein*e Entscheidungsträger*in, so Schelling, lasse sich einem definitiven Wert auf einer Skala zuordnen, die von vollkommen rationalen Entscheidungen bis hin zu vollkommen irrationalen Entscheidungen reiche. Im Gegenteil entscheiden Akteur*innen auf der Basis von Grundlagen, die sowohl rational wie auch irrational sein oder wirken können.

So mag rationales Handeln das Ergebnis eines konsistenten Wertesystems sein, das die Basis für die Kalkulation der nächsten Schritte bildet. Irrationales Handeln mag umgekehrt resultieren aus einem inkonsistenten Wertesystem, aus Fehl-kalkulationen, aus einem Informationsdefizit oder aus gestörter Kommunikation (Schelling 1960: 16–18). Dabei können sich die Grenzen zwischen Ratio und Irratio schnell verunklaren und beobachtungsabhängig sein: Eine Entscheidung, die auf unvollständigen Informationen oder gestörter Kommunikation basiert, kann in diesem beschränkten Rahmen rational getroffen worden sein, nach außen hin aber auf eine*n Akteur*in, der/die über mehr Informationen verfügt, irrational wirken.

Dies muss nicht zwingend von Nachteil sein, sondern kann auch als ein strategischer Vorzug eingesetzt werden. So können – Schelling verweist hier auf die Erfahrung mit seinen eigenen Kindern – auf der Seite der bedrohten Partei gezieltes Weghören, ein vermeintliches Nicht-Verstehen oder ein gelegentlicher Kontrollverlust die Drohungen und die Abschreckung einer anderen Partei außer Kraft setzen. Was für das Handeln von Familien gilt, trifft seiner Meinung nach auch auf Staaten zu. Wird ein Staat von einem anderen bedroht oder erpresst, kann es von Vorteil sein, irrationales Verhalten an den Tag zu legen, sei es real oder sei es simuliert: Zweifel an der Selbstkontrolle, Störungen im Kommunikations-system oder unzureichende Informationen können die Entschlossenheit einer Partei brechen, da diese sich nicht sicher sein kann, ob ihre Drohung oder Erpressung überhaupt verstanden wurde (Schelling 1960: 18). Denn Abschreckung kann nur dann als Methode funktionieren, wenn die Bedrohungslage von einer gegnerischen Partei vollständig erkannt wurde und so die Lage richtig eingeschätzt werden konnte, damit sie ihr künftiges Handeln danach ausrichten wird. Umgekehrt kann die Strategie auch seitens der drohenden Partei wirken. Wenn eine drohende Partei sich einen Ruf erworben hat, verrückt und unberechenbar zu sein, wird die bedrohte Partei in Krisen mehr Vorsicht walten lassen, da sie nicht vorhersehbare Reaktionen erwarten muss. So ist es für die Konfliktlösung durchaus sinnvoll, nicht immer dem Postulat der vollkommenen Rationalität zu folgen. „[I]t is not a uni-versal advantage in situations of conflict to be inalienably and manifestly rational in decision and motivation" (ebd.), schlussfolgerte Schelling in seiner Schrift.

Schelling ist nicht der einzige Abschreckungstheoretiker, der im Kalten Krieg die rationale Irrationalität diskutierte. Sein Kollege Herman Kahn, der wie zweitweise auch Schelling Mitarbeiter der Denkfabrik RAND-Corporation war, bemerkte in seinem Buch *Thinking about the Unthinkable,* dass die USA nicht nur den „cautious and responsible Soviet decision maker" abschrecken sollten, sondern dass „even the mad" oder „an irrational enemy" (Kahn 1962: 111–112) von einem Angriff abgehalten werden müsste. Henry Kissinger, der mit Schelling an der Harvard University tätig war, bevor er ins Weiße Haus berufen wurde, dis-kutierte in einer Schrift irrationales Verhalten als politisches Mittel und wies auf die problematische Seite hin: „Given the values of our society, the feat of convincing the Soviet leaders of our capacity for irrationality and our own people of our devotion to peace is probably insuperable." (Kissinger 1961: 45) *Madmen* laufen Gefahr, den Rückhalt ihrer Wähler*innen zu verlieren.

Während der Wissenschaftler Schelling abstritt, eine *Madman*-Strategie ent-worfen zu haben, und gleichzeitig seine Abneigung gegenüber dem Einsatz einer solchen Taktik auf höchster Regierungsebene hervorhob (Dodge 2006: 146), erklärte sich der Politiker Nixon in einem Gespräch mit seinem Stabschef Harry Robbin Haldeman selbst zum Urheber der *Madman*-Strategie:

> „I call it the Madman Theory, Bob [=Robbin]. I want the North Vietnamese to believe I've reached the point where I might do *anything* to stop the war. We'll just slip the word to them that, ‚for God's sake, you know Nixon is obsessed about communism. We can't restrain him when he's angry – and he has his hand on the nuclear button' – and Ho Chi Minh himself will be in Paris in two days begging for peace" (Haldeman 1978: 83).

Die Essenz von Nixons *Madman*-Strategie bestand darin, einer gegnerischen Partei Furcht vor irrationalen, unvorhersehbaren und dabei äußerst aggressiven Handlungen einzuflößen. Dazu gehört auch die implizite Androhung eines Atomschlages (Burr/Kimball 2015: 83).

Vor dem Hintergrund des Vietnamkrieges war Nixon unzufrieden über die ausbleibenden Fortschritte in den Verhandlungen zur friedlichen Lösung des Krieges in Südostasien. Deshalb entschloss er sich in enger Abstimmung mit seinem nationalen Sicherheitsberater Henry Kissinger, Druck auf Nordvietnam und die Sowjetunion auszuüben, um eine bessere Verhandlungsposition bei den geheimen Friedensgesprächen in Paris zu erlangen. Dafür bedienten sich Kissinger und Nixon der *good cop/bad cop*-Taktik: Während Nixon als Präsident gezeichnet wurde, der den Kommunismus verachtet und zur Beendigung des Krieges größte militärische Gewalt anwenden würde, war Kissinger für Verhandlungen offen, die dem (vermeintlichen) Zorn Nixons zuvorzukommen könnten (ebd.: 86).

Für Vietnam bedeutete dies, dass der *bad cop* Nixon einerseits zur Abschreckung die US Air Force im Oktober in Alarmzustand versetzte, gar die höchste Stufe (dies ist umstritten) – DEFCON 1 – wählte, andererseits jede militärische Eskalation zu verhindern suchte (Hersh 1983: 124; zit. n. Sagan/ Suri 2003: 156). Verstärkte Flugmanöver und Patrouillen nahe dem sowjetischen Luftraum sowie die atomare Bewaffnung der Langstreckenbomber sollten vom Systemgegner bemerkt werden, wurden aber vor der Öffentlichkeit streng geheim gehalten. Der *good cop* intensivierte die Gesprächsdiplomatie: Im Vorfeld erklärte Kissinger seinen nordvietnamesischen Verhandlungspartnern in Paris, dass man die „greatest consequences" (zit. n. Sagan/Suri 2003: 159) ins Auge fassen müsse, wenn die Gespräche bis zum 1. November keine signifikanten Fortschritte erzielen würden. Parallel zu den militärischen Aktionen erklärte Kissinger dem sowjetischen Außenminister Dobrynin, dass der Präsident über die bisherigen Gespräche enttäuscht und seine Geduld am Ende sei (Sagan/Suri 2003: 159 f.).

Obgleich Nixon hier einige Eigenschaften eines *Madman* exerziert – er scheint einen Atomkrieg zu riskieren und wird von seinen Mitarbeiter*innen als entschlossen und kompromisslos dargestellt –, ist die Bilanz seines Bluffs ernüchternd. Weder die Sowjetunion noch Nordvietnam ließen sich von den Drohungen wahrnehmbar einschüchtern. Dies lag vielleicht daran, dass die Manöver im erhöhten Alarmzustand eher als „carefully controlled exercises" und weniger als Bedrohung wirkten, da Nixon und Kissinger auf stärkere Provokationen verzichteten, auch um Unfälle zu verhindern, die zu einer handfesten Krise hätten führen können (ebd.: 180). Zudem wurden Maßnahmen nicht durchgeführt, die bei einem atomaren Schlag standardmäßig durchgeführt worden wären: Viele Atom-U-Boote verblieben in ihren Häfen und die Bomber wurden nicht auf zivile Flughäfen verteilt, wie es bei früheren Krisen üblich war (ebd.: 176). Schließlich war es der nordvietnamesischen Führung nicht entgangen, dass die US-amerikanischen Bürger*innen den Krieg nicht mehr unterstützten. Der Abzug der US-amerikanischen Truppen schien so nur noch eine Frage der Zeit zu sein, weshalb die nordvietnamesischen Vertreter ohnehin kein starkes Interesse an Verhandlungen hatten (Haldeman 1978: 98). Nixon musste einsehen, dass sein Bluff nicht glaubhaft war. „Incidentally", so stellte Schelling das *Madman*-Konzept einmal klar, „that successful ‚madman' is not bluffing, unless he's only pretending to be mad" (Dodge 2006: 146).

Madman Trump im digitalen Raum

Mit der Wahl Trumps zum US-Präsidenten wurden Stimmen laut, die Vergleiche zwischen dem *Reality Show*-Star und Nixon zogen und die *Madman*-Strategie hinter bestimmten Verhaltensmustern Trumps vermuteten. So wurde darauf verwiesen, dass er bereits im Wahlkampf die – seiner Ansicht nach – vorhersehbare Politik seiner Vorgänger kritisierte und eine weniger durchsichtige Außenpolitik forderte. Im April 2016 erklärte er: „We are totally predictable. We tell everything. We're sending troops? We tell them. We're sending something else? We have a news conference. We have to be unpredictable […]" (Nedal/Nexon 2017).

Wie ein vorbildlicher Schüler Nixons und Kissingers soll er im Handelsstreit mit Südkorea seinem Bevollmächtigten Robert Lighthizer folgende Handelsstrategie vorgegeben haben: Als Lighthizer den asiatischen Verbündeten eine dreißigtägige Bedenkzeit einräumen wollte, unterbrach ihn Trump: „That's not how you negotiate. You don't tell them they've got 30 days. You tell them, ‚This guy's so crazy he could pull out any minute'" (Swan 2017). Diese Verhandlungsstrategie erscheint als Erprobungsfeld eines *Madman* im Amt und zielt zweifellos auf die Erhöhung des politischen Drucks zur Erpressung eines befreundeten und militärisch abhängigen Staates.

Ganz im Sinne Nixons verwiesen Unterstützer*innen Trumps darauf, dass eine solche Unberechenbarkeit gegnerische Parteien abschrecken würde, während besorgte Beobachter*innen die Glaubwürdigkeit der Vereinigten Staaten, insbesondere gegenüber alliierten Staaten, in Gefahr sahen (Nedal/Nexon 2017). Andere fürchteten, dass ein *Madman* Trump auf einen weiteren, vielleicht viel verrückteren *Madman* mit atomarer Bewaffnung treffen könnte (Slater 2018), sodass beide – um das *Chicken Game* aus der Spieltheorie zu zitieren – in Autos mit herausgerissenen Lenkrädern aufeinander zurasen, sodass niemand bluffen und ausweichen kann. Mit Blick auf die Drohungen gegen Nordkorea warnte der sich im Ruhestand befindliche General David Petraeus, dass die *Madman*-Strategie zwar ein durchaus legitimes Mittel sei, aber in der Katastrophe enden könnte: Wenn die Führung eines bedrohten Staates von Trumps Irrationalität überzeugt sei, könnte jene sich entschließen, einen Präventivschlag gegen die USA auszuführen, was bei einer Atommacht in die Apokalypse führe (Berke 2017).

Mit Blick auf die internationale Handelspolitik glaubten andere Beobachter*innen wiederum, dass Trump Nixon nicht richtig verstanden hätte: Nixon spielte zwar den *Madman,* um Druck auszuüben, hätte sich aber am Verhandlungstisch vernünftig und klar verhalten; bei Trump könne man den zweiten Schritt, die rationale Seite des *Madman,* nicht erkennen (Levy 2018).

Politisch und theoretisch ist der *Madman* im Kalten Krieg verwurzelt. Trotz seines zweifelhaften Erfolges schien er einen strategischen Platz in der Trump-Politik einzunehmen. Wenn man sein Auftreten, seine Verhandlungen und Entscheidungen hinsichtlich dieser Strategie befragen will, muss man die veränderte geopolitische Lage wie auch die Medienumbrüche – hier insbesondere die Digitalisierung – in die Analysen miteinbeziehen.

Während im Kalten Krieg das bipolare System die dominante weltpolitische Konzeption war, die allerdings stets von schwächeren und stärkeren Dritten (Reichherzer/Droit/Hansen 2018) wie China, Europa und etwa blockfreien Staaten unterlaufen wurde, rückten mit dem Zerfall der Sowjetunion, mit dem Aufkommen von sog. ‚Schurkenstaaten‘ sowie mit dem Krieg gegen den Terror neue Bedrohungen in den Fokus. Aus der dominanten bipolaren Weltordnung wurde eine undurchsichtige Welt mit vielen Krisenherden, für die die simulierten Panzerschlachten des Kalten Krieges keinen Maßstab mehr darstellen. Die globale Sicherheitslage im frühen 21. Jahrhundert ist geprägt von Cyberwar, Drohnen und Netzwerkkriegen. Atomwaffen erscheinen hier schon fast anachronistisch, obgleich diese ein gewichtiges Pfund in den Händen eines *Madman* sind.

Im Jahr 2017 trafen mit Trump und dem nordkoreanischen Diktator Kim Jong-un zwei *Madmen* mehrfach aufeinander. Nachdem Nordkorea am 3. Juli, einem Tag vor dem Unabhängigkeitstag der USA, den ersten Test einer Langstreckenrakete durchführte, schrieb Trump via Twitter – bis zu seinem Bann sein bevorzugter Social Media Messenger – wütend: „Does this guy have anything better to do with his life?" (03. Juli 2017, 09:19:02)[1] Am 8. August, nach weiteren Raketentests, folgte die mediale Eskalation: Am Rande einer Kabinettssitzung erklärte der Präsident der Presse und damit der Öffentlichkeit, dass Nordkorea bei fortgesetzten Drohungen die nukleare Auslöschung erwarte: „They will be met with fire and fury like the world has never seen", so Trumps berühmte Warnung via Fernsehen (NBC 2017). Die nordkoreanische Führung erwiderte, die nukleare Vernichtung der US-amerikanischen Pazifikinsel Guam in Erwägung zu ziehen. Dies provozierte Trump erneut zu einem *Twitter*-Vorstoß, der an einen *Showdown* im Western-Film erinnert: „Military solutions are now fully in place, locked and loaded, should North Korea act unwisely. Hopefully Kim Jong Un will find another path!" (11. August 2017, 06:29:31). Dieser Nachricht folgte ein *Retweet* einer Botschaft des US Pacific Command, die einen Trainingsflug eines B1-B

---

[1] Die folgenden *Tweets* wurden im *Trump Twitter Archive* recherchiert.

Lancer-Bombers ankündigt, der von Guam in Richtung koreanischer Halbinsel führen soll (11. August 2017, 08:19:02).

Nach einer kurzzeitigen Beruhigung der Lage griff Trump den Konflikt bei seiner ersten Rede vor der UN-Vollversammlung am 19. September wieder auf. „Rocket man", so wie er Kim Jong-un invektiv adressierte, „is on a suicide mission for himself. […] The United States has great strength and patience. But if it is forced to defend itself or its allies we will have no choice but to totally destroy North Korea" (CNN 2017).

Die Antwort Nordkoreas ließ nicht lange auf sich warten: Der US-amerikanische Präsident sei „mentally deranged" sowie „unfit to hold the prerogative of supreme command of a country". Zudem, so hieß es, erwäge man einen erbarmungslosen Gegenschlag (Jong-un 2017). Trump forderte nun seinen Kontrahenten, *Madman gegen Madman,* öffentlich zu einem *Chicken Game* heraus: „Kim Jong Un of North Korea, who is obviously a madman who doesn't mind starving or killing his people, will be tested like never before!" (22. September 2017, 05:28:02).

Glücklicherweise wurde dieses Spiel nie realisiert, doch Trump twitterte weiter über „Little Rocket Man" und die Unmöglichkeit, mit diesem zu verhandeln. So schrieb er Anfang Oktober: „I told Rex Tillerson, our wonderful Secretary of State, that he is wasting his time trying to negotiate with Little Rocket Man…" (01. Oktober 2017, 09:30:59) Wenige Stunden später führte er seinen *Tweet* fort: „Being nice to Rocket Man hasn't worked in 25 years, why would it work now? Clinton failed, Bush failed, and Obama failed. I won't fail" (01. Oktober 2017, 14:01:19). In diesen *Tweets* ist indes unklar, ob Trump nun seinen Minister oder seinen Widersacher mit größerer Ironie belegt. In jedem Fall wurde Kim Jong-un zum innenpolitischen Instrument, mit dem der Präsident seinen Außenminister entmachtete und sich gleichzeitig als den entschlossensten Präsidenten der jüngeren Geschichte inszenierte. Der öffentliche Verzicht auf die Kompetenz des Außenministeriums rückte in diesem Zuge den Atomknopf näher an den *Madman* im *Oval Office* heran.

Ausgehend von dieser Konfrontation erscheinen nun vier Aspekte für die Charakterisierung eines *Madman* im digitalen Zeitalter charakteristisch: Erstens erwies sich *Twitter* als besonders geeignet, um den US-amerikanischen Präsidenten als *Madman* zu zeichnen. Die maximale Länge einer Botschaft beträgt 280 Zeichen, sodass größere Reflexionen, ein Abwägen oder das Vorbringen eines komplexeren Arguments gar nicht möglich sind – auch wenn Trump gelegentlich eine Botschaft in mehreren *Tweets* verschickte. *Twitter,* ursprünglich als ein Dienst gegründet, um „pointless babble" (Rogers 2014: xiii) zu pflegen, also mitzuteilen, ob man gerade etwas isst oder bereits zu Bett gegangen ist, hat sich von dieser Anfangsphase emanzipiert, tendiert aber nach wie vor zu emotionaler, griffiger, aber unterkomplexer Kommunikation. Bei Trump wurde gar in einer empirischen Studie festgestellt, dass er zu einem hohen Prozentsatz wütende Nachrichten versendet, die sich gar nicht auf einen bestimmten Fall beziehen, sondern allgemeinen Ärger transportieren (Wahl-Jorgensen 2018: 82). Ein *Madman,* der wüten und drohen möchte, wird in *Twitter* sein ideales Medium finden. Und genau diese aufrührerische Kommunikation mündete letztlich im Sturm auf das Kapitol, einem jener „horrific events", das zur „permanent suspension of @realDonaldTrump" von *Twitter* (Twitter 2021) führte. Nach der Übernahme von *Twitter* durch Elon Musk wurde Trumps Konto im November 2022 wieder entsperrt.

Zweitens suggeriert *Twitter* eine vermeintliche Unmittelbarkeit zwischen dem Sender Trump und seinen vormaligen Millionen *Followers*. Die emotionale Botschaft erreichte unter Auslassung der zum Staatsfeind erklärten Massenmedien direkt die Empfänger*innen (Delli Carpini 2018: 20), ohne – so wurde zumindest suggeriert – von jemandem aus Trumps Team gegengelesen zu werden. Eine Reihe *Tweets* erzeugte einen Zustand der Dauererregung, einer „ekstatischen Exklamatorik" (Strohschneider 2018: 66), die aus einem schriftlichen Text eine Ansprache macht, die mündlicher Rede ähnelt und eine distanzlose Unmittelbarkeit vermittelt. Die *Tweets* simulierten eine unverfängliche, freundschaftliche Konversation mit seinen Anhänger*innen (Turner 2018: 148). So schienen diese direkten Zugang zu ihm zu haben, der, wie ein zentrales Versprechen des Populismus lautet, weiß, was das Volk will, das sonderbarerweise mit einer Stimme zu sprechen vermag (Müller 2016: 44).

Drittens erreichte Trump mit seinen *Tweets* eine außerordentlich große Öffentlichkeit globalen Ausmaßes, die seine Statements beim Wort nehmen kann. Während Nixon sich davor scheute, seine camouflierten Drohungen gegenüber Vietnam und der Sowjetunion öffentlich zu machen und jede allzu provozierende Truppenverlegung vermied, verkündete Trump seine Beleidigungen und möglichen Aktionen einem Millionenpublikum. Verstärkt wurden seine *Tweets* zudem nicht nur durch *Retweets,* sondern auch durch die Zitation und Diskussion der Inhalte in den klassischen Massenmedien. Trumps Tiraden konnte man nicht entkommen, weder in den digitalen sozialen Medien noch in den von ihm so verhassten älteren Massenmedien.

Viertens erwarb sich Trump seit Beginn seiner Amtszeit einen Ruf als notorischer Lügner (siehe die Dokumentation der *Washington Post*: Anonym 2019), der Fakten ignoriert und die Massenmedien als Staatsfeinde behandelt, die vermeintlich allenthalben *Fake News* verbreiten. So errichtete er sich eine Welt, in der in erster Linie eine Anschlusskommunikation nur mit seinen Anhänger*innen möglich ist, eine Hyperrealität (Baudrillard 1978; Delli Carpini 2018: 19) also, die sich in ihrer medialen Formation mithilfe von sozialen Netzwerken sowie in der Verbreitung von Lügen via Massenmedien von den vertrauten politischen Praktiken und Diskursen der westlichen Nachkriegs- und Kalten Kriegs-Gesellschaft abhob. Die Nachricht von den neuen Sternen, also jenem hyperrealen Trump-Universum, kündete von einem zweifelhaften Aufbruch in eine neue politische und gesellschaftliche Welt und mochte von verwundertem Augenreiben oder zynischen Kommentaren begleitet werden.

Trump war so – fasst man diese Aspekte zusammen – einerseits ein *Madman,* der alle Möglichkeiten der digitalen Netzwerke zur Selbstinszenierung und Gemeinschaftsbildung zu nutzen suchte, dort irrationales sowie emotionales Handeln ausstellte und einer großen Öffentlichkeit bekanntmachte. Damit ließen (und lassen) sich offensichtlich seine Wähler*innen begeistern sowie von seinen *Dealmaker*-Qualitäten überzeugen. Andererseits war er kein *Madman,* jedenfalls keiner im politischen und strategischen Sinne, da aufgrund seiner Negierung von Fakten das Vertrauen schwindet, dass der *Madman* nach den Androhungen verrückter Aktionen und dem folgenden Einlenken der Bedrohten dazu in der Lage ist, seriöse und rechtsverbindliche Verhandlungen zu führen. Denn ein *Madman* lässt sich nicht einseitig mit irrationalem Handeln charakterisieren, sondern muss – um politische Wirkung zu erzeugen – in der Lage sein, nach der Ankündigung irrationaler Aktionen rationale und diplomatisch verbindliche Entscheidung zu treffen. Auch sollte sein Bluff glaubhaft sein, sodass gegnerische Parteien die Einlösung der Drohungen für möglich halten. Allerdings erschien die Lücke zwischen der Hyperrealität Trumps und der Lebenswirklichkeit zu groß.

So blieb die Sorge, dass keine Medien mehr zwischen beiden Sphären vermitteln können. In der einen, hyperrealen Welt war das Wüten und Schimpfen Trumps zu vernehmen, das aus Überzeugung und Voyeurismus begeistert geteilt oder entschieden abgelehnt wurde. In der anderen Welt, in der man das „Ende der Diplomatie" (Farrow 2018) betrauerte, wird vielleicht auch die Erkenntnis gereift sein, dass die *alte* Diplomatie nie so durchgehend rational und besonnen war, wie sie im Kontrast zu Trumps Politik erscheint. Im Gegenteil war Trump in einer Hinsicht noch sehr in der *alten* Welt verhaftet.

Denn seine Inszenierungen verwiesen gleichermaßen wie der Wahlspruch „Make America Great Again" auf die Zeit des Kalten Krieges, dessen bipolare Strategien nichts mehr mit der multipolaren Welt des 21. Jahrhunderts gemein hatten. Der *Madman* Kahns, Kissingers, Nixons oder Schellings, jene Figur, die aus den ungeheureren Forschungs- und Rüstungsanstrengungen des Kalten Krieges hervorgegangen ist und dabei nie sonderlich erfolgreich war, ist als politische sowie militärstrategische Option verschwunden, als mit dem Ende des Kalten Krieges ebenso die Spieltheorie in der Politik ihre Relevanz verlor (Erickson u. a. 2013: 183–184). Von der rationalen Irrationalität schien bei Trump nur noch ein Rest, nämliche die (gespielte) Verrücktheit übriggeblieben zu sein. Der atemberaubende Kurswechsel von atomaren Vernichtungsdrohungen Nordkoreas hin zu Freundschaftsbekundungen – „my friend Kim" – (26. Februar 2019, 09:31:21), der Schwenk von der Erzeugung größtmöglicher Furcht hin zu dem Versprechen einer großen Zukunft auf der koreanischen Halbinsel – „[Kim's] country could fast become one of the great economic powers" (24. Februar 2019, 08:19:19) – ließ aus Politik eine Angelegenheit der Laune und der populistischen Reden werden, bei der die rationale Perspektive nur schwer erkennbar war. Der *Madman* des Kalten Krieges irrlichtert durch das 21. Jahrhundert und bereitet sich auf die nächsten Präsidentschaftswahlen vor.

Literatur

Anonym: In 801 days, President Trump has made 9,451 false or misleading claims. The Fact Checker's ongoing database of the false or misleading claims made by President Trump since assuming office. In: *The Washington Post* (31.03.2019), https://www.washingtonpost.com/graphics/politics/trump-claims-database/?utm_term=.f80dd2b96ad8 (11.04.2019).

Ayson, Robert: *Thomas Schelling and the Nuclear Age. Strategy as Social Sciences.* London/New York 2004.

Baudrillard, Jean: *Agonie des Realen.* Berlin 1978.

Berke, Jeremy: Petraeus says Trump's ‚madman' approach to North Korea could be effective – until it becomes disastrous. In: *Business Insider Deutschland* (16.09.2017), https://www.businessinsider.de/david-petraeus-on-trumps-madman-approach-to-north-korea-kim-jong-un-2017-9?r=US&IR=T (11.04.2019).

Burr, William/Kimball, Jeffrey P.: *Nixon's Nuclear Specter. The Secret Alert of 1969, Madman Diplomacy, and the Vietnam War.* Lawrence 2015.

CNN: Trump to UN: ‚Rocket Man' on a suicide mission (19.09.2017), https://www.youtube.com/watch?v=8mstcJDHaGE (11.04.2019).

Delli Carpini, Michael X.: Alternative facts. Donald Trump and the emergence of a new U.S. media regime. In: Pablo J. Boczkowski/Zizi Papacharissi (Hg.): *Trump and the Media.* Cambridge, Mass./London 2018: 17–23.

Dodge, Robert: *The Strategist. The Life and Times of Thomas Schelling.* Hollis 2006.

Erickson, Paul/Klein, Judy L./Daston, Lorraine/Lemov, Rebecca/Sturm, Thomas/Gordin, Michael D.: *How Reason almost lost its Mind. The Strange Career of Cold War Rationality.* Chicago/London 2013.

Farrow, Ronan: *Das Ende der Diplomatie. Warum der Wandel der Amerikanischen Außenpolitik für die Welt so gefährlich ist.* Reinbek bei Hamburg 2018.

Haldeman, Harry R.: *The Ends of Power.* London 1978.

Hersh, Seymour M.: *The Price of Power. Kissinger in the Nixon White House.* New York 1983.

Jong-un, Kim: Full text of Kim Jong-un's response to president Trump. In: *The New York Times* (22.09.2017), https://www.nytimes.com/2017/09/22/world/asia/kim-jong-un-trump.html (11.04.2019).

Kahn, Herman: *Thinking about the Unthinkable.* New York 1962.

Kissinger, Henry A.: *The Necessity for Choice. Prospects of American Foreign Policy.* New York 1961.

Levy, Phil: Trump and the half-madman theory of international negotiations. In: *Forbes* (25.04.2018), https://www.forbes.com/sites/phillevy/2018/04/25/trump-and-the-half-madman-theory-of-international-negotiations/#13e8000f7461 (11.04.2019).

Müller, Jan-Werner: *Was ist Populismus? Ein Essay.* Berlin 2016.

NBC News: Donald Trump: North Korea ‚will be met with fire and fury' (08.08.2017), youtube.com, https://www.youtube.com/watch?v=1bt4t05m_j0 (11.04.2019).

Nedal, Dani/Nexon, Daniel: Trumps ‚Madman Theory' isn't strategic unpredictability. It's just crazy. In: *Foreign Policy* (18.04.2017), https://foreignpolicy.com/2017/04/18/trumps-madman-theory-isnt-strategic-unpredictability-its-just-crazy/ (11.04.2019).

Reichherzer, Frank/Droit, Emmanuel/Hansen, Jan (Hg.): *Den Kalten Krieg vermessen. Über Reichweite und alternativen einer binären Ordnungsvorstellung.* Berlin/Boston 2018.

Rogers, Richard: Foreword: Debanalising twitter: The transformation of an object of study. In: Kartin Weller/Axel Bruns/Jean Burgess/Merja Mahrt/Cornelius Puschmann (Hg.): *Twitter and Society.* New York 2014: ix–xxvi.

Sagan, Scott D./Suri, Jeremi: The madman nuclear alert. Secrecy, signaling, and safety in october 1969. In: *International Security* 27/4 (2003): 150–183.

Schelling, Thomas C.: *The Strategy of Conflict.* Cambridge, Mass./London 1960.

Slater, Jerome: Trump is using the ‚madman theory' in North Korea policy. In: *The National Interest* (03.06.2018), https://nationalinterest.org/feature/trump-using-the-madman-theory-north-korea-policy-26097 (11.04.2019).

Strohschneider, Peter: POTUS als Twitterer. In: *Zeitschrift für Ideengeschichte* 12/3 (2018): 61–75.

Swan, Johnatan: Trump urges staff to portray him as „crazy guy". In: *Axios* (01.10.2017), https://www.axios.com/scoop-trump-urges-staff-to-portray-him-as-crazy-guy-1513305888-c1cbdb89-6370-4e13-98ed-28c414e62a35.html (11.04.2019).

Trump Twitter Archive, http://www.trumptwitterarchive.com (11.04.2019).

Turner, Fred: Trump on twitter. How a medium designed for democracy became an authoritarian's mouthpiece. In: Pablo J. Boczkowski/Zizi Papacharissi (Hg.): *Trump and the Media*. Cambridge, Mass./London 2018: 143–149.

Twitter, Permanent Suspension of @realDonaldTrump (08.01.2021), https://blog.twitter.com/ en_us/topics/company/2020/suspension (25.04.2022).

Wahl-Jorgensen, Karin: Public displays of disaffection: The emotional politics of Donald Trump. In: Pablo J. Boczkowski/Zizi Papacharissi (Hg.): *Trump and the Media*. Cambridge, Mass./ London 2018: 79–86.

Woodward, Bob: *Fear. Trump in the White House*. London 2018.

Die rhetorischen Strategien von @realDonaldTrump und die Verweigerung diskursiver Argumentation

Gyburg Uhlmann

Einleitung

2018 wurde von der amerikanischen Öffentlichkeit und den Medien eine neue Entwicklung mit Aufmerksamkeit und Kritik verfolgt. Diese Entwicklung betrifft die Anzahl, Häufigkeit und Länge von Press Briefings im Weißen Haus unter der Trump-Administration, also von regelmäßigen Informationen und Fragestunden der Pressestelle mit den im Weißen Haus akkreditierten Journalist*innen, und von *On-the-record*-Pressekonferenzen mit Donald Trump (vgl. z. B. Breuninger 2018; Samuels 2018a). Seit Januar 2018 hatte die Pressestelle des Weißen Hauses unter der Leitung von Pressesprecherin Sarah Sanders die Anzahl der *Press Briefings* und ihre Dauer immer weiter reduziert. Stellte sie sich im Januar 2018 noch elfmal den Fragen der Reporter*innen, so waren es im Juni 2018 noch fünf, im Juli drei, im August fünf und im September sogar nur ein einziges *Briefing*. Auch die Dauer der *Briefings* wurde verkürzt, so dauerte die Fragestunde im September nur 18 min (Breuninger 2018; Winck und Shankar 2018).

Als Begründung für diese gegenüber anderen Administrationen veränderte Praxis führte Sarah Sanders an (Samuels 2018b), dass an die Stelle der klassischen Briefings eine Vielzahl anderer Gelegenheiten getreten sei, bei denen sich der Präsident selbst Fragen der Journalist*innen stelle: in kurzen Frage-Antwort-Sessions, bei Treffen mit ausländischen Staatsgästen, bei Kabinettssitzungen. In all diesen Situationen gebe es Gelegenheit, den Präsidenten selbst zu befragen. Hinzu kommt, dass Trump während seiner Präsidentschaft verglichen mit anderen Präsidenten seit Ronald Reagan am zweithäufigsten Interviews gegeben hat.

G. Uhlmann (✉)
Freie Universität, Berlin, Deutschland
E-Mail: g.uhlmann@fu-berlin.de

L. Koch et al. (Hrsg.), *The Great Disruptor,*
https://doi.org/10.1007/978-3-662-66308-0_9

Außerdem äußerte er sich auf dem Kurznachrichtendienst *Twitter* mit einer durchschnittlichen Anzahl von mehr als neun *Tweets* pro Tag (2018).

Das heißt also: Es gab mehr, aber kürzere und für den Präsidenten kontrollierbarere Situationen, in denen Nachfragen von der Presse gestellt werden konnten. Das macht auch die Gemeinsamkeit der Entwicklungen in den *Press Briefings* mit dem Hauptkommunikationskanal, den Trump und damit auch seine Administration wählte, nämlich dem Kurznachrichtendienst *Twitter,* aus: Der Präsident brachte die Kommunikationswege soweit wie möglich unter seine Kontrolle und Regie. Während bei längeren Frage-Antwort-Gelegenheiten die Themen offener und eher den Journalist*innen anheimgestellt sind, ist es schwieriger und dem Anlass potenziell unangemessen, z. B. in der Anwesenheit von internationalen Staatsgästen oder vor Beginn von Kabinettssitzungen kleinteilige innenpolitische Fragen oder Kritik aufs Tapet zu bringen.

Der Unterschied, der entsteht, wenn das klassische *Press Briefing* durch die Pressesprecherin mehr oder weniger wegfällt oder doch stark eingeschränkt wird, ist aber noch ein anderer: Traditionell müssen Pressesprecher*innen auch harten Fragen gegenüber geradestehen und die Politik der Regierung erklären, begründen, rechtfertigen, in die richtigen Kontexte stellen usw. Die Presse kann die Regierungsarbeit hier freier als in der dem Amt des Regierungschefs gebührenden respektvollen Haltung diesem direkt gegenüber hinterfragen. Auch wenn Sanders betonte, dass es doch immer besser und Zeichen größerer Transparenz sei, die Aussagen direkt vom Präsidenten zu hören, so hatte es doch auch einen Transparenz behindernden Effekt, wenn es immer nur der Präsident selbst war, dem – allerdings immer weniger – Fragen gestellt wurden. Und auch wenn Sanders betonte, sie wolle bei ihren Pressekonferenzen verhindern, dass Selbstdarstellungsexzesse (der Journalist*innen) überhandnähmen, hatte gerade die Strategie, die Pressevertreter*innen nur noch direkt mit Präsident Trump zu konfrontieren, genau diesen Effekt, wie man exemplarisch in der Auseinandersetzung zwischen Trump und dem *CNN*-Journalisten Jim Acosta bei einer Pressekonferenz am 7. November 2018 sehen konnte, aufgrund derer Acosta zwischenzeitlich die Akkreditierung zum Weißen Haus entzogen worden war. Beide Akteure, sowohl der *CNN*-Reporter Acosta als auch Präsident Trump, nutzten die Pressekonferenz als Forum, um eine Botschaft zu vermitteln. Acosta hatte Trump nämlich auf eine Formulierung angesprochen, die dieser für eine große Karawane von Immigrant*innen gewählt hatte. Diese waren von Mittelamerika durch Mexiko bis an die US-amerikanische Grenze gezogen, um dort Asyl zu beantragen. Trump nannte diese Karawane eine „invasion": „[Acosta]: I wanted to challenge you on one of the statements that you made in the tail end of the campaign in the midterms, that this – […] caravan was an invasion." (Washington Times Staff 2018).

Acosta ließ auch nach einer ersten Antwort des Präsidenten nicht locker, woraufhin Trump versuchte, ihm das Mikrofon entziehen zu lassen. Auf Acostas Weigerung hin formulierte er mit Wut eine Generalkritik an Acosta, dem ‚*Fake News*-Sender' *CNN* und dessen grundsätzlichen Unglaubwürdigkeit.

Man sieht: Selbstdarstellung und Bloßstellung des anderen sind der primäre Motor der Auseinandersetzung. Wo aber bleibt dann angesichts dieser von Trump gewählten Medienstrategien noch Raum für den Austausch von Argumenten, von Für und Wider, von Sachargument und Gegenargument? Wo ist noch Raum für das längere Argument und langfristige Perspektiven? Wo können frei Fragen gestellt und mit der notwendigen Ruhe beantwortet werden?

Die Wahl der Medien der Kommunikation und Selbstdarstellung haben, wie hieraus deutlich wird, selbst eine politische Qualität. Das bedeutet freilich nicht, dass die Kommunizierenden den Zwängen der Medien einfach unterliegen, sondern vielmehr dass die Wahl der Medien und die Techniken der Kommunikation mit der politischen Agenda der Akteure interagieren, und dass die kommunikativen Strategien auch das jeweilige Medium formen und verändern können.

Beide Aspekte werden wie in einem Brennglas sichtbar, wenn wir auf eine historisch weit entfernte Kommunikationssituation schauen, die bei näherem Hinsehen deutlich sichtbare Ähnlichkeiten mit Trumps Schlagabtausch mit der Presse besitzt. Diese weit entfernte Situation ist die philosophische Diskussion zwischen dem Sophisten Protagoras von Abdera und dem Athener Philosophen Sokrates, die der griechische Philosoph und Sokrates-Schüler Platon in seinem nach dem Sophisten benannten Dialog auf die Bühne bringt. Sokrates droht dort etwa in der Mitte des Dialogs damit, das Haus des Gastgebers zu verlassen und die Sachdiskussion mit Protagoras zu beenden. Der Grund ist, dass Protagoras sich nicht auf die von Sokrates vorgeschlagene Methode des direkten Fragen und Antwortens einlassen möchte. Zu groß ist seine Sorge, er könne dort seine rhetorische Finesse nicht hinreichend beeindruckend demonstrieren, und auch davor, Sokrates werde ihn im Wettstreit der Argumente niederringen. Dieses sogenannte agonale Denken war bei den Sophisten des 5. Jh v. Chr weit verbreitet, geht aber ganz an den Strategien und Interessen des Platonischen Sokrates vorbei und ist kaum als ein generelles Prinzip griechischer Kultur zu verstehen.[1] Dieser will seine Gesprächspartner nicht besiegen, sondern den jeweiligen Sachverhalt genau differenzieren und dem besten Argument Aufmerksamkeit verschaffen… Die direkten Antworten auf kurze und direkte Fragen sind ein Bestandteil der Platonischen Dialektik, dem freien Meinungsaustausch, der sich explizit an begrifflichen, rationalen Kriterien orientiert. Warum aber, so könnte man fragen, sind diesem Sokrates dann die formalen Bedingungen des Gesprächs so wichtig? Warum droht er, das Gespräch ganz abzubrechen, wenn Protagoras nicht nach seinen Regeln im direkten dialektischen Gespräch die zur Verhandlung stehende Frage mit ihm diskutiert? Platon lässt seinen Sokrates die Antwort selbst aussprechen: Er besteht darauf, weil nach seiner Auffassung nur so wirkliche gemeinsam geteilte Erkenntnis und das heißt: eine Übereinstimmung darin, was das Ergebnis des Gesprächs ist, möglich sei. Das liegt aber eigentlich nicht an einer in Rede- oder Lesezeit

---

[1] Die Idee, die griechische Kultur insgesamt als „agonal" zu beschreiben, stammt von Jacob Burckhardt und wurde von Friedrich Nietzsche kolportiert (Krischer 1988: 7–22).

zeitlich messbaren oder in der Schriftform an wenigen Zeilen oder Seiten ablesbaren Kürze. Misst oder zählt man nach, sieht man, dass nicht Protagoras, sondern Sokrates in diesem Dialog die längsten Reden hält oder Redebeiträge bringt. Die Platonforschung hat dies schon oft erstaunt festgestellt. Eine wirkliche Antwort aber ist sie schuldig geblieben. Man kann sie aber erschließen, wenn man Länge oder Kürze anders begreift, nämlich nicht als etwas quantitativ Zähl- oder Messbares. – Das passt im Übrigen auch zu den vielen Stellen im Corpus Platonicum, in dem Platon die Protagonisten seine Verachtung gegenüber Menge oder Mehrheit als Sachargument zum Ausdruck bringen lässt. Wer würde denn etwas nur deshalb für richtig oder wahrer halten, weil es mehr Leute vertreten (so z. B. im Laches (184d5-e9), oder im Kriton (46b1-48c6); vgl. auch Kratylos 437d3-7)? Länge und Kürze sind für Platons Sokrates hier im Dialog Protagoras viel mehr Epiphänomene bestimmter Kommunikations-, Argumentations- und Erkenntnismethoden. Es geht um die Erkenntnisqualität, die durch die Methode erzielt werden kann. Damit erfindet Platon eine ganz neue Perspektive, die vom üblichen common sense abweicht.

Im Dialog Protagoras machen es die Zuschauer des Schlagabtauschs und allen voran Prodikos vor, wie man normalerweise über die Vor- und Nachteile von langen oder kurzen Reden spricht. Er, Prodikos, schlägt vor, dass Sokrates nicht auf seiner überpeniblen Dialogführung *(to akribes tōn dialogōn)* beharrt, die allzu streng auf Kürze *(to kata brachy lian)* pocht, so wie auch Protagoras umgekehrt sich zurückhalten solle und nicht mit voller Kraft voraus seine Reden sich entfalten lassen solle (Prt. 338a1–8). Ein Mittelweg sei empfehlenswert. Die Stelle ist voller nautischer und Reiter-Metaphern und betont damit die aristokratische Ästhetik, die Protagoras (und auch Prodikos) mit seiner Sprache pflegt. Selbst hier, wo im Vordergrund die messbare Länge angesprochen wird, schwingt dadurch etwas anderes mit: Sokrates solle nicht allzu formal streng sein und Protagoras dadurch etwa mehr Spielraum für schöne Reden lassen; Protagoras verzichte im Gegenzug darauf, die Sachfrage ganz zugunsten der Schönheit der Redekunst außen vor zu lassen. (Schöne) Rhetorik und (karge) Dialektik stünden sich in den Augen des Sophisten Prodikos hier gegenüber. Für Sokrates gibt es andere Prioritäten. Seine Sorge ist, dass gar kein wirkliches Miteinander im Gespräch entsteht. Das sagt er das erste Mal, als er nach einer langen Rede des Protagoras dessen Unwillen feststellt. Der Begriff *synousia* begegnet in den Platonischen Dialog vielfach, nicht aber in derselben Dichte wie hier im Protagoras; ähnlich prominent ist der Begriff der *symboulia*, des gemeinsamen Beratens, im Dialog Laches. Im ganzen Corpus verbreitet ist der Ausdruck *homologia*: Das Streben nach einer Übereinkunft zwischen den Gesprächspartnern ist das herausragende Prinzip der dialektischen Gesprächsführung und Erkenntnisgewinnung. Wie sehr es darauf ankommt, dass man sich auf diese gemeinsamen Erkenntnisse und geteilte Überzeugungen verlassen kann, zeigt in komprimierter, intensiver Form der Dialog Kriton, in dem Sokrates seinen guten Freund Kriton, der ihn aus dem Gefängnis befreien will, daran erinnert, dass man auch in höchster Not an seinen gemeinsam erworbenen Erkenntnissen festhalten muss, es sei denn, es sprechen bessere Gründe und Erkenntnisse dagegen.

Das ist der Grund, warum Sokrates in der Auseinandersetzung mit Protagoras so sehr darauf beharrt, nicht lange Reden zu halten, sondern gemeinsam in direkten Fragen und Antworten zu verständigen. Nur so kann es nach Platon wirklich zu einem Erkenntnisfortschritt kommen.

Platons Sokrates scheut also keine langen, ausführlichen Formate, weil er sich den Detail nicht zuwenden möchte. Das Gegenteil ist der Fall: Er sucht die größtmögliche Nähe zur Sache und möchte alle Ablenkungen ausschalten. Der Gegensatz zu Donald Trumps Kommunikationstypologie könnte größer kaum sein.

Während Trump die Kürze nutzte, um zu verzerren und zu pauschalisieren und um jeder kritischen Nachfrage zu entkommen, ist bei Platons Sokrates nicht der Umfang oder die Differenziertheit der Aussagen begrenzt, sondern die Form im Gegenteil ganz auf die Sachgenauigkeit und die Offenheit der Argumente gerichtet.

In diesem Beitrag wird die Kommunikation Donald Trumps über den Kurznachrichtendienst *Twitter* unter genau diesem Gesichtspunkt untersucht: Was geschieht, wenn ein amerikanischer Präsident seine Politik vor allem über einen die Länge der Äußerungen stark beschränkenden Nachrichtendienst vermittelt und praktiziert? Dafür werde ich in zwei Schritten vorgehen: Ich beginne mit einem Überblick über die *Twitter*-Strategien und mit Fallstudien, wie die Kommunikation und die Reaktionen darauf ablaufen. Im zweiten Schritt hebe ich die Frage auf eine höhere Ebene und untersuche die an diesen Strategien beteiligten Faktoren (wie Medium und Argumentationsmethode usw.) kritisch dadurch, dass ich sie mit Diskussionen aus der antiken Rhetoriktheorie in Verbindung bringe, die genau solche Fragen zum Thema haben: Was zeichnet die Qualität einer politischen Kommunikation aus? Welche Faktoren sind dafür entscheidend und was bedeutet die Wahl bestimmter Medien und Techniken für den Gehalt der so vermittelten Politik?

Trump und *Twitter*

Donald Trump ist seit Januar 2021 dauerhaft von der Plattform *Twitter* ausgeschlossen, weil er nach den verlorenen Präsidentschaftswahlen mit der Behauptung, ihm sei der Wahlsieg gestohlen worden, zum Sturm auf das Kapital aufgerufen hatte. Der Ausschluss hat Debatten um Meinungsfreiheit, politische Neutralität und die Verpflichtung zum Kampf gegen Fake News durch Soziale Netzwerke entfacht und steht aktuell indirekt im Hintergrund der Übernahmeschlacht zwischen dem Unternehmen *Twitter* und dem Multimilliardär Elon Musk, der durch seine Übernahme das Potenzial des Kurznachrichtendienstes, „eine Plattform für freie Meinungsäußerung auf der ganzen Welt" zu sein, wieder freisetzen wolle.[2] Das Thema Meinungsfreiheit und der richtige Umgang damit sind

---

[2] „Chairman of the Board, I invested in Twitter as I believe in its potential to be the platform for free speech around the globe, and I believe free speech is a societal imperative for a functioning

also bis heute und ganz aktuell mit *Twitter* verbunden. Trumps Nutzungspraktiken werfen ein Schlaglicht auf einige Aspekte dieser Problematik, die auch für die Analyse anderer Nutzer oder Debatten relevant sind.

Warum also nutzte Trump *Twitter* und wie tat er das? Es gibt verschiedene Merkmale oder Auffälligkeiten der rhetorischen Strategien, die Donald Trump in seiner *Twitter*-Kommunikation verwendete. Um diese einordnen zu können, müssen wir zunächst bestimmen, was unter ‚rhetorischen Strategien' zu verstehen ist. Das ist insbesondere deswegen wichtig, weil Trumps *Twitter*-Stil häufig als spontan, ungeplant, affektbestimmt, von Wut getrieben, einfach dumm (Urback 2017) oder gar mental instabil[3] beschrieben wird, sodass der Gedanke aufkommen könnte, dass wir es gar nicht mit einer Technik im eigentlichen Sinn zu tun haben. Rhetorik umfasst nach dem hier zugrunde gelegten Begriff alle Formen der strategischen Kommunikation und beschränkt sich demnach weder auf bestimmte Medien noch auf die Anwendung bestimmter traditioneller Techniken.

Meine These ist, dass Trumps *Twitter*-Kommunikation durchgehend strategisch und somit rhetorisch war und die Möglichkeiten des Kurznachrichtendienstes nutzte und sogar selbst weiterentwickelte, um sachlichen Diskussionen auszuweichen und rationale Argumentationen zu meiden. Meine Analysen konzentrieren sich dabei nicht wie oftmals üblich auf die Verwendung von Stilfiguren, den formalen Aufbau einer Rede, Humoristisches oder Spannungsbögen, sondern betrachten für die Bestimmung der strategischen Qualität der Rhetorik Trumps besser geeignete Indikatoren wie die Nutzung von einprägsamen Formeln anstelle von genauen Sachanalysen oder das Etikettieren von Gegner*innen als Ersatz für eine Auseinandersetzung mit ihren Argumenten und Positionen oder auch die Nutzung bestimmter Medien und das Ausblenden von Tatsachen oder das Ausweichen auf Nebenschauplätze der Auseinandersetzung. Auf diese Weise wird deutlich, dass *Twitter* ein idealer Untersuchungsgegenstand ist, weil hier die prominentesten und zugleich problematischsten Seiten von Trumps Politik *und* seiner Rhetorik Wirkung entfalten: nämlich Strategien, die anti-diskursiv, anti-rational, dekontextualisierend und manipulativ emotionalisierend sind und die an die Stelle begründeter Argumentationen eindrucksvolle Bilder, Merksätze, einprägsame Wendungen und Beleidigungen setzen. Neben solchen Techniken des Dekontextualisierens spielen dabei auch Strategien der Wahrheitsbehauptung oder das Anprangern von Lügen anderer eine wichtige Rolle.

---

democracy. However, since making my investment I now realize the company will neither thrive nor serve this societal imperative in its current form. Twitter needs to be transformed as a private company. As a result, I am offering to buy 100 % of Twitter for $54.20 per share in cash, a 54 % premium over the day before I began investing in Twitter and a 38 % premium over the day before my investment was publicly announced. My offer is my best and final offer and if it is not accepted, I would need to reconsider my position as a shareholder. Twitter has extraordinary potential. I will unlock it." Zit. n. Dean 2022.

[3] Dagegen argumentiert Stöber 2011.

Ich beginne mit einem Detail, das auf den ersten Blick wie ein rein formaler und stilistischer Aspekt erscheinen kann, das sich jedoch im Laufe genauerer Analysen als Symptom allgemeiner und kommunikationsstrategischer Methoden erweisen wird:

1. Merkmal: Emotionale Lautstärke durch Formatierung, Wiederholung und Abschluss von Aussagen bzw. Tweets mit emotionalen Ausdrücken anstelle von Begründungen

Trumps *Twitter*-Stil wurde oft als spontan und emotional beschrieben. Diese Einschätzung hatte unterschiedliche Gründe. Dazu gehörte z. B. Trumps Neigung, die Korrespondenz mit ausländischen Regierungschefs gerade in Zeiten der Konfrontation über *Twitter* (und vermutlich ohne vorherige Beratung mit seinem Team und seiner Kommunikationsabteilung) und jenseits der Regeln der diplomatischen Etikette zu führen. Berühmt und viel kritisiert wurde folgender *Tweet* vom 2. Januar 2018, den Trump im Zuge des Atomkonflikts mit dem nordkoreanischen Staatschef Kim Jong Un verfasste:

> „North Korean Leader Kim Jong Un just stated that the ‚Nuclear Button is on his desk at all times‘. Will someone from his depleted and food starved regime please inform him that I too have a Nuclear Button, but it is a much bigger & more powerful one than his, and my Button works!“ (2. Januar 2018, @realDonaldTrump)

Zu diesem Eindruck trug aber auch ganz wesentlich die oft emotionale oder emotionalisierende Sprache der *Tweets* bei,[4] die häufig an die Stelle einer näheren Beschreibung oder Analyse eines Sachverhalts ein emotionales Adjektiv oder Substantiv stellte oder aber auch durch die Verwendung von Großbuchstaben die Meinungsäußerung ‚lautstark‘ unterstrich. Trump nannte Handlungen, Situationen, Aussagen „verrückt“ („crazy“) oder verlogen oder stellte fest, dass etwas eine „Katastrophe“ („disaster“) ist. Das von Trump am häufigsten gewählte Wort für die Charakterisierung und Analyse eines Sachverhalts aber war „sad“. Oftmals charakterisierte Trump das Verhalten der Demokraten als ‚traurig‘, ebenso aber auch das Verhalten der Presse:

> „Democrats are trying to bail out insurance companies from disastrous #ObamaCare, and Puerto Rico with your tax dollars. Sad!“ (12:06 – 27. April 2017, @realDonaldTrump)

Gerade zu Beginn seiner Präsidentschaft, als Trump die ersten Schritte unternahm, um das Krankenversicherungsprogramm ‚ObamaCare‘ wieder abzuschaffen, nannte er dieses Programm häufig eine „Katastrophe“.[5] Die Wiederholung dieser

---

[4] Vgl. die Analysen von Brady et al. 2017.

[5] Diese Meinung wird auch in anderen Medien vermittelt, wie z. B. bei einer *Monday address* Donald Trumps vor der National Governors Association am 27.02.2017: „I see it happening with Obamacare. People hate it, but now they see that the end is coming and they say, ‚Oh, maybe we love it.‘ There's nothing to love – it's a disaster, folks, OK? So you have to remember that.“ (Smith 2017).

Auffassung ersetzte in Trumps Rhetorik die kleinteilige Auseinandersetzung mit
Vor- und Nachteilen des von Präsident Obama eingeführten Systems und vor
allem auch das Offenlegen tragfähiger Alternativen. Etwas Ähnliches gilt für die
Geschehnisse rund um die Entlassung des FBI-Chefs James Comey, auf die wir
gleich noch zurückkommen werden. Auch hier wendete Trump die Auseinandersetzung mit den Demokraten ins Emotionale: „Dems have been complaining for
months & months about Dir. Comey. Now that he has been fired they PRETEND
to be aggrieved. Phony hypocrites!" (10. Mai 2017, @realDonaldTrump).

Trump verwendete diese Emotionalisierung aber auch im Bereich des Show
Business und Entertainments[6] oder des Sports, von denen, wie das nächste Beispiel zeigt, in seiner Kommunikation allerdings die Grenzen zum Politischen und
überhaupt zwischen unterschiedlichen Diskursen und gesellschaftlichen Sphären
verschwammen: „While not at all presidential I must point out that the Sloppy
Michael Moore Show on Broadway was a TOTAL BOMB and was forced to
close. Sad!" (28. Oktober 2017, @realDonaldTrump).[7]

Dadurch, dass die Charakterisierung ‚sad‘ häufig an das Ende eines *Tweets*
gestellt wurde, fasste sie die gesamte Aussage und Situation zusammen und verknüpfte die von Trump ausgesprochene und dadurch evozierte Emotion eng mit
dieser. Eine solche Strategie konnte insbesondere dann Wirkung zeigen, wenn sie
in ähnlichen Konstellationen wiederholt wurde. Das Verhalten der Medien gegenüber Trump, seinem Team, seinen Entscheidungen usw. war eben immer ‚sad‘, die
politischen Reaktionen der Demokraten ebenso.

In politischen Kontexten entbehrten solche Behauptungen oftmals eines
konkreten Anlasses (s. u.) oder ließen sich in dieser Form und Allgemeinheit
nicht aufrecht halten. Die Medien führten dazu lange Listen von Fällen, in denen
Trump pauschalisierende oder nicht den Tatsachen entsprechende Aussagen
gemacht hatte. Die emotionale Aufladung allerdings konnte durch solche Kritiken
oder Widerlegungen oftmals nicht oder nur schwer rückgängig gemacht werden,
besonders dann, wenn Trump die Kritik einfach ignorierte. Das traf auf Trumps
Zielpublikum zu, dessen elitenfeindliche Haltung Trump durch das Erzeugen und
Präsentieren derartiger Emotionen aufgriff und verstärkte. Doch auch bei anderen
Leser*innen verfestigte sich der Eindruck einer emotionalen Debatte und davon,
dass die von Trump emotional forcierte Lagerbildung und Spaltung der Gesellschaft immer mehr um sich griff. Diese Atmosphäre konnte auch auf der Seite
der Attackierten zu emotionalen Gegenreaktionen führen. Beispiele dafür gab
es in den Repliken des professionellen Journalismus auf Trumps unwahre oder

---

[6]Z. B. „The @TheView @ABC, once great when headed by @BarbaraJWalters, is now
in total freefall. Whoopi Goldberg is terrible. Very sad!" (10:06 PM – 7. Januar 2016, @
realDonaldTrump).

[7]Ein weiteres Beispiel: „NBC NEWS is wrong again! They cite ‚sources‘ which are constantly
wrong. Problem is, like so many others, the sources probably don't exist, they are fabricated,
fiction! NBC, my former home with the Apprentice, is now as bad as Fake News CNN. Sad!"
(03:45–4. Mai 2018, @realDonaldTrump).

einseitig verzerrende Aussagen oder in den Interviews von Trumps Berater*innen bei *CNN* oder *NBC* (usw.) zuhauf. Doch auch der professionelle Mainstream-Journalismus ist keineswegs frei von selbst initiierten Emotionalisierungen, die von der Sachdiskussion – zumindest potenziell – wegführen können. So ist es auch im deutschen Journalismus gang und gäbe, politische Problemlagen anhand eines Einzelfalls darzustellen. Das macht die Sachfrage konkreter und anschaulicher, trägt aber auch die Schwierigkeit in sich, dass die Zuhörenden oder Zuschauenden dazu angeleitet oder verleitet werden, sich so sehr mit dem vorgestellten Einzelschicksal zu identifizieren und mitzufühlen, dass das Abwägen der Argumente Pro und Contra durch diesen Blick auf z. B. das individuelle Leid des als Beispiel präsentierten Menschen behindert wird. Es bleibt eine hohe Kunst, dafür zu sorgen, dass das Streben nach Anschaulichkeit und Konkretheit nicht unmerklich in einen Betroffenheitsjournalismus übergeht, der das angestrebte Ziel, umfassend zu informieren und den Rezipient*innen eine eigenständige und mündige Meinungsbildung zu ermöglichen, aus den Augen verliert. Auch ein solcher Journalismus liefe dann Gefahr, manipulative rhetorische Techniken zu verwenden.[8]

2. Merkmal: Dekontextualisierung
Trump mischte auf seinem offiziellen *Twitter*-Account @realDonaldTrump verschiedenste Themen bunt durcheinander. Dort formulierte er ebenso Nachrichten an Staatschefs anderer Nationen wie Reaktionen auf Ergebnisse im Football oder kommentiert Fernsehsendungen verschiedenster Genres. Dabei neigte Trump dazu, die einzelnen Beiträge nicht thematisch einzuführen und zu verorten. Er schrieb nicht oder nicht immer, worauf sich der Kommentar oder die Replik, die er formulierte, bezog. Ein Beispiel: Am 7. Januar 2019 postete Trump zwei wütende *Tweets,* in denen er die Medien insgesamt der *Fake News* bezichtigt und seinen Vorwurf, die Medien seien der Feind des amerikanischen Volkes („enemy of the American people") wiederholt.[9] Exemplarisch sind die *Tweets* vom 7. Januar um 17:09 und 17:31 nachmittags, weil in diesen zunächst unklar blieb, was der Anlass für die Vorwürfe gegenüber den Medien war. Wahrscheinlich gibt ein 1 ½ h später geschriebener *Tweet* Trumps einen Hinweis zur Lösung des Rätsels. In diesem beklagte sich Trump nämlich darüber, dass die *New York Times* über seine Absichten beim Rückzug der amerikanischen Truppen aus Syrien falsch berichtet habe. Die *Tweets* folgten jedoch nicht direkt aufeinander. Dazwischen wurde noch ein *Tweet* bezüglich des *Shutdowns* der Bundesverwaltung veröffentlicht, den es wegen eines Streits um den Haushalt Anfang 2019 gab. Der direkte Zusammenhang zwischen den Beschuldigungen an die Medien kann also nur indirekt und wahrscheinlich erschlossen werden.

---

[8] Differenzierte Beschreibungen zu manipulativen Strategien und dem Einsetzen von plastischen Vorstellungsbildern in der Rhetorik lege ich in Uhlmann 2019 vor.

[9] Trump hatte diese Formulierung „enemy of the American people" im Jahr 2018 16 mal und im Januar 2019 weitere vier Male auf *Twitter* benutzt (vgl. Davis 2018).

Das Mischen von Nachrichten mit innenpolitischem, sportlichem oder gar persönlichem Inhalt und Nachrichten, die sich (zumindest in der direkten Anrede) an Staats- und Regierungschefs anderer Nationen wenden, ist ein weiterer Aspekt solcher Dekontextualisierungen. Es handelt sich hier jedoch eher um eine Dekontextualisierung vor dem Hintergrund etablierter Regeln in der internationalen politischen Kommunikation, mit denen Trump explizit brach. *Twitter*-Nachrichten, die direkt von einem Präsidenten veröffentlicht wurden, müssen hier schon von vornherein als eine unübliche Kommunikationspraxis gelten, die auch zum Teil massive Kritik hervorrief.

Ein Beispiel dafür sind die *Tweets* Donald Trumps an die Türkei bzw. die Konfliktparteien türkische Regierung und kurdische Truppen, mit denen die USA in der Bekämpfung der Terrormiliz ‚Islamischer Staat' zusammengearbeitet hatte:

> „Starting the long overdue pullout from Syria while hitting the little remaining ISIS territorial caliphate hard, and from many directions. Will attack again from existing nearby base if it reforms. Will devastate Turkey economically if they hit Kurds. Create 20 mile safe zone […]." (14:53 – 13. Januar 2019, @realDonaldTrump)

Dieser erste *Tweet* wurde fortgesetzt durch:

> „[…] Likewise, do not want the Kurds to provoke Turkey. Russia, Iran and Syria have been the biggest beneficiaries of the long term U.S. policy of destroying ISIS in Syria – natural enemies. We also benefit but it is now time to bring our troops back home. Stop the ENDLESS WARS!" (15:02 – 13. Januar 2019, @realDonaldTrump)

Der türkische Außenminister Mevlut Cavusoglu beschrieb den *Tweet* als eine „domestic policy message" und kritisierte, dass Trump sich über *Twitter* und nicht in einer persönlichen Ansprache an seine Kollegen in der Türkei gewendet habe („Strategic alliances should not be discussed over *Twitter* or social media"). Der Eindruck, dass die politische Aussage deplatziert ist, wurde von Trump selbst sogleich dadurch weiter verschärft, dass er sich in dem unmittelbar folgenden *Tweet* mit einem bösen Seitenhieb auf den Amazon-Chef Jeff Bezos im Zusammenhang mit dessen Trennung von seiner Frau zu Wort meldete:

> „So sorry to hear the news about Jeff Bozo being taken down by a competitor whose reporting, I understand, is far more accurate than the reporting in his lobbyist newspaper, the Amazon Washington Post. Hopefully the paper will soon be placed in better & more responsible hands." (17:45 – 13. Januar 2019, @realDonaldTrump)

Der Konflikt mit Bezos hat für Trump freilich (wirtschafts- und medien-) politischen Charakter, gleichwohl bezog sich der *Tweet* unmittelbar auf eine Angelegenheit, die sonst eher in der Klatschpresse verhandelt wurde. Denn Trump spielte in dem *Tweet* auf einen Artikel des *National Enquirer* an, der behauptete, Beweise für eine Affäre Bezos' mit der Moderatorin Lauren Sanchez vorlegen zu können. Durch die Verunglimpfung des Namens Bezos zu ‚Bozo', einer bekannten amerikanischen Clown- und Kinderbuchfigur, wurde die Invektive verstärkt und auf die Ebene von Illustrierten und Unterhaltungsmedien versetzt.

Der an die Konfliktparteien im Syrienkonflikt adressierte (und freilich zugleich die heimischen Wähler ansprechende) *Tweet* erschien damit noch einmal umso mehr dekontextualisiert. Eine Vermischung unterschiedlichster Kommunikationsebenen schien Trump nicht nur in Kauf zu nehmen, sondern ostentativ zum Prinzip seiner Äußerungen als öffentlicher Person zu machen. Ryan Skinnell argumentiert in diesem Zusammenhang, dass diese „transparency" seiner gesamten Persönlichkeit (und Emotionalität) Teil einer Strategie ist, die die Authentizität des Redners und Kommunikators Trump beweisen möchte (Skinnell 2018b). Sie ist also eine rhetorische Strategie und zugleich damit eine, die politisch große Wirkungen zeigt und die Trumps Politikstil und -agenda prägt.

3. Merkmal: Universeller Einsatz von Beleidigungen

Invektive und Beleidigung waren auch in der öffentlichen Wahrnehmung die hervorstechendsten Elemente der Kommunikationspraktiken Trumps, und zwar auf allen kommunikativen Ebenen. Trump beleidigte politische Akteure in der Innenpolitik[10] ebenso wie in der Außenpolitik,[11] genauso aber auch andere Persönlichkeiten, die im Fokus der US-amerikanischen Öffentlichkeit standen oder mit denen Trump persönliche Konflikte oder Feindschaften pflegte. Doch die Analyse würde zu kurz greifen, wollte man dieses Faktum allein als Marotte oder als Zeichen schlechter Manieren abtun. Denn dann verfehlte man den strategischen Charakter hinter den Äußerungen. Dass es sich um Strategien handelte, ist allein schon deswegen plausibel, weil Trump beleidigende *Nicknames* und andere Formen der Beleidigungen konstant und als wiederkehrende Elemente einsetzte, vor allem aber, weil diese Beleidigungen in kommunikativen Situationen eingesetzt wurden, die eigentlich eine sachliche Auseinandersetzung erforderten. Aus den Kontexten und der Art ihrer Verwendung kann man schließen, dass die Beleidigungen bestimmte Funktionen in den kommunikativen Strategien Trumps besaßen. Dabei spielte es noch nicht einmal die entscheidende Rolle, ob diese strategischen Techniken genauso intendiert waren oder ob es sich nicht vielleicht doch um psychologisch zu erklärende, vielleicht gar krankhaft narzisstische, Verhaltensweisen (vgl. Milbank 2017) handelte. Viel wichtiger ist ihre Wirkung. Denn die rhetorische Qualität einer sprachlichen Äußerung hängt ganz wesentlich davon ab, wie die Rede ankommt und wie sie zur Überzeugung der Rezipient*innen beiträgt.

---

[10] Herausragende Beispiele sind die Attacken auf Hillary Clinton, Chuck Chumer, James Comey, seit Ende 2018 auch Elizabeth Warren.

[11] Berühmtes Beispiel ist ein *Tweet* mit einer angedeuteten Beleidigung Kim Jong-uns: „Why would Kim Jong-un insult me by calling me old, when I would NEVER call him short and fat? Oh well, I try so hard to be his friend – and maybe someday that will happen!", die Trump als Reaktion auf einen persönlichen Angriff Kims am 12. November 2017 um 1:48 (@ realDonaldTrump) während seiner Asienreise twitterte. Trump reagierte damit auf eine Äußerung Jong-uns, der im Rahmen einer Fernsehansprache am 22. September 2017 gesagt hatte: „I will surely and definitely tame the mentally deranged US dotard with fire", wobei „dotard" im Sinne von „alter Tattergreis" gemeint ist.

Beispiele für strategische Beleidigungen gibt es wie gesagt zuhauf. An anderer Stelle habe ich ausführlicher die Verwendung beleidigender *Nicknames* betrachtet und diese als „demagogische Epitheta" charakterisiert (Uhlmann 2019) um darauf hinzuweisen, dass es sich nicht um bloße Verunglimpfungen und Unbeherrschtheiten handelt, sondern dass die Funktion dieser Beiworte darin besteht, ein festes Bild von der jeweiligen Person zu etablieren, in dem Bezeichnungen wie ‚lügnerisch', ‚aalglatt', ‚betrügerisch' oder ‚verrückt' suggerieren, es handele sich dabei um permanente Eigenschaften dieser Personen, die sie so sehr für alles diskreditieren, dass eine weitere Auseinandersetzung mit deren Argumenten als von vornherein nicht erforderlich erscheint.

In Situationen und auf einem Terrain, das für Präsident Trump ein Minenfeld darstellt, nahmen die Attacken oftmals nicht nur zu, sondern in den *Tweets* werden auch unterschiedliche Beleidigungen und Kampfschauplätze miteinander vermischt. Aussagekräftige Beispiele für diese rhetorische Strategie fanden sich immer wieder in Äußerungen, die sich auf die Russlandaffäre bezogen, also auf die Untersuchungen darüber, ob Trump und sein Wahlkampfteam 2016 mit der russischen Regierung in Kontakt getreten waren, um von russischen Hacker*innen Unterstützung durch Manipulationen in den sozialen Netzwerken zu erhalten. Trump hatte den damaligen FBI-Chef James Comey am 9. Mai 2017 entlassen, woraufhin Vorwürfe laut wurden, die Entlassung stünde im Zusammenhang mit den von Comey initiierten Ermittlungen des FBI gegen Trump. Zu Trumps Repliken auf diese Vorwürfe hatte seitdem immer wieder gehört, Comey Nachlässigkeit und Parteilichkeit vorzuwerfen, weil er in der E-Mail-Affäre um Hillary Clinton angeblich nicht in demselben Maße Engagement und Hartnäckigkeit gezeigt habe.

Im Januar 2019 während des Hauhaltsstreits, der zu einem beispiellos langen *Shutdown* der amerikanischen Bundesverwaltung geführt hatte und Trump immer weiter unter Druck setzte, seine Forderungen nach der Finanzierung einer Mauer an der Südgrenze der USA zu Mexiko aufzugeben, verknüpfte Trump nun diese Konflikte und kam noch einmal auf die Comey-Affäre zurück:

„Wow, just learned in the Failing New York Times that the corrupt former leaders of the FBI, almost all fired or forced to leave the agency for some very bad reasons, opened up an investigation on me, for no reason & with no proof, after I fired Lyin' James Comey, a total sleaze!" (04:05 – 12. Januar 2019, @realDonaldTrump)

Und wenige Minuten später schrieb er:

„[…] Funny thing about James Comey. Everybody wanted him fired, Republican and Democrat alike. After the rigged & botched Crooked Hillary investigation, where she was interviewed on July 4th Weekend, not recorded or sworn in, and where she said she didn't know anything (a lie), […]." (04:18 – 12. Januar 2019, @realDonaldTrump)

Trump nannte in einer Fortsetzung dieses *Tweets* Comey zudem noch einen „Crooked Cop", also einen „verlogenen Polizisten", in Anspielung auf Trumps ‚Standard-Beleidigung' „Crooked Hillary" für Hillary Clinton.[12]

Durch diese Beleidigungen polarisierte Trump und bildete oder verstärkte die Wirkung seiner populistischen Rhetorik, die klare Gegner und Fronten identifiziert. Die Beleidigten wurden als „Feinde des amerikanischen Volkes" (eine Beschreibung, die Trump allerdings nur auf die Medien – mit Ausnahme des Senders Fox[13] – bezogen ausgesprochen hat) diskreditiert und alles, was sie sagen oder tun, damit als etwas charakterisiert, über das es gar nicht lohnt, weitere Gedanken oder gar argumentative Auseinandersetzungen zu verwenden.

4. Merkmal: Selbstzitate von Beleidigungen und (oft invektiven) Narrativen
Donald Trump reflektierte selbst auf seine Praxis, Kontrahent*innen mit herabsetzenden Namen zu belegen, und zwar in einer Weise, die den strategischen Charakter und die angestrebten Effekte deutlich ins Auge rückte. Dies ist z. B. in der Auseinandersetzung mit seinem Konkurrenten um die Nominierung zum Präsidentschaftskandidaten 2016, Ted Cruz, der Fall, den Trump als „Lyin' Ted" titulierte. Am 6. April 2016 bei einem Wahlkampfauftritt in Bethpage, New York, bekannte er sich dazu, dass er die Formel „Lyin' Ted", die seine Anhänger*innen lautstark skandierten, erfunden habe, um die Notwendigkeit zu betonen, diese Formel richtig zu schreiben (vgl. Uhlmann 2019). Diese Praxis verstärkte Trump während seiner Präsidentschaft noch weiter. So attackierte er die demokratische Senatorin Elizabeth Warren, indem er sie „Pocahontas" nannte. Er benutzte diesen Namen aber nicht als Beinamen, vielmehr ersetzte der Name Warrens eigentlichen Namen ganz. Warren rückte seit dem Herbst 2018 zunehmend in den Fokus von Trumps Beleidigungen und Narrativen, auf die sich Trump dann mitunter auch selbst zurückbezieht, wie z. B. in dem folgenden *Tweet,* der ein bei Instagram veröffentlichtes Video Warrens, gesendet aus ihrem privaten Haus, kommentiert:

> „If Elizabeth Warren, often referred to by me as Pocahontas, did this commercial from Bighorn or Wounded Knee instead of her kitchen, with her husband dressed in full Indian garb, it would have been a smash!" (Dann zitiert Trump ein Instagram-Video von Elizabeth Warren vom 31. Januar 2018 auf @realDonaldTrump, 18:52 – 13. Januar 2019.)

Pocahontas (ca. 1595–1617) war eine Tochter des *native american chief* Powhatan, von der der englische Abenteurer John Smith berichtet, sie habe ihm einmal das Leben gerettet. Ursprünglich geht diese Benennung durch Trump auf eine Episode aus dem Jahr 2012 zurück. Damals versuchte Warren, mit dem Verweis auf ihre Herkunft *native americans* für ihren Wahlkampf um einen Sitz

---

[12] In dem *Tweet* auf @realDonaldTrump um 04:33–12. Januar 2019.

[13] Aufschlussreich für Trumps Sortierung der Medienlandschaft der USA ist eine Pressekonferenz vom 16. Februar 2017, in der er die Ehrlichkeit von Fox (News) im Unterschied zu den Sendern, die ihm mit Hass und Verfolgung begegneten, wie *CNN* hervorhebt: https://youtu.be/g6CATPB0o9o?t=2685 (08.01.2019).

im Senat zu mobilisieren. Trump scheint ihr in diesem Zusammenhang vorgeworfen zu haben, die Wähler mit falschen oder doch nicht beweisbaren Fakten in die Irre zu führen.[14] Denn Warren legte damals für ihre Behauptungen über ihre Abstammung keine Beweise vor. Seit 2018 gibt es diese Beweise für eine sehr entfernte Verbundenheit nun in der Form eines Gentests, den Warren durchführen ließ. In der zweiten Hälfte des Jahres 2018 passte Trump seine Strategien daher an die neue Situation an. Seit Warren mit Stolz die Belege für ihre Abstammung von *native americans* präsentiert, versucht Trump nun immer noch, Warren mit dem Namen zu degradieren und ihren Stolz auf ihre Herkunft als Koketterie und wegen der sehr entfernten Verwandtschaft mit *native americans* lächerlich zu machen. In jedem Fall aber arbeitet Trump zunehmend daran, seine politische Konkurrentin auf dieses politisch eigentlich unbedeutende Faktum und ihren Umgang damit zu reduzieren.

Trump entfaltete seinen oft genutzten Vergleich in unserem Text selbst zu einem Bild mit weiteren anschaulichen Details. Es liegt nahe, dass diese ausführliche Adressierung mit Warrens am 31. Dezember 2018 bzw. 1. Januar 2019 veröffentlichtem Entschluss zusammenhängt, als Präsidentschaftskandidatin gegen Trump antreten zu wollen. Der Anlass für die Zunahme an Engagement vonseiten Trumps in dieser Sache ist also transparent. Es ist aber vor allem der Effekt dieser Strategie, der interessant ist. Je mehr Trump über die Herkunftsfrage spricht und je anschaulicher er ein Bild von Elizabeth Warren als ‚Indianer-*Squaw*' zeichnet, desto mehr steht diese Vorstellung dem Publikum dieser Auseinandersetzung auch dann vor Augen, wenn ganz andere und politisch tatsächlich relevante Sachverhalte verhandelt werden. Dabei blendet Trump die positive Besetzung der Figur Pocahontas aus. Denn auch wenn diese eine Identifikationsfigur ist, als Senatorin oder gar Präsidentin kann sie sich (etwa in der Form, wie die Geschichte in dem gleichnamigen populären Walt Disney-Film präsentiert wird) wohl kaum jemand vorstellen – und schon gar nicht jemanden, der nur vorgibt, dass in ihren Adern ‚Indianerblut' fließe, ohne eine wirkliche Nähe zu dieser Minderheit zu besitzen. Zudem wurde schon verschiedentlich festgestellt und analysiert, dass Trump unbeirrt auch Gruppen attackierte, die mehrheitlich zu seinen Anhänger*innen zählen wie z. B. viele Kriegsveteranen, die Trump am 1. August 2016 vor den Kopf stieß, als er die Eltern eines im Irak gefallenen Soldaten wegen ihrer Kritik an seiner Politik beleidigte (vgl. Haberman und Oppel 2016).[15] Der Name Pocahontas machte Elizabeth Warren politisch wenn nicht zu einer Witzfigur, so doch zu einer Gesprächspartnerin, die man nicht ernst nehmen kann. Die Strategie ist eben deshalb, weil sie die Gegnerin mittels eines Vorstellungsbildes

---

[14] Vgl. Franke-Ruta 2012 und „Thank you to the Cherokee Nation for revealing that Elizabeth Warren, sometimes referred to as Pocahontas, is a complete and total Fraud!" (05:24–16.10.2018, @realDonaldTrump). Trump bezeichnete die Wahlwerbung Warrens mit ihrer Herkunft sogar als rassistisch (*Tweet* vom 11.06.2016, 16:28).

[15] Vgl. zu diesen Attacken auf die eigenen Wählergruppen die Analysen von Skinnell 2018b.

auszuschalten versucht, perfide, anti-diskursiv und ein Ablenkungsmanöver von (in Zukunft zu führenden) politischen Diskussionen.

Mein letztes Beispiel nimmt die am Anfang referierte Situation auf: Am 22. Januar 2019 unternahm Donald Trump eine Attacke auf die Presse, mit der er erklären wollte, warum seine Pressesprecherin Sarah Sanders immer seltener Pressekonferenzen abhält:[16]

> „The reason Sarah Sanders does not go to the ‚podium' much anymore is that the press covers her so rudely & inaccurately, in particular certain members of the press. I told her not to bother, the word gets out anyway! Most will never cover us fairly & hence, the term, Fake News!" (7:28 – 22. Januar 2019, @realDonaldTrump)

Die Erklärung bietet gleichzeitig erneut eine Begründung für einen der von Trump am häufigsten gebrauchten Ausdrücke, den Ausdruck ‚Fake News', der sich sowohl auf die einzelnen Berichterstattungen der großen Tageszeitungen und Fernsehanstalten wie *New York Times, Washington Post* oder *CNN* und *ABC* bezieht, als auch eine Charakterisierung für diese Zeitungen, Sender und ihre Journalist*innen selbst zu sein beansprucht. Nicht nur das, was sie schreiben und senden, seien Falschnachrichten, sondern die Reporter*innen und die Zeitung oder der Fernsehsender seien selbst *Fake News*. Damit wird die Taktik der Identifizierung von Gegner*innen mit bestimmten negativen (vermeintlich prädizierbaren) Eigenschaften auf die Spitze getrieben. Wenn Trump Reporter*innen immer wieder vorhielt: „You are Fake News" und wenn er – vor allem seinen Anhänger*innen – wiederholt vortrug, dass die Mainstreammedien grundsätzlich und in allem, was sie über Trump und seine Regierung sagen, nicht vertrauenswürdig wären, sondern habituell logen und verzerrten, dann wird die Dauereigenschaft, die Trump den Medien beleidigend zuordnet, sogar selbst zum Subjekt.

Das Faktum, dass demokratische Mechanismen, zu denen auch traditionelle Formen der Informationspolitik und der Transparenz der Regierung wie die *Press Briefings* der Pressesprecherin gehören, außer Kraft gesetzt wurden, stellte selbst nur eine Reaktion auf das Fehlverhalten der Gegner dar – diese Idee war ein Tenor der neuartigen Form der Pressearbeit seit der Inauguration Trumps. Dies rückte zum ersten Mal in den Fokus der Öffentlichkeit, als die Trump-Beraterin Kellyanne Conway am 23. Januar 2017 in einem Interview mit dem Journalisten Chuck Todd in der Sendung „Meet the Press" mit einer ähnlichen Erklärung für die Pressemitteilungen im Zusammenhang mit der Inaugurationsfeier am 22. Januar 2017 Kritik auf sich zog (Guterman 2017). Sie bezeichnete nämlich die Strategie der Kommunikationsabteilung des Weißen Hauses mit der Formel „We put out alternative facts." Mit diesen alternativen Fakten solle die feindselige und fehlerhafte Berichterstattung der großen Medienanstalten korrigiert und mit einem Gegengewicht versehen werden.

---

[16] Vgl. dazu auch McArdle 2019.

Das, was Trump und Conway taten, gehörte zu der Elitenkritik Trumps, die ein wesentliches Moment seiner und generell populistischer Strategien war. Die politik- und sozialwissenschaftliche Forschung zum Populismus hat diese Zusammenhänge bereits von vielen Seiten her aufgearbeitet und mit der Etablierung eines Überlegenheitsbewusstseins der jeweils adressierten Gruppe – „des Volkes" – und Abwertung anderer ausgegrenzter Gruppen in Verbindung gebracht (Müller 2016). Das sind zentrale Momente des Phänomens. Daneben stehen aber auch die rhetorischen, d. h. kommunikationsstrategischen Aspekte. Bei deren Analyse richten wir den Blick mehr auf die Strategien der Über- zeugung und Vermittlung einer bestimmten Botschaft oder die Durchsetzung einer bestimmten Position mit sprachlichen und argumentativen Mitteln. Dabei wird deutlich, dass Trumps Narrative zu einer Verschiebung traditioneller Instrumente im politischen Diskurs führen. Sein Erfolg und seine Position ermöglichen es ihm, die klassischen (und sachlich berechtigten) Anforderungen, sich mit den Argumenten der Gegner auseinanderzusetzen, andere Positionen überhaupt erst einmal zur Kenntnis zu nehmen und sie richtig wiederzugeben, zu ignorieren. Wenn an ihre Stelle verzerrende und Nebensächliches ins Zentrum rückende Bilder treten und wenn (nachprüfbare oder auch nicht unmittelbar nachprüf- bare) Lügen und Falschaussagen ungeachtet der über sie hereinbrechenden Ent- rüstung[17] unbeirrt wiederholt und ausgebaut werden, dann sind das manipulative und im Effekt demagogische rhetorische Strategien, die ein zentrales Instrument für die politischen Zwecksetzungen Trumps sind. Eine Analyse der Sprache in Verbindung mit den damit vermittelten Argumenten oder anti-argumentativen Strategien ist daher unverzichtbar für eine Aufklärung der Zusammenhänge und der durch diese Manipulationen verdeckten politischen Sachlagen.

Damit erweisen sich die Beleidigungen und narrativen Einbettungen dieser Invektiven ebenso wie die Dekontextualisierungen und Emotionalisierungen als Sonderfälle zweier allgemeinerer Strategien:

1. Strategie: Das Vermeiden diskursiver Praktiken insgesamt
Von Trump geäußerte Meinungen wurden so gerahmt – durch die Wahl eines bestimmten Mediums, durch das Zitat von vermeintlichen oder wirklichen Expert*innen, mittels der Autorität seines Amtes und vor allem mit Verweis auf die Bosheit, Faulheit, Hintertriebenheit usw. der jeweiligen Gegner oder schlicht durch die schiere Wiederholung –, dass sie als zwingend erscheinen, ohne dass dafür eine Begründung geliefert würde.

2. Strategie: Nebenschauplätze und formale Details werden als Argumente für generelle Schlussfolgerungen genutzt
Es war eine in allen Attacken auf Gegner und bei allen Selbstdarstellungen Trumps zu beobachtende Strategie, dass er die Diskussion nicht bei den harten Sachthemen

---

[17]Vgl. Kessler u. a. 2019, eine Liste aller oder doch sehr vieler falscher Aussagen von Trump mit Richtigstellungen bzw. der Ergänzung fehlender Gegenargumente.

suchte. Ein schlagendes Beispiel dafür ist die Verleihung des von Trump erfundenen „Fake News Award" für falsche, unehrliche Berichterstattung durch die Medien, den Trump am 17. Januar 2018 in dem Blog der GOP-Website veröffentlichte.[18] In der Liste der ‚Gewinner' zeigte sich, dass gerade die Form einer solchen Auflistung Trumps Kommunikationsteam Probleme bereitete. Denn unter den Preisträger*innen befanden sich nahezu ausschließlich Meldungen über Nebensächliches wie z. B. einen Bericht, dass Trump angeblich bei seinem ersten Staatsbesuch in Japan während des Rahmenprogramms Fische falsch gefüttert haben soll. Nur ein Listeneintrag bezog sich direkt auf die Berichterstattung zu den Russland-Kontakten von Trumps Wahlkampfteam, also auf ein politisch relevantes und für Trump brisantes Thema, nämlich der elfte und letzte. Doch dieser präsentiert nur die Wiederholung einer pauschalen Kritik: „And last, but not least: RUSSIA COLLUSION! Russian collusion is perhaps the greatest hoax perpetrated on the American people. THERE IS NO COLLUSION!" (Team GOP 2017) Weder die Meldungen über politisch Nebensächliches noch die Pauschalbehauptung können die Aussage belegen, die Mainstream-Presse sei aufgrund ihrer Falschberichterstattung der „Feind des amerikanischen Volkes". Die Awards zeigen außerdem, dass auch Trumps Administration sich irgendwie doch noch an Fakten und Belegbarkeit gebunden fühlt, zumindest in diesem Medium einer zur Überprüfung auffordernden „Roten Liste". Dadurch wird nun das Gegenteil sichtbar zu Trumps Intentionen, nämlich, dass der große Diskurs, die große Erzählung Trumps eben gerade nicht belegbar ist.[19]

Wie sehr Methode und politische Strategie zusammenhängen und wie unverzichtbar es ist, sich mit beidem zu beschäftigen und in sozialwissenschaftliche Untersuchungen als Komplement aufzunehmen, decken Texte auf, die aus einem ganz anderen zeitlichen und kulturellen Horizont stammen: nämlich Texte aus dem antiken 4. Jahrhundert v. Chr. in Griechenland. Exemplarisch möchte ich die Aufmerksamkeit wie schon zu Beginn skizziert auf die Dialoge des griechischen Philosophen Platon lenken. Auch wenn die Athener Demokratie, innerhalb deren sich Platons Texte und Protagonist*innen bewegen, große Unterschiede zu unserer heutigen repräsentativen Demokratie aufweist, und auch wenn die Kommunikationswege und -prozesse freilich – allein schon aufgrund der zahlenmäßig begrenzten Bürger*innenschaft Athens und des Fehlens von digitalen Massenmedien – andere gewesen sind, ein wichtiger Aspekt bleibt doch über diese Unterschiede hinweg im Grundsätzlichen gleich: nämlich der Unterschied zwischen verschiedenen Niveaus der Auseinandersetzung und zwischen dem

---

[18]Vgl. Team GOP 2017. Die Seite war vom 17. Januar bis 6. Februar 2018 abrufbar und ist seit dem 7. Februar 2018 ebenso wie die gesamte Domain offline. Für eine Archiv-Kopie, vgl. Angabe im Literaturverzeichnis. Zitate gibt es in allen großen Zeitungen und Medienanstalten am 17. bzw. 18. Januar 2018.

[19]In der Ankündigung des Awards heißt es: „2017 was a year of unrelenting bias, unfair news coverage, and even downright fake news." (Team GOP 2017; 17:00–17. Januar 2018, @ realDonaldTrump).

Bestreben, sich dem argumentativen Diskurs zu entziehen oder aber diesen Diskurs gerade rational mit hinreichenden Begründungen zu versehen.

Was braucht man für eine begründete und begründende Politik? Analysen aus der antiken Rhetoriktheorie

Platon entwickelt seine Theorie der Rhetorik und Politik vor allem in den beiden großen Dialogen *Gorgias* und *Phaidros*.[20] Doch auch eine Reihe weiterer Dialoge ist mit diesen und ihren Themen eng verwoben und bildet mit ihnen eine Art gedankliches Netz, in dem der eine Knotenpunkt auf den anderen weiterverweist. Zu diesen mit *Gorgias* und *Phaidros* verflochtenen Dialogen gehört auch der *Protagoras,* in dem vor allem Fragen der richtigen Methode und des zu bevorzugenden Mediums für eine politische und philosophische Auseinandersetzung diskutiert werden.

In diesem platonischen Dialog *Protagoras* trifft nun Sokrates auf den Sophisten Protagoras, der sich gerade als Gast des reichen Kallias, des Sohnes des Hipponikos, in Athen die Ehre gibt und verspricht, den jungen Leuten alles beizubringen, was sie für eine politische Karriere benötigen. Er verspricht, sie zu guten Bürgern und erfolgreichen politischen Funktionären zu machen. Sokrates begleitet den jungen Adeligen Hippokrates, Sohn des Apollodoros, der bei dem berühmten Lehrer Unterricht nehmen möchte, will aber zunächst prüfen, ob der diesem erstaunlichen Anspruch überhaupt genügen kann. Man ahnt schon: Sokrates hat berechtigte Zweifel, dass der Starlehrer, der von einer großen Schar von Bewunderern umgeben ist und sich von diesen feiern lässt, wirklich den jungen Leuten die „Aretế", die Tugend des guten Bürgers, beizubringen in der Lage ist. Bei diesem Besuch zeigt sich nun sogleich, dass der Redner und Lehrer Protagoras es nicht kurz mag, sondern dass er ein Freund langer und die Worte wohl formender Reden ist. Wortreich beantwortet er Sokrates' Fragen und besonders die eine Frage, deretwegen dieser gekommen war: „Ist die Tugend denn überhaupt lehrbar, von der du behauptest, sie unterrichten zu können und für deren Unterricht du dein beträchtliches Honorar forderst?"[21]

Doch nachdem Protagoras als Antwort zunächst eine mythische Erzählung und dann etwas, was er Begründung und Beweise nennt (Prt. 323a5-7), vorgetragen hat, behauptet Sokrates zwar, als er später von dieser Begegnung erzählt, er sei bezaubert gewesen und hätte sich gar nicht satt hören können an den Worten, er bekennt aber auch, dass ihn eine, wie er sagt, Kleinigkeit an dieser Rede gestört

---

[20] Eine ausführliche Interpretation habe ich vorgelegt in Uhlmann 2019.

[21] Platon charakterisiert die Sophisten an vielen Stellen seines Werks negativ durch die Betonung ihres kommerziellen Unterrichts, für den ein Honorar verlangt wurde, z. B. Ap. 19d–e, 31b–c, 33a–b. Dies ist für ihn ein Argument dafür, dass die Sophisten keine wahren Philosophen sein können: R. 485e. Vgl. Tell 2009; Blank 1985; vgl. eine gegenüber Platon sehr kritische Position bei Schriefl 2013.

und ihm gefehlt habe (Prt. 328e3-5, 329b5-d2). Von dieser Kleinigkeit stellt sich allerdings im Laufe des Dialogs heraus, dass dieses Problem die Richtigkeit der gesamten Äußerungen des Protagoras aufhebt oder infrage stellt. Um also diese „kleine" Frage auch noch zu klären, verwickelt Sokrates Protagoras in ein dialektisches Gespräch, für das er auch gleich die Regeln bestimmt: kurze Antworten, außerdem Hinhören und Aufnehmen, was der andere sagt.

Doch was hat Sokrates nun an der Rede des Protagoras eigentlich gestört? Es ist die mangelnde rationale Qualität der Rede. Sokrates zeigt nach und nach, dass Protagoras tatsächlich gar keine Beweise oder rationalen Argumente angeführt, sondern lediglich Geschichten aus dem Leben von häufig zu beobachtenden Verhaltensweisen erzählt hat. Auch der Kulturentstehungsmythos, mit dessen stilistischer und narrativer Brillanz Protagoras seine Zuhörer beeindruckt,[22] hat als Ausgangspunkt und Substanz die gleichen alltäglichen Meinungen und Gewohnheiten, denn Protagoras erfindet die Geschichte davon, wie der Mensch bei der Vergabe der lebensrettenden Eigenschaften und Stärken an alle Lebewesen einfach vergessen wurde. Der Heros Prometheus habe als Ausgleich dafür die Weisheit der Göttin Athene, die Handwerkskunst des Hephaistos und das Feuer aus dem Olymp gestohlen (Prt. 320c8-322a2). Weil die Menschen aber noch keine Fähigkeiten für das Zusammenleben besessen hätten, hätten sie gedroht, sich durch Streit und Kriege selbst zu vernichten, weshalb ihnen Zeus durch den Götterboten Hermes zwei Gaben habe schicken lassen mit dem Auftrag, diese an alle gleichmäßig zu verleihen: nämlich *Aidos* und *Dike*, Scham und Recht (Prt. 322b5–d5).

Die beiden Teile des Mythos dienen Protagoras als Stoff, um erklären zu können, dass die Menschen zwar nicht alle dieselben Künste und Handwerke beherrschten, dass sie aber alle Anteil an den politischen Tugenden hätten. Die auf die eigentliche Mythos-Erzählung folgenden Begründungen wollen zusätzlich noch verdeutlichen, dass und warum wir alle die politische Tugend für lehrbar halten und dass es in der Erziehung darauf ankomme, den Kindern zuallererst diese Fähigkeiten zu vermitteln. Dies geschieht dadurch, dass Protagoras vor Augen führt, wie sich die Menschen zumeist verhielten, was sie lobten und was sie tadelten. Diese Geschichten haben den Zweck, zu beweisen, dass wir alle immer schon im Besitz einer gewissen Tugend sind und dass wir sie auch stetig anderen zu vermitteln bemüht sind. Anstelle von Beweisen und rationalen Argumenten bringt Protagoras dabei lediglich Indizien und Rückschlüsse aus unseren üblichen Meinungen und unserem Verhalten. Daher sind in Sokrates' Augen auch die Begründungen und Argumentationen, die Protagoras in seiner langen Rede vorgeführt hat, keineswegs hinreichende Beweise, wie Protagoras behauptet (Prt. 323a5-7 und c8–d1), sondern nichts anderes als Geschichten, Erzählungen, die nicht auf der begrifflichen Ebene erfolgen und dementsprechend auch keine beweisende Qualität besitzen.

---

[22] Vgl. zum Mythos den erkenntnisreichen Kommentar von Manuwald 1999, 170–179.

Sokrates vergleicht Protagoras mit „einem von unseren Volksrednern" (dēmēgorōn, Prt. 329a1).[23] Diese nämlich könnten zwar gut Reden halten, aber wenn jemand dazu näher nachfragte, dann seien sie wie die Bücher. Sie könnten keine weitere Auskunft geben.[24] Und wenn sie antworteten, dann würden sie gleich in eine übermäßig lange Rede fallen. Dies sei so, wie wenn Metall, das einmal angestoßen wurde, lange weitertönt (Prt. 329a5–b2). Protagoras hingegen könne sowohl lang als auch kurz sprechen. Das ist freilich sokratische Ironie, denn Sokrates antizipiert bereits, dass Protagoras die entscheidenden Begründungsfragen nach der Lehrbarkeit der Tugend und danach, was die Tugend überhaupt ist (vgl. Prt. 360e–361a und ähnlich Men. 71a.), nicht wird beantworten können und dass er sich aus diesem Grund gegen die Form des dialektischen Gesprächs wehrt, das ihn dazu zwingen könnte, begrifflich zu argumentieren. Für Platon ist das dialektische Gespräch hingegen diejenige Form der Kommunikation, in der am besten Argumente gegeneinander abgewogen, Widersprüche aufgedeckt und hinreichende begriffliche Begründungen gemeinsam ermittelt werden können.

In diesem Gespräch über die Hauptfrage des Dialogs – Ist die Tugend lehrbar? – wird nun die von Protagoras zu Beginn wortreich und ästhetisch und stilistisch ansprechend formulierte These in allen ihren Teilen widerlegt. Die Folge ist, dass Protagoras sich aus dem Gespräch zurückziehen möchte. Ganze 14 Seiten (in der Stephanuspaginierung: Prt. 334c–348c) benötigt es, bis das eigentliche Gespräch fortgesetzt werden kann. Das zeigt nicht nur die Widerständigkeit des Protagoras und seine Strategien, mit denen er versucht, sich einer sachlichen Diskussion zu entziehen und damit der Widerlegung zu entgehen, sondern auch, welche Bedeutung Platon der Methode der Erkenntnisarbeit beimisst. Es kommt eben doch darauf an, das richtige Medium und die richtigen Methoden zu suchen, um zu einer sicheren Erkenntnis zu kommen. Bereits die Methode kann ein wichtiges Indiz für die Qualität der vertretenen Meinung sein. Das kann man daran erkennen, dass Platon die anderen anwesenden Sophisten – Hippias und Prodikos – beide nur von der Länge oder Kürze der Rede sprechen lässt, so als wäre die Anzahl der verwendeten Worte das entscheidende Kriterium für die Qualität der Rede. Sokrates hingegen sagt nur, er wolle, dass die Rede dem Sachverhalt angemessen sei. Tatsächlich hält auch Sokrates selbst durchaus längere Reden, allerdings solche, die sich nicht um eine Begründung drücken, sondern diese im Gegenteil suchen und herausfordern.

Unter den Anwesenden ist auch der junge Alkibiades, der spätere Feldherr und Initiator der für Athen desaströs endenden Sizilienexpedition. Dieser war in jungen Jahren von Sokrates und seiner Philosophie fasziniert und spricht daher auch für dessen Seite. Er sagt, wenn Protagoras weiterhin behaupten wolle, er könne ebenso gut kurz wie lang sprechen, dann

---

[23] An anderer Stelle habe ich die Zusammenhänge zwischen dem griechischen Begriff ‚demegoria' oder ‚demegorein' und unserem Wort ‚Demagogie' dargestellt; vgl. Uhlmann 2019; zur Bestimmung Trumps als Demagoge vgl. auch Mercieca 2015.

[24] Ein ähnliches Argument findet sich in der berühmten Schriftkritik im *Phaidros:* Phdr. 275c5-e5.

„solle er nicht bei jeder Frage eine lange Rede ausbreiten, den Argumenten ausweichen und anstatt dem anderen Rechenschaft zu geben, die Rede so in die Länge ziehen, solange bis die meisten der Zuhörer vergessen haben, worüber die Frage eigentlich ging" (Prt. 336c5–d2).

Damit spricht Alkibiades eine antidiskursive Ausweichstrategie an und benennt damit zugleich zwei Praktiken, die ganz generell einander entgegengesetzt sind und die in den platonischen Dialogen durch Sokrates auf der einen Seite und die Sophisten auf der anderen Seite repräsentiert werden: Entweder nämlich gibt man dem anderen Rechenschaft über die eigene Meinung oder man weicht den Argumenten aus, um nicht in die Gefahr zu geraten, argumentieren zu müssen oder widerlegt zu werden.

Methode und Politik

Wir haben bei Donald Trump in unserem Kurzüberblick bereits gesehen, dass seine Kommunikationsstrategien auf die eben exemplifizierten Formen des Antidiskursiven abzielen. Es gibt aber noch eine Gemeinsamkeit in den Analysen. Denn auch über die richtige Etikette bei der Diskussionsrunde wird im *Protagoras* debattiert. Nachdem sich Protagoras zunächst wie gesehen aus dem Gespräch zurückgezogen hat, appellieren die anwesenden Zuhörer an die Diskutanten, dass man sich im gegenseitigen Wohlwollen streitet, aber nicht feindselig attackieren solle (Prt. 337a1–e2). Zu solchen Angriffen war es tatsächlich (noch) nicht gekommen, die Gefahr liegt aber offen zutage: Die Gesprächspartner sollten nichts gegen ihre Überzeugung sagen, nur um durch Überredung zu beeindrucken, sondern bei der Sachauseinandersetzung bleiben (Prt. 337a6–c3).

Die Gesprächspartner Sokrates und Protagoras werden auch im Folgenden diese Grenze nicht überschreiten. Der Grund dafür ist bei Protagoras, dass er sich an den allgemeinen gesellschaftlichen Konsens über tugendhaftes und untugendhaftes Verhalten gebunden fühlt – denn das ist das Material, mit dem er als Lehrer arbeitet und gesellschaftlich anschlussfähig bleibt. Man kann in anderen Dialogen – besonders im Dialog *Gorgias* – erkennen, dass dieses Tabu gebrochen werden kann, wenn ein Dialogpartner wie z. B. Kallikles seinen eigenen materiellen und gesellschaftlichen Erfolg absolut setzt und erwartet, auch mit dieser These vom Recht des Stärkeren akzeptiert zu werden.

Es ist während Trumps Präsidentschaft viel darüber geschrieben worden, wie es sein konnte, dass Trump derart offen log,[25] seine Gegner attackierte und beleidigte, dass er diplomatische Gepflogenheiten und Etikette auf dem Parkett der internationalen Politik ganz und gar missachtete und für sich selbst neu definierte. Der Grund scheint mir aus rhetorikanalytischer Sicht zu sein, dass seine Rhetorik selbst eine neue, alternative Form politisch akzeptablen Verhaltens definierte, mit

---

[25] Der Band Skinnell 2018a ist diesem Thema in größeren Teilen gewidmet.

dem er durch die Abgrenzung von anderen Gruppen ein Überlegenheits- und ein Identitätsbewusstsein aufbaute, für welches auch harsche Töne gegenüber dem uneinsichtigen politischen Gegner nicht nur erlaubt, sondern sogar zuträglich erschienen.

Zu diesen neuen Formen der Kommunikation gehörte es auch, dass er es als akzeptabel definierte, politisch zu agieren, ohne rationale Argumente vorzubringen oder sich mit denen anderer auseinanderzusetzen. Unter die politischen Praktiken, die Trump gemeinsam mit seinem Kommunikationsteam definierte, müssen wir auch die Neudefinition von Diskurs und Diskursverknüpfungen über die Kurznachrichtenplattform *Twitter* zählen. Wie wo mit wem geredet oder zu wem gesprochen wird, bestimmte Trump selbst und warf dabei traditionelle Gepflogenheiten bewusst über Bord. So erschien es als akzeptabel, dass Trump die Medien nur noch pauschal verurteilte und regelmäßig über unfaire Berichterstattung klagte, ohne zu der Kritik oder den Berichten sachlich ausführlich Stellung zu nehmen. Eine detaillierte Analyse wurde durch Trumps *Twitter*-Stil sogar als ‚beckmesserisch' oder verlogen diskreditiert. Denn Faktenchecks und das Auseinandernehmen von Äußerungen Trumps missachte die – in Trumps Darstellung – großen Erfolge seiner Präsidentschaft, die großen Linien und Aufgaben, und erhebe sich nach Art kleinlicher Intellektueller über die von Trump repräsentierte Mehrheit.[26]

Schlussfolgerungen

Trumps *Twitter*-Strategien waren eben deshalb rhetorisch und demagogisch manipulativ, weil sie sich mittels des Kurznachrichtenmediums sowie auch durch die Veränderung der Spielregeln der politischen Kommunikation und Aufhebung diskursiver Grenzen einem intellektuellen rationalen Diskurs entzogen und stattdessen Bilder – und zwar sprachlich entworfene ebenso wie solche im Bildmedium – erschufen, die alle Diskursteilnehmer, die sich darauf einlassen, von einer mühsamen, gründlichen Auseinandersetzung mit der aktuellen politischen Lage und der Vielheit unterschiedlicher politischer Meinungen freisprachen und die leicht zu rezipieren und memorieren waren. Die Aussage, die diese neuen

---

[26] Z. B. „The White House is running very smoothly and the results for our Nation are obviously very good. We are the envy of the world. But anytime I even think about making changes, the FAKE NEWS MEDIA goes crazy, always seeking to make us look as bad as possible! Very dishonest." (03:59–15. November 2018, @realDonaldTrump); „The Trump Administration has accomplished more than any other U.S. Administration in its first two (not even) years of existence, & we are having a great time doing it! All of this despite the Fake News Media, which has gone totally out of its mind – truly the Enemy of the People!" (14:43–9. Dezember 2018, @realDonaldTrump); „With all of the success that our Country is having, including the just released jobs numbers which are off the charts, the Fake News & totally dishonest Media concerning me and my presidency has never been worse. Many have become crazed lunatics who have given up on the TRUTH! […]." (04:56–7. Januar 2019, @realDonaldTrump).

Formen der Kommunikation als Tenor begleitete, lautete: ‚Alle diejenigen, die mich kritisieren, gehören einer abgehobenen Elite an, die die Sorgen und Wünsche der Mehrheit der Menschen nicht kennt und für sie auch kein offenes Ohr hat, sondern sich in einen Privatdiskurs der Intellektuellen zurückzieht. Zu diesem und nur zu diesem gehöre es, die Fakten zu prüfen und Argumente gegeneinander abzuwägen.' Deren Ziel sei dabei immer die Abwertung Trumps und mit ihm der hart arbeitenden Mehrheit der Amerikaner. Trump griff damit eine lange in den USA etablierte Elitenkritik und Kritik an ‚denen da in Washington' auf und trieb sie durch seine neue antirationale Kommunikationspraxis auf die Spitze.

Für die Zwecke dieser Strategien war *Twitter* das ideale Medium. Es ist eine Plattform, in der der Nutzer Trump die Diskurse bunt miteinander vermischte und daraus ein einheitlich erscheinendes Narrativ von seiner Person und seinen Leistungen als Präsident erschuf. Falschaussagen, Beleidigungen, das Missachten der Etikette der internationalen Politik, das Überhören oder bloße Ablehnen und Verhöhnen anderer politischer Meinungen und auch das Aufkündigen eines kontinuierlichen Informationsdialogs zwischen Weißem Haus und den dort akkreditierten Journalist*innen waren Instrumente und Effekte dieses Narrativs, die nicht verdeckt, sondern im Gegenteil durch das Reflektieren darüber und Erinnern daran selbstbewusst als neue Form der Politik präsentiert wurden. Wenn Trump die journalistischen Fragen und das Zusammentreffen mit den Journalist*innen in seinen politischen Alltag, in seine Sitzungen und Besuche ausländischer Gäste integrierte, ihnen daher aber auch nur noch die Stellung von Zuschauer*innen oder eine Nebenrolle zugestand, dann wurde damit die traditionelle Kommunikationskultur zwischen Politik und Presse in etwas umdefiniert, das Trump mit seiner *Twitter*-Kurz-Strategie vollständig beherrschen und bestimmen konnte. Das demokratische Gleichgewicht sowie auch der gesellschaftliche Zusammenhalt konnten dadurch in eine Schieflage geraten.

Wie wir am Beispiel des platonischen Dialogs *Protagoras* gesehen haben,[27] kann eine Anleitung zur Analyse solcher Praktiken und der Verflechtungen von Kommunikationsmedien, rhetorischen Strategien und politischer Agenda einen Beitrag dazu leisten, solche Schieflagen zu adressieren. Der Gedanke, den Platon formuliert, ist auch für uns heute noch bedenkenswert: Politische Rhetorik kann mit der Wahl ihres Mediums und ihrer Methoden einen Mangel an rationaler Begründung und eine Schwäche der politischen Positionen des Redners oder der Rednerin zu verdecken versuchen. Es ist die Aufgabe von Rhetoriker*innen ebenso wie die aller mündigen Bürgerinnen und Bürger, solche verborgenen Manipulationen aufzudecken und dazu beizutragen, die politische Kommunikation auf das Niveau einer differenzierten, verschiedene Argumente abwägenden rationalen Diskussion zurückzuführen. Die Frage, ob Kurznachrichtendienste wie *Twitter* dafür überhaupt das richtige Medium einer differenzierenden und abwägenden politischen Kommuikation sei können, wird weiter zu diskutieren sein.

---

[27] Für ausführliche Analysen zu weiteren für diesen Kontext relevanten rhetoriktheoretischen Texten von der Antike bis in die Gegenwart vgl. Uhlmann 2019.

Literatur

Blank, David L.: Socratics versus Sophists on payment for teaching. In: *Classical Antiquity* 4/1 (1985): 1–49.

Brady, William J./Wills, Julian A./Jost, John T./Tucker, Joshua A./Bavel, Jay J. Van: Emotion shapes the diffusion of moralized content in social networks. In: *Proceedings of the National Academy of Sciences of the United States of America* 114/28 (2017): 7313–7318.

Breuninger, Kevin: White House Press Briefings have all but vanished – and Trump's control of the message is stronger than ever (03.10.2018), https://www.cnbc.com/2018/10/02/white-house-press-briefings-vanish-trump-takes-more-control.html (30.01.2018).

Davis, William P.: ‚Enemy of the People': Trump breaks out this phrase during moment of peak criticism. In: *The New York Times* (20.07.2018), https://www.nytimes.com/2018/07/19/business/media/trump-media-enemy-of-the-people.html (31.01.2019).

Dean, Grace: Read the letter Elon Musk sent Twitter's chairman outlining his ‚best and final offer' to buy the company (14.04.2022), https://www.businessinsider.com/read-elon-musk-takeover-offer-letter-twitter-chairman-bret-taylor-2022-4?r=US&IR=T (15.04.2022, 23:47).

Franke-Ruta, Garance: Is Elizabeth Warren native american or what? In: *The Atlantic* (20.05.2012), https://www.theatlantic.com/politics/archive/2012/05/is-elizabeth-warren-native-american-or-what/257415/ (31.01.2019).

Guterman, Jeffrey: Alternative facts: Kellyanne interview by Chuck Todd. In: *NBC News* (22.01.2017), https://www.youtube.com/watch?v=Y7np8BDNd7Y (30.01.2019).

Haberman, Maggie/Oppel, Richard A. Jr.: Donald Trump criticizes muslim family of slain U.S. Soldier, Drawing Ire. In: *The New York Times* (30.07.2016), https://www.nytimes.com/2016/07/31/us/politics/donald-trump-khizr-khan-wife-ghazala.html (31.01.2019).

Kessler, Glen/Kelly, Meg/Rizzo, Salvador/Ye Hee Lee, Michelle: In 730 Days, President Trump has made 8,158 false or misleading claims. In: *The Washington Post* (19.05.2017), https://www.washingtonpost.com/graphics/politics/trump-claims-database/?noredirect=on&utm_term=.094e27c3daf5 (30.01.2019).

Krischer, Tilman: Dynamische Aspekte Der Griechischen Kultur. In: *Wiener Studien* 101 (1988): 7–40.

Manuwald, Bernd: *Platon: Protagoras. Übersetzung und Kommentar.* Göttingen 1999.

McArdle, Mairead: Sarah Huckabee Sanders defends suspension of WH Press Briefings. In: *The National Review* (23.01.2019), https://www.nationalreview.com/news/sarah-huckabee-sanders-defends-suspension-of-wh-press-briefings/ (30.01.2019).

Mercieca, Jennifer: The Rhetorical brilliance of Trump the demagogue. In: *The Conversation* (11.12.2015), https://theconversation.com/the-rhetorical-brilliance-of-trump-the-demagogue-51984 (30.01.2019).

Müller, Jan-Werner: *Was ist Populismus? Ein Essay.* Berlin 2016.

Platon: *Platonis opera, tomus III*, hg. von John Burnet. Oxford 1903 (= Prt.).

Samuels, Brett: White House Press briefings few and far between during summer months. In: *The Hill* (31.08.2018a), https://thehill.com/homenews/administration/404533-as-august-comes-to-a-close-fewer-press-briefings-becomes-the-norm (30.01.2019).

Samuels, Brett: Sanders defends lack of White House Press briefings. In: *The Hill* (30.09.2018b), https://thehill.com/homenews/administration/409155-huckabee-sanders-defends-lack-of-press-briefings (30.01.2019).

Schriefl, Anna: *Platons Kritik an Geld und Reichtum.* Berlin/Boston 2013.

Skinnell, Ryan (Hg.): *Faking the News. What Rhetoric Can Teach Us About Donald J. Trump.* La Vergne 2018a.

Skinnell, Ryan: What passes for truth in the Trump era. Telling it like it isn't. In: Ders. (Hg.): *Faking the News. What Rhetoric Can Teach Us About Donald J. Trump.* La Vergne 2018b: 76–94.

Smith, Allan: Trump on Obamacara's rising popularity: ‚There's nothing to love – It's a disaster, folks, OK?' In: *Business Insider* (27.02.2017), http://www.businessinsider.de/trump-obamacares-approval-ratings-2017-2?r=US&IR=T (30.01.2019).

Stöber, Rudolf: Ohne Redundanz keine Anschlusskommunikation. Zum Verhältnis von Information und Kommunikation. In: *Medien & Kommunikationswissenschaft* 59/3 (2011): 307–323.

Team GOP: The highly-anticipated 2017 fake news awards, https://web.archive.org/web/20180118120302/gop.com/the-highly-anticipated-2017-fake-news-awards/ (18.01.2017).

Tell, Håkan: Wisdom for sale? The Sophists and money. In: *Classical Philology* 104/1 (2009): 13–33.

Uhlmann, Gyburg: *Rhetorik und Wahrheit. Ein prekäres Verhältnis von Sokratis bis Trump.* Berlin 2019.

Urback, Robyn: Take it from the Republican faithful – Trumps's not a liar, just an idiot. In: *CBN News* (08.06.2017), https://www.cbc.ca/news/opinion/trump-comey-testimony-1.4152589 (11.02.2019).

Washington Times Staff: Trump vs. CNN's Jim Acosta: The full exchange. In: *The Washington Times* (07.11.2018), https://www.washingtontimes.com/news/2018/nov/7/trump-vs-cnns-jim-acosta/ (30.01.2019).

Winck, Ben/Skankar, Vivek: White House Press Briefings are getting shorter. In: *Bloomberg* (17.08.2018), https://www.bloomberg.com/news/articles/2018-08-17/ask-me-no-questions-white-house-briefings-get-shorter-chart (30.01.2018).

Sprache, Subjektivität und das Problem der Mentalisierung. Elemente einer psychoanalytischen Sozialpsychologie des rechten Populismus

Reinhold Görling

In einem der Videos aus dem Jahre 2016, das die *New York Times* noch vor der Wahl von Donald Trump zum US-amerikanischen Präsidenten publiziert hat, ist ein vielleicht vierzigjähriger Mann am Rande einer Wahlveranstaltung zu sehen. Mit heftigen Stoßbewegungen seiner Hüfte skandiert er mehrfach „Fuck political correctness! Fuck political correctness!…" Dabei wendet er sich im Halbkreis, so als suche er überhaupt erst einen Adressaten für seine verbalen und körperlichen Äußerungen. Im Video folgen dann mehrere Beispiele misogyner Beschimpfungen der demokratischen Präsidentschaftskandidatin Hillary Clinton, dem voran gingen Szenen, die zeigen, wie Zuhörer frenetisch dem Versprechen Trumps applaudieren, eine Mauer zwischen Mexiko und den USA zu errichten, wenn er gewählt werde (Parker/Corasaniti/Berenstein 2016).

Diese Beschreibung einer dokumentarischen Filmszene leitete schon die 2018 entstandene Fassung dieses Aufsatzes ein, der den Titel „Affekt, Genuss und das Problem der Mentalisierung. Elemente einer Sozialpsychologie des rechten Populismus" trug. Die gesellschaftliche und weltpolitische Entwicklung seitdem ist rasant und stellt auch einige der Annahmen infrage, die in meine damaligen Überlegungen unproblematisiert eingingen. Das beginnt schon mit dem gewählten Titel, der von einer Sozialpsychologie des rechten Populismus spricht, ohne weiter darüber zu reflektieren, wie sich diese Gruppe in der Dynamik der gesamten Gesellschaft verhält und was diese Dynamik überhaupt ausmacht. Berichte über aktuelle soziale und politische Phänomene sind Teil dieses Geschehens selbst und auch eine zeitgenossenschaftliche wissenschaftliche Betrachtung solcher Berichte wird sich nicht ohne weiteres als davon unabhängig verstehen können. Das gilt auch und vielleicht um so mehr, wenn man über eine andere Gesellschaft

R. Görling (✉)
International Psychoanalytic University, Berlin, Deutschland
E-Mail: reinhold.goerling@icloud.com

© Der/die Autor(en), exklusiv lizenziert an Springer-Verlag GmbH, DE, ein Teil von Springer Nature 2023
L. Koch et al. (Hrsg.), *The Great Disruptor*,
https://doi.org/10.1007/978-3-662-66308-0_10

schreibt, auch wenn man in ihr eine Zeit gelebt hat und deshalb über einige Erfahrung zu verfügen glaubt. Aus der Sicht einer psychoanalytisch orientierten Sozialpsychologie wird man die eigenen Perspektiven immer kritisch reflektieren und sensibel die eigenen Affekte und Gefühle nach der Möglichkeit von Übertragungen befragen müssen. Das kann kaum zum Ziel haben, einen Ort außerhalb des aufeinander bezogenen Kommunikationsgeschehens aufzusuchen. Das bliebe Illusion, es gibt diesen Ort im Außen nicht, und doch muss es darum gehen, die eigenen Gefühle, Affekte und Wahrnehmungsschemata ebenso zum Objekt der Reflexion zu machen wie den erklärten Untersuchungsgegenstand. Dadurch beansprucht man keine Autonomie gegenüber den Prozessen, in die man involviert ist, aber man gewinnt ein Bewusstsein darüber, dass auch wissenschaftliches Arbeiten zu den Lern- und Erfahrungsprozessen gehört, die immer eine Selbstveränderung einschließen.

Was mich vor vier Jahren dazu bewegt hatte, mit der Beschreibung dieser Szenen des von der *New York Times* zusammengestellten Films meinen Aufsatz zu beginnen, war ein merkwürdiges Gefühl, eine Art inneres Aufhorchen bei der Betrachtung der Performance des Mannes, der mit obszönen Hüftbewegungen einen Begriff skandiert. Ich hatte das damals zunächst als eine Sexualisierung des politischen Raumes und als Verquickung von sexuellen Fantasien mit solchen der Bemächtigung verstanden und gefragt, wie eine solche Verknüpfung von sexueller Erregung und Sprache zu verstehen sein könnte, und eine Antwort in der Geschichte des Begriffs der *political correctness* zu finden versucht. Heute sehe ich, dass mir das nur unvollkommen gelang, weil ich in der Reflexion über das Verhältnis von Sprache und Körper bzw. Sexualität auf der halben Strecke steckengeblieben bin. Eine tiefergehende Analyse des Verhältnisses von Affekt, Begehren und Sprache scheint mir unumgänglich, um das, was sich beobachten lässt, angemessen beschreiben zu können.

Political Correctness

Wirft man einen Blick auf die Geschichte des Begriffs der *political correctness*, fällt schnell eine merkwürdige Wanderbewegung dieses Konzepts und der damit verbundenen sozialen Bedeutungen auf. Erste Nachweise über den Gebrauch des Begriffs lassen sich in den 1970er Jahren finden. Er kam damals eher ironisch in politisch linken Diskussionen über die richtige politische Linie in Umlauf, wurde dann aber im darauf folgenden Jahrzehnt zunehmend zu einem Begriff, der im Rahmen identitätspolitischer Konzepte Bedeutung gewann und von Gruppen benutzt wurde, die sich einer sozialen Benachteiligung ausgesetzt sahen, historisch und gegenwärtig (Weigel 2016). Im Zentrum stand dabei das Ziel, über die Veränderung von Sprachregelungen und Bezeichnungen Menschen zu einem Selbstbewusstsein als soziale Gruppe zu bewegen oder dieses Selbstbewusstsein zu verändern.

Soziale Gruppen konstituieren sich nie nur über einen inneren Prozess, mindestens gleichwertig zu diesem und mit ihm verschränkt ist die Beziehung,

die zu den anderen Gruppen einer Gesellschaft hergestellt wird. Soziologische Theorien über die Weise, wie soziale Gruppen über den Erwerb einer
gemeinsamen Matrix von Weisen der Wahrnehmung, Bewertung und Handlung
einen Zusammenhang schaffen, wie etwa die von Pierre Bourdieu, setzen den
Bezug dieser Matrix zu den anderen Gruppen der Gesellschaft selbstverständlich voraus, denn sie können sich nur in einem System mehr oder weniger feiner
Unterschiede halten (Bourdieu 1982). Sozialpsychologisch gesehen wird eine
Gesellschaft durch ein komplexes Netz von Projektion, Introjektionen und projektiven Identifikationen zusammengehalten. Wie der Einzelne kein Bewusstsein
seiner selbst haben könnte, ohne vom Anderen eine Antwort auf seine Existenz,
sein Handeln und Sprechen zu erhalten, so würden Gruppen, von der Zweier-
beziehung bis hin zur ethnischen Gemeinschaft, sich nicht konstituieren können,
wenn der Bezug auf andere Gruppen nicht möglich wäre. An der Geschichte des
hier diskutierten Begriffs lässt sich das sehr deutlich nachzeichnen. Der Wert der
Korrektheit, der im Adjektiv der Wendung ausgesprochen ist, bezieht sich ja auf
die gegenseitige Wahrnehmung und Adressierung der Gruppen und ihrer Mitglieder. Der im anglosächsischen Recht geläufige Begriff der *misrepresentation,*
der im deutschem Recht in etwa der Falschbehauptung entspricht, ist dabei
zunehmend in die soziale Auseinandersetzung über Anerkennung und Identität
übertragen worden.

Es kann an dieser Stelle nicht weiter auf die Gründe und Folgen der Herausbildung neuer Weisen der Politik der Identität von sozialen Gruppen eingegangen
werden. Sie stehen im Zusammenhang einer Veränderung der Formen und
Mechanismen der sozialen Integration innerhalb von Gesellschaften, wozu das
Aufbrechen sozialer Rollenmuster insbesondere in den Geschlechterbeziehungen
ebenso gehört wie die Folgen intensivierter Migration, die ökonomische Globalisierung und vor allem auch die tiefgreifende Umwälzung der Formen medialer
Kommunikation. Man kann nicht von einem Ende der Integrationskraft des
Nationalstaates sprechen, wie es seit den 1980er Jahren für einige Zeit üblich
war, aber doch von einem Umbau seiner Infrastrukturen der Integration. Der
neue rechte Populismus in den USA, aber auch in einigen europäischen Ländern,
ist Phänomen dieses Umbaus ebenso wie die Identitätspolitik. Doch geschehen
solche Veränderung im tiefen Fahrwasser einer Geschichte, welche die betroffenen
gesellschaftlichen Gruppen über Jahrzehnte oder Jahrhunderte konflikthaft
aneinandergebunden hat. Gewalterfahrungen tradieren sich in einer Vielzahl von
Weisen, sie werden über Generationen unbewusst weitergegeben und bestimmen
darin auch das Verhältnis des Individuums zum anderen sowie die Entstehung von
Gruppen und ihr Verhältnis zueinander. Für die Dynamik der Gesellschaft, aber
vor allem für das Leben jedes Einzelnen ist es dabei von hoher Bedeutung, ob
die Prozesse innerhalb solcher Umwälzungen es ermöglichen, die überlieferten
Erfahrungen der Gewalt in eine Figurationen zu bringen und damit in ihrer
psychischen und sozialen Realität zu transformieren, oder ob diese Erfahrungen
eher nur verschoben werden und im Wesentlichen unartikuliert bleiben. Dann
werden die sozialen Auseinandersetzungen zum Symptom, an die Stelle einer
Bemühung, die gewaltsamen Dimensionen der Geschichte zu symbolisieren oder

zu figurieren, treten Auseinandersetzungen über das Protokoll der Begegnung. Das ist einerseits sehr naheliegend, da in Prozessen sozialer Gewalt eine verfolgende Nähe zwischen Täter und Opfer entsteht: Gewalt wirkt ja in sozialer und psychischer Weise gerade durch den Bruch der Vermittlung. In dieser Intimität tradieren sich die verfolgenden und traumatischen Dimensionen, die im psychologischen Zentrum der ethnischen Konflikte stehen, die oft mit dem Begriff des Rassismus kategorisiert werden. Der Begriff ist problematisch, weil er in seinem Kern ja das schon biologisierend voraussetzt, dessen soziale Entstehung es überhaupt zu verstehen gelte: Wie der Ausfall an intersubjektiver Anerkennung entsteht und fortwirkt. Andererseits reproduziert aber gerade die Vermeidung dieser Thematisierung der Intimität der Gewalt die unentwirrbare Nähe, weil sie nun an anderer Stelle wieder auftaucht. Mit dem künstlerischen Potential der Antizipation des Ganges solcher Verstrickungen hat Spike Lee mit *Baboozled* (2000) einen Film gemacht, der das Dilemma dieser Situation komplex figuriert hat: Einerseits scheint es Zeit zu sein, diese Dimension der Nähe des Rassismus spielerisch zu thematisieren, was in einer „The New Millenium Minstrel Show" geschehen soll, in der afroamerikanische Schauspieler in blackface die Rollen spielen, die Mitte des 19. Jahrhunderts von geschminkten weißen Darstellern in rassistischer Mimesis (Taussig 2014) übernommen worden waren. Die Dimensionen der Identifikation und Projektion, die dieses komplexe Spiel mit Nähebeziehungen in Gang setzt, gewinnen eine nicht mehr steuerbare Intensität.[1]

Dass die Forderung nach der *political correctness* vor allem eine Verschiebung dieser Dynamiken bedeuten kann, wird zu Beginn der 1990er Jahre verschiedentlich diskutiert. So stellt etwa der US-amerikanische Filmtheoretiker Robert Stam in einem längeren Symposiumsbeitrag, der 1992 erschien, fest, dass die geforderte Standardisierung der Etikette auch zu einer Distanzierung zwischen den Gruppen führe: „Thus ‚political correctness' is premised on distance and a lack of intimacy" (Ross 1993: 35). Ein erster Beleg für den Bedeutungswandel des Begriffs von der Auseinandersetzung innerhalb einer Gruppe zu der zwischen Gruppen, findet sich in einem Artikel von Richard Bernstein, der am 28. Oktober 1990 in der *New York Times* erschien. Tatsächlich bezieht sich der Autor, der damals der Redaktion der Tageszeitung angehörte, eingangs auch auf den ursprünglich ironischen Sinn des Begriffs, verweist dann aber darauf, dass er mehr und mehr in Debatten darüber in Gebrauch käme, was an den Universitäten gelehrt werden sollte:

> „There are even initials – p.c.p. – to designate a politically correct person. And though the terms are not used in utter seriousness, even by the p.c.p.'s themselves, there is a large body of belief in academia and elsewhere that a cluster of opinions about race, ecology, feminism, culture and foreign policy defines a kind of ‚correct' attitude toward the problems of the world, a sort of unofficial ideology of the university" (Bernstein 1990).

---

[1] Zu diesem Verständnis des Films von Spike Lee siehe Mitchell 2005.

Der Begriff werde, so Bernstein weiter, inzwischen aber auch spöttisch als „sarcastic jibe" von Konservativen und traditionellen Liberalen aufgegriffen, mit dem Ziel „to describe what they see as a growing intolerance, a closing of debate, a pressure to conform to a radical program or risk being accused of a commonly reiterated trio of thought crimes: sexism, racism and homophobia" (ebd.). Am 4. Mai 1991, also etwa ein halbes Jahr später, hielt der damalige US-amerikanische Präsident George H.W. Bush an der University of Michigan eine Rede, die dieses Argument aufgriff und zum Vorwurf der Zensur erweiterte:

> „The notion of political correctness has ignited controversy across the land. And although the movement arises from the laudable desire to sweep away the debris of racism and sexism and hatred, it replaces old prejudice with new ones. It declares certain topics off-limits, certain expression off-limits, even certain gestures off-limits" (Bush 1991).

Auch wenn diese Beschreibung des Vorganges einer Tabuisierung von Konfliktbereichen sehr viel Zutreffendes hat, sie dürfte selbst auch Ausdruck davon sein, wie bereitwillig diese Verschiebung aufgegriffen wird. Man muss nicht mehr über die Geschichte der Gewalt sprechen, deren Tradierung einen selbst weit mehr betrifft als man zugestehen möchte, man muss nicht über die Täterschaft einer sozialen Gruppe und der Kontinuität ihrer sozialen Existenz sprechen und kann sich stattdessen paternalistisch ermächtigen. Trump wird diese Strategie weiter entwickeln, in der die eigene Verantwortung für die Geschichte paternalistisch verkehrt wird.

Sprache und Subjektivität

Das Beispiel des mit intensiven Hüftbewegungen sein „Fuck political correctnes" skandierenden Mannes verweist auf eine eigentümliche Beziehung von Körper und Sprache. Sprache ist hier nicht in ihrer Bezeichnungsfunktion angesprochen, sondern in einer unmittelbar körperlichen Dimension. Dem entspricht, dass auf der Seite derer, die eine *political correctness* von Sprache fordern, davon gesprochen wird, dass Sprache verletzen kann und dass dies in Akten der *misrepresentation* der Fall wäre. Wie lässt sich das von Seiten der Psychoanalyse und der Sprachwissenschaft verstehen?

Das Verhältnis von Körper und Sprache haben Psychoanalyse und Sprachwissenschaft im Grunde seit ihrer Entstehung beschäftigt. Von Seiten der Linguistik war es vor allem eine von Émile Benveniste eingeführte Unterscheidung, die diese Diskussion in Frankreich und dann auch darüber hinaus beeinflusst hat. Benveniste differenziert zwei Systeme der Sprache: das der Zeichen, wie es von Ferdinand de Saussure entworfen wurde und das Benveniste Semiotik nennt, und das System der *énonciation*, des Aussagens oder des Diskurses. Es sind für Benveniste vollständig getrennte Systeme. „Du signe à la phrase il n'y a pas transition, ni par syntagmation ni autrement." (Benveniste 1974, 65) Wenn kein Weg von den Zeichen zum Diskurs führt und umgedreht, dann muss es ein Drittes geben, dass zu Beidem Zugang hat, das aber mit keinem von Beidem zusammenfällt. Das ist das Subjekt. Es gründet sich lebensgeschichtlich jenseits der Sprache. Und es behält eine wesentliche Exterritorialität gegenüber der Sprache bei, selbst wenn diese eine zentrale Bedeutung im Leben des Subjekts einnehmen wird. Sprache konstituiert das Subjekt nicht. Sie konstituiert auch nicht sein Bewusstsein, wie ich über Benveniste hinausgehend ergänzen möchte, denn vor und unabhängig von ihr gibt es ein phänomenales Bewusstsein, wie sich heute auch mit neurowissenschaftlichen Einsichten belegen lässt (Solms 2019, 4). Das bedeutet im Umkehrschluss, dass nicht nur das System der Zeichen mit seiner Arbitrarität der Beziehung zwischen Zeichen und Bedeutung eine relative Autonomie besitzt, sondern auch der Diskurs bzw. die Semantik sowohl gegenüber der Semiotik wie gegenüber dem Subjekt. Im Unterschied zu einer Semiotik, die sich auf Zeichen und ihre Relation bezieht, müsse eine translinguistische Analyse, etwa eine Analyse von Werken der Kunst, durch die Entwicklung einer Metasemantik geschehen, die sich auf der „sémantique de l'énonciation" gründe, fordert Benveniste (Benveniste 1974, 66).

Ein Gefühl der Verletzung durch Sprache, sei sie nun aktiv oder passiv erfahren, kann demnach nicht über die Dimension der Bezeichnungsfunktion der Sprache entstehen, also im System der Semiotik, sondern allein im Akt des Aussagens selbst. Auch ihm ist das Subjekt äußerlich, aber der Akt des Aussagens ist immer von einem Subjekt aus geschaffen, das zu einem anderen spricht. Das korrespondiert mit der heute breit in der Psychoanalyse und der Philosophie akzeptierten These der intersubjektiven Herausbildung von Subjektivität, was nicht mit der Konstitution des Subjekts zu verwechseln ist. Es braucht im Akt des Aussagens aber auch das Objekt, auf das sich bezogen wird, sonst würden Subjekt und Adressat zusammenfallen und die Kommunikation unterbleiben. In frühen Phasen des Lebens ist dieses Objekt kein isolierter Gegenstand, es sind eher Affekte und Emotionen der inneren und äußeren Wahrnehmung.

Wie nun kommt die Intersubjektivität, wie kommen das Ich und das Du in die Sprache? Es sind die Pronomen Ich und Du sowie die deiktischen Elemente der Sprache, mit denen sich das Subjekt der Aussage in die Sprache einbringt, ohne darin aufzugehen. Heute ist empirisch belegt, wie zentral das Deiktische in der Kommunikation des Kleinkindes ist (Tomassello 2003). Pronomen und deiktische Elemente sind für Benveniste leere Formen. „Aber außerhalb des statthabenden Diskurses ist das Pronomen nicht mehr als eine leere Form, die weder an ein Objekt noch an eine Idee gebunden werden kann. Es erhält seine Realität und seine Substanz allein durch den Diskurs", schreibt Benveniste 1965 in dem Aufsatz „La langue et l'expérience humain", der in einer von der UNESCO herausgegebenen Zeitschrift erschien (Benveniste 1974, 68).

Das Pronomen ist eine leere Form, außerhalb des je aktuellen und singulären Diskurses ist es bedeutungslos. Was folgert sich aber daraus, wenn es zugleich zutrifft, dass die Verletzung durch Sprache nicht über die Semiotik der Sprache, nicht über ihre Funktion als Verweisungssystem erfolgen kann und deshalb auch eine Veränderung von Sprachreglungen wenig bedeuten?

Eine Andeutung, in welcher Richtung eine Antwort zu suchen ist, gab Benveniste schon in einem Aufsatz, den er auf Anregung von Jacques Lacan über das Verhältnis von Sprache und Psychoanalyse verfasst hat. Benvenistes „Remarques sur la fonction du langague dans la découverte freudienne" erschienen 1956. Das Unbewusste, so Benvenistes Verständnis von Freud, interveniert im Diskurs, aber nur über stilistische Verfahren. Es ist im Stil der Aussage, nicht in der Sprache als System von Zeichen, „dass wir einen Term sehen, der einen Vergleich mit den Eigenschaften erlaubt, die Freud als Erkennungszeichen der ‚Sprache' des Traums herausgestellt hat." (Benveniste 1966, 86) Euphemismus, Allusion, Antiphrasis, Paralipse, Litotes oder auch die Stilmittel der Rhetorik wie Metaphorik, Metonymie, Synekdoche, Ellipse zählen dazu. Rhetorische Techniken lassen sich nicht aus der Sprache als System und auch nicht aus dem Diskurs selbst erschließen, sondern verweisen auf die Relation zum Äußerungsakt selbst. Sie sind intentional, aber keineswegs notwendig bewusst. Nimmt man die etwas später von Benveniste entwickelte Theorie der gestischen und deiktischen Funktionen der Äußerung hinzu, zeigt sich, dass die rhetorischen und deiktischen Dimensionen eine direkte, das Unbewusste und die Affektivität direkt adressierende Dimension der Kommunikation zur Verfügung stellen. In ihr und nicht in der Verweisungsfunktion der Sprache und damit in der Wahl der Zeichen liegt die körperliche, potentiell verletzende Dimension der Kommunikation.

Trumps Semantik der Äußerung

Es gibt bei Trump eine sehr charakteristische und im Grunde automatisierte Folgen an Gesten, die seine Rede nicht nur begleiten, sondern auf der semantischen Ebene tragen: Dazu gehört ein Klatschen in beide Hände, offen vor seinem Körper ausgeführt, dann ein Öffnen der Hände, wobei beide Handfläche wie in einer Geste der Aufnahmebereitschaft nach oben zeigend vor den Körper gehalten werden, was aber dann mit viel Elan überraschend und in einer ganz schnelle Bewegung überführt wird in ein *pointing*, eine deiktischen Geste mit dem ausgestreckten Zeigefinger der rechten Hand. Diese gestische Folge ist sehr weitgehend unabhängig von dem, was auf einer Zeichenebene gesagt wird. Ein Händeklatschen, das gestisch eine affektive Intensität markiert, die zunächst auch eher affirmativ erscheint, geht über in eine einladende Köperhaltung, die dann aber überraschend in eine nach Außen gewendete Geste verkehrt wird. Ob damit jemand in einer paternalen Weise gelobt oder als negativ konnotiertes Objekt herausgestellt wird, lässt sich auf der Ebene der körperlichen Kommunikation kaum unterscheiden.

Vergleichbare gestische Prozesse lassen sich auch bei der reinen Textanalyse der Äußerungen Trumps nachzeichnen. Sein Sprechen selbst ist von diesen rhetorischen Formen durchzogen, die jedes Einhalten an einem Gedanken erschweren und manchmal fast unmöglich machen. Als Beleg mag ein Beispiel aus einer der ersten der Debatten über die republikanischen Vorwahlen, die Fox News ausstrahlte, dienen, in der es schon um den Begriff der *political correctness* ging. Auf die Vorhaltung der Journalistin Megyn Kelly, wie seine herabsetzenden Äußerungen gegenüber Frauen mit dem angestrebten Amt des Präsidenten vereinbar seien, antwortet Trump: „I think the big problem this country has is being politically correct." Das Transkript der Sendung verzeichnet hierauf Applaus von Seiten des Publikums. Und weiter:

> „I've been challenged by so many people, and I don't frankly have time for total political correctness. And to be honest with you, this country doesn't have time either. This country is in a big trouble. We don't win anymore. We lose to China. We lose to Mexico both in trade and at the border. We lose to everybody. And frankly, what I say, and oftentimes it's fun, it's kidding. We have a good time. What I say is what I say. And honestly, Megyn, if you don't take it, I'm sorry. I've been very nice to you, although I could probably maybe not be, based on the way you treated me. But I wouldn't do that." (Johnson 2021, 110)

Das Spiel der Verschiebungen hat etwas Atemberaubendes. Es gibt keinen Einhalt bei einer Äußerung, stattdessen wird jede Äußerung von der folgenden meist doppelt verschoben, semantisch und semiologisch. Zunächst wird der Gegenstand der Vorhaltung, Trumps herabsetzende Äußerungen gegenüber Frauen, gestisch so überschrieben, dass wir es nicht mehr mit dem eigentlichen Konflikt zu tun haben, sondern mit einem verschobenen Phänomen, mit einer Art Symptom, das den eigentlichen Vorwurf verdeckt: eben der Diskussion über *political correctness*. Nun spricht Trump über sich und seine mangelnde Zeit für etwas, das nun nur noch als Nebensache erscheinen kann, nutzt aber schon im folgenden Satz eine metonymische Rhetorik, über die er das Persönliche mit dem Nationalen ersetzt und sich darauf mit der Benutzung der ersten Person singular in den Diskurs als Aussageakt wieder einführt, nun aber gewissermaßen schon als Präsident, der Feststellungen über die Lage des Landes in Relation zu anderen macht. Auch hierbei gibt es eine metonymische Reihung, durch welche die Thematik überschrieben wird, der Adressat aber fixiert bleibt. Von China, das mit einiger Plausibilität noch als Konkurrent der USA betrachtet werden kann, springt Trumps Rede zu den völlig anders gelagerten Beziehungen zu Mexiko und schließlich zu einem Jedermann. Hier geht es eigentlich nicht mehr weiter, weshalb der Diskurs über die Interjektion des „and frankly" einen Themensprung macht, der wiederum als ein Kommentar des eigenen Sprechens verstanden werden soll, also eine weitere Metaebene einführt. Der Autor des Satzes definiert damit den Status seiner eigenen Aussage, wobei dem Zuhörer wie beim Satz „Ich lüge" keine Position mehr bleibt zu bestimmen, ob er die eben gemachte Äußerung nun als *fun* und *kidding* zu verstehen habe oder nicht, was rhetorisch als Pseudologie zu bezeichnen wäre und auch einem *double-bind* gleichkommt. Das Ende der Rede wendet dies Alles nochmals mehrfach, indem nun Trump auf dieser Unbestimmtheit des Status seiner Aussage beharrt, gleichzeitig aber plötzlich die Journalistin persönlich attackiert und ihr unterstellt, sie würde den Status seiner Rede ungebührlich bewerten. Damit ist die Journalistin zur angreifenden Person geworden und ihre Vorhaltung zu einer persönlichen Missgunst. Trump hat seine Zuhörer nun weitgehend um den Gegenstand der Frage gebracht, einen Rest von ihr allerdings lässt er noch in der ambivalenten Drohung durchscheinen, er könne jetzt ganz unfreundlich werden, wolle es aber nicht tun. Diese Drohung bestätigt eigentlich das, was ihm vorgehalten wurde, nur dass es jetzt nicht mehr benannt werden kann, verfolgt man nicht das Möbiusband der Argumentation minutiös zurück.

Diese Redefigur des Aussprechens eines Begehrens und des parallelen Aussprechens einer Verneinung des eben positiv dargestellten wird uns noch weiter beschäftigen. Von einer Semantik des Aussagens her gesehen handelt es sich um einen obszönen Gebrauch von Sprache, der auf einer Verkehrung gründet, durch die der Gegenstand bzw. die Handlung selbst verneint wird und dadurch nicht mehr adressierbar ist, und doch ausgestellt und genossen werden kann. Solche Sprachverdrehungen sind aus der Pathologie von Narzissten bekannt und lassen sich in Reden von Diktatoren regelmäßig verfolgen. Oft haben sie etwas obszön Karnevaleskes, worauf Boris Groys in seiner Analyse des Stalinismus verwiesen hat (Groys 1989). Umkehrungen von Oben und Unten, Degradierungen und Beschämungen gehören zu den Rhetoriken der Karnevalsriten (Bachtin 1987), werden sie ohne diese Rahmung angewandt, erhalten sie einen anderen Charakter. Das obszöne Lachen, das Michail Bachtin in seinem großen unter dem Stalinismus geschriebenen Buch zum Karneval als befreiend darstellt, wird spätestens dann zur Gewalt, wie Groys eben am Stalinismus zeigt. Die konsequent falsche Verknüpfung von Wort und Bedeutung, die im Karneval in der Regel sozial so hinreichend gerahmt ist, dass die Differenz zum Alltag gewahrt bleibt, wird zur Gegenwärtigkeit eines Eindringens in den eigentlich von der Sprache unabhängigen Bereich des Subjekts. Die Intrusion erfolgt über einen Raub an der Sprache als Ausdruck des Subjekts, das seine Exterritorialität gegenüber der Sprache, diesen Raum, der ihm die Freiheit des Sprechens ermöglicht, nur als sprechendes Subjekt wahren kann. Zu viel seines subjektiven Bezugs auf die Welt und auf sich ist mit der Möglichkeit des Ausdrückens verbunden, so dass oft nur noch die Depression als Abwehr vor einem Auseinanderbrechen helfen kann. Wird das Subjekt seiner Möglichkeiten des Ausdrucks beraubt, verliert es sich, da sein dritter Raum gegenüber dem Feld der Semiotik und dem Feld der Semantik nicht den Charakter eines Containers hat, sondern sich nur als Prozess der Artikulation realisiert.

In seinem Dokumentarfilm *Fahrenheit 11/9* (2018) hat Michael Moore eine Reihe von Filmaufnahmen aus Wahlkampfveranstaltungen Trumps aufgenommen, die Szenen zeigen, in denen Menschen, die wegen ihrer Hautfarbe auffallen, verhöhnt, bespuckt, geschlagen werden. In einer Szene adressiert Trump seine Anhänger: „Look at my Afro-American over there! Look at him!" (Moore 2018: 0.34:25) Und dann wechselt er mit ausgestrecktem Arm und Zeigefinger in die direkte Ansprache dieser einen Person: „Go home and get a job, go home, get a job!" Woraufhin zu sehen ist, wie ein Mann mit einem kleinen Plakat bespuckt und aus dem Saal hinausgestoßen wird. Auch hier arbeitet Trump in seiner Rhetorik mit einer Verschiebung. Zunächst isoliert er ein Objekt der Wahrnehmung und nimmt es über das Possessivpronomen in Beisitz, daraufhin fordert er seine Adressaten mit deiktischer Geste auf, dieses Objekt mit ihm zu teilen. Damit ist das Wir einer Gruppe hergestellt, aus dessen Mitte heraus Trump nun das Objekt seiner Rede zum Adressierten macht und ihm Befehle erteilt. Prompt identifizieren sich Teile der Gruppe mit diesen Befehlen und unterstreichen sie nachdrücklich mit körperlichen Handlungen. Diese Intrusion in die Intimsphäre des Mannes war aber schon zu Beginn der Rede angekündigt, indem sich Trump anmaßte, ihn mit einem Possessivpronomen zu markieren. Die Verschiebung des Diskurses hin zur körperlichen Aggression, ob nur szenisch ausgemalt oder von seinen Anhängern auch ausgeführt, charakterisiert Trumps Reden häufig. Die Intrusion in den persönlichen Raum wird sprachlich begleitet und umgedreht. Bei einer anderen Gelegenheit etwa sagt Trump, Sicherheitspersonal hätte ihm mitgeteilt, dass Anwesende möglicherweise Tomaten mitgebracht hätten. Falls die Zuhörer jemanden mit Tomaten sehen sollten, so Trump weiter: „Knock the crap out of him. I go and pay for the legal fees, I promise." Aber diese Gebühren wären sowieso nicht hoch, weil die Gerichte eigentlich dafür da seien, dass so etwas geschieht (ebd.: 0.34:40). Bekannt geworden ist auch die Rede im Januar 2016 im Sioux Center in Iowa, in der Trump sich brüstet, so kluge Anhänger zu haben, dass sie ihm vollständig vertrauten: „I could stand in the middle of Fifth Avenue and shoot somebody and I wouldn't loose any voters, O.K.? That's like incredible" (Diamond 2016). Trump beschreibt damit eine Szene, in der er gegenüber seinen Anhängern performativ sich die Position eines Souveräns anmaßt, der in aller Willkür über Leben und Tod anderer Menschen entscheiden kann. An der Ermächtigung können seine Anhänger imaginär teilhaben – und das selbst dann, wenn sie eigentlich Opfer sind. Letzteres gilt etwa für die vielen Frauen in seiner Wählerschaft, die sich von seinen sexistischen und misogynen Äußerungen in ihrer Bewunderung nicht irritieren lassen.

Michael Moore nimmt hier noch eine weitere Dimension von Trumps öffentlichen Auftritten auf: sein Verhältnis zu seiner Tochter Ivanka. Er gibt mehrere Fotografien wieder, auf denen Tochter und Vater in Umarmungen vor der Kamera posieren, die einem Ehe- oder Liebespaar entsprechen. Und auch mehrere Talk-Show-Auftritte, in denen Trump ein auf seine Tochter gerichtetes sexuelles Begehren offen artikuliert: Auf die Frage einer Moderatorin an Ivanka Trump „What is the favorite thing you have in common with your father?" antwortet diese: „Either real estate or golf." – „Donald, with your daughter?" – „Well, I was going to say sex but I cannot relate that." Der Satz wird mit einer körperlichen Geste der Zuwendung zu seiner Tochter beendet (ebd.: 0.21:05–0.23:05). Er stellt hier nicht nur die Intimität der Sexualität, sondern gar die des Inzests aus, auch wenn er dies sofort wieder negiert, ähnlich, wie er die Drohung gegenüber Megyn Kelly wieder zurücknimmt. Obszön ist nicht die Sexualität und auch nicht der Inzest, obszön ist die Entgrenzung des eigenen Machtraums bis in die Intimsphäre des anderen, die zugleich aber einer Verneinung unterworfen wird, die es wie in einer *double-bind* Situation extrem erschwert, zu widersprechen und damit seinen Raum der Subjektivität zu behaupten.

In einem kurz nach der Wahl Trumps in *Social Text* erschienenen Essay stellt auch Lauren Berlant einen Zusammenhang zwischen der Geste der ungebrochenen Souveränität und dem Bezug zur Welt und ihren Objekten her (Berlant 2017). Das Phantasma der Souveränität ist eine Allmachtsanmaßung, sie kennt keinen Anderen, kein Objekt und damit auch keine Vermittlung. Diese an Hegel anknüpfende Einsicht hat Frantz Fanon in seiner Analyse der kolonialen Gewalt aufgenommen.[2] Für den Souverän gibt es keine Anerkennung des anderen Subjekts, es wird für ihn zu einem Objekt, das wie jedes Ding seiner Autonomie beraubt ist. In der Allmachtsvorstellung ist auch kein Platz für Arbeit, die immer einen Bezug auf das Andere und damit Differente, Widersetzliche hat, sie richtet sich daher auch gegen die Differenz von Sprache und Welt, da für sie eine Ohnmachtserfahrung Voraussetzung ist. Die Worte stellen sich vor die fremde Welt der Objekte, ersetzen sie und bieten sich so auch als Phantasma für das Ausagieren von Affekten und unbewussten Szenen an.

Bis zu einem gewissen Maße teilen wir im Alltagsleben solche Verknüpfungen von Worten und Affekten. Sie erleichtern die Orientierung und stellen auch soziale Zusammenhänge her. Die meisten dieser Verknüpfungen vollziehen sich durch die Integration von Affekten in Szenen und Narrative. Damit binden wir uns an die Welt oder lassen uns von ihr halten. Diese Szenen und ihre Genres nennt Berlant die Infrastruktur, in der wir leben (Berlant 2016: 394). Sie ist grundsätzlich prekär und veränderlich, aber wir klammern uns auch an sie, wie Berlant in ihrem Buch *Cruel Optimism* analysiert (Berlant 2011). In ihrem Essay zu Trump bezieht sie diese Infrastruktur der affektiv besetzten Szenen auch auf den Begriff der *commons*, der Gemeinschaft. Während es ein philosophisches Konzept der Gemeinschaft gebe, nach dem diese Infrastruktur als Öffnung für ein Kommendes verstanden wird, gebrauche die Rechte das Konzept der Gemeinschaft gewissermaßen als Schließung einer Bewegung, in der die Bindung zur Welt zunächst gebrochen wird. Im Zuge dieser Bewegung werde zudem offensichtlich, wie sehr wir uns an Repräsentationen klammern, die uns die Solidität der Welt zeigen sollen. Trumps Geste des Souveräns und seine willkürlichen Äußerungen und Entscheidungen offerieren die Haltlosigkeit aller Vorstellungen der Verlässlichkeit unserer Beziehungen zur Welt. „The world is a mess. The world is as angry as it gets", wird Trump dann auch kurz nach Übernahme des Amtes in mehreren Interviews verkünden (Trump 2017). Die sozialpsychologische Logik, auf die Berlant verweist, besteht nun darin, dass, haben wir erst einmal diese Repräsentation der Welt aufgegeben, eine Empfänglichkeit für Ersatzstrukturen wächst: Je schwächer die Verlässlichkeit der Vorstellung von der Welt ‚da draußen' ist, um so leichter lässt sich ein affektiver und emotionaler Innenraum herstellen, je schwächer die Verlässlichkeit der Welt erscheint, um so größer wird die Figur eines Mannes, der in einer Geste der Willkür seinen eigenen *élan vital*, wie Berlant mit Bezug auf Henri Bergson sagt, ausstellt (Berlant 2017). Trumps in Szene gesetzte Freiheit ist von der Figur des Souveräns geliehen, der

---

[2] Fanons Kritik am Phantasma der Souveränität ergibt sich aus seiner Analyse der kolonialen Herrschaft als einer Gewalt ohne Vermittlung, was ihn in kritischem Bezug auf die an Hegels Dialektik orientierten Theorien der Emanzipation zur Formulierung führt, dass im antikolonialen Kampf Gewalt als „die ideale Vermittlung" angesehen werden muss. (Fanon 1981, 72).

ob seiner Stellung und Kraft, nicht aber ob seiner Arbeit über die Welt und über andere bestimmen kann. Doch eben nur geliehen, weil sie sich vor allem in der Willkür des Äußerungsaktes, nicht aber der der Handlungen realisieren kann.

Genuss und Verleugnung

Im Folgenden soll es vor allem darum gehen, die Dynamik genauer zu beschreiben, die zwischen dem erfahrenen Mangel gegenüber einer Welt, deren Objekte und Bilder keine Verlässlichkeit mehr bieten oder nie geboten haben, und der Sexualisierung des öffentlichen Raumes besteht, oder anders gesagt, die zwischen dem Zusammenbruch einer Infrastruktur und dem Genuss der Willkür besteht. In der älteren psychoanalytischen Tradition werden Rassismus, Sexismus, Xenophobie und andere Formen der Missachtung, der Gewalt und des Hasses gegenüber dem Anderen meist als ein Gefüge von Faszination und Abwehr begriffen. Nehmen wir als Beispiel die klassisch zu nennende Theorie über „Elemente des Antisemitismus", wie sie Max Horkheimer und Theodor W. Adorno noch vor Ende des Zweiten Weltkrieges in ihrer *Dialektik der Aufklärung* formuliert haben (Horkheimer/Adorno 1983). Die andere Person ruft ein sinnliches oder mimetisches Begehren hervor, dem sich der Begehrende aber nicht bewusst zu stellen vermag, weil die kulturelle Disziplinierung dies untersagt. Dem psychoanalytischen Grundsatz folgend, nach dem Verdrängung bedeutet, dass die Repräsentation oder Symbolisierung des Triebwunsches aufgegeben wird, nicht aber der Wunsch und seine Energie, kommt es zu einer Verkehrung der Repräsentation, die nun über einen projektiven Vorgang dem zugesprochen wird, auf den eigentlich das eigene Begehren gerichtet ist. Über diese Veräußerung kann die Lust zugleich gelebt und bestraft werden, da man sie ja im Anderen verunglimpft und verfolgt.

So plausibel diese Erklärung für viele Situationen des Alltags und auch für die Strukturen rassistischer und sexistischer Ideologie zunächst ist, sie verliert an Plausibilität, wenn es um den Versuch geht, Exzesse der Gewalt und die Dynamiken der Verknüpfung von Sexualität und Gewalt zu erklären, wie sie in Situationen politischer Massengewalt regelmäßig auftreten. In dem Zusammenschnitt von Szenen, der das Beispiel des Mannes mit seinen heftigen Beckenbewegung und dem Schlachtruf „Fuck political correctness" entnommen ist, schließt sich eine Folge von Äußerungen an, die die Verknüpfung symbolisch deutlich artikulieren. Im Zusammenschnitt der *New York Times* lautet die Folge: „Build that wall/Fuck those dirty beaners/Fuck political correctness/Fuck Islam/ Hillary is a whore/Hang the bitch." Hier gibt es kein Objekt des Begehrens mehr, es geht um eine abstrakte Figur, in der eine Dynamik der Intimität vorherrscht: Über eine Abgrenzung, die die horizontale, nicht hierarchische Begegnung mit dem Anderen unterbinden möchte, über die rassistische Erniedrigung anderer Menschen mittels eines auf Reinlichkeit und Essensgewohnheiten bezogenen, also analen Schimpfwortes, dem die sexuell konnotierte Forderung der Penetration nachfolgt, über die schon diskutierte Abwertung und zugleich Überschreitung der Grenze eines ethischen Gebotes und die Abwertung und Überschreitung der Grenze zu einem ethnisch-religiösen Kollektiv bis hin zur direkten abwertenden Sexualisierung der damaligen Präsidentschaftskandidatin der Demokratischen Partei und dem abschließenden Aufruf zum Lynchmord. Die Objekte sind austauschbar, von ihnen geht keine eigentliche Aufforderung mehr aus. Wir sind aber mit einer Kette von Äußerungen konfrontiert, die alle etwas mit Grenzziehungen und ihren Überschreitungen zu tun haben, also mit Dynamiken der Intimität.

Was bedeutet es, wenn das Objekt der Aggression und des Hasses in einem solchem Maße wahllos wird? Es findet eine direkte Koppelung oder Verlötung zwischen einer triebhaften Intensität und einer abstrakten Vorstellung statt, wobei in der abstrakten Vorstellung eine Szene der Übertretung oder Intrusion eingeschrieben ist: Sei es die Verhinderung eines Eindringens von etwas, das als Differenz vorgestellt wird, durch die Bildung einer Mauer; sei es, dass das Differente selbst mit analen Schimpfworten als etwas Grenzenloses imaginiert wird; sei es, dass der Anspruch der Anerkennung von Differenz und damit darauf, überhaupt als Objekt in Erscheinung treten zu können, direkt attackiert wird; sei es, dass in der Misogynie die geschlechtliche Differenz als sozialer Ausschluss dargestellt und mit der Aufforderung des Tötens verbunden wird. Oder am Beispiel der Zitate Trumps: die Aufforderung zur Körperverletzung, die Imagination des willkürlichen Mordes und die Inszenierung des Inzests.

Man kann diese Handlungen nicht hinreichend von einer Annahme der Triebunterdrückung und des Ausagierens von verdrängten Triebfixierungen her verstehen. Es sind ja mit intensivem Genuss vorgetragene Szenen, es handelt sich um das Ausagieren von Affekten, die mit einem Imaginären verbunden sind, das sich im Bereich der Intimität bewegt und keine Stabilisierung von abgrenzbaren Objekten kennt. Es gibt sich wie ein bezugloser Bezug auf eine Welt, die ohne feste Objekte ist und als *mess* bezeichnet wird. Der Akt der Willkür, des Auslebens des Souveränitätsphantasmas, des übergroßen *élan vital,* ist verknüpft mit dem Hass gegen alles, was als Differenz auftreten und die Grenzen des eigenen aufzeigen könnte. Das Souveränitätsphantasma sucht beständig die Vorstellung der Übertretung, um sich überhaupt als solches inszenieren zu können.

Spaltungen: Ausstellen und Verbergen

Zwischen der Verdrängung, die der Erklärung von Gewalt als projektiver Abwehr zugrunde liegt, und der Verleugnung besteht nach Freud der deutliche Unterschied, dass im Falle des Verdrängten eine unbewusste Objektfixierung bestehen bleibt, deren Bewusstwerdung eben im Vorgang der Projektion abgewehrt wird, im Falle der Verleugnung jedoch das Offensichtliche eher einer Spaltung unterliegt. In seiner späten Schrift „Abriß der Psychoanalyse" von 1938 schreibt Freud, dass Verleugnungen der Wahrnehmung sehr häufig vorfallen,

„nicht nur beim Fetischisten, und wo immer wir in die Lage kommen, sie zu studieren, erweisen sie sich als halbe Maßregeln, unvollkommene Versuche der Ablösung von der

Realität. Die Ablehnung wird jedesmal durch eine Anerkennung ergänzt, es stellen sich immer zwei gegensätzliche von einander unabhängige Einstellungen her, die den Tatbestand einer Ichspaltung ergeben" (Freud 1938: 134–135).

Das Beispiel des Fetischisten, so Freud zuvor in seiner Argumentation, ist nur ein „besonders günstiges Studienobjekt" dieser Spaltung des Ich im Vorgang der Verleugnung. Der Fetisch produziert ein Objekt dort, wo es eigentlich einen Objektverlust, einen Mangel, eine Leere gibt. Das ist in einem weiteren Sinne genau das, was Freud in seinen Bemerkungen über den Fetischismus als den doppelten Glauben bezeichnet, dass das Weib einen Penis habe und auch nicht. Es wird in diesem Zusammenhang übrigens fast mit Erstaunen von Freud konstatiert, dass der Fetischist in der Regel keine Probleme habe, seinen Trieb auszuleben. Die Verleugnung der Kastration geschieht in diesem Sinne erfolgreich: der Fetisch ist „Zeichen des Triumphes über die Kastrationsdrohung und Schutz gegen sie" (Freud 1927: 313).

So sehr der Fetisch mit einem Bezug auf das Fehlen verknüpft ist, so dient er jedoch gerade dazu, die Erfahrung dieses Fehlens und damit die Anerkennung der Realität zu vermeiden. Er liegt also vor der Realisierung des Mangels, schützt durch eine Irrealisierung das Subjekt vor dieser Erfahrung. Ein Fetisch ist in diesem Sinne erfahrungslos und deshalb auch so schwer befragbar. „All of this done out in the open as if by doing it publicly it was O.K. No one would object," kommentiert Michael Moore die Passage seines Films, in der es um die Ausstellung der sexualisierten Beziehung Trumps zu seiner Tochter und danach um das unbefugte Betreten einer Garderobe ging, in der Frauen sich gerade für einen Schönheitswettbewerb umziehen (Moore 2018: 0.24:34).

Dadurch, dass die Souveränitätsanmaßung an die Willkür der Übertretung gebunden ist, tendiert sie auch dazu, diese Übertretung immer neu zu inszenieren. Trumps *Twitter*-Account ließ sich dafür sehr effektiv gebrauchen, da in der auf Kürzel reduzierten Sprache gar keine diskursive Auseinandersetzung mehr erwartet wird. Sie agiert aus, aber an beliebigen Gegenständen. Die Verleugnung der Welt muss keinen Charakter einnehmen, über den die Welt die merkwürdige Konsistenz eines Objektes der Negation erhält. Letzteres geschieht jedoch in den apokalyptischen Visionen eines Stephen K. Bannon und der *Alternative-Right*. Erroll Morris hat in seinem Film *American Dharma* (2018) ein Porträt des Mannes gezeichnet, der über Jahre die Website *Breitbart News Networks* geleitet, maßgeblich zum Erfolg der Wahlkampagne Trumps beigetragen und nach Trumps Amtsantritt zunächst die Aufgabe eines Sonderberaters oder Chefstrategen übernommen hatte (Morris 2018). Morris lässt sich in diesem Porträt weit auf die affektive Infrastruktur der rechten Souveränitätsanmaßung ein. Sie ist mit der Szene der Zerstörung, des Krieges, der Auslöschung ebenso verbunden wie mit der des Helden und seiner Mission. Bannon selbst stellt diese Vorstellungen dabei an einer ganzen Reihe von Reinszenierungen von Passagen aus US-amerikanischen Filmen dar, von Szenen, die Bannon, der selbst mehrere Filme als Regisseur oder Produzent realisiert hat, eigens ausgesucht hat und die zu seinen Lieblingsszenen gehören. Morris' Film zeigt einen Mann, dessen

Selbstverständnis, dessen Blick auf die Welt und dessen politische Handlungsoptionen zu einem ganz entscheidenden Maße aus den Narrativen des US-
amerikanischen Kinos gezogen wurden, ergänzt um Figuren der Literatur und
der Mythologie. Gegenüber der Differenz der Erfahrung der Welt scheinen sie
abgeschottet, die Ungewissheit zugleich in apokalyptische Visionen verschoben,
die einen Krieg als großen Neuanfang herbeisehnen.

Verleugnung und Verdrängung führen zu unterschiedlichen Formen des Verhaltens und verlangen andere Weisen der Analyse. Denn während es bei der Verdrängung vor allem um Vorgänge der Verdichtung und Verschiebung geht sowie
um projektive Abwehr, die auch als Zuschreibung der eigenen Handlung auf
andere Akteure zu verstehen ist, wo sie dann bekämpft werden, sind Handlung
oder Äußerung und psychodynamische Bedeutung im Falle der Verleugnung
nicht mehr sprachlich aufeinander bezogen. Freud vergleicht die „Einsetzung des
Fetisch" mit dem Haltmachen der Erinnerung bei traumatischer Amnesie: „Auch
hier bleibt das Interesse wie unterwegs stehen, wird etwa der letzte Eindruck vor
dem unheimlichen, traumatischen, als Fetisch festgehalten" (Freud 1927: 314).
Der Fetisch ist Markierung einer Spaltung, er derealisiert. Er ist meist auch nicht
als Desymbolisierung zu verstehen, weil er schon vor der Symbolisierung oder
Realisierung selbst schützt. Das begünstigt nicht nur den Triebgenuss, sondern
auch die Aggressivität und zerstörerische Wirkung, denn die Wirkungen und
Folgen der Handlungen werden wohl wahrgenommen, nicht aber realisiert, nicht
als Handlungen angesehen, für die man verantwortlich sein könnte.

Freuds Beispiele für sexuelle Fetische – Füße, Schuhe, Pelz und Samt
– versteht er gerade nicht als Symbolisierungen, sondern als eher zufällige
Markierungen. Selbst der Pelz, der auf die Genitalbehaarung verweise,
symbolisiert eben nicht das weibliche Geschlecht, sondern schützt im Gegenteil
vor der Wahrnehmung desselben. Während verdrängte Dimensionen von Handlungen sich in gewissem Maße hermeneutisch lesen lassen, lassen sich also Handlungen, deren psychische Energie durch Verleugnung vor ihrer Wahrnehmung
durch den Handelnden geschützt werden, nur durch Verfahren verstehen, die sich
als szenische Vervollständigung beschreiben lassen. Das Verleugnete ist ja nicht
etwas, das unsichtbar wäre. Es ist nur nicht adressierbar. Das Sichtbare und das
Sagbare sind weit auseinandergetreten. Dieses Auseinandertreten gehört so sehr
zum Obszönen, dass man es als eine Semantik des Aussagens verstehen kann.
Wenn man von der (umstrittenen) Etymologie des Begriffs als etwas, das *off-
scene* ist, her denkt, dann geht es nicht darum, dass das eine sichtbar ist und das
andere nicht, sondern dass das Adressierbare und das Obszöne in zwei getrennten
Räumen stattfinden: eben dem der Bühne oder Szene und dem der Narration. Im
Obszönen des Alltags dürfte das Verhältnis von Sagbarkeit und Sichtbarkeit gerade
anders als im Theater gewichtet sein: Obszön ist das, was auf der Bühne sichtbar,
aber nicht sagbar ist. Es ist das, was ausgestellt wird, aber nicht adressiert werden
kann. Trump adressiert seine Tochter so schamlos sexuell, dass es gar nicht als der
Missbrauch wahrgenommen werden darf, der es doch so offensichtlich ist. Etwas
Ähnliches lässt sich auch für die anderen angeführten Artikulationen Trumps
sagen. Wenn er darauf wettet, dass er keine Wähler verlieren würde, wenn er am

helllichten Tage jemanden auf der 5th Avenue erschießt, spricht er ganz direkt
dieses Verhältnis von Ausstellung und Verleugnung an, ja er inszeniert es. Und
wenn er seine Zuhörer dazu aufruft, etwaige Störer zu verprügeln, fordert er offen
zu einer Straftat auf, für die er doch zugleich das Einverständnis des Gesetzes verspricht.

Wahrnehmungsspaltungen, die mit Hass und Neid verbunden sind, weisen
aber auf noch tieferliegende Konflikte zurück. Der Herausbildung der Wahrnehmung von vom Selbst unterschiedenen Objekten versteht die Psychoanalyse in
der Tradition von Melanie Klein als einen konflikthaften Vorgang, der nicht nur
in einer Trennung von Innen und Außen besteht, sondern auch und dem voraus-
gehend in einer Akzeptanz der Erfahrung von Ambivalenz und Frustration. Für
Klein sind alle Beziehungen des kleinen Kindes zunächst innere Objekte, es gibt
im frühen Erleben keine Differenz zwischen inneren und äußeren Objekten, die
eigentlich Teilobjekte sind, da ja eine die Integrität des Objektes die Herstellung
der Trennung von Innen und Außen voraussetzt, die noch gar nicht stattgefunden
hat. In *Envy and Gratitude* macht Klein deutlich, dass die Herausbildung von
Dimensionen des Selbst an gute innere Objekte gebunden ist, diese inneren
Objekte aber nur dann die erforderliche Kontinuität und Konsistenz besitzen,
wenn sie mit dem verbunden sind, was Klein *goodness* nennt, also Güte (Klein
2000). Aber selbst dann werden negative Dimensionen der Beziehungen davon
abgespalten werden müssen, woraus angreifende oder mit Neid verbundene
Objekte entstehen. Je tiefer dieser Konflikt geht, um so schwerer wird es sein,
beide Dimensionen miteinander zu verbinden. Doch ist eben die Akzeptanz dieser
Ambivalenz aller Beziehungen die Voraussetzung, äußere Objekte in eben dieser
Ambivalenz auch wahrzunehmen und die Spaltung in gute und böse Objekte zu
überwinden. Nur so auch wird es möglich, in einen Prozess der Transformation
des Selbst eine sichere Differenz zwischen dem eigenen und dem anderen zu ent-
wickeln. Je weniger das gelingt, um so wirksamer bleiben die inneren negativen
Objekte, die nicht als Objekte, sondern als Gefühl der Verfolgung und des
Hasses und Neides erfahren werden. Das bedeutet praktisch, dass sich Hass und
Neid durch eine weitgehende Ungeschiedenheit zwischen inneren und äußeren
Dimensionen der Objekte auszeichnen. Anders gesagt: das Subjekt kann in
seinem Neid und in seinem Hass praktisch nicht unterscheiden, woher das Gefühl
kommt. Es kann sich diese Frage auch dann nur schwer stellen, wenn es in
anderen Situationen durchaus gelernt hat, die eigenen Gefühle und Gedanken als
subjektive zu verstehen, die sich von der Welt und den Gefühlen und Gedanken
der anderen unterscheiden. Neid und Hass sind wesentlich unmentalisiert. Im Hass
ist der andere immer zu nah, immer verfolgend.

Mentalisierung

Semantisch gesehen ist das Obszöne mit einer gleichsam negativen Deixis versehen, da sich das Zeigende und das Sagbare widersprechen. Der so entstehende
Widerspruch kann deshalb nicht darüber gelöst werden, dass man das Sichtbare

ausspricht, das könnte nur über eine Thematisierung des Deiktischen geschehen. Warum ist das so schwer möglich? Was geschieht, wenn man sich in das Möbiusband der Reden Trumps eingebunden findet? Das Pseudologische seines Diskurses wirkt ja nicht als kognitive Dissonanz, also nicht über die Unterstellung der Kohärenz, die wir bei rationalen Diskursen voraussetzen, sondern über die ständigen Verschiebungen der Adressierung bzw. die Inkohärenz der Semantik des Aussagens. Wenn dies zu der Intrusion in den Ort führt, von dem aus gesprochen und verstanden werden kann, greift es die Fähigkeit des Subjektes, in diesem Falle der Zuhörer, an, das Gesagte zu thematisieren. Man wird ortlos.

Die Willkür der Setzung von Bedeutung, die oftmals den Weg der direkten Verkehrung wählt, so wie in George Orwells „1984" das Propagandaministerium Wahrheitsministerium genannt wird, ist keine Szene der Anrufung, wie sie Louis Althusser in seiner Theorie der Ideologie konzipiert (Althusser 1977, 142 ff.) und die Judith Butler in „Haß spricht" affirmativ aufgreift (Butler 2006). Sie unterwirft das Subjekt nicht durch Zuweisung eines Ortes im System der Ideologie, was auch eine zu Benveniste und der Psychoanalyse konträre Subjekt- und Sprachtheorie implizieren würde. Sie ist aber ein Angriff auf die Kapazität des Verbindens, wie man mit Wilfred R. Bions Theorie des psychotischen Sprechens sagen könnte (Bion 1990). Denken ist das Verbinden von Gedanken, Gedanken sind wiederum Transformationen von Affekten und zersplitterten Wahrnehmungen in Figurationen und szenische Konstellationen. Eine Theorie der Semantik des Aussagens fragt nach der Weise der Herstellung von Verbindungen im Akt des Aussagens, indem sie eben nicht nur eine kognitiven Kohärenz im Auge hat, sondern die Weise, wie der andere adressiert wird, sei er nun in mündlicher Rede aktuell präsent, sei er jemand, an dem sich ein Gedanke imaginär oder ein geschriebener Text zukünftig richtet. Von besonderer Bedeutung für die in der Tradition der Psychoanalyse Melanie Kleins stehende Theorie Bions ist das Konzept der projektiven Identifizierung. Diese ist als eine Semantik des Aussagens zu verstehen, in der der Sprecher einen Affekt oder einen beunruhigenden abgespaltenen Anteil des Selbst im kommunikativen Akt in den Adressaten gleichsam hineinlegt. Das Ziel kann als Suche nach Entlastung beschrieben werden, entweder weil dieser Affekt oder dieser Selbstanteil scheinbar im anderen deponiert worden ist, oder weil damit die Hoffnung verbunden wird, dass der andere den Affekt moderiert zurückgibt. Auch wenn die Mutter-Kind-Beziehung das Modell dieser Semantik des Aussagens ist, ein großer Teil unserer Kommunikation hält diese Form der Kommunikation das Leben über aufrecht. Auch verbale Sprache hat nicht nur Aspekte dieser Semantik des Aussagens, im Sprechen ist oft die Hoffnung oder Erwartung aufgehoben, durch die Worte die eigenen Affekte zu moderieren. Wie in Barthes „Lust am Text" dargestellt, transformiert das Aussagen das eigene Begehren (Barthes 1999). Wird ein solches Sprechen aber unterbunden, sei es durch innere Konflikte, sei es durch die soziale Gewalt eines willkürlichen Gebrauchs von Sprache, kommt es auch zu einem Angriff auf das Denken selbst. Denn der Ort, von dem aus das Subjekt denkt und spricht, ist wohl der Sprache vorgängig und nicht in ihr, aber er kann sich nur durch das Aussagen selbst realisieren.

Bions Theorie der Transformation von Affekten und verstreuten Anteilen des Selbst in Figurationen oder Gedanken, die gedacht werden können, wird in der in den letzten 20 Jahren von Peter Fonagy et. al. entwickelten Theorie der Mentalisierung aufgegriffen und mit Annahmen der *philosophy of mind* und Einsichten der Neurowissenschaft verbunden. Mentalisierung meint die Realisierung, dass das eigene Denken ebenso wie das der anderen ein subjektives und individuelles Ereignis ist und dass das eigene Handeln ebenso wie das des anderen mit Begriffen des Denkens, Fühlens, Wünschens oder Begehrens verstanden werden kann (Fonagy/Luyten/Allison 2015: 586). Implizit realisiert die Mentalisierung damit auch das Verständnis der Differenz zwischen den eigenen Vorstellungen und der Welt, auf die sie sich beziehen. Beides kann als Voraussetzung gesehen werden, über diskursive Verfahren zu einem Verständnis der Subjektivität des anderen und damit schließlich etwa zu einem Ausgleich von Interessen kommen zu können. Fonagy und seine Koautoren haben komplexe Modelle entwickelt, wie sich diese Fähigkeit zur Mentalisierung in verschiedenen Schritten herausbildet.

Von besonderer Bedeutung ist dabei das gemeinsame Spiel mit anderen, weil es eine Semantik des Aussagens erlaubt, in der das Handeln und Sprechen als ein intersubjektiv geteilter, aber von der Realität unterschiedener Raum erfahren wird. Es ist eine immer wieder gemachte Beobachtung, dass Kinder oft mehr Zeit mit dem Aushandeln der Regeln verbringen als mit dem Spiel selbst (Fonagy/Target 2007). Die Kinder spüren, dass es gilt, die Gefahren des Selbst- und Realitätsverlusts in der sich auftuenden Unbegrenztheit des Spiels zu regulieren und ein Einvernehmen über den intersubjektiven Charakter des Tuns auszuhandeln. In der Beobachtung der Kommunikation zwischen Kindern und Bezugspersonen haben die Forschungen der Gruppe um Fonagy bestimmte *ostensive cues* ausgemacht, also gestische Elemente, die Erwachsene Kindern gegenüber anwenden, wenn sie ihnen eine Idee über die Welt vermitteln, der sie vertrauen sollen. Dieser Vorgang der Herstellung von *epistemic trust,* wie sie es nennen (Allison/Fonagy 2016), kann ebenfalls als eine Semantik des Aussagens verstanden werden. Fonagy et. al. sprechen von „truth as mental process (not mental representation)" (Allison/Fonagy 2016). Der Verweis auf einen Gegenstand, über dessen epistemischem Status man den anderen versichern möchte, ist demnach mit einer besonderen Weise der Bezüglichkeit zum anderen begleitet. Diese *ostensive cues* beinhalten unter anderem Augenkontakt und deiktische Gesten. Das erinnert an die frühe Interaktion zwischen Bezugsperson und Kleinkind, in der das Zeigen auf ein Objekt und die darauffolgende affirmative Reaktion des anderen eine Erfahrung des gemeinsam geteilten mentalen Raumes herstellt. In Erweiterung dieser frühen Situation des Vertrauens beinhaltet *epistemic trust* die Erfahrung, dass die Kommunikationspartner mentalisieren, also jeweils die Subjektivität des anderen adressieren. Wahrheit ist eine intersubjektive Erfahrung, kein solipsistischer kognitiver Akt der Repräsentation von Welt.

Die Herstellung eines epistemischen Vertrauens verstehen Fonagy et al. nun keineswegs als etwas, das nur den modernen Weisen der Subjektivität eigen ist. Gattungsgeschichtlich ist für den Menschen ein solches Vertrauen in der

Weitergabe des kulturellen Wissens überlebensnotwendig. Gerade das macht es jedoch sinnvoll, in der Umkehrung danach zu fragen, wie dieses basale soziale oder kulturelle Gut des epistemischen Vertrauens unter Bedingungen bewahrt werden kann, in denen mediale Weisen der Kommunikation die interpersonelle Kommunikation zurückdrängen und vor allem die sozialen Medien mit immer feineren Techniken Supplemente oder auch Surrogate eines geteilten mentalen Raums anbieten. Dass kommerzielle und politische Werbung nicht mehr primär ein Produkt vorstellt, sondern vor allem den einzelnen Konsumenten direkt adressiert, ist ein umfassender Wandel, der sich in den letzten Jahren vollzogen hat. Das Wissen, das die sozialen Medien über jeden einzelnen seiner Benutzer angehäuft haben, ermöglicht hoch individualisierte Ansprachen. Der Eindruck, man wäre im *mind* des Algorithmus, stellt sich unweigerlich ein. In Trumps Wahlkampf 2016 verfügte Cambridge Analytica, eine inzwischen aufgelöste Firma zur Datenanalyse, unter anderem auf der Basis von vom Facebook-Konzern weitergegebenen Daten von 50 Millionen Usern nach eigenen Angaben über Profile von 220 Millionen US-Bürgern, die sie zu Zwecken des *microtargetting* einsetzte, also der extrem personalisierten Ansprache der Individuen über *social media*. Zeitweiliger Vizedirektor von Cambridge Analytica war Steve Bannon. Über seine spezifische Tätigkeit in dem Unternehmen ist nichts bekannt, doch ist es gut vorstellbar, dass jemand, der seine Erfahrung von Welt so sehr über die Narrative des Kinos konstruiert hat, ein Gespür für die Potentiale solcher Kommunikation hat.

Etwa 30 000 quasi-individualisierte Ansprachen an US-amerikanische Wähler soll das Unternehmen entwickelt und ausgeschickt haben. Wieviel Eigenwerbung hinter den Zahlen ist und inwieweit sie damit das Wahlergebnis wirklich beeinflussen konnten, ist umstritten (Jungherr 2020). Allerdings ist diese Kampagne nur ein professionelles Beispiel unter anderen, wie Soziale Medien sich diffundierend in die Ausbildung von *epistemic trust* einmischen. Die oben etwas genauer analysierte Passage aus einer Diskussion mit Trump lässt sich vor diesem Hintergrund noch einmal anders rahmen. Trumps Semantik des Aussagens in ihrem ständigen Vertauschen von Adressierung und Sachbezug unterläuft einerseits die Möglichkeiten zu *epistemic trust*, wie sie von Fonagy et al. beschrieben werden. Andererseits aber versetzt sie seine Zuhörer in eine Situation der Diffusion oder Benebelung, eine Hilflosigkeit gegenüber dem eigenen Vermögen der Mentalisierung. In paradoxer Weise bindet das die Angesprochenen aber um so mehr an Trump und seine Redefiguren, weil es mit einem extremen Maß an Verlust des Gefühls eines Vertrauens in die Welt und ihre Erkennbarkeit einhergeht. An die Stelle des epistemischen Vertrauens tritt eine persönliche Abhängigkeit, nicht unähnlich der Situation von Menschen, die einer *double-bind* Kommunikation oder einem Gaslighting ausgesetzt sind.

Es wäre aber sicher zu kurz argumentiert, wollte man die Bedingungen für die Bedeutung dieser destruktiven Semantik des Aussagens allein in den Sozialen Medien suchen. Die Prozesse, die Gilles Deleuze mit großer Sensibilität und antizipatorischem Vermögen schon Ende der 1980er Jahre als Übergang von der Disziplinar- zur Kontrollgesellschaft beschrieben hat, liefern einen sinnvollen Rahmen für eine mögliche Bestimmung der Zusammenhänge (Deleuze 1993).

Dies weiter zu entwickeln, würde die Möglichkeiten dieses Aufsatzes allerdings sprengen. Erwähnen möchte ich es aber doch, weil vielleicht erst in dieser übergreifenden Bezüglichkeit greifbar wird, wie die Diskussion über *political correctness* und die Regelung von Sprechweisen mit der möbiusbandartigen Semantik Trumps zusammenhängen und beides vielleicht in dem eingangs erwähnten Mann am Rande der Wahlveranstaltung eine ikonische Figur finden kann. Denn auch die Forderung nach einer Veränderung von Sprechweisen vertauscht, wie wir gesehen haben, Ansprache und Gegenstand und unterläuft die Möglichkeit eines epistemischen Vertrauens in die Welt.

Literatur

Allison, Elisabeth/Fonagy, Peter: When is truth relevant? In: *Psychoanalytic Quarterly* 85/2 (2016): 275–303.

Althusser, Louis: *Ideologie und ideologische Staatsapparate. Aufsätze zur marxistischen Theorie*. Hamburg 1977.

Bachtin, Michail: *Rabelais und seine Welt. Volkskultur als Gegenkultur*. Frankfurt a. M. 1987.

Barthes, Roland: *Die Lust am Text*. Frankfurt a. M. 1999.

Benveniste, Émile: *Problème de linguistique générale*, Bd. I/II. Paris 1966/1974.

Berlant, Lauren: *Cruel Optimism*. Durham/London 2011.

Berlant, Lauren: The commons: Infrastructures for troubling times. In: *Environment and Planning D: Society and Space* 34/3 (2016): 393–419.

Berlant, Lauren: Big Man. In: *Social Text Online* (19.01.2017), https://socialtextjournal.org/bigman/ (15.01.2019).

Bernstein, Richard: The rising hegemony of the politically correct. In: *The New York Times* (28.10.1990), https://www.nytimes.com/1990/10/28/weekinreview/ideas-trends-the-rising-hegemony-of-the-politically-correct.html?mtrref=www.google.com&gwh=F79FDEE67B6991AFDEEFE535ADBB D661&gwt=pay (14.01.2019).

Bion, Wilfred R.: Angriffe auf Verbindungen. In: Elizabeth Bott Spillius (Hg.): *Melanie Klein heute. Entwicklungen in Theorie und Praxis, Bd 1: Beiträge zur Theorie*. München 1990: 110–129.

Bourdieu, Pierre: *Die feinen Unterschiede. Kritik der gesellschaftlichen Urteilskraft*. Frankfurt a. M. 1982.

Bush, George H.W.: University of Michigan Commencement Speech (04.05.1991), https://www.youtube.com/watch?v=4IORaF6fi_Y (14.01.2019).

Butler, Judith: *Haß spricht. Zur Politik des Performativen* [1997]. Frankfurt a. M. 2006

Deleuze, Gilles: Postskriptum über die Kontrollgesellschaften. In: Ders.: *Unterhandlungen. 1972–1990*. Frankfurt a. M. 1993: 254–262.

Diamond, Jeremy: Trump: I could ‚shoot somebody and I wouldn't lose voters'. In: *CNN politics* (24.01.2016), https://edition.cnn.com/2016/01/23/politics/donald-trump-shoot-somebody-support/index.html (15.01.2019).

Fanon, Frantz: *Die Verdammten dieser Erde*. Frankfurt a. M. 1981.

Fonagy, Peter/Target, Mary: Playing with reality IV. A theory of external reality rooted in intersubjectivity. In: *International Journal of Psychoanalysis* 88/4 (2007): 917–937.

Fonagy, Peter/Luyten, Patrick/Allison, Elizabeth: Epistemic petrification and the restauration of epistemic trust: A new conceptualization of borderline personality disorder and its psychosocial treatment. In: *Journal of Personality Disorders* 29/5 (2015): 575–609.

Freud, Sigmund: Abriss der Psychoanalyse [1938]. In: Ders.: *Gesammelte Werke XVII: Schriften aus dem Nachlass*. Frankfurt a. M. 1955: 64–140.

Freud, Sigmund: Fetischismus [1927]. In: Ders.: *Gesammelte Werke XIV: Werke aus den Jahren 1925–1931*. Frankfurt a. M. 1967: 311–320.

Groys, Boris: Grausamer Karneval. Michail Bachtins „ästhetische Rechtfertigung" des Stalinismus. In: *Frankfurter Allgemeine Zeitung* (21.06.1989): N3.

Horkheimer, Max/Adorno, Theodor W.: *Dialektik der Aufklärung. Philosophische Fragmente.* Frankfurt a. M. 1983.

Johnson, Janet: *Political Rhetoric. Social Media, and American Presidential Campaigns. Candidates' Use of New Media.* London 2021.

Jungherr, Andreas/Rivero, Gonzalo/Gayo-Avello, Daniel: *Retooling Politics. How Digital Media Are Shaping Democracy.* Cambridge 2020.

Klein, Melanie: Neid und Dankbarkeit. Eine Untersuchung unbewußter Quellen. In: *Gesammelte Schriften, Bd. 3.* Stuttgart 2000: 279–365.

Mitchell, William J.T.: Living Color: Race, Stereotype, and Animation in Spike Lee's Bamboozled. In: *What do Pictures Want? The Lives and Loves of Images.* Chicago 2005.

Parker, Ashley/Corasaniti, Nick/Berenstein, Erica: Voices from Donald Trump's rallies, uncensored. In: *The New York Times* (03.08.2016), https://www.nytimes.com/2016/08/04/us/politics/donald-trump-supporters.html (14.01.2019).

Ross, Andrew/Diawara, Manthia/Doty, Alexander/Lubiano, Wahneema/Rose, Tricia/Shohat, Ella/Spigel, Lynn/Stam, Robert/Wallace, Michele: A symposium on popular culture and political correctness. In: *Social Text* 36 (1993): 1–39.

Solms, Mark: The Hard Problem of Consciousness and the Free Energy Principle. In: *Frontiers in Psychology* 9:2714 (2019).

Taussig, Michael: *Mimesis und Alterität. Eine andere Geschichte der Sinne.* Konstanz 2014.

Tomasello, Michael: *Constructing a Language. A Usage-Based Theory of Language Acquisition.* Cambridge 2003.

Trump, Donald: Interview with David Muir. In: *ABC News* (26.01.2017), https://www.youtube.com/watch?v=SKEz7_TlTZA (15.01.2019).

Weigel, Moira: Political correctness: how the right invented a phantom enemy. In: *The Guardian* (30.11.2016), https://www.theguardian.com/us-news/2016/nov/30/political-correctness-how-the-right-invented-phantom-enemy-donald-trump (27.04.2022).

Filme

American Dharma (2018). USA 2018, Regie: Errol Morris, Fourth Floor Productions.
Bamboozled (2000). USA 2000, Regie: Spike Lee, 40 Acres and a Mule.
Fahrenheit 11/9 (2018). USA 2018, Regie: Michael Moore, Midwestern Films.

Zu einer Ästhetik des Populismus. Teil I: Der populistische Erscheinungsraum

Johannes Voelz

„He was, in the vocabulary of students of rhetoric, the perfect mimetic orator, probing his audiences' deepest fears and passion and articulating those emotions in a language and style they could understand. On paper his speeches were stunningly disconnected, at times incoherent, and always repetitious. But [his] followers reveled in the performance; they never tired of hearing the same lines again and again" (Carter, Dan: The Politics of Rage: George Wallace, the Origins of the New Conservatism, and the Transformation of American Politics. New York 1995.: 346; Hervorhebung im Orig.).

Der Redner, um den es hier geht, ist nicht Donald Trump, sondern George Wallace, der langjährige Governor von Alabama, der von 1964 bis 1976 vier Mal nacheinander für die Präsidentschaft kandidierte. Während die Fernsehdebatten zwischen Kennedy und Nixon zu der weithin geteilten Überzeugung geführt hatten, dass Wahlkampagnen im Zeitalter des Fernsehens eine Sache sorgfältig vorbereiteter, auf Image-Pflege bedachter Selbstdarstellung seien, machten die *Rallies* von Wallace, insbesondere während der Phase seiner Präsidentschafts-kampagnen von 1964 bis 1972, von der gegenteiligen Strategie Gebrauch. Wallace fand Techniken, um die Intensität der affektiven Energien zu steigern, die an den Schauplätzen zirkulierten, an denen er sprach. Er wusste Wut und Rage unter seinen Zuhörern zu schüren, aber er wusste sie auch zum Lachen zu bringen. Regelmäßig wetterte er gegen die Bundesregierung und die Eliten Washingtons und der Ostküste, betrieb offene Rassenhetze (besonders bis 1972, nach diesem Zeit-punkt begann er öffentlich um Verzeihung zu bitten), und schimpfte auf die Anti-Vietnamkriegs-Demonstranten und die Gegenkultur im Allgemeinen. Sein Ziel war nicht die Ausstrahlung gelassener Selbstbeherrschung, sondern der kollektive Verlust von Ordnung und Kontrolle. Proteste von Zwischenrufern, gefolgt von

J. Voelz (✉)
Goethe Universität, Frankfurt am Main, Deutschland
E-Mail: voelz@em.uni-frankfurt.de

© Der/die Autor(en), exklusiv lizenziert an Springer-Verlag GmbH, DE, ein Teil von
Springer Nature 2023
L. Koch et al. (Hrsg.), *The Great Disruptor,*
https://doi.org/10.1007/978-3-662-66308-0_11

253

höhnischen Gegenrepliken vonseiten Wallace's, waren ein Standardelement seiner Massenversammlungen – ebenso wie die zwischen seinen Befürwortern und seinen Gegnern ausbrechende Gewalt (vor allem während der Kampagne von 1968).

In vielen – wenngleich signifikanter Weise nicht in allen – Hinsichten folgt, was wir bei Donald Trumps *Rallies* seit 2015 erleben durften, Wallace's Skript. Dieser Aufsatz stellt die erste Hälfte eines zweiteiligen Essays dar, in dem ich Trumps *Rallies* reflektiere und theoretisiere, wobei ich mich auf Beispiele von 2015 bis kurz vor den *Midterm*-Wahlen von 2018 beziehe, und in dem ich außerdem Trumps Veranstaltungen mit denen von Wallace vergleiche und kontrastiere.[1] Den Grund, aus dem ich mich dem Format der *Rally* zuwende, liefert meine Überzeugung, dass der rechtsgerichtete amerikanische Populismus – eine Tradition, die in weiten Teilen von Wallace erfunden wurde, obwohl sie auch auf frühere populistische Praktiken zurückgreift – in entscheidendem Maße auf *Rally*-Performances beruht.

Die Ausgangsbeobachtung der Argumentation, die ich im Laufe der zwei Teile meines Essays entwickeln werde, lautet, dass die *Rally* für populistische Bewegungen von besonderer Bedeutung ist. Zwar ist es richtig, dass jede demokratische Öffentlichkeit von performativen Praktiken Gebrauch macht, um die Beziehung zwischen Repräsentanten und Repräsentierten in Szene zu setzen, über sie zu verhandeln und sie infrage zu stellen.[2] Doch anders als in gewöhnlichen demokratischen Repräsentationsverhältnissen beruhen populistische Bewegungen auf dem Anspruch, den Unterschied zwischen Repräsentierten und Repräsentanten zu eliminieren. Der „representative claim" (Saward 2006) des Populismus ist paradoxer Natur, insofern er Repräsentation als Nicht-Repräsentation vorstellt, oder, anders gesagt, insofern er darauf besteht, die einheitliche und unvermittelte Präsenz von Repräsentierten und Repräsentanten zu verkörpern.

Die *Rally*-Performance trägt die Last der Aufgabe, die geforderte unvermittelte Präsenz zu einer gefühlten Realität werden zu lassen. Während also der populistische Anspruch der (Nicht-)Repräsentation rhetorisch behauptet und ideologisch abgesichert wird, beruht er zugleich auf dem Versuch einer praktischen Umsetzung durch die Versammlung von Körpern in einem für die Dauer einer zeitlich begrenzten Performance geteilten physikalischen Raum. Im Verlauf einer solchen Versammlung muss die Performance eine Erscheinung hervorbringen,

---

[1] Teil II ist in gemeinsamer Autorschaft mit Tom Freischläger in der Ausgabe des Jahres 2019 der Zeitschrift *REAL. Yearbook of Research in English and American Literature* erschienen.

[2] Für eine schlüssige, normative Begründung der Notwendigkeit einer – letztlich ästhetischen – Repräsentation für ein demokratisches Publikum vgl. Juliane Rebentisch, die schreibt: „If it is true that the self of collective self-government cannot be assumed to be a unified will and that it must first be brought forth by political representation, then this means that the *demos* of democracy can never exist beyond the separation thereby established between representatives and the represented, producers and receivers, the rulers and the ruled, performers and the audience. [...] The democratic answer to the problem of sovereign power does not consist in concealing the latter, but in exhibiting it and thus exposing it to an examination of its legitimacy. For it is precisely through this democratically understood ‚aestheticization of the political' that democracy preserves its openness to the future" (Rebentisch 2016).

in der sich etwas zeigt, das mit dem populistischen Einheits-Anspruch identifiziert werden kann. In diesem Sinne beruht der Populismus auf einer „Ästhetik des Erscheinens" (Martin Seel) oder, mit den Worten Hannah Arendts, auf einem „Erscheinungsraum". Wie im Verlauf dieser ersten Hälfte meiner zweiteiligen Darstellung deutlich werden wird, ist es eine bewusste Provokation, Arendts Konzept des „Erscheinungsraums" und Seels Begriff der „Ästhetik des Erscheinens" in einen Zusammenhang mit der populistischen *Rally* zu bringen. Auf den ersten Blick sind die auf Figuren wie Wallace oder Trump zentrierten populistischen *Rallies* nicht weniger als der Gegensatz zu diesen normativ aufgeladenen theoretischen Konzepten. Ich behaupte aber, dass diese provokanten Diskrepanzen nützlich sind, nicht primär zum Zweck einer philosophischen Auseinandersetzung mit Arendt oder Seel, sondern weil sie uns zu einem anspruchsvolleren Verständnis der populistischen *Rally* selbst zwingen.

Dafür wird es sich als notwendig erweisen, eine zum Rechtspopulismus (eher als zum Linkspopulismus) gehörige populistische Ästhetik des Erscheinens/der Erscheinung zu identifizieren. Ich folge John Judis' Terminologie (vgl. Judis 2016), indem ich den Rechtspopulismus als „triadisch" charakterisiere. Während der Linkspopulismus in dem Sinne „dyadisch" ist, dass er eine Unterscheidung zwischen dem „Volk" und den „Eliten" (oder dem „Establishment") trifft, unterscheidet der „triadische" Populismus das „Volk" sowohl von denen, die als soziale und politische Eliten wahrgenommen werden, als auch von denen, die als am unteren Ende der sozialen Leiter stehend gesehen werden. Während die Definition des „Volkes" im dyadischen (oder Links-)Populismus potenziell inklusiven Charakter hat (auch wenn die Eliten das „Andere" des Volkes bleiben), wird das „Volk" im triadischen Rechtspopulismus durch ein konstitutives Außen strukturiert, das in Gruppen besteht, die als die Ausgeschlossenen oder die Illegitimen zur Nationalgemeinschaft gehören.

Um die populistische Ästhetik genauer zu bestimmen, muss man in Betracht ziehen, dass der Populismus heutzutage in die mediale Architektur der *celebrity politics* eingebettet ist. In deren Rahmen gebraucht der populistische Repräsentant (der verschleiern muss, dass er repräsentiert und vielmehr als Verkörperung des Volkes wahrgenommen werden will) Techniken der, wie ich es nennen werde, ‚performativen Polarisierung', um in der Öffentlichkeit zu erscheinen. An diesem Punkt unterscheidet sich der heutige Populismus, wie er von Donald Trump vorangetrieben wird, merklich von den früheren populistischen Innovationen von George Wallace.

Bislang gibt es zwei Arten von Überlegungen zu *celebrity politics:* zum einen Warnrufe bezüglich des Untergangs der Politik im bloßen Entertainment – Neil Postman ist mit *Amusing Ourselves to Death* (1985) der klassische Vertreter dieser Position –, zum anderen optimistische Perspektiven auf die erweiterten Möglichkeiten der Partizipation und der Identifikation mit anderen. Diese zweite Auffassung sieht die zunehmende Bedeutung einer Entertainment-Logik in der Politik als Triebkraft der Demokratisierung (diese Sichtweise ist am ausführlichsten von Wissenschaftlern aus dem Bereich der politischen Kommunikation unter dem Einfluss der britischen *Cultural Studies* entwickelt worden; vgl. Corner/Pels 2003; Street 2001; Wheeler 2013). Beide Darstellungen teilen die Vorannahme, dass in den *celebrity politics* die Quelle politischer Ausstrahlung und damit der Macht im medialen Charisma des Kandidaten eher als in den Inhalten besonderer politischer Positionen zu verorten ist. Die Argumentation, die ich im zweiten meiner beiden Essay-Teile entwickeln werde, deutet jedoch darauf hin, dass diese Darstellungen korrigiert werden müssen, um den Weisen gerecht zu werden, in denen mediale Techniken und die Ästhetik der *celebrity politics* in den Dienst politischer Polarisierung gestellt werden. Die Rolle des populistischen Repräsentanten als einer polarisierenden Promi-Figur zu durchdenken – deren Polarisierungspotenzial die Aufmerksamkeit des größtmöglichen Publikums erforderlich macht –, wird uns dazu zwingen, den komplexen Weisen Rechnung zu tragen, in denen die populistische Versammlung die Spaltung der nationalen Gemeinschaft in zwei entgegengesetzte Lager sowohl verstärkt als auch möglicherweise erschüttert.

Letztlich besteht das Ziel meiner Untersuchungen nicht bloß darin, den ästhetischen Strategien Rechnung zu tragen, von denen zum Zweck populistischer Einheitsansprüche Gebrauch gemacht wird. Der Vorteil einer Untersuchung der Ästhetik des Populismus besteht darüber hinaus darin, dass sie uns die Anziehungskraft oder Anreize der Erfahrung der populistischen Versammlung verstehen lässt. Ich möchte behaupten, dass durch das Herausstellen der ästhetischen Erfahrung des Populismus die politische Ästhetik einen Beitrag zum Verständnis einer wichtigen und bisher wenig beachteten Dimension des Populismus leisten kann.

Der Repräsentationsanspruch

In seinen Schriften über das, was er den „Repräsentationsanspruch" nennt, hat der Politikwissenschaftler Michael Saward wichtige Schritte zum Durchdenken der performativen Dimension politischer Repräsentation unternommen. Saward gehört zu einer Reihe von Theoretikern – unter anderem gemeinsam mit dem Ideenhistoriker Frank Ankersmit und John Street, einem Wissenschaftler aus dem Bereich der politischen Kommunikation –, die gegen die Annahme vorgehen, dass die Repräsentierten eine erkennbare und gegebene Entität seien, deren Interessen oder Willen Politiker gerecht zu werden versuchen würden. „The represented play a role in choosing representatives", schreibt Saward, „and representatives ‚choose' their constituents in the sense of portraying them or framing them in particular, contestable ways" (Saward 2006: 301 f.). Für Saward ist politische Repräsentation keine Angelegenheit mimetischer Verdopplung, bei der die Beziehung zwischen Repräsentierten und Repräsentanten eine der formalen Kongruenz wäre. Unter ‚formaler Kongruenz' verstehe ich hier die Entsprechung zwischen den Interessen oder dem Willen des Volkes und den Handlungen des Repräsentanten, der diesen Volkswillen in Gesetze (oder wenigstens in politische Prozesse der Gesetzgebung) überführt. Unter der Annahme der formalen Kongruenz verdoppelt der Repräsentant den Willen seiner Wählerschaft, und indem er ihn in einen Verhandlungsprozess einbringt oder ihn direkt zum Gesetz erklärt, bringt der Repräsentant zugleich den Volkswillen *zum Ausdruck*. Gegen diese mimetische und expressive Sichtweise besteht Saward darauf, dass Repräsentation eine Angelegenheit von Ansprüchen ist, vonseiten des Repräsentanten, in Bezug auf den Repräsentanten selbst, die Wähler und die von beiden Parteien geteilte Welt.

Repräsentation nimmt so die Form performativer Handlungen an, was bedeutet, dass sie in diesen Handlungen selbst besteht. Wie Saward es formuliert: „to an important extent, representation is not something external to its performance, but is something generated by the making, the performing, of claims to be representative" (ebd.: 302). Die Performances stellen auf diese Weise den Verbund zwischen dem Repräsentanten und den Repräsentierten her – einen Verbund, der im vollsten Sinne nur für die Dauer der performativen Handlung Bestand hat.

Aber performative Repräsentation ist niemals in unkomplizierter Weise produktiv. Sie bringt nicht einfach eine geteilte Welt des Politischen hervor, die dann zu einer gegebenen, unhinterfragten Tatsache würde. Repräsentation ist eine Angelegenheit von Ansprüchen eher als von Anpassung an oder Verdopplung gegebener, stabiler Willens- und Handlungsformen. In diesem Sinne können wir mit Saward sagen, dass

„no would-be representative can fully achieve ‚representation,' or be fully representative. Facts may be facts, but claims are contestable and contested; there is no claim to be representative of a certain group that does not leave space for its contestation or rejection by the would-be audience or constituency, or by other political actors" (ebd.: 302).

Und dennoch haben Repräsentationsansprüche Erfolg, was bedeutet, dass der Raum der Infragestellung und Zurückweisung auch ein Raum der Zustimmung ist. Repräsentationsansprüche sind nur erfolgreich im Hervorbringen einer geteilten Wirklichkeit durch einen spezifischen Verbund von Repräsentanten und Repräsentierten, wenn sie Anerkennung und Zustimmung durch die Empfänger des Anspruchs finden. Zwei Aspekte der Aufnahme eines Repräsentationsanspruchs sollten hier jedoch erwähnt werden: Erstens klingen Billigung und Missbilligung oder Zustimmung und Ablehnung wie kognitive Vorgänge, sie können aber sehr wohl eine Angelegenheit der Affekte sein; zweitens sollten Billigung und Missbilligung, Zustimmung und Ablehnung nicht als binäre Begriffe konzipiert werden, die arretierte Zustände hervorbringen. Grundsätzlich bleiben Ansprüche anfechtbar und die erneuerte oder andauernde Zustimmung ist niemals gesichert. Mit Blick auf die Affekte gesprochen, bleibt die Intensität der Zustimmung Fluktuationen und Stimmungswechseln unterworfen; aus kognitiver Sicht sind Übereinstimmung und Uneinigkeit keine rein für sich bestehenden Geisteszustände. Jedes ‚ja' zu einem Repräsentationsanspruch mag von einem stillen ‚aber' gefolgt werden, das bei der nächsten Gelegenheit als ‚nein' geäußert werden kann. Erfolgreiche Repräsentation ist mit anderen Worten hochgradig instabil und flüchtig, sogar in Fällen, in denen die Zustimmung zum Repräsentationsanspruch sich schließlich durch mehrere erfolgreiche Erneuerungen als langandauernd erweist.

Mit diesen Gedanken im Hinterkopf, betrachte man die folgende Beschreibung einer *Rally* von George Wallace, die von dem Historiker Dan Carter stammt, dem Autor von *The Politics of Rage: George Wallace, the Origins of the New Conservatism, and the Transformation of American Politics* (1995), aus dem ich bereits mein Eingangszitat entnommen habe:

„As almost every observer sensed, a Wallace rally was an act of communion between the speaker and his audience, for he was one of the last grandmasters of the kind of foot-stomping public speaking that characterized American politics, particularly southern politics, in the age before television. A Wallace speech excited the kind of nonanalytical emotional response that media advisers had always sought to evoke" (Carter 1995: 345).

Carter weist auf eine verbreitete Auffassung hin, nach der um „Großmeister" („grandmasters") herum gebildete Kundgebungen augenblickshafte Erfahrungen der gemeinschaftlichen Teilhabe aller Beteiligten hervorbringen. Im Kontext der politischen *Rally* tendieren diese Erfahrungen – von denen Carter sagt, sie gingen aus ungefilterten, emotionalen Reaktionen hervor – dazu, implizit oder explizit als die Zusammenkunft von Repräsentanten und Repräsentierten in einer präsentischen Einheit interpretiert zu werden. Diese Interpretation fließt häufig in die Selbstbeschreibung von Teilnehmern populistischer *Rallies* ein. In einer Analyse der Choreografie einer Trump-*Rally* in Springfield, Missouri, vom 21. September 2018, zitiert die *New York Times*-Reporterin Katie Rogers eine Trump-Anhängerin wie folgt: „Wenn Sie das Gefühl haben, das Land sei gespalten, kommen Sie zu einer dieser *Rallies*. Hier gibt es jede Menge Zusammenhalt" (Rogers 2018).

Sehen wir uns Videomaterial von populistischen *Rallies* an, egal ob von Wallace oder von Trump, dann können wir häufig nicht anders als zu schaudern angesichts der Weise, in der die am Veranstaltungsort Versammelten den Anspruch des Repräsentanten zu bestätigen beginnen. Diejenigen, die in der Veranstaltungs-halle anwesend sind, scheinen sich mit bemerkenswerter Hemmungslosig-keit ihrer Rolle als Repräsentierte hinzugeben. Indem sie dem Repräsentanten zujubeln, scheinen sie sich in eine undifferenzierte Masse zu verwandeln. Nicht bloß scheinen sie jedes Vermögen aufzugeben, sich ein Urteil über den Repräsentationsanspruch zu bilden; es scheint als hätten sie aufgehört, überhaupt als unabhängige Subjekte zu existieren. Stattdessen nehmen sie an Ausdrucks-formen teil, die den Sinnen – ihren eigenen und denen ihrer Beobachter – einen überwältigenden Eindruck der Gleichheit vermitteln. Sie singen in rhythmischem Gleichklang und führen synchrone Gesten aus.

Diese Momente der populistischen Kundgebung sind in deren Theoretisierung eingeflossen und haben, in ihrer Erweiterung, zur Theorie des Populismus als solchem beigetragen. Das trifft auf die Analysen so einflussreicher politischer Theoretiker zu wie Nadia Urbinati und Jan-Werner Müller. Müller identifiziert den Populismus als eine „particular *moralistic imagination of politics*" (Müller 2016: 19):

„In addition to being antielitist, populists are always antipluralist: populists claim that they, and only they, represent the people. Other political competitors are just part of the immoral, corrupt elite, or so populists say, while not having power themselves; when in government, they will not recognize anything like a legitimate opposition. The populist core claim also implies that whoever does not really support populist parties might not be part of the proper people to begin with" (ebd.: 20).

Ohne den Ausdruck in einem technischen Sinne zu gebrauchen, stellt Müller den anti-pluralistischen *Anspruch* („claim") als das Definitionsmerkmal des Populismus heraus. Ähnlich wie Saward, begreift er das Volk als durch den Anspruch einer Fiktion konstruiert. Anders aber als die Position, die ich hier zu entwickeln versuche, scheint Müller davon auszugehen, dass sich im Populismus der anti-pluralistische Anspruch seiner Akzeptanz sicher sein kann. Die Frage danach, wie der populistische Anspruch aufgenommen wird, findet keinerlei Eingang in seine Beschreibung. Sie ist kein notwendiger Bestandteil seiner Theorie, weil das Vorhandensein des Anspruchs und der offenkundige politische Erfolg populistischer Kandidat*innen die Aufnahme des Anspruchs offensichtlich und damit für die Analyse unerheblich erscheinen lassen. Für Müller ist es, als würde der Anspruch allein eine anti-pluralistische politische Gemeinschaft konstituieren.

Im Vergleich dazu trägt Nadia Urbinati der Aufnahme des populistischen Anspruchs durch das Publikum Rechnung, aber sie führt diese Aufnahme auf das Moment der Erfahrung gemeinschaftlicher Teilhabe zurück, das ich oben skizziert habe. In einer Passage, in der sie aus Carl Schmitts *Die geistesgeschichtliche Lage des heutigen Parlamentarismus* (1923) zitiert, schreibt sie:

> „A populist leader is not properly elected: it is acclaimed. Consequently, Schmitt forcefully wrote that the ,will of the people' is the same whether it is expressed in the ballot or by acclamation: ,[e]verything depends on how the will of the people is formed.' But then he promptly added that ,the will of the people can be expressed just as well and perhaps better through acclamation, through something taken for granted, an obvious and unchallenged presence, than through the statistical apparatus' of vote counting. [...] In a populist assembly there is no need to count votes and acknowledge minorities, because the leader will be a leader of the whole, not simply of the majority. Acclamation is not a form peculiar to representative democracy; moreover, it is antithetical to democracy" (Urbinati 1998: 119).

Nach Urbinatis Darstellung ist „Akklamation" die einzige Tätigkeit und politische Funktion der Menge bei der populistischen Versammlung. Obwohl sie Schmitts politische Bewertung umdreht, stützt sie sich auf seine Konzeption dessen, worin die Akklamation besteht: bei der Akklamation wird etwas in seiner „offensichtlichen und unhinterfragten Gegenwart" als „gegeben vorausgesetzt". Für Schmitt handelt es sich dabei um den Willen des Volkes in seiner Verkörperung und seinem Ausdruck durch die Führerfigur. Übersetzt in das Vokabular von Michael Saward ist die Akklamation eine vollständige und unerschütterliche Zustimmung zum Repräsentationsanspruch vonseiten der Repräsentierten (wobei die Verbindung zwischen dem, was Saward „Anspruch" nennt und dem, was Schmitt als „Akklamation" bezeichnet, nur im Englischen augenfällig wird: der „claim" wird „acclaimed", wodurch der ungewisse Charakter der Behauptung getilgt wird). Im Grunde gibt Urbinati zu verstehen, dass bei der populistischen Versammlung der Anspruch des Führers, den „Willen des Volkes" auszudrücken, nicht bloß gebilligt und hingenommen wird, sondern dass er als eine Gegenwart anerkannt wird, die nicht angefochten werden kann. Wenn ein Anspruch Akklamation hervorruft, wird er verdoppelt.

Wenn wir die Beschreibungen der *Rally,* die auf ein Gefühl der Einheit und Gemeinschaft hinweisen, mit den Theoretisierungen von Schmitt oder Urbinati verbinden, die in der Versammlung die Akklamation von etwas Offensichtlichem und Unanfechtbaren sehen, dann beginnen wir zu erkennen, wie ein gleitender Übergang zwischen zwei unterschiedlichen Vorgängen stattfindet. Die Tatsache, dass Menschen die *Rally* als Hervorbringung von Momenten der Gemeinschaft erfahren und beschreiben, *bedeutet nicht,* möchte ich behaupten, dass dem Repräsentanten, in Sawards Formulierung, eine vollständige „Repräsentation" gelungen wäre. Die imaginäre Erfahrung der Einheit und Gemeinschaft mag als die ersehnte Wirkung der populistischen *Rally* beschrieben werden, doch solche Erfahrungen sind die augenblicklichen Auswirkungen dynamischer Beziehungen, die auf der andauernden Nicht-Identität derer beruhen, die an der Performance teilhaben.[3] Wenn Theoretiker die voreilige Schlussfolgerung ziehen, dass die populistische *Rally* zeige, wie der Repräsentant und die Repräsentierten wahrhaftig in einer gegenwärtigen Einheit verschmelzen, dann weicht die performative Logik der Repräsentation einer expressiven Logik der Repräsentation. Plötzlich wird dann die Repräsentation als eine Angelegenheit des Ausdrucks eines Volkswillens betrachtet – genau so, wie Schmitt sie formuliert und Urbinati sie rekapituliert.

Die *Rally* inszenieren

Wenn wir das Abgleiten in diesen Fehlschluss vermeiden wollen, muss die Aufgabe darin bestehen, zu einem Verständnis der ästhetischen Erfahrung der Einheit zu gelangen, welche die populistische *Rally* hervorruft. Welche Arten von Inszenierung und Choreografie setzen Populisten ein, um diese Erfahrungen hervorzubringen? Wenn wir ein besseres Gespür für die performative Ästhetik der populistischen Versammlung bekommen, können wir auch beginnen, die darin wirksame Dynamik der Repräsentation zu begreifen.

Lassen Sie mich ein paar der charakteristischen Elemente der Inszenierung von Donald Trumps *Rallies* seit 2015 skizzieren. Während der Präsidentschaftskampagne von 2016 schrieben literarische Autoren und Journalisten wie Dave Eggers (für den *Guardian*), George Saunders (für den *New Yorker*), Matt Taibbi (für den *Rolling Stone*), Martin Amis (für *Esquire*) und Mark Danner (für die *New York Review of Books*) Langreportagen über Trump-*Rallies,* und sie alle betonten,

---

[3] Dies gilt sogar für den konstruktivistischen Standpunkt, von dem aus Repräsentanten und Repräsentierte nicht bereits gegebene Entitäten sind, sondern als Ergebnis aus dem Repräsentationsanspruch hervorgehen. Mit anderen Worten, Nicht-Identität meint nicht den Unterschied zwischen zwei bereits gegebenen Identitäten. Diese miteinander interagierenden Identitäten werden vielmehr im Prozess ihrer Interaktion hervorgebracht, durch den performativen Akt des Anspruchs. Wie so häufig ist die performative Logik hier schwer mit der zeitlichen Ordnung von Ursache und Wirkung in Einklang zu bringen.

dass die Veranstaltung nicht erst begann, wenn Donald Trump die Bühne betrat, sondern viel früher, während das Publikum noch vor oder in dem Veranstaltungsort wartete, bevor Trump überhaupt die betreffende Stadt mit dem Flugzeug erreicht hatte. Das In-der-Schlange-Stehen, die Unterhaltungen mit anderen *Rally*-Teilnehmern, das Schlendern entlang der Stände mit Merchandise-Artikeln, deren Slogans in ihrem Grad von Kampfgeist variieren, die Beschallung mit lauter Pop-Musik, die nicht notwendig eine Verbindung zu Trumps politischem Lager aufweist (wie Eggers berichtet, wählte Trumps Team Elton Johns *Tiny Dancer*), die Auseinandersetzungen mit Demonstrant*innen, meist verbaler, manchmal aber auch gewaltsamer Art: all dies sind, wie die Reporter*innen zu verstehen geben, typische Bestandteile des Vorprogramms, die als integraler Bestandteil der Veranstaltung gesehen werden müssen und die wesentlich für das Schüren von Erwartungen in Bezug auf die Trump-Show sind.

Aber vor oder in dem Veranstaltungsort zu warten, dient nicht bloß dem Aufbau erwartungsvoller Spannung. Es geht auch um die Notwendigkeit, den physischen Raum der Veranstaltungen zum Leben zu erwecken. Vor allem bei der Kampagne von 2016 fanden Trumps *Rallies* häufig an den unscheinbarsten und notdürftigsten Orten, wie zum Beispiel einem Flugzeughangar, statt. Zu den Gründen für diese Entscheidung mögen die praktischen Vorteile gehört haben, dass Trump mit seiner Boeing 757 einfliegen, vor seinen Fans aus dem Flugzeug steigen (und so den Privatjet als Symbol von Erfolg, Reichtum, Macht und amerikanischer Ingenieurskunst[4] einsetzen) und unmittelbar anschließend zur nächsten Veranstaltung weiterfliegen konnte.

Rallies an solchen Nicht-Orten zu inszenieren, reicht jedoch über den praktischen Nutzen hinaus. Aus einer performativen Perspektive ist die Auswahl solcher Schauplätze von höchster Bedeutung. Das wird sofort plausibel, wenn wir den Flugzeughangar (oder auch die traditionelleren, multifunktionalen Veranstaltungsräumlichkeiten, die Trump in den Jahren 2017 und 2018 häufig nutzte) mit den Kundgebungsorten vergleichen, die für die Reichsparteitage der NSDAP in Nürnberg errichtet wurden. Zunächst mag es scheinen, dass die Kundgebungen in Nürnberg und die Trump-*Rallies* (oder andere populistische Kundgebungen) denselben Zweck verfolgen. Man betrachte Hans-Ulrich Thamers Erklärung des Grundprinzips der nationalsozialistischen Massenkundgebungen:

> „The principle objective behind these massive spectacles was to offer visual evidence of the German community united behind its leader. The ritualized rally of all National

---

[4] Vgl. Dave Eggers' Beschreibung einer Kundgebung in Sacramento, Kalifornien, am 1. Juni 2016: „‚You like that airplane?' he said, jabbing a thumb behind him. ‚It's good, right? Made in America. Made in America. Boeing.' The crowd roared and looked at the plane. On closer examination, there was something strange about the plane. It looked like it had come from another decade. And that decade was the 1980s. Trump's name was emblazoned on it in a font called Akzidenz-Grotesk, a typeface popular 30 years ago. Its tail bore a giant ‚T', rendered in a way that implied it had been striped by high winds. This was another design motif from the 80 s, usually used on children's basketball shoes" (Eggers 2016).

Socialist organizations was carefully stage-managed to present an impressive image
of mass support for the new regime. The rally site formed the stage for the production
of a Führer-cult. Hitler was not only leading actor and point of reference for both the
architecture and the processions; he was also director and high-priest of the event,
symbolically bringing the people together in an emotionally elating, communal
experience" (Thamer 1996: 172 f.).

Wie bei der populistischen *Rally* unserer Tage, bestand der Zweck der Veranstaltung darin, die Einheit in der geteilten Bestätigung einer Führer-Figur zu
demonstrieren. Doch die Architektur des Führerkults war für eine Art von Performance geschaffen, die sich grundlegend von einer Trump-*Rally* unterscheidet.
Nationalsozialistische Entscheidungsträger trafen bewusst die Wahl, den Kund-
gebungsort als Schauplatz für einen bestimmten Zweck zu errichten. Er wurde für
einen sorgfältig geplanten, politischen Festakt gestaltet (mit einer Dauer von vier,
dann sieben, und schließlich acht Tagen), der einer strengen politischen Liturgie
folgte, in der kein Platz für irgendwelche Zufälle vorgesehen war. Tatsächlich diente der detaillierte, liturgische Ablauf der NSDAP-Kundgebungen einem
doppelten Zweck: Er vermittelte eine Atmosphäre des politisch Sakralen, unterstützt durch die monumentale Architektur – die Nationalsozialistische Kirche der
politischen Theologie – und er befreite darüber hinaus die Kundgebung von ihrer
Abhängigkeit von Hitlers persönlichem Charisma. Wie Thamer erklärt:

> „Albert Speer, co-creator and executor of this concept, informed us that it was Hitler's
> aim to restrict the significance of the single personality of the head of State or Party leader
> within the ritual, and to put in its place a course of events which in itself was capable of
> impressing the masses. This idea arose from his observation that, in all probability, his
> successor would not be person with the same mass appeal. Therefore, the ritual had to
> predominate and a system be installed where even a ‚small political goblin' would be able
> to bring a certain fascination to bear on the masses" (ebd.: 178).

Die Idee bestand somit darin, die emotionale Wirkung der Kundgebung nicht
aus der einzigartigen Präsenz des Anführers, sondern aus der Ganzheit, die das
Gesamtkunstwerk der Kundgebung ausmacht, zu beziehen. Der Führer hatte eine
besondere Rolle zu spielen, die Teil eines Gesamteindrucks und diesem untergeordnet war. Wie George L. Mosse formuliert, lautete das Ziel: „to bring the
audiences into contact with the supposedly immutable forces outside the course of
everyday life" (zit. n. ebd.: 178).

Wo Nazi-Kundgebungen die Absicht enthielten, auf unwandelbare Kräfte hinzuweisen, da hebt eine Trump-*Rally* die Wandelbarkeit hervor. Der nichtssagende
Charakter des Flugzeughangars weist darauf hin, dass er nach der Veranstaltung
einem anderen Zweck dienen wird. Anstatt die Ewigkeit zu betonen, bringt er
einen tief greifenden Sinn für das ‚Jetzt' hervor. Im zeitgenössischen Jargon des
Event-Shopping könnte man den Hangar als eine ‚pop-up-Location' ansehen: ihr
vorübergehender Charakter betont die Dringlichkeit, das Jetzt nicht zu verpassen.
Anders ausgedrückt, der Gegenwarts-Sinn, der durch die Trump-*Rally* erreicht
wird, ist mit einer besonderen Raum-Zeitlichkeit der Architektur verknüpft.
Während für das ‚Tausendjährige Reich' die Materialität des Kundgebungsortes

wie zeitlos erscheinen musste – als länger fortbestehend als er es in materieller (und erst recht in politischer) Hinsicht konnte – muss für Trumps populistische Kampagne der Veranstaltungsort den Eindruck erwecken, dass seine Existenz als sozialer Schauplatz mit einem besonderen Zweck vor seinem materiellen Ende verschwinden wird.

Es erübrigt sich zu sagen, dass die Betonung des gegenwärtigen Moments nicht andeuten soll, dass Trumps Macht von kurzer Dauer sei. Die Dialektik von Präsenz-im-Jetzt und ihrem Verschwinden hat eher die Funktion, eine Erfahrung zu erleichtern, die geprägt ist von einer Teilhabe an der Entfaltung der Gegenwart und schließlich von einem Gefühl von Präsenz, das als Überwindung der Repräsentation verstanden werden soll. Trumps performativer Stil ist perfekt auf dieses Ziel abgestimmt.

Trumps performativer Stil

Trump brüstet sich immer wieder damit, dass er keine Skripte verwende. Wenn er gezwungen ist, in der Folge von tragischen Ereignissen präsidial klingende Aussagen zu treffen, signalisiert er seinem Publikum auf subtile Weise, dass er seine Gewohnheit, ohne Redevorlage zu sprechen, für eine Minute unterbrechen müsse, um den Rest des Landes zu besänftigen. So gelingt es ihm, sogar wenn er von einem Skript abliest, zu bekräftigen, dass der wahre Trump der ‚ungeskriptete‘ Trump ist. Und das ist sichtlich nicht bloß Prahlerei: Trump scheint sich in der Tat von einem Thema zum nächsten zu hangeln, wobei das Hangeln zumindest ebenso wichtig ist wie die Themen selbst. Mit nur wenig Übertreibung hat Katy Waldman im Online-Magazin *Slate* bemerkt:

> „Like Obama or Clinton, Trump uses discourse markers to project folksiness or spontaneous feeling. (‚Honestly, she should be locked up.‘) In his mouth, though, these tokens hedge and redirect of their own volition, as if no one is driving the conversational car. [...] Regardless of his familiarity with the topic at hand, Trump will luxuriate in all the ‚let me tell you‘s he can possibly throw into his sentences to draw attention to the fact that he's talking. Of course he employs a ton of discourse markers: Trump as a political force is all discourse marker, no discourse" (Waldman 2016).

Tatsächlich scheint Trump eine narzisstische Lust aus dem bloßen Akt des Sprechens – des Gesprochenwerdens durch die Sprache sozusagen – zu gewinnen, doch weil diese Lust von der Sprache selbst eher als vom sprechenden Subjekt herrührt, lädt seine Performance die Hörer ein, seinen Narzissmus zu teilen.[5]

---

[5] Meine Darstellung des Narzissmus an dieser Stelle hat zugegebenermaßen einen unsystematischen Charakter. Eine gründlichere Annäherung an diesen Aspekt müsste Freuds Idee Rechnung tragen (die er in dem 1914 entstandenen Text *Zur Einführung des Narzißmus* entwickelt), dass die Anziehungskraft der narzisstischen, selbstverliebten Person in ihrer selbstgenügsamen Selbst-Verliebtheit in sich besteht (vgl. Freud 1981). Für eine überzeugende, wenn auch nicht ganz ausgereifte Analyse der Anziehungskraft von Trumps Narzissmus (die sich auf Heinz Kohut eher als auf Freud stützt) vgl. Lunbeck 2017.

Einer der Gründe jedoch, warum es einen geteilten Lustgewinn verschafft, der Sprache selbst die „Lenkung des Gesprächs" zu überlassen, hat weniger mit einem Gefühl narzisstischer Selbstbestätigung zu tun, das von der Integration in die symbolische Ordnung herrühren würde, als mit dem Gefühl der Offenheit, der Potenzialität, das ein solcher halb-willentlicher Diskurs hervorbringt. Indem er sich rhetorisch gehen lässt, macht Trump den Sinnen eine Erfahrung der Offenheit und Kontingenz nicht bloß der Zukunft, sondern der Gegenwart zugänglich.

Dieses Moment lässt sich theoretisch erfassen mit einer veränderten Version dessen, was der Philosoph Martin Seel die „Ästhetik des Erscheinens" nennt. Bei seiner Diskussion von Sportveranstaltungen – die gewisse Züge mit einer Trump-*Rally* teilen – beschreibt Seel die Ästhetik des Erscheinens als zu einer lustvollen Erfahrung der Unbestimmtheit der Gegenwart führend. Unter den Begriff *Erscheinung* fällt für Seel die Gesamtheit der phänomenalen Eigenschaften, die einem Objekt zugeschrieben werden, wohingegen *Erscheinen* die selektive, subjektive Wahrnehmung dieser Eigenschaften oder, wie er es formuliert, die „Fülle seiner sinnlich wahrnehmbaren Aspekte, [...] ihr momentanes und simultanes Gegebensein" (Seel 2000: 53 f.) bezeichnet. Nach Seel schaffen wir, wenn wir einem Gegenstand gegenüber eine ästhetische Einstellung einnehmen, die Möglichkeit, das *Erscheinen* der Erscheinungen in den Vordergrund des Bewusstseins zu rücken. Das Ergebnis hat, wie Seel behauptet, das Vermögen, sich als befreiend zu erweisen:

> „Sosehr das Bewußtsein des Faktums einer weitreichenden kognitiven und praktischen Unbestimmtheit und Unbestimmbarkeit der Welt in vielen Kontexten lähmend sein kann – ebensosehr kann es befreiend sein. Befreiend wirkt es, wenn es sich als Bewußtsein unausgeloteter, nicht festgelegter, offenstehender, gleichwohl hier und jetzt bestehender Möglichkeiten ereignet. Dieses Bewußtsein entsteht, wenn etwas in seiner sinnlichen Besonderheit um dieser Besonderheit willen wahrgenommen wird. Ihm wird gewahr, daß nicht die Zukunft, sondern die Gegenwart das radikal Unbestimmbare ist. Natürlich ist die Zukunft in einem bestimmten Sinn weit weniger bestimmbar als alles, was in der Gegenwart geschieht und in der Vergangenheit geschehen ist. Aber die Zukunft ist *zu* unbestimmt, um in der Fülle ihrer Unbestimmbarkeit *erfahren* werden zu können, wie es das Privileg der vergänglichen Gegenwart ist" (ebd.: 220 f.; Hervorhebungen im Orig.).

Darin, dass er die Ästhetik des Erscheinens als abhängig begreift von der Wahrnehmung der sinnlichen Besonderheit eines Objekts um ihrer selbst willen, offenbart Seel seine normative Orientierung an der Kunst als dem eigentlichen Ort der Ästhetik. Er gibt zu verstehen, dass es eine bewusste Anstrengung bedeutet, gleich ob man sich in einer Sportarena oder einem Museum befindet, die ästhetische Einstellung einzunehmen und jede Beachtung der pragmatischen Aspekte des fraglichen Gegenstands hintanzustellen. In einer Sportarena würde dies bedeuten, dass man nicht länger darüber nachdenkt, wer gewinnt. Nur wenn man sich, wenn auch nur für eine Sekunde, ganz auf die Bewegungen des Sportlers konzentriert, kann man die Gegenwart „in der Fülle ihrer Unbestimmtheit" erfahren. Unter dieser Voraussetzung müsste der Besucher einer politischen *Rally* imstande sein, aus dem aufgeladenen sozialen Kontext herauszutreten und sich in eine Art desinteressierte

Lust hinein zu versetzen – eine hochgradig unwahrscheinliche Situation, die uns, selbst wenn sie gelänge, wenig darüber verraten würde, wie eine *Rally* funktioniert.

Obwohl Anhänger*innen der Kantischen Ästhetik vehement widersprechen würden, gibt es letztlich wenige Gründe, warum man von einer wahrhaft ästhetischen Einstellung nur sprechen sollte, wenn sie von jeder pragmatischen Beimischung gereinigt ist. Um die Offenheit der Gegenwart zu spüren, müssen Besucher einer Trump-*Rally* ihre Einstellung nicht dermaßen verändern, dass sie Trump lauschen als wäre er ein *language poet*. Sie dürfen es nicht einmal. Der aus seiner Performance zu gewinnende ästhetische Genuss hängt ganz wesentlich mit seinem Stil zusammen, aber Stil ist wirksam nur als eine besondere Weise, auf die etwas getan wird. Würde Trumps Rede als bloßes Gerede wahrgenommen – als Klang, frei von ideologischer Bedeutung und unabhängig von der pragmatischen Redesituation –, so wäre er unfähig, ein starkes Gefühl der verstreichenden Gegenwart wachzurufen. Nur weil er sein Publikum in dieser besonderen Rolle und in diesem besonderen Stil anspricht – mit einem Sprachgebrauch, der von den Regeln politischer Rede abweicht, ohne dass er darum aufhören würde, genau dies zu sein – kann die Kontingenz des gegenwärtigen Moments zur Erscheinung gelangen.[6]

Der Kern *dieser* Ästhetik des Erscheinens ist nicht die Fülle eines Objekts, das nur in kontemplativer Haltung wahrgenommen werden kann und das die Einklammerung aller pragmatischen Überlegungen erfordert. Anders ausgedrückt, das Gefühl der Befreiung rührt nicht von der Tatsache her, dass wir einsehen, dass unser Bezugsgegenstand unbegrenzt viele Aspekte aufweist, wenn wir uns ihm mit den Sinnen, außerhalb der Einschränkungen der Begriffe, zuwenden. Es rührt vielmehr von der Tatsache her, dass, wenn einmal die Sprache selbst die „Lenkung des Gesprächs" bei der politischen *Rally* übernimmt, jeder Augenblick, jedes Wort, jeder Klang eine Überraschung darstellt, d. h. eine Abweichung vom Erwarteten. Es handelt sich um eine nicht primär zukunftsgerichtete Überraschung – wir erwarten das nächste Wort nicht mit vorauseilender Spannung –, sondern um eine, die den gegenwärtigen Moment affiziert und ihn mit einem Gefühl der Gegenwärtigkeit auflädt. Durch die Abweichung vom Erwarteten stellt der gegenwärtige Moment seine Kontingenz aus und lenkt damit die Aufmerksamkeit auf seine schiere Jetztheit.

Zu sagen, dass die Sprache selbst die Lenkung des Gesprächs übernimmt, ist zweifellos übertrieben und geht in gewissem Sinne am Kern der Sache vorbei.

---

[6]Vgl. in diesem Zusammenhang Erika Fischer-Lichtes *Ästhetik des Performativen,* die von der Annahme ausgeht, dass Performances Gemeinschaften bilden durch die „Vermischung des Ästhetischen mit dem Sozialen [...]. Die nach bestimmten ästhetischen Prinzipien hervorgebrachte Gemeinschaft von Akteuren und Zuschauern wird von ihren Mitgliedern stets auch als eine soziale Realität erfahren – auch wenn nicht involvierte Zuschauer sie als eine fiktive, als eine rein ästhetische Gemeinschaft betrachten und begreifen mögen" (Fischer-Lichte 2004: 90 f.).

Streng genommen stimmt es nicht, dass Trump alle Kontrolle aufgegeben hat. Worauf es ankommt, ist, dass er ein Improvisationskünstler ist, dass Worte und Gesten auf der Stelle bestimmt werden (ob von ihm oder von einem System der Sprache ist letztlich unerheblich). Für die Mitglieder des Publikums erzeugt dies den Eindruck, dass sie alle gleichermaßen teilhaben am Prozess der sich entfaltenden Gegenwart. Das hilft dabei, genauer zu bestimmen, auf welche Weise die Erfahrung seiner Performance ,befreiend' genannt werden kann: Wenn nicht einmal Trump voraussagen kann, wie sich die Dinge entwickeln, dann erhält das geteilte Sein in der unbestimmten Gegenwart eine gleichmachende Wirkung. In diesem Sinne macht eine nicht-geskriptete, improvisatorische Performance eine Erfahrung zugänglich, die treffend als demokratisierend beschrieben werden kann. Noch wichtiger aber ist, dass es sich um eine Erfahrung handelt, die ein Gefühl von Einheit erzeugt: Jeder Anwesende ist Teil derselben, sich entfaltenden Gegenwart. Das ist immer der Fall, wenn Menschen den gleichen Raum bewohnen, aber nur durch ästhetische Strategien – in diesem Fall durch Trumps improvisatorischen Stil – kann man von dieser geteilten, sich entfaltenden Gegenwart sagen, dass sie als *erscheinende* spürbar wird.

Improvisatorische Interaktion

Doch der Kommunions-Effekt einer Trump-*Rally* ergibt sich nicht bloß aus der Zurschaustellung des ungeskripteten, prozessualen Charakters von Trumps Diskurs. Wie in jeder improvisationsbasierten Kunstform ist die improvisatorische politische Performance besonders geeignet für Interaktion. Man kann sagen, dass Trumps Stil für die Interaktion mit den Teilnehmern seiner *Rallies* gemacht ist (vgl. auch Moffitt 2016). Indem er die Möglichkeiten ungeskripteter (was nicht heißt: nicht einstudierter) verbaler und physischer Gesten ausschöpft, schafft er Anlässe für Beiträge aus dem Publikum und kann außerdem spontan auf diese Beiträge reagieren.

Bevor wir uns bestimmte Beispiele anschauen um zu sehen, wie dieser Prozess funktioniert, sollte zur Kenntnis genommen werden, dass sogar der medienvisuelle und architektonische Aufbau seiner *Rallies* dafür geschaffen ist, die Aufmerksamkeit auf diese Dynamik des Hin-und-Her zu lenken. Während einige republikanische Präsidentschaftsanwärter wie Ted Cruz bei den Primaries von 2016 noch (zumindest gelegentlich) den traditionellen Bühnenaufbau nutzten, bei dem der Politiker oben auf einem Podium dem Publikum gegenübersteht, erzeugen die Trump-*Rallies* hinsichtlich ihrer Architektur den Eindruck, als befände er sich inmitten seiner Anhänger*innen. Zu diesem Zweck werden sog. VIP-Plätze, die vom Niveau der Bühne aus steil ansteigen, hinter dem Podium angebracht. Die Zahl dieser VIP-Plätze ist begrenzt, aber auf den Bildaufnahmen der Kameras, die im hinteren Teil positioniert sind, erwecken sie den Eindruck einer endlosen Menge von Anhänger*innen. Sie reichen, wenn auch nicht viel, über den Rahmen des Kamerabildes hinaus.

Wie die *New York Times* berichtet, sind die Besucher, die in diesem Bereich zu sehen sind, häufig „Superfans", die Trump von *Rally* zu *Rally* folgen. Alternativ werden sie von lokalen Organisatoren ausgesucht, erhalten Zutritt, weil sie früh eingetroffen sind, oder werden in manchen Fällen per Zufallsentscheid ausgewählt (Mervosh 2018). Doch wie Jennifer Cunningham von SKDKnickerbocker, einer Politik-Beratungs-Agentur, die für Präsidentschaftskampagnen gearbeitet hat, erklärt: „The rule is that you vet everything and everyone so there are no surprises" (ebd.). Tatsächlich ist es bemerkenswert, dass das VIP-Publikum dazu tendiert, von *Rally* zu *Rally* aus ähnlichen Untergruppen zusammengesetzt zu sein. In den *Midterm-Rallies* von 2018 waren darunter Familien mit jungen Kindern, Gruppen von Frauen in pinken Shirts mit Plakaten, auf denen „Women for Trump" zu lesen war, und ein paar wenige „people of color". Ein solches Spektrum heiterer Gesichter zu zeigen, soll wahrscheinlich den Eindruck bekämpfen, dass Trump eine Fangemeinde anzieht, die feindselig und verbittert ist, die statt nach vorn zu blicken dem an der Vergangenheit nagenden Ressentiment verfallen ist. Doch wenn Fragen der Identität in die Zusammensetzung der VIP-Gruppe hineinspielen, so verweist dies auf einen Existenzbereich, den der Ausdruck ‚VIP' selbst – in der resignifizierten Bedeutung des *Rally*-Kontexts – eher in den Hintergrund rücken soll. Die Verwendung des Ausdrucks durch die Organisatoren von *Rallies* deutet darauf hin, wie zwei gesellschaftliche Realitäten – die des Alltagslebens und die der *Rally* – miteinander vertauscht werden. Denn was diese Leute als „very important" kennzeichnet, hat nichts mit ihrem sozialen Status zu tun (hier unterscheidet sich die *Rally* von den VIP-Bühnen bei Sportereignissen), aber alles mit ihrer Funktion im Rahmen der *Rally* selbst.

Rally-Teilnehmer mit der Kamera einzufangen ist eine Technik, die nicht von der Trump-Kampagne erfunden worden ist, als visuelle Konvention aber für seine Performances eine erhöhte Relevanz erhält. Sie erlaubt Fernseh- und Internet-Zuschauern, beide Teilgruppen des Interaktionsgeschehens auf einmal zu sehen. Tatsächlich wird die Interaktion selbst zu einem entscheidenden Bestandteil der Inhalte der Übertragung von der *Rally*. Die Auswirkungen dieser Inszenierung reichen sogar noch weiter: VIP-Besucher interagieren sowohl mit Trump als auch mit den anderen Publikumsmitgliedern, und sie tun dies in dem Bewusstsein, gefilmt zu werden und somit vor der Kamera aufzutreten. Dieses Bewusstsein wird gesteigert durch Trumps häufige Kommentare darüber, wie die Fernsehteams über das Publikum berichten – oder, wie er meint, nicht angemessen berichten – werden. Trumps Besessenheit von der Größe seines Publikums während der Inauguration erhält in diesem Licht neue Bedeutung: Die Berichterstattung über sein Publikum zum Gegenstand öffentlicher Debatten zu machen, steht in Übereinstimmung mit der interaktiven Ästhetik, bei der das Publikum selbst im Zentrum der Aufmerksamkeit steht. Da die individuellen Zuschauermengen Trumps aufgefordert sind, sich als einer größeren ‚Bewegung' zugehörig zu verstehen, lässt sich das Publikum bei der Inauguration als Gesprächsthema mit dem Sprechen über das bei einer bestimmten *Rally* anwesende Publikum verbinden.

Die Aufmerksamkeit, die sowohl Trump als auch seine Anhänger*innen insgesamt der Berichterstattung über sich selbst schenken, verkompliziert den

Charakter der *Rally* als solcher. Auf einer Ebene erlangen *Rallies* ihren Charakter als performative Ereignisse durch die Versammlung physikalischer Körper im physikalischen Raum. „[D]ie leibliche Ko-Präsenz von Akteuren und Zuschauern [ist] die Bedingung der Möglichkeit für die Entstehung einer Gemeinschaft aus beiden Gruppen", argumentiert die Theaterwissenschaftlerin Erika Fischer-Lichte (Fischer-Lichte 2004: 101). Nur die Interaktion von „embodied minds" – d. h. von Wesen, die über ein Bewusstsein von sich selbst als körperlichen Wesen verfügen – erlaubt einer Performance, etwas hervorzubringen, das von den Teilnehmern als „eine soziale Wirklichkeit [...], die [...] nur für kurze Zeit Existenz" hat (ebd.: 90), wahrgenommen wird.

Auf einer anderen Ebene aber sind die *Rallies* Medienereignisse, und ihre Existenz als vermittelte Realität ist der Hervorbringung der kurzlebigen Gemeinschaft der verkörperten Performance eingeschrieben: Alle Teilnehmer der *Rally* wirken bewusst an einer Medienproduktion mit. Mehr noch, man darf annehmen, dass die Erscheinung des Ereignisses in den Medien nicht bloß während der Veranstaltung selbst verhandelt, sondern auch von den an der Hervorbringung der vorübergehenden Gemeinschaft physikalischer Körper Beteiligten visuell vorgestellt wird. So ist das Verhalten bei der *Rally* – auch wenn es interaktiv und spontan sein mag – von dem Modell der Trump-Rally geprägt, wie es aus dem Fernsehen und dem Internet bekannt ist. Kurz, bei der *Rally* sind Medialität und Körperlichkeit ineinander verschachtelt.

Der analytische Beobachter, der auf Übertragungen von Trump-*Rallies* angewiesen ist, muss daher berücksichtigen, dass das Zusammenspiel von leiblicher Verkörperung und Medialität aus dem medialen Material rekonstruiert werden muss. Ungeachtet dieser methodischen Herausforderung vermittelt das verfügbare Bildmaterial ein Gespür von dem Rhythmus, mit dem sich die interaktive Dynamik der Performance vollzieht. Die Interaktion ist geprägt von der schwankenden Intensität affektiver Beteiligung, die mit größter Deutlichkeit auf den Gesichtern der Besucher auf den VIP-Tribünen zu sehen ist (auch wenn diese Gesichtsausdrücke nicht immer vollkommen den Jubel- und Buh-Rufen entsprechen, die aus dem außerhalb des Kamerabereichs liegenden Teil des Veranstaltungssaals zu hören sind).

Trumps Reden erregen nicht durchgängig den gleichen Grad an Publikumsbeteiligung, obwohl beinahe jede von Trumps Äußerungen mit ihren zahlreichen Wiederholungen kurzer Sätze und unterschiedlichen Diskursmarkern das Publikum zu einer Reaktion herausfordert. In der Regel lässt die Energie immer dann nach, wenn Trump etwas ausführlicher politische Maßnahmen erläutert oder wenn er eine längere Geschichte über sich selbst erzählt, ohne das Publikum rhetorisch mit einzubeziehen. Über längere Zeiträume fängt die Kamera dann VIP-Mitglieder ein, die unsicher scheinen, wie sie sich verhalten sollen, die ein geringes Maß an Aufmerksamkeit zeigen oder die einfach gähnen. Trump überwindet diese energiearmen Passagen, indem er plötzlich das Gespräch auf eines von seinen (vom Publikum geteilten) Schreckgespenstern lenkt. In diesen Situationen gibt er häufig das Stichwort für einen seiner bekannten dreisilbigen Sprechchöre – „Lock her up!", „Drain the Swamp", „Build the Wall", „U-S-

A", usw. – oder er macht eine Pause und lässt das Publikum selbst entscheiden, welchen Sprechchor es anstimmt (was manchmal zu gleichzeitigen, miteinander konkurrierenden Chören führt).

Um ein paradigmatisches Beispiel zu geben, werde ich ein paar Augenblicke einer *Rally* analysieren, die in Charlotte, North Carolina, am 26. Oktober 2018 stattfand, dem Tag, an dem Cesar Sayoc, der Verdächtige hinter den Briefbomben, die an mehrere prominente Kritiker Trumps verschickt wurden, festgenommen wurde (Trump 2018). Ungefähr nach den ersten sechs Minuten der *Rally* kommt Trump auf die Briefbomben zu sprechen und ist schnell dabei, den Medien die Schuld in die Schuhe zu schieben. Daraufhin spricht er über seine ungerechte Behandlung durch Journalisten, seinen Erfolg bei der Abwendung eines Welt-kriegs mit Nordkorea, sein stolzes Bekenntnis als Nationalist, sein Vorhaben einer Steuersenkung für die Mittelklasse und über das Verhängnis, das Amerika droht, sollte Nancy Pelosi Sprecherin des Repräsentantenhauses werden. Von hier geht er über zu seiner Initiative, die die Senkung der Kosten verschreibungs-pflichtiger Arzneimittel erzwingen soll. Was jetzt kommt, ist mein Versuch einer Transkription der darauffolgenden zwei Minuten und zehn Sekunden (von Minute 17:50 bis 20:00), die seine Worte, manche seiner Gesten sowie die Reaktion des VIP-Publikums einfangen soll. Im Anschluss an die Transkription füge ich eine Auswahl von *screen shots* bei, die den unterschiedlichen Grad von Publikums-beteiligung während des gesamten Ausschnitts einfangen sollen:

„And yesterday, which got very, very little print—very little *ink* by these [er zeigt mit dem Finger in den Hintergrund] great gentleman, and ladies [er macht eine Pause, einzelne Lacher und Buhrufe aus dem Publikum], by the [weitere Pause] *fake news* [Buhrufe und erregte Schreie zugleich]—yesterday, yesterday—[er macht eine Pause, um den Einschub eines Satzes zu markieren, den er dann unterbricht]—it really did, it's a very imp...— we signed a bill: Prescription drug prices are going to come tumbling down [er unter-streicht diesen letzten Satz mit einer abwärts gerichteten Geste seines rechten Arms und senkt die Tonlage seiner Stimme, um die Preisbewegung nachzuahmen; das Publikum jubelt begeistert, ein paar einzelne VIPs halten ihre Plakate hoch]! You know we have other countries [er legt eine Pause ein, um den Applaus vom vorhergehenden Satz ver-ebben zu lassen], we have other countries that, for the same pill, from the same company, made in the saaaame plant [Pause]—wherever the hell it's made [einige Publikumsmit-glieder brechen in Lachen aus]—you go and you see that saaaame pill, same box, same everything, selling for ten percent, twenty percent, thirty percent of what Americans are forced to pay. That's all ending, folks, that's all ending, ok?
[schwacher Jubel]. Hopefully you don't need prescription drugs, but if you do, you're gonna get them a hell of a lot cheaper, because it's going this way [zeigt abwärts mit seiner rechten Hand; der Jubel ist merklich leiser als bei der vorhergehenden Wieder-holung dieses Punkts]. But the middlemen—and the drug companies— but the middle men are not thrilled with me right now. [schwacher Jubel] They're not *thrilled* with me. These are very rich people, they are not thrilled! They are not thrilled with Donald Trump right now. [er legt seinen Kopf schief, als rufe er das Publikum zu einer Reaktion auf; der Jubel bleibt schwach]. And the Democrats [macht eine Pause] want to invite [weitere Pause] caravan after caravan of illegal aliens [laute Buhrufe] into our country [die Buh-rufe werden lauter] and they wanna sign them up for free healthcare, free welfare, free education, for the right to vote, they want to sign them, for the right to vote [die Buh-rufe erreichen ihren Höhepunkt], what's that all about [er blickt missbilligend um sich.

Dann entfernt er sich vom Mikrophon und blickt die VIPs an. Einige schreien ‚Donald Trump!', manche schreien ‚Build that Wall!' Im Laufe des Sprechchorgesangs hellen sich ihre Gesichter auf. Er hebt die Hand und wendet sich zurück zum Mikrophon]! The right to vote—you ever hear that one!"

Dieser Ausschnitt zeigt, dass die vorübergehende Gemeinschaft, die aus dem Hin und Her zwischen Trump und dem Publikum hervorgeht, keineswegs eine stabile Größe ist (vgl. Abb. 1 und 2). Mit jedem Satz riskiert Trump einen Bruch mit dem, was Fischer-Lichte als „die autopoietische *feedback*-Schleife [bezeichnet, die] nicht nur durch beobachtbare, d. h. sicht- und hörbare Handlungen und Verhaltensweisen von Akteuren und Zuschauern in Gang gesetzt und gehalten wird, sondern auch von der Energie, die zwischen ihnen zirkuliert" (Fischer-Lichte 2004: 99). Inhaltlich ist dies einer der anspruchsvolleren Abschnitte der *Rally* für Trump, da er versucht, seine Strategie in Bezug auf Medikamentenpreise zu thematisieren, oder vielmehr zu zelebrieren. Obwohl die Senkung der Preise für verschreibungspflichtige Arzneimittel großes populistisches Potenzial birgt, da sie unter ökonomischem Gesichtspunkt die Probleme des kleinen Mannes anspricht, macht der relativ hohe Abstraktionsgrad das Thema zu einer Herausforderung emotionaler Mobilisierung. Es gibt eine längere Flaute in diesem Abschnitt, die beginnt, wenn Trump seine – zunächst erfolgreiches – Formulierung über die sinkenden Preise wiederholt. Während er in der ersten Runde den Punkt mit großer Wirkung vorbereitet (Abb. 3 und 4), reagiert das Publikum bei der zweiten Wiederholung kaum noch (Abb. 5). Trump versucht, das Publikum mit einem anderen typisch populistischen Manöver zurückzugewinnen: Er positioniert sich selbst aufseiten der Opposition gegen die Vorstände von Pharmakonzernen und Lobbyisten, die

Abb. 1 „Und gestern…" – Schwankende Aufmerksamkeit im Publikum

Abb. 2 „[...] von den fake news [...]." – Buhrufe verwandeln sich in begeisterten Jubel, als Trump von seiner charakteristischen Wendung Gebrauch macht

Abb. 3 „[...] in den Keller gehen!" – Die nächste Ebene der Begeisterung wird durch Beifall und das Hochhalten von Plakaten angezeigt

Abb. 4 „[…] in der gleichen Fabrik hergestellt." – Manche Mitglieder des Publikums schweigen, andere scheinen das nächste Stichwort zu erwarten, das im nächsten Satz folgt: „wo zur Hölle sie auch immer hergestellt ist." Es ist einer der komischen Höhepunkte des Ausschnitts

Abb. 5 „Sie gehen runter." – Die Wiederholung von „in den Keller gehen" löst kaum eine Reaktion aus

Abb. 6 „Sie sind gerade alles andere als begeistert [von Donald Trump]!" – Die dritte Wiederholung des Satzes, doch das Publikum ist auch nicht gerade begeistert

hier die Eliten verkörpern. Aber obwohl er alle performativen Tricks aus seinem Repertoire ausspielt – er wiederholt seine Pointe drei Mal – kehrt kein Leben zurück in das Publikum (Abb. 6 und 7).

Seine Lösung besteht darin, sich plötzlich einem anderen Schreckgespenst zuzuwenden: den Demokraten, die mit illegalen Einwanderern – „einer Karawane nach der anderen" – unter einer Decke stecken. Erst als Trump seinen ursprünglichen bösen Buben – die Manager-Elite der Pharma-Industrie – durch einen neuen Schurken ersetzt, der aus einer Mischung von politischen Gegnern und als fremdrassig markierten illegalen Einwanderern besteht, gelingt es ihm, eine starke Reaktion auszulösen. Und tatsächlich handelt es sich um eine starke Reaktion: Nachdem er sie in Rage gebracht hat, überlässt er die Bühne seinen Anhänger*innen (Abb. 8 und 9).

Vereint in ihrer Ablehnung des zweifachen Gegners (was mit Judis' Begriff von „triadischem Populismus" übereinstimmt), löst Trump aus, was Fischer-Lichte als „Rollenwechsel" beschreibt:

> „Der Rollenwechsel läßt sich [...] als ein Prozeß von Ent- und Ermächtigung verstehen, der sowohl die Theaterkünstler als auch die Zuschauer betrifft. Die Künstler entmächtigen sich in ihm selbst als alleinige Schöpfer der Aufführung; sie erklären sich bereit, Autorschaft und Definitionsmacht – wenn auch in unterschiedlichem Ausmaß – mit den Zuschauern zu teilen" (ebd.: 80).

Abb. 7 „Eine Karawane nach der anderen." – Das Publikum ist wieder bei Trump und buht frenetisch

Abb. 8 Trump tritt zur Seite und lässt das Publikum übernehmen. Manche buhen weiter, andere rufen „Build that Wall!" Entsprechend gibt es gleichzeitig Daumen, die nach oben, und Daumen, die nach unten zeigen

Abb. 9 Das Publikum ist in vollem Schwang und intoniert im Gleichklang „Build that Wall!"
Die Gesichtsausdrücke grenzen an Verzückung

Bemerkenswerterweise hat die Ermächtigung des Publikums einen Wandel
der Gefühle zur Folge, der sich mehr und mehr von der Anfangsemotion ablöst.
Während Abb. 8 eine Überschneidung von Freude und Wut zeigt, hat das
Publikum wenige Augenblicke später, völlig dem rhythmischen Sprechgesang hin-
gegeben, so etwas wie einen Rauschzustand erreicht (Abb. 9). Es ist die Position
der „Autorschaft und Definitionsmacht", welche die anfänglich negativen Gefühle
in Begeisterung verwandelt.

Die Urteilsgemeinschaft und der populistische Erscheinungsraum

Trump-*Rallies* bringen fortlaufend Anlässe zum Urteil hervor, die sich im Medium
der Reaktionsbereitschaft des Publikums abspielen: das Urteil findet Ausdruck
nicht durch die Alternativen des Jubelns oder Ausbuhens, sondern durch die
schiere Intensität der Reaktion. In diesem Sinne sind Buhen und Jubeln aus-
tauschbare Formen der Reaktionsbereitschaft, die in Kontrast zum Schweigen, zur
Langeweile und zum Gähnen betrachtet werden müssen. Zu Beginn dieses Essays
habe ich Michael Sawards Begriff des „Repräsentationsanspruchs" gebraucht.
In diesem Zusammenhang nimmt das Urteil die Form der „Zustimmung" an. In
Sawards Theorie bezieht sich die Zustimmung nicht auf ein politisches Vorhaben
des Repräsentanten oder auf das Werben eines angehenden Repräsentanten um
die Wählerstimmen. Zustimmung bezieht sich vielmehr auf die „political reality"

(Ankersmit 1996: 47), die durch den Akt der politischen Repräsentation, d. h. durch die Rahmung und Formierung von Repräsentanten, Repräsentierten und der von ihnen geteilten Welt hervorgebracht wird. Obwohl Saward den Ausdruck nicht gebraucht, hat die Zustimmung zur politischen Realität zumindest teilweise die Form eines *ästhetischen* Urteils. Die Frage, die dadurch aufgeworfen wird – und der ich mich in diesem letzten Abschnitt widmen werde –, lautet, wie das Verhältnis von ästhetischem Urteil und Zustimmung (oder Affirmation) begrifflich zu fassen ist.

In der Interaktion mit den Besucher*innen seiner *Rallies* ist Trump selbst erstaunlich offen in Bezug auf den ästhetischen Charakter ihres Urteils (auch wenn er die Sache nicht auf diese Weise formulieren würde). Man betrachte den folgenden Ausschnitt aus einer *Rally* in Golden, Colorado, die kurz vor der Präsidentschaftswahl am 29. Oktober 2016 stattfand (Trump 2016). Die Passage beginnt nach 43 min und 32 s der Aufnahme:

> „I want the entire corrupt Washington establishment to hear and hear, and I mean big-league hear [Pause und Jubel] the words of us—not me, it's ussss—when we win on November 8th [Pause und Jubel] we are going [verleiht seiner Stimme einen knurrenden Ton] to Washington, D.C. [Pause, Jubel und weiterhin andauernde, knurrende Stimme] WE WILL [lange Pause, in der er seine Hand erhebt, um das Publikum zu dirigieren, das das Stichwort annimmt und gemeinsam intoniert:] DRAIN—THE— SWAMP [Jubel]! I tell people I hated that expression. Started a week ago. I didn't like it. I said, Ugh, that's corny [er breitet die Arme aus, macht eine Pause, das Publikum lacht]. I said. And then I went, I said it, half-heartedly said it, the place went crazy [Jubel]. You know, Frank Sinatra didn't love „My Way." And then he sang it, and he saw what was happening. And then it became the biggest [sic], and he ended up loving it like crazy, but: That was a very interesting thing—Drain the swamp [Jubel]—very accurate."

Nehmen wir Trump hier beim Wort. Anfangs lehnt er einen seiner charakteristischen Slogans aus ästhetischen Gründen ab – er ist ‚abgedroschen' –, und dann vergleicht er seine Lage als politischer Kandidat mit der eines populären Musikers. Zur Debatte steht das ästhetische Urteil des Darstellers im Vergleich zu demjenigen seines Publikums. Wenn die Fans in ihrem Urteil übereinkommen, dann muss der Darsteller eindeutig feststellen, dass er falsch gelegen hat. Ohne Zweifel lässt sich nach Trumps Logik – ja, genau wie nach derjenigen Kants und Arendts – über ästhetische Urteile streiten. Wie Trump seinem Publikum klar macht, ist das Urteil eines jeden Einzelnen fehlbar, was auch bedeutet, dass es nicht rein subjektiv ist. Trump ist natürlich kein wahrer Kantianer, sondern ein Ästhetiker, der von der Kulturindustrie hervorgebracht worden ist: Für ihn beruht die Autorität auf dem Kriterium der Quantität. Die Menge muss es am besten wissen, denn sie ist die Mehrheit. Sie kann nicht kollektiv falsch urteilen.

Was soll man von dieser bewussten Ästhetisierung der Politik durch einen Rechtspopulisten halten? Die Ästhetik des Erscheinens vermischt, wie ich weiter oben behauptet habe, Ästhetik und Sozialität. Jetzt kann man erkennen, dass diese Vermischung eine doppelte Referenz für die Urteile des Publikums schafft. Erstens beurteilen *Rally*-Teilnehmer*innen, die an der improvisierten Interaktion teilnehmen, Trumps Beiträge mit Blick auf die gesellschaftliche und politische Welt. Sie entscheiden, ob sie mit seinen Aussagen einverstanden sind, aber wichtiger noch ist, dass sie entscheiden, in welchem Maße seine Aussagen (mit denen ein grundsätzliches Einverständnis als selbstverständlich vorausgesetzt wird) affektiv mit der Welt in Einklang stehen, die sie gemeinsam mit ihm und den anderen Besuchern durch die Performance zu erschaffen beabsichtigen. Zweitens beurteilen sie auch die ästhetischen Qualitäten seiner – und ihrer eigenen – performativen Aussagen in und durch sich selbst. Kollektive Gesänge finden nicht länger allein oder auch nur vorrangig wegen ihres Inhalts, sondern wegen ihrer wiedererkennbaren Macht als Gesänge Gefallen. Gesänge werden zu *Mit-Gesängen* und sie werden in selbstreflexiver Weise als solche aufgenommen. In Trumps Welt birgt der Vergleich von „Drain the Swamp" mit „My Way" nicht die geringste Gefahr einer plötzlichen Wiedererkennung aufgrund der Reduzierung von Politik auf Ästhetik. Das Gefühlsurteil des Jubelns betrifft die ästhetische Qualität des Jubels selbst, und zwar bewusst und ausdrücklich.

Man muss darum die absonderliche Frage stellen, ob eine Trump-*Rally* nicht die Einlösung von Hannah Arendts hochgradig idealistischem Begriff des „Erscheinungsraums" sein könnte. Meine Antwort wird dies verneinen, aber die Tatsache, dass diese Frage sich zumindest mit einem gewissen Maß an Plausibilität stellen lässt, leistet bereits viel für die Problematisierung der Vorstellung, dass die populistische *Rally* angemessen als die Akklamation eines gegebenen Volkswillens zu charakterisieren wäre, dass sie der erfolgreiche (wenn auch bedauernswerterweise totalitaristische) Ausdruck und die Verwirklichung von Einheit wäre.

Arendt hat die Vorstellung des Erscheinungsraums am weitesten in ihren Essays der späten fünfziger Jahre wie „What is Freedom?" und „The Crisis in Culture" (Ahrendt 1968a und 1968b) und in *Vita activa oder Vom tätigen Leben* (2002) ausgearbeitet. Der Begriff des Erscheinungsraums kann als Arendts Verständnis von der idealen demokratischen Öffentlichkeit gelten, gebildet nach dem Modell der griechischen Polis. Der Erscheinungsraum existiert nicht automatisch aufgrund der Ko-Präsenz menschlicher Wesen am gleichen Ort. Damit der Erscheinungsraum zur Existenz gelangt, müssen Personen, die von der Sorge um die materielle Reproduktion ihres Lebens befreit sind (weil sie diese Aufgabe an Sklaven, die Ehefrau oder andere Angehörige delegiert haben) zusammenkommen, um ihre Freiheit im Sprechen und Handeln zu verwirklichen. Für Arendt bezeichnet die Freiheit des Sprechens und Handelns nicht das Erreichen bestimmter praktischer Ziele, sondern eher eine intersubjektive Konstellation von gegenseitiger sinnlicher Wahrnehmung (und schließlich Anerkennung). Wenn freie Menschen die Erscheinung anderer freier Menschen wahrnehmen und wenn sie wechselseitig voreinander erscheinen, dann bringen sie die Erscheinung einer geteilten Welt hervor, auf die sie sich dann als einen Gegenstand ihres gemeinsamen Interesses beziehen können.

Wenn die Wahrnehmung der Erscheinung Anderer und das durch Andere in derselben Weise Wahrgenommen-werden eine besondere Form von Interaktion sind, die eine geteilte, gemeinsame Welt hervorbringt, dann beinhaltet diese Welt eine eingebaute Vielzahl von Perspektiven: Jeder blickt aus einer etwas anderen Perspektive auf die Welt. Im Ergebnis kommt es keineswegs zu einer Form von bloßem Subjektivismus oder Solipsismus. Es entsteht vielmehr erst eine Vielzahl der Perspektiven, die die Erschaffung einer geteilten Welt ermöglicht. Eine geteilte Welt ist eine Welt, die jedem ihrer Mitglieder als Erscheinung zugänglich ist und die jedem Mitglied aus einer anderen Perspektive erscheint.

Doch wenn die Wahrnehmung von Erscheinungen eine geteilte Welt erschaffen soll, dann genügt es nicht, auf der rein rezeptiven Ebene des Wahrnehmens von Erscheinungen zu verbleiben, da bloße Wahrnehmung nicht mitteilbar ist. Deshalb beginnt Arendt in „The Crisis of Culture" die Relevanz des Urteilens – genauer gesagt, des vorbegrifflichen, ästhetischen Urteilens, das für die Verarbeitung sinnlicher Erscheinungen erforderlich ist – als Kernaktivität bei der Erschaffung einer geteilten, öffentlichen Welt in Betracht zu ziehen:

> „That the capacity to judge is a specifically political ability in exactly the sense denoted by Kant, namely, the ability to see things not only from one's own point of view but in the perspective of all those who happen to be present; even that judgment may be one of the fundamental abilities of man as a political being insofar as it enables him to orient himself in the public realm, in the common world these are insights that are virtually as old as articulated political experience" (Arendt 1968a: 221).

Damit eine geteilte Welt als eine plurale Welt existiert, genügt es nicht, dass jeder Teilnehmer sich der eigenen Perspektive als einer partikularen bewusst ist. Diese partikularen Perspektiven müssen als verallgemeinerbar angesehen werden – d. h. sie müssen als im Grunde von jedem anderen Mitglied geteilt vorausgesetzt werden – und zugleich als fehlbar (ansonsten würden andere Perspektiven ausgeschlossen). Sie müssen der Position entsprechen, die Kant im Paragraph 40 seiner *Kritik der Urteilskraft* als „erweiterte Denkungsart" bezeichnet und die erreicht wird, wenn, ganz ähnlich wie Arendt es in der oben zitierten Stelle paraphrasiert,

> „er [der Einzelne; J.V.] sich über die subjektiven Privatbedingungen des Urteils, wozwischen so viele andere wie eingeklammert sind, wegsetzen kann und aus einem allgemeinen Standpunkte (den er dadurch nur bestimmen kann, daß er sich in den Standpunkt anderer versetzt) über sein eigenes Urteil reflektiert" (Kant 1990: 146).

Gerade weil das ästhetische Urteil nicht-begrifflich ist, muss es – soll es nicht in Solipsismus münden – mit Blick auf die Weise, in der anzunehmen ist, dass andere ihr Urteil fällen mögen, gebildet werden. Um mitteilbar zu sein, erfordert das nicht-begriffliche ästhetische Urteil einen inneren Entscheidungsprozess, der die Position anderer antizipiert, und genau wegen dieses Erfordernisses ist das ästhetische Urteil entscheidend, um eine geteilte Welt aus der Wahrnehmung von Erscheinungen hervorzubringen. Dies ist, kurz gesagt, der Grund, weshalb Arendt Kants dritte *Kritik* als seine politische Philosophie bezeichnet.

Arendt war eine ausdrückliche Pessimistin bezüglich der Frage, ob sich diese ideale Öffentlichkeit in der Moderne verwirklichen lasse. In „The Crisis in Culture" gab sie der Konsummentalität der Massengesellschaft die Schuld für die Unmöglichkeit, einen politischen Raum der Freiheit zu schaffen, in dem die Menschen die öffentliche Welt als eine Angelegenheit von Erscheinungen behandeln können, die mit erweiterter Denkungsart zu beurteilen sind. Und im Einklang mit diesem Pessimismus bleibt eine Trump-*Rally* ganz offensichtlich hinter Arendts hohen Anforderungen zurück. Sie könnte in der Tat als Inbegriff ihrer schlimmsten Befürchtungen dienen. Besucher einer Trump-*Rally* werden Elemente der erscheinenden Öffentlichkeit kaum auf Grundlage der Frage beurteilen, wie andere Besucher sie beurteilen mögen. Ohnehin betrifft ein solches Urteil nicht die Frage der Zustimmung – diese wird vorausgesetzt –, sondern lediglich die Intensität der Zustimmung. Und diese Intensität der Reaktion wird kaum durch das antizipierte Urteil anderer bestimmt sein. Zwar konstituiert die *Rally* eine Art Erscheinungsraum. Bei diesem scheint aber die Pluralität der Perspektiven kaum eine Rolle zu spielen, gerade wenn die Voraussetzung gilt, dass jedermann in den Chor einmütig miteinstimmen wird.

Ich glaube, dass diese beiden Aussagen in gewissem Maße zutreffend sind, doch eigenartigerweise bleibt es möglich, die *Rally* auf eine Weise zu interpretieren, die – entgegen ihren Absichten – manche der anspruchsvolleren, formalen Kriterien von Arendt erfüllt (wenn man über ihre pauschale historische These hinwegsieht, nach der die Gesellschaft die Politik in einer Weise unterwandert habe, dass politische Freiheit grundsätzlich nicht mehr erreichbar sei). Man nehme die zwei Punkte, die ich eben genannt habe: Ist nicht die Tatsache, dass ästhetische Urteile bei einer Trump-*Rally* affektive Intensitäten betreffen (eher als ein Urteil über eine ästhetische Kategorie wie Schönheit), ein Anzeichen dafür, dass die erweiterte Denkungsart, bei der die Urteile Anderer antizipiert werden, eine besonders wichtige Rolle spielt? Denn ist nicht der Jubel einer singenden Menge die Freisetzung der freudigen Vorahnung, dass ein Hit wie „Drain the Swamp" mit völliger Überzeugung von (fast) allen Anwesenden angestimmt werden wird?

Und ist die *Rally* nicht ebenso in Wirklichkeit ein Raum der Pluralität, ganz einfach, weil die improvisierte Interaktion auf dem Risiko des Scheiterns beruht? Ist nicht das Scheitern vonseiten Trumps beim Versuch, die gewünschte Reaktion hervorzurufen, bereits eine Erfahrung von Pluralität? Ist es nicht in der Tat plausibel zu behaupten, dass die Trump-*Rally* Momente der Einheit erschafft vor dem Hintergrund der *Unwahrscheinlichkeit* des Zusammenkommens der Menge in einer synchronen Erfahrung des Erscheinens? Mit anderen Worten, ist die zeitlich und räumlich begrenzte Performance der Einigung, Zustimmung oder Affirmation nicht angetrieben von der überwältigenden Wahrscheinlichkeit der Uneinigkeit?

Ich komme mit diesen Fragen zum Schluss, nicht weil ich behaupten möchte, dass die populistische *Rally* dem Arendtschen Erscheinungsraum entspricht, sondern weil Arendts Theorie – wesentlich dank ihres idealistischen Charakters – Aspekte der *Rally* zum Vorschein bringt, die von den gewöhnlichen Einordnungen der rechtspopulistischen *Rally* als anti-demokratisch, auf Einheit drängend (und daher potenziell totalitaristisch) und akklamationsbasiert eher verborgen werden. Trump-*Rallies* realisieren einen Stresstest für die demokratische Öffentlichkeit. Sie tun dies, weil sie ans Licht bringen, mit welcher Ambiguität die *Rally* zwischen demokratischen und anti-demokratischen Tendenzen schwankt. Es ist dies die Ambiguität der Ästhetisierung von Politik. In ihr liegt ein entscheidendes Merkmal des zeitgenössischen Populismus.

Abbildungen

Abb. 1–9: NBC News: President Trump campaigns at rally in North Carolina (26.10.2018), https://www.youtube.com/watch?v=yXDMeXLjTOI (24.04.2019).

Literatur

Ankersmit, Frank: *Aesthetic Politics: Political Philosophy Beyond Fact and Value*. Stanford, California 1996.
Arendt, Hannah: The Crisis in culture: Its social and its political significance. In: Dies.: *Between Past and Future: Eight Exercises in Political Thought*. New York 1968a: 197–228.
Arendt, Hannah: What is freedom? In: Dies.: *Between Past and Future: Eight Exercises in Political Thought*. New York 1968b: 143–172.
Arendt, Hannah: *Vita activa oder Vom tätigen Leben*. Zürich 2002.
Carter, Dan: *The Politics of Rage: George Wallace, the Origins of the New Conservatism, and the Transformation of American Politics*. New York 1995.
Corner, John/Pels, Dick (Hg.): *Media and the Restyling of Politics: Consumerism, Celebrity and Cynicism*. London 2003.
Eggers, Dave: ‚Could he actually win?‘ Dave Eggers at a Donald Trump rally. In: *The Guardian* (17.06.2016), https://www.theguardian.com/books/2016/jun/17/could-he-actually-win-dave-eggers-donald-trump-rally-presidential-campaign (02.01.2019).
Fischer-Lichte, Erika: *Ästhetik des Performativen*. Frankfurt a. M. 2004.
Freud, Sigmund: Zur Einführung des Narzißmus. In: Ders.: *Gesammelte Werke*. Bd. X: *Werke aus den Jahren 1913–1917*. Frankfurt a. M. 1981: 137–171.
Judis, John: *The Populist Explosion: How the Great Recession Transformed American and European Politics*. New York 2016.
Kant, Immanuel: *Kritik der Urteilskraft*. Hg. von Karl Vorländer. Hamburg 1990.
Lunbeck, Elisabeth: The allure of Trump's narcissism. In: *Los Angeles Review of Books* (01.08.2017), https://lareviewofbooks.org/article/the-allure-of-trumps-narcissism/ (02.01.2019).
Mervosh, Sarah: How ‚plaid shirt guy‘ got prime seating at a Trump rally. In: *The New York Times* (09.09.2018), https://www.nytimes.com/2018/09/09/us/politics/trump-rally-vip-tickets.html (02.01.2019).
Moffitt, Benjamin: *The Global Rise of Populism: Performance, Political Style, and Representation*. Stanford, California 2016.
Müller, Jan-Werner: *What is Populism?* Philadelphia 2016.
Postman, Neil: *Amusing Ourselves to Death: Public Discourse in the Age of Show Business*. New York 1985.
Rebentisch, Juliane: Aestheticization and democratic culture. In: *e-flux architecture* (28.11.2016), https://www.e-flux.com/architecture/superhumanity/68662/aestheticization-and-democratic-culture/ (02.01.2019).
Rogers, Katie: The Trump rally: A play in three acts. In: *The New York Times* (12.10.2018), https://www.nytimes.com/interactive/2018/10/12/us/politics/trump-maga-rally-play.html (02.01.2019).
Saward, Michael: The representative claim. In: *Contemporary Political Theory* 5 (2006): 297–318.
Seel, Martin: *Ästhetik des Erscheinens*. München/Wien 2000.
Street, John: *Mass Media, Politics and Democracy*. London 2001.
Thamer, Hans-Ulrich: The Orchestration of the national community: The Nuremberg party rallys of the NSDAP. In: Günther Berghaus (Hg.): *Fascism and Theatre: Comparative Studies on the Aesthetics and Politics of Performance in Europe, 1925–1945*. Providence 1996: 172–190.

Trump, Donald: Rally in Charlotte, NC, 26.10.2018, https://youtu.be/yXDMeXLjTOI (02.01.2019).

Trump, Donald: Rally in Golden, CO, 29.10.2016, https://youtu.be/vSc-7dOC_kY (02.01.2019).

Urbinati, Nadia: Populism and democracy. In: *Constellations* 5/1 (1998): 110–124.

Waldman, Katy: Trump's Tower of Babble. In: *Slate* (02.11.2016), https://slate.com/news-and-politics/2016/11/how-donald-trump-uses-language-and-why-we-cant-stop-listening.html (02.01.2019).

Wheeler, John: *Celebrity Politics*. Cambridge, UK 2013.

The manufacturer's authorised representative in the EU is Springer
Nature Customer Service Centre GmbH, Europaplatz 3, 69115 Heidelberg,
Germany. If you have any concerns regarding our products, please
contact ProductSafety@springernature.com

Printed and bound by CPI Group (UK) Ltd, Croydon, CR0 4YY

28/04/2026

02098509-0008